A RAINHA

A RAINHA

A vida de Elizabeth II

ANDREW MORTON

Tradução
Alessandra Bonrruquer

1ª edição

Rio de Janeiro | 2023

TÍTULO ORIGINAL
The Queen: Her Life
TRADUÇÃO
Alessandra Bonrruquer

DESIGN DE CAPA
Juliana Misumi

CIP-BRASIL. CATALOGAÇÃO NA PUBLICAÇÃO
SINDICATO NACIONAL DOS EDITORES DE LIVROS, RJ

M864r   Morton, Andrew
        A rainha : a vida de Elizabeth II / Andrew Morton ; tradução Alessandra
        Bonrruquer. - 1. ed. - Rio de Janeiro : BestSeller, 2023.

        Tradução de: The queen : her life
        ISBN 978-65-5712-271-6

        1. Elisabeth, rainha da Inglaterra, 1926-2022. 2. Rainhas - Inglaterra - Biografia.
        I. Bonrruquer, Alessandra. II. Título.

                        CDD: 942.086092
23-82965   CDU: 929Isabel II, Rainha da Inglaterra

Meri Gleice Rodrigues de Souza - Bibliotecária - CRB-7/6439

Texto revisado segundo o novo Acordo Ortográfico da Língua Portuguesa.

Copyright © 2022 by Andrew Morton
This edition published by arrangement with Grand Central Publishing, New York,
New York, USA. All rights reserved.

Copyright da tradução © 2023 by Editora Best Seller Ltda.

Todos os direitos reservados. Proibida a reprodução,
no todo ou em parte, sem autorização prévia por escrito da editora,
sejam quais forem os meios empregados.

Direitos exclusivos de publicação em língua portuguesa para o Brasil
adquiridos pela
Editora Best Seller Ltda.
Rua Argentina, 171, parte, São Cristóvão
Rio de Janeiro, RJ — 20921-380
que se reserva a propriedade literária desta tradução.

Impresso no Brasil

ISBN 978-65-5712-271-6

Seja um leitor preferencial Record.
Cadastre-se e receba informações sobre nossos lançamentos e nossas promoções.

Atendimento e venda direta ao leitor:
sac@record.com.br

Para minha mãe, Kathleen, e todos aqueles que nasceram e cresceram em tempos de guerra.

SUMÁRIO

Introdução: Vencendo as ondas com Sua Majestade   9

1. Shirley Temple 2.0   15
2. Bombas na hora de dormir   45
3. Uma caminhada entre as urzes   75
4. A princesa descalça   97
5. Coroação gloriosa   119
6. Corações e diademas   141
7. Segredos, escândalos e espiões   161
8. Uma questão familiar   183
9. E então veio Diana   211
10. Casamentos sob o microscópio   233
11. *Annus horribilis*   257
12. Flores, bandeiras e coragem   285
13. Dois casamentos e dois funerais   307
14. Boa noite, Sr. Bond   337

Epílogo   365
Agradecimentos   391
Notas   393
Bibliografia selecionada   415
Créditos das fotografias   419

INTRODUÇÃO

Vencendo as ondas com Sua Majestade

Todos nós nos lembramos da primeira vez em que vimos a rainha.

Eu estava em minha primeira grande viagem como setorista da realeza de um jornal britânico e me lembro de acompanhar com fascinação o iate real *Britannia*, imaculado e brilhando sob o sol encoberto, entrar lentamente na baía de San Diego. Era fevereiro de 1983, e aqueles poucos dias na companhia da rainha e do duque de Edimburgo transformaram minha vida.

O iate real foi cercado por uma ruidosa armada de boas-vindas composta de lanchas, iates, catamarãs, esquifes e canoas. Era uma manhã de sábado quando o iate atracou e a comitiva real desembarcou. A viagem de nove dias da rainha pela Califórnia, terra do surfe, do sol e dos devaneios deslumbrados, deveria ser cuidadosamente planejada para incluir o melhor que o Estado Dourado tinha a oferecer, dos artifícios de Hollywood ao esplendor natural do Parque Nacional de Yosemite. Contudo, se a visita fosse uma peça da Broadway, seria intitulada *A viagem que deu errado*.

Naqueles dias longínquos, ao chegar a um novo país, a família real oferecia, com certa relutância, um coquetel para a comitiva de imprensa que seguia todos os movimentos dela. Assim, de terno completo, entreguei meu convite com letras douradas em alto-relevo a um oficial da Marinha e fui convidado a tomar um gim-tônica — de teor alcoólico naval e substancial — no deque de popa do iate real.

Isso me levou de volta a um dia enevoado em outubro de 1965. Eu tinha 11 anos e, vestido orgulhosamente com meu recém-passado uniforme dos escoteiros, me juntei à multidão que aguardava, na periferia de Leeds, no norte da Inglaterra, para ver a rainha e o príncipe Philip passarem rumo à inauguração do mais novo — e de arquitetura brutalista — Centro Cívico de Seacroft.

Quando eles passaram, a umidade e a claustrofobia provenientes da densa neblina, associadas à brilhante luz interna do Rolls-Royce excepcionalmente envidraçado do casal, acentuaram o efeito de dois seres exóticos vindos do espaço, criaturas alienígenas enviadas para observar a mundana vida municipal. Tive somente um breve relance da rainha e seu consorte, mas a visão permaneceu comigo.

A rainha sempre fez parte de minha vida. Enquanto eu crescia, ela e a família eram como os penhascos brancos de Dover: imutáveis, inexpugnáveis — algo inerente à vida, como respirar.

Obviamente, a imagem dela estava estampada em selos e gravada em moedas, olhando para nós do alto, com ar de desaprovação, por trás da mesa do diretor do colégio pouco antes de punição ser aplicada. No Regal, uma rede de cinemas, de Cross Gates, sempre resmungávamos o hino nacional "Deus salve a rainha" depois da sessão infantil da semana — o filme de 1963 do cantor Cliff Richard, *Tudo começou em Paris*, que mostrava um grupo de amigos que cantavam e dançavam por toda a Europa, viajando em um ônibus londrino de dois andares, foi um de meus favoritos. À época, minha jovem concepção não me permitia enxergar a rainha como um ser humano real. Ela representava um símbolo muito distante e, ocasionalmente, uma personagem sorridente que falava um inglês quase incompreensível quando nos reuníamos em torno da televisão, às 3 horas da tarde, para assistir ao pronunciamento dela no Natal.

Para mim, a única dimensão humana era o fato de que ela era alguns meses mais jovem que minha mãe e que ambas serviram na Segunda Guerra Mundial, minha mãe, Kathleen, no Women's Land Army, uma antiga organização civil criada com o intuito de as mulheres substituírem a mão de obra masculina no campo, e a então princesa Elizabeth

INTRODUÇÃO

no Serviço Territorial Auxiliar das Mulheres [ATS, na sigla em inglês], o ramo feminino do Exército britânico.

Naquele sábado em San Diego, devo confessar que meu primeiro encontro com Sua Majestade foi menos que memorável. Em um notável traje azul e branco, a diminuta dama ouvia com crescente desatenção meu discurso sobre o tamanho impressionante da frota norte-americana ancorada no porto. Ela assentiu e prontamente seguiu em frente.

Os dias seguintes, no entanto, contribuíram para desgastar o verniz de polidez da monarquia, abrindo espaço para um caráter ligeiramente diferente daquele expresso na face severa estampada em meus selos. A visita se tornou a própria antítese de um programa real, no qual cada momento, cada encontro é minuciosamente cronometrado. Com vendavais, tempestades marítimas, rios transbordando, manifestantes do Exército Republicano Irlandês (IRA, na sigla em inglês), estradas inundadas e um excesso de celebridades, o que poderia não dar errado?

A rainha pareceu adorar quando o cuidadosamente planejado cronograma foi para o espaço. Anos depois, seu neto, o príncipe William, confirmou essa observação: "Eles adoram quando as coisas dão errado porque, obviamente, tudo tem de ser sempre impecável, mas quando as coisas saem do trilho, eles são os primeiros a rir."[1]

A primeira coisa que deu errado foi o iate real. As tempestades se tornaram tão violentas que a comitiva real deixou o *Britannia* para se aventurar pela costa, tentando se unir ao presidente Ronald Reagan e à primeira-dama no local de férias do casal, o Rancho Del Cielo, perto de Santa Bárbara, Califórnia, para desfrutar tacos de almoço seguidos de um passeio a cavalo. O casal real seguiu para o rancho a bordo de um Chevrolet Suburban com tração nas quatro rodas, ziguezagueando por 11 quilômetros de estradas lamacentas, em uma corrida de obstáculos composta de riachos transbordantes, trechos submersos, pedras rolando de encostas e árvores derrubadas. Segundo a rainha, foi tudo "incrivelmente animador". A parte ruim foi que o muito esperado passeio a cavalo pelas cinematográficas montanhas Santa Ynez foi cancelado e os tacos acabaram sendo consumidos dentro de casa.

Então um tornado em Los Angeles impediu que o iate real deixasse Long Beach e inundou as ruas em torno do estaleiro naval onde ele estava ancorado. A única maneira de atravessar a água cada vez mais alta era em um ônibus de eixo elevado da Marinha. A rainha, não querendo desapontar as pessoas, calçou um par de galochas e se sentou logo na primeira fileira do veículo. Os agentes do Serviço Secreto ficaram felizes por ela não se sentar mais para trás depois de descobrirem que o encosto dos últimos bancos estava grafitado com obscenidades.

Mais tarde, Reagan escreveu para a rainha, contritamente: "Sei que sua visita à Costa Oeste se tornou uma angustiante e turbulenta experiência, mas, em meio a tudo isso, sua benevolência e seu bom humor infalível conquistaram o coração do nosso povo."[2]

Dado o fiasco organizacional, Nancy Reagan estava compreensível e visivelmente nervosa durante a noite de astros de Hollywood organizada no Palco 9 do estúdio 20th Century Fox, em Beverly Hills. Embora Frank Sinatra e Perry Como talvez tenham exagerado nos duetos, parece que a rainha gostou das atrações, que incluíram a cantora Dionne Warwick, o comediante George Burns e astros como os atores Fred Astaire e Jimmy Stewart.

Essa foi outra pista da mulher sob o verniz de polidez da monarquia. Seus gostos em música e arte não eram elitistas. A rainha conhecia a maioria das canções do compositor Richard Rodgers e do letrista Oscar Hammerstein II (a dupla criadora de musicais norte-americanos inovadores e populares, como *O rei e eu* e *a noviça rebelde*). Ao contrário da irmã, a princesa Margaret, a rainha não era fã de ópera ou balé. Embora tivesse um bom ouvido musical, não era uma espectadora assídua dos concertos.

Naquela noite, o contingente britânico marcou presença, com os atores Michael Caine, Roger Moore e Jane Seymour, e também o cantor e compositor Elton John, entre outras celebridades.

Em um jantar mais íntimo para cerca de trinta pessoas a bordo do iate real ancorado na baía de São Francisco, a rainha e o príncipe Philip foram os anfitriões e receberam os Reagan na celebração do 31º aniversário de

INTRODUÇÃO

casamento do casal norte-americano. A banda dos fuzileiros reais executou a "Valsa de Aniversário" no píer e, mais tarde, o então vice-chefe de gabinete da Casa Branca, Michael Deaver, tocou piano e cantou "True Love". Reagan afirmou que, ao se casar com Nancy, prometera "muitas coisas, mas não isso".[3] Entre os participantes dessa reunião íntima estavam o pastor Billy Graham e a esposa, especialmente convidados pela rainha. Esse foi outro insight sobre a personalidade dela, tendo a fé cristã que possuía inspirado uma longa amizade com o carismático pastor norte-americano.

No dia seguinte, o casal real foi ao Parque Nacional de Yosemite, hospedando-se no exclusivo hotel The Ahwahnee, que conta com uma vista espetacular de uma formação rochosa de quase 430 metros de altura chamada de Arcos Reais.

Ao sair para caminhar, o casal real ficou desconcertado ao descobrir que estava sendo seguido de perto pelo Serviço Secreto norte-americano. Por mais que a rainha e o príncipe acelerassem o passo, os agentes estavam logo atrás. Esse não era o costume britânico, em que os guarda-costas sabiam manter distância.

Inicialmente, o casal real ficou irritado. Então ambos começaram, de brincadeira, a andar para trás e os agentes do Serviço Secreto tiveram que fazer o mesmo. Continuaram a avançar e retroceder até que, por fim, todo mundo começou a rir. Esse dificilmente era o comportamento esperado de uma chefe de Estado, mas foi outra pista sobre o caráter da rainha, uma mulher com grande apreço pelo absurdo.

Eis uma mulher cuja vida foi feita de superlativos: a que reinou por mais tempo, a que mais viajou e, para uma pessoa tímida, a mais gregária, encontrando pessoalmente mais súditos que qualquer outro soberano da história. Quando o presidente francês certa vez lhe perguntou se ela ficava entediada, a rainha respondeu, com honestidade: "Sim, mas não digo isso."[4] Em uma era de celebridades e artifícios, ela se contentava em ser prática e direta.

Ela aparecia regularmente na Lista dos Mais Ricos do *Sunday Times*, mas costumava usar luvas de borracha para lavar a louça depois de um churrasco em Balmoral, a propriedade privada da rainha na Escócia. Na cabana de madeira favorita dela, sugeriu-se a instalação de uma placa: "A RAINHA ELIZABETH JÁ VARREU ESTE LUGAR."[5] Embora vivesse em palácios e castelos, a mulher parecia gostar de uma vida mais normal. Ela foi uma jovem designada a cumprir um papel extraordinário. Ainda criança, já era uma das pessoas mais comentadas do planeta.

E pistas precoces sobre quem ela era e quem estava destinada a se tornar podiam ser encontradas no último andar de uma casa geminada no centro de Londres, há quase um século.

1

Shirley Temple 2.0

A menina de cenho franzido e ar concentrado se curvava determinadamente sobre o livro. Ela analisava cada página com muita atenção em busca das palavras que considerava ofensivas e as riscava toda vez que encontrava uma ocorrência.

Ela riscava "Doctor Simpson". No que dizia respeito à zangada menina de 10 anos, o fato de ele ser somente o personagem de um de seus livros infantis favoritos de infância era irrelevante.

Enquanto a princesa Elizabeth cumpria a solene e destrutiva tarefa de riscar o nome, a irmã mais nova, Margaret, brincava com o bridão, os freios e a sela dos cavalos de madeira que lotavam o quarto de brinquedos. Concentrada em seu mundo pessoal de faz de conta, ela não se preocupava com a raiva silenciosa da irmã por uma tal de Sra. Simpson que, sem ser convidada, estava mudando a vida de ambas. Tampouco se interessava pela crescente multidão que se empurrava sob a escuridão de inverno para observar a movimentação no número 145 da rua Piccadilly, a casa londrina do duque e da duquesa de York — pai e mãe das meninas.

Afinal, elas estavam acostumadas a espiar, pela janela de seu quarto no último andar, as pessoas que as observavam, ambos os lados se perguntando o que o outro estava fazendo. Esse jogo duraria a vida inteira.

Dessa vez, no entanto, a multidão era maior, e a atmosfera no interior da mansão de fachada de pedra era tensa e apressada. As campainhas na porta da frente — havia duas, e para quem eram destinadas estava sinalizado por um par de pequenas placas: "Visitantes" e "Moradores" — estavam tocando com mais frequência e, quando a multidão de curiosos e interessados começou a crescer, a polícia foi acionada.

O nome Simpson foi primeiro sussurrado e, depois, se tornou parte de conversas desaprovadoras que eram abruptamente interrompidas quando as garotas se aproximavam. Por mais que os pais tentassem proteger Lilibet — o apelido da princesa na família — e a irmã, a menina era sensível aos humores e ritmos e conseguia captar o teor do que se falava porque, desde seu décimo aniversário, gozava do privilégio de tomar café da manhã com o pai e a mãe e, ocasionalmente, com a avó, a rainha Mary. A menina recolhia migalhas de informações aqui e ali negadas à irmã mais nova — mas isso não significava que Elizabeth tivesse idade suficiente para compreender as coisas que realmente estavam acontecendo.

Ela só sabia que no centro do quebra-cabeça estava aquela mulher chamada Simpson. As evidências estavam por toda parte. O pai parecia visivelmente doente; a avó Mary, a soberana de aspecto altivo e imperioso, parecia ter envelhecido e, de algum modo, encolhido; a atitude normalmente jovial da mãe havia desaparecido. O fato de, no início de dezembro de 1936, a duquesa ter contraído uma gripe muito forte e estar confinada à cama também não ajudava.

Quando Elizabeth perguntou às três mulheres em sua vida — a governanta Marion Crawford, a criada Bobo MacDonald e a babá Clara Knight, conhecida como Alah — o que estava acontecendo, recebeu respostas evasivas e desdenhosas. Crawfie, aliás, levava as meninas ao Bath Club com frequência para terem aulas de natação — uma distração necessária. O triunvirato composto por essas três mulheres que tinham os pés no chão servia para as duas princesas como uma janela para o mundo; as observações polidas e os preconceitos pudicos modelavam as respostas de Lilibet e Margaret. No que dizia respeito às princesas, o nome Wallis

Simpson era tabu na Casa de York. Então Elizabeth recorreu aos livros, riscando o nome em uma fútil tentativa de apagar de seu mundo a mulher que mudaria a vida da princesa e a dos pais, para sempre.

Elizabeth encontrara Wallis Simpson brevemente em abril de 1936, após a celebração de seu décimo aniversário. Não que ela tenha causado uma grande impressão. Simpson chegara com o tio de Elizabeth, David, o novo rei Edward VIII, ao palácio de fim de semana do pai e da mãe da princesa, o Royal Lodge, no impecável Grande Parque de Windsor. O tio fora exibir os dois interesses norte-americanos em sua vida: o Buick esportivo novinho em folha e a outra fascinação dele, a duas vezes casada dama de Baltimore, Wallis Simpson. Mais tarde naquele dia, Elizabeth perguntara à governanta, Crawfie, quem era aquela mulher. Era ela o motivo de tio David raramente aparecer nos últimos tempos? De todos os irmãos e irmãs do pai da princesa, David sempre fora o visitante mais frequente do número 145 da rua Piccadilly, se juntando às meninas para jogar cartas após o chá. Ele era sempre divertido, e Elizabeth ainda se lembrava da vez em que o tio levara a duquesa, ela e Margaret para o jardim de Balmoral e as ensinara a fazer a saudação nazista — aquele havia sido um dia de diversão geral.

Embora as respostas de Crawfie às perguntas de Elizabeth sobre a elegante mulher norte-americana tenham sido evasivas, a governanta escocesa na verdade gostou da Sra. Simpson, mais tarde descrevendo-a como "atraente e vivaz, com aquela cordialidade imediata que é comum às americanas".[1] Os patrões de Crawfie, porém, não sentiram o mesmo. Depois de passar uma hora discutindo jardinagem e tomando chá com o novo rei e sua amante, Wallis teve a distinta impressão de que "embora o duque de York tenha aceitado o carro esportivo norte-americano, a duquesa não aceitou o outro interesse norte-americano do rei".[2]

Na época, o tema das conversas era a presença das meninas York, e não o contingente norte-americano. "Elas eram ambas tão loiras, tão educadas e tão impecavelmente arrumadas que poderiam ter saído diretamente das páginas de um livro", escreveu Wallis em sua autobiografia, *The Heart Has Its Reasons* [O coração tem suas razões].[3] Elizabeth e Margaret eram, como as crianças frequentemente são, usadas como o equivalente humano dos livros decorativos: a presença delas era uma distração inócua, uma maneira de evitar as complicadas questões adultas. Quando conheceram Wallis Simpson, as meninas já estavam acostumadas a ser usadas dessa maneira: crianças de modos impecáveis apresentadas aos visitantes adultos para ajudar a quebrar o gelo.

O mesmo aconteceu quando eles viajaram para a Escócia naquele fatídico verão, hospedando-se na modesta residência Stuart chamada Birkhall Lodge, perto de Balmoral, a primeira propriedade comprada pela rainha Vitória e que até hoje transmite a sensação de se estar fazendo uma viagem no tempo. O principal convidado dos York era o então arcebispo de Canterbury, Cosmo Lang. Ele aceitara o convite quando o novo rei, que tradicionalmente hospedava o principal prelado protestante da Inglaterra em Balmoral, não tivera a sensibilidade de convidá-lo. Em vez disso, ele e Wallis ofereceram, na propriedade privada da família na Escócia, uma animada festa com aristocratas, norte-americanos e familiares reais — incluindo seu primo em segundo grau, Lord Louis Mountbatten, e seu irmão mais novo, o príncipe George, acompanhado da esposa, a princesa Marina.

Após o chá do segundo dia da visita do prelado, Elizabeth, Margaret e a prima Margaret Rhodes cantaram de modo "muito encantador".

O arcebispo comentou: "É estranho pensar no destino que pode aguardar a pequena Elizabeth, que atualmente ocupa o segundo lugar na linha de sucessão. Ela e sua animada irmãzinha certamente são crianças arrebatadoras."[4]

O rei não estava tão encantado. Quando soube que o chefe ecumênico da Igreja da Inglaterra estava hospedado com os York, suspeitou que o irmão estava tentando criar uma corte rival. O emergente conflito entre os dois estava centrado no desejo do rei de se casar com Wallis depois que ela se divorciasse do marido, o corretor de navios Ernest Simpson. Naqueles dias, o divórcio não era apenas malvisto, como também era considerado motivo de excomunhão. Como chefe secular da Igreja da Inglaterra, o rei não podia se casar com uma divorciada, quem dirá com uma norte- -americana sem posição ou status, divorciada duas vezes. No entanto, o rei ameaçava renunciar ao trono se não pudesse se casar com a mulher que havia roubado seu coração.

Embora a mídia britânica se mantivesse silenciosa sobre o florescente romance — fotos do rei e Wallis durante um cruzeiro de verão a bordo do barco a vapor *Nahlin* foram publicadas no mundo todo, exceto na Inglaterra —, a potencial crise institucional finalmente veio a público no início de dezembro. Ela gerou uma série de acontecimentos calami- tosos que, inadvertidamente, colocaram a princesa Elizabeth no centro do drama.

Àquela altura, Wallis já havia conseguido a separação, mas ainda tinha que esperar seis meses pelo divórcio que lhe permitiria se casar com o rei e se tornar rainha. Edward estava decidido, a despeito da grave advertência de seu secretário particular, Alec Hardinge — apoiado pelo primeiro-ministro, Stanley Baldwin —, de que sua decisão causaria danos irreversíveis à monarquia e provavelmente levaria à convocação de eleições gerais se continuasse naquele caminho. Em uma tensa reunião em 16 de novembro, o rei informou ao primeiro-ministro que pretendia se casar com a Sra. Simpson assim que ela estivesse legalmente livre. Se o governo se opusesse, ele abdicaria. Posteriormente, comunicou a decisão à mãe e às irmãs, que ficaram muito chocadas; a rainha-mãe, Mary, procurou a ajuda de um terapeuta para confirmar a conclusão a que havia chegado de que o filho mais velho fora enredado por uma feiticeira habilidosa. O primeiro-ministro se mostrou mais calmo, dizendo aos colegas de Gabi- nete que a ascensão dos York provavelmente seria a melhor solução, já que o duque era bastante parecido com o muito amado pai, o rei George V.

Não que o príncipe Albert, conhecido como Bertie, concordasse com essa decisão. Ele se viu envolvido, lenta e inexoravelmente, por uma teia institucional da qual não lhe havia sido dada oportunidade de fuga. Era como um pesadelo. Embora tenha havido sugestões de que o caçula da família real, o duque de Kent, assumisse o trono (uma vez que já era pai de um menino), o volúvel dedo do destino apontou para o filho do meio, o desafortunado Bertie. Ele sempre presumira que o irmão mais velho se casaria e teria um herdeiro que, mais tarde, seria o soberano.

O duque era tímido, reservado e acometido por uma gagueira congênita; quando relutantemente analisou as cartas que o destino lhe dera, logo pensou na filha mais velha, cuja posição mudaria de segunda na linha sucessória para herdeira presuntiva (aquela que seria soberana se a mãe não desse à luz um menino); uma futura rainha sentenciada a uma vida de dever e solidão pública.

Embora tivesse graves dúvidas sobre si mesmo e a capacidade que tinha de assumir tal grandioso cargo, ele admirava silenciosamente sua primogênita. Ela era dona de qualidades e caráter sólidos que, como disse ao poeta Osbert Sitwell, o faziam se lembrar da rainha Vitória. Esse era um grande elogio, mesmo para um pai amoroso que, como observou o jornalista, historiador real e amigo do novo rei Dermot Morrah, "relutava em sentenciar as filhas à vida de infatigáveis serviços, sem esperança de aposentadoria mesmo em idade avançada, um destino inseparável da mais elevada das posições".[5]

Elizabeth era bem mais casual e prática. Quando se tornou inegável que o duque de York ascenderia ao trono e seu amado tio Edward VIII, agora duque de Windsor, partiria para o exílio no exterior, a princesa Margaret perguntou: "Isso significa que você vai se tornar rainha?" E a irmã mais velha respondeu: "Suponho que sim."[6] Elizabeth não mencionou o fato novamente, com exceção da vez em que o pai comentou casualmente que ela precisaria aprender a usar a sela lateral para quando chegasse o dia, com sorte em um futuro distante, no qual teria de comparecer a cavalo para a cerimônia anual Trooping the Colour [desfile com as bandeiras coloridas dos regimentos] na Parada da Guarda da Cavalaria, ocasião na qual o aniversário do soberano reinante é celebrado, independentemente da data de seu nascimento.

Embora tivesse relutantemente se resignado a ser rainha, Elizabeth achava, de acordo com a prima Margaret Rhodes, que isso aconteceria "em um futuro distante".[7] Como apólice de seguro, acrescentou às preces noturnas a esperança fervorosa de ter um irmão que, em função do sexo biológico, passaria à frente e se tornaria herdeiro.

Embora a princesa tenha aceitado com a despreocupação fleumática da juventude a nova posição que lhe foi designada, seu pai reagiu de modo diferente. Ele "perdeu o controle e chorou como uma criança" quando, juntamente com a rainha Mary e o advogado do rei, Walter Monckton, recebeu o esboço do Instrumento de Abdicação.[8] Em 11 de dezembro de 1936 — ano que ficaria conhecido como o ano dos três reis —, a abdicação real foi anunciada e o então ex-rei dirigiu até o Castelo de Windsor, onde fez o histórico pronunciamento em que proferiu esta memorável passagem: "Considerei impossível carregar o pesado fardo da responsabilidade e cumprir os deveres reais como gostaria enquanto rei sem a ajuda e o apoio da mulher que amo." Depois de elogiar as excelentes qualidades de liderança cívica do irmão mais novo, acrescentou que "ele goza de uma bênção incomparável, desfrutada por muitos de vocês e não concedida a mim: um lar feliz com esposa e filhos".[9]

A família em questão não estava tão feliz. O ducado de York fora extinto, incorporado à Coroa, e o mais novo rei descreveu o acontecimento momentoso como "aquele dia pavoroso"; a esposa, a nova rainha, estava de cama com uma gripe fortíssima. No dia seguinte, os até então despercebidos York se tornavam personas centrais daquele drama em desdobramento, saudando a nova posição com uma mistura de animação e irritada aceitação. Quando a princesa Elizabeth viu um envelope endereçado à rainha, até mesmo sua habitual atitude calma foi abalada. "Essa agora é a *mamãe*, não é?", perguntou ela, enquanto a irmã mais nova lamentava o fato de ter de se mudar para o Palácio de Buckingham: "Para sempre? Mas eu acabei de aprender a escrever 'York'."[10]

No dia da proclamação — 12 de dezembro de 1936 —, ambas abraçaram o pai antes que o novo rei, de uniforme de almirante da frota, partisse para a cerimônia. Depois que ele saiu, Crawfie explicou que, quando retornasse, ele seria o rei George VI e, daquele momento em diante, elas teriam de fazer reverência aos pais, o rei e a rainha. Elas sempre haviam feito reverência aos avós, o rei George V e a rainha Mary, então não foi uma grande mudança.

Quando ele retornou à 1 hora da tarde, ambas fizeram belas reverências, e o comportamento das filhas fez com que ele se desse conta da nova posição que ocupava.

Crawfie lembrou: "Ele ficou parado por um momento, comovido e surpreso. Então se abaixou e as beijou amorosamente. Depois disso, tivemos um almoço hilariante."[11]

Assim como o pai, Elizabeth se transformou em um símbolo vivo da monarquia, tendo o próprio nome mencionado em preces e as ações e os cães se tornando o assunto dos jornais matutinos; a vida da princesa passou a pertencer à nação. Ela se tornou, juntamente com a estrela-mirim de Hollywood Shirley Temple, o rosto mais famoso do mundo, alvo de admiração e adoração.

A vida que levava como princesa de contos de fadas era, na realidade, menos Disney e mais Irmãos Grimm. O cotidiano das irmãs no Palácio de Buckingham — um local enorme e cheio de ecos e ratos, sombras sinistras, cômodos escuros e retratos cujos olhos as seguiam quando passavam diante deles na ponta dos pés — era uma mistura de animação, tédio e isolamento. Ali os pesadelos infantis ganhavam vida; a ronda diária do real apanhador de ratos e sua parafernália letal simbolizava a medonha realidade por trás do aparente glamour monárquico. Embora Elizabeth estivesse protegida, juntamente com a irmã, no interior do círculo formado pela governanta, a criada e a babá (tendo os pais se tornado uma presença distante e não disponível), ela se tornou objeto de fascinação para milhões de pessoas.

2

De certa forma, nada realmente mudou para a herdeira presuntiva. Elizabeth, com seus cachinhos dourados, foi um símbolo nacional durante toda a vida. Nascida em uma quarta-feira, em 21 de abril de 1926, às 2h40 da manhã, dias antes da greve geral que paralisaria a economia britânica, ela representava, em meio à crise nacional, valores de família, continuidade e patriotismo. A chegada da princesa não foi apenas uma distração bem-vinda da luta diária pela subsistência em uma Grã-Bretanha pós-guerra destroçada por disputas e necessidades, como foi também medieval, misteriosa e bastante cômica.

Costumes reais datados do século XVII decretavam que o ministro do Interior estivesse presente no momento do nascimento, a fim de que um impostor não fosse levado às escondidas para o quarto. Mantendo essa tradição, o ocupante do cargo, William Joynson-Hicks, cuja mente agitada tentava descobrir como derrotar os sindicatos no conflito que se aproximava, esperou sentado num cômodo perto do quarto da parturiente no número 17 da rua Bruton, a casa londrina da família da duquesa, durante o nascimento real.

Quando a bebê nasceu, o ginecologista real, Sir Henry Simson, entregou a Joynson-Hicks um documento oficial com os detalhes do parto de "uma menina forte e saudável". O certificado foi entregue a um mensageiro especial, que correu até o presidente do Conselho Privado para que fosse feito o anúncio oficial. Ao mesmo tempo, o ministro do Interior informou ao lorde-prefeito de Londres que colocou um comunicado nos portões de sua residência oficial, a Mansion House.

O boletim oficial, assinado por Simson e pelo médico pessoal da duquesa, o Dr. Walter Jagger, declarava que, antes do parto, "certa linha de tratamento foi adotada com sucesso", sugerindo decorosamente que a princesa nascera de parto cesárea.[12]

A bebê adormecida era, em virtude do Decreto de Estabelecimento de 1701, a terceira na fila para o trono, apenas atrás do pai e do príncipe de Gales. Não se esperava que Elizabeth fosse reinar; sua linhagem era uma rica mistura de real, exótico e comum.

Embora sua tataravó fosse a rainha Vitória, ela também estava ligada, por meio da avó — a rainha Mary —, ao dentista Paul Julius von Hügel, que atendia em Buenos Aires, Argentina. Do lado paterno da família, o sangue real europeu predominava, especialmente as casas alemãs de Saxe-Coburgo-Gota e Hanôver, embora o intrigante fosse a ascendência britânica da mãe.

Anthony Wagner, que serviu como Rei de Armas da Jarreteira [a autoridade que concede brasões e, às vezes, certifica genealogias e títulos nobres], comentou que, entre os muitos ancestrais aristocráticos de Elizabeth, havia dois duques, a filha de um duque, a filha de um marquês, três condes, a filha de um conde, um visconde, um barão e meia dúzia de membros da aristocracia rural. Não era somente a aristocracia que estava representada em sua linhagem, mas também os mundos do comércio e da religião.

De acordo com Wagner, a ascendência da princesa incluía um diretor da Companhia das Índias Orientais, um banqueiro provinciano, duas filhas de bispos, três clérigos — um deles parente do primeiro presidente norte-americano, George Washington —, um oficial irlandês e sua amante francesa, um fabricante de brinquedos londrino e um encanador metropolitano, assim como certo Bryan Hodgson, proprietário de uma hospedaria com estábulo chamada The George, em Stamford, Lincolnshire.

Embora a linhagem da princesa incluísse uma ampla gama social, os nomes escolhidos por seus pais — Elizabeth Alexandra Mary — sugeriam o futuro destino que ela teria como rainha. Outros concordaram, e o jornal *Daily Graphic* comentou, com presciência: "A possibilidade de uma pequenina desconhecida da rua Bruton ser a futura rainha da Grã-Bretanha (talvez até mesmo uma segunda e resplandecente rainha Elizabeth) é bastante intrigante."[13]

Essa possibilidade parecia remota: tio David tinha somente 32 anos e era esperado que se casasse e gerasse um herdeiro. Não havia dúvidas, no entanto, de que a bebê real fora adotada pela nação. A se julgar pela alvoroçada multidão reunida em frente à casa da rua Bruton, havia algo singularmente especial em Elizabeth Alexandra Mary, talvez um reflexo do carinho sentido pela mãe, que, nos três anos desde o casamento com Bertie, conquistara a estima e o afeto de todos. Em um relato autorizado sobre a vida da duquesa, a biógrafa Lady Cynthia Asquith admitiu que teve dificuldades de encontrar qualquer coisa além de doce perfeição no caráter da nova mãe.

Fotografias daquela época revelam a princesa Elizabeth como a quintessencial bebê de comerciais daquele tempo: olhos azuis, pele rosada e cabelo loiro, ou, como disse a rainha Mary, uma das primeiras visitantes, ela era "um amorzinho, com feições adoráveis e um lindo cabelo claro".[14]

Sem dizer uma palavra, ela empurrou os pais dos remansos tranquilos da discreta vida real para a primeira página de jornais e capas de revistas. Elizabeth era a princesa Diana da época, sendo cada pedacinho de informação transformado em um banquete de fofocas e especulações. Os jornais meramente atendiam à demanda popular — semanas após o nascimento da princesa, a calçada em frente à casa londrina estava tomada por tantas pessoas que ela frequentemente precisava ser conduzida pela porta dos fundos para o passeio diário no carrinho.

No dia do batizado no Palácio de Buckingham, em 29 de maio, a vontade dos cidadãos que cercavam o lugar de ver a bebê era tão grande que romperam o cordão policial em frente ao palácio. Até que a ordem fosse restaurada, alguns poucos sortudos que circundaram o carro dos York foram capazes de ter um vislumbre da pequenina que, segundo relatos posteriores, chorou durante toda a cerimônia, conduzida pelo arcebispo de York.

Alguns meses depois, os York se mudaram para o número 145 da rua Piccadilly, perto do Hyde Park. A casa de cinco andares contava com salão de baile, elevador elétrico, biblioteca e sala de jantar para trinta convidados e era mantida por uma equipe de 17 pessoas, incluindo um administrador, dois criados de libré, um valete e três enfermeiras para cuidar da pequena princesa. Todavia, em um caso de miopia coletiva, a imprensa descreveu amorosamente como os York haviam rejeitado luxos e ornamentos, optando por uma vida simples, especialmente no quarto da bebê. Nesse reino em miniatura, imperavam a limpeza, a ordem e uma rotina sensata. Houve muitos murmúrios de aprovação quando se revelou que a princesa só podia brincar com um brinquedo de cada vez. Ironicamente, quando os pais de Elizabeth retornaram de uma viagem de seis meses à Austrália, em 1927, trouxeram consigo três toneladas de brinquedos para a garotinha que a mídia passara a chamar de Betty.

Foi assim que se renovou o eterno paradoxo da realeza, ou de nossa percepção do que ela é: sempre foram diferentes, mas, mesmo assim, iguais a nós. Sem nem mesmo saber, a princesa estava envolta em uma mantilha imaginária e diáfana de mágica e mito, na qual novos fios constantemente se cruzavam na trama de lenda e realidade. Esse manto a envolveria por toda a vida.

Quando chegou à idade de andar e falar, a criança chamada de "bebê mais conhecida do mundo" foi capa da revista *Time* com a manchete "Pincesa Lilibet" — em referência a como ela dizia o próprio nome. Elizabeth também estava estampada em selos, caixas de chocolate, carrinhos e toalhas de chá, canecas comemorativas, entre outras mercadorias. Composições foram cantadas em homenagem a ela; Madame Tussauds inaugurou uma estátua de cera da princesa montada em um pônei e os australianos batizaram uma parte da Antártica em sua honra. O único rival de Elizabeth nesse mar de adulação era o tio David, o príncipe de Gales, um genuíno astro internacional que só foi superado, durante a vida, pelo galã de Hollywood Rudolph Valentino.

A mãe da princesa estava preocupada com a quantidade exagerada de atenção que ela recebia. Durante a visita a Edimburgo em maio de

1929, ela escreveu à rainha Mary: "Quase me assusta o fato de as pessoas a amarem tanto. Suponho que isso seja uma coisa boa, e espero que a pobrezinha se mostre à altura."[15]

Conforme os meses e os anos se passavam, os contornos da personalidade — tanto real quanto imaginária — de Elizabeth começaram a emergir. Frequentemente descrita como "um querubim" ou "angelical", ela era retratada como uma menina alegre e bem-comportada, com uma sagacidade inocente e um temperamento envolvente e cativante.

Quando a família real se reuniu em Sandringham — o refúgio campestre da família real desde 1862 — para o Natal de 1927, o jornal *Westminster Gazette* reportou que Elizabeth estava "conversando, rindo e atacando os convidados com bombinhas entregues pela mãe".[16] Até mesmo Winston Churchill ficou impressionado. Durante uma visita a Balmoral em setembro de 1928, ele escreveu à esposa, Clemmie: "Ela tem um ar autoritário e reflexivo que é surpreendente em uma criança."[17]

Logo começaram a circular histórias sobre a menina destemida que domara o irascível avô, o rei George V, conhecido por despertar terror no coração das crianças da família e dos funcionários mais antigos. A princesa Elizabeth, no entanto, usava e abusava do avô, e ele se transformava em massa de modelar nas mãozinhas da neta. O arcebispo de Canterbury falou de uma ocasião na qual o monarca fingiu ser um cavalo conduzido por sua "cavalariça" e neta, que por sua vez segurava a barba grisalha do avô conforme o homem andava pelo cômodo apoiado nas mãos e nos joelhos.

Segundo lembrou a condessa de Airlie, "ele gostava dos dois netos, filhos da princesa Mary, mas Lilibet sempre veio primeiro. Ele costumava brincar com ela, algo que nunca o vi fazer com os próprios filhos, e adorava a companhia da neta".[18] O fato de Elizabeth ser uma menininha angelical com uma imaginação desinibida e vívida, sobretudo em relação aos cavalos, provavelmente foi o fator decisivo — demonstrado pelo fato de que, quando ela tinha apenas 4 anos, o monarca lhe deu uma égua pônei chamada Peggy.

De fato, a habilidade da princesa de desanuviar o semblante preocupado do soberano — e aqui há ecos da noção medieval de cura pelo toque real — se tornou o assunto de toda a nação em fevereiro de 1929, quando o rei viajou até o resort de Bognor, na costa sul da Inglaterra, para se recuperar de uma enfermidade quase fatal. Aos 2 anos, a princesa desempenhou um papel muito apreciado na recuperação do avô, distraindo-o da doença. Ele adorava o fato de, posteriormente, ela o chamar de Vovô Inglaterra e sempre prestar atenção ao que ele dizia, ouvindo com gravidade enquanto ele exaltava as virtudes do dever, da decência e do trabalho duro.

A companhia constante de adultos indulgentes encorajou certa precocidade inocente. Enquanto caminhava com o então arcebispo de Canterbury, Cosmo Lang, pelos jardins de Sandringham, ela pediu que a conversa não fosse sobre Deus. "Já sei tudo sobre ele", disse solenemente a menina de 9 anos.[19]

Elizabeth fez a primeira amizade fora da família real quando estava em Hamilton Gardens e viu uma menina de mesma idade brincando. Era Sonia Graham-Hodgson, filha do radiologista real. "Você quer jogar comigo?", perguntou a esbelta criatura de voz ressoante. Elas jogaram críquete durante uma hora, sob o olhar atento das respectivas babás. Depois disso, encontraram-se praticamente todos os dias, até que Elizabeth teve de se mudar para o Palácio de Buckingham. Mesmo assim, durante muito tempo a princesa considerou Sonia sua melhor amiga. Ela até mesmo lhe dedicou um romance não finalizado, *A fazenda feliz*, escrito quando tinha 8 anos. A dedicatória dizia: "Para Sonia, minha querida amiguinha e amante de cavalos."[20]

Sonia tinha memórias felizes dessa longa amizade: "Ela foi uma criança doce e muito divertida. Tinha grande senso de humor e uma imaginação vívida."[21] A maioria das brincadeiras envolvia cavalos, mas, às vezes, elas imaginavam que haviam sido convidadas para um grande baile e discutiam seriamente o que vestiriam. Antes da Segunda Guerra Mundial, fizeram aulas de dança juntas; em seguida, Elizabeth foi convidada de honra do 21º aniversário de Sonia. A despeito da ascensão de Elizabeth, elas permaneceram em contato e se encontravam de tempos em tempos em jantares ou chás.

Em 21 de agosto de 1930, uma coleguinha muito diferente entrou na vida de Elizabeth: sua irmã, Margaret Rose, nasceu no Castelo Glamis, o assombrado lar ancestral dos Strathmore — parte da família oriunda do avô materno —, no norte de Dundee, na Escócia. Depois que as formalidades foram atendidas — o novo secretário do Interior, John Robert Clynes, viajou para o reduto nortista a fim de certificar o nascimento —, Elizabeth foi apresentada à bebê. Ela ficou adequadamente "encantada", ainda mais quando percebeu que não se tratava de uma boneca perfeitamente construída, mas de uma irmã viva, embora adormecida.

Milhares de visitantes, alguns vindos de carro de Glasgow e do sul da fronteira, uniram-se às celebrações no Castelo Glamis, onde grandes fogueiras foram acesas.[22] Assim como o nascimento da irmã mais velha dias antes da greve geral, a chegada de Margaret serviu como radiante contraponto às escuras nuvens que cobriam a economia do país desde que o mercado de ações quebrara, em outubro de 1929.

A temporária decepção com o fato de a duquesa ter dado à luz outra menina enfatizou novamente a posição institucional de Elizabeth. E isso conduziu a uma ansiosa discussão sobre se, tecnicamente, a coroa poderia ser dividida entre as duas irmãs ou se a mais nova poderia ter precedência. O debate se tornou tão intenso que o rei ordenou uma investigação formal da vexatória questão. Como sugeria o bom senso, reconheceu-se oficialmente que Elizabeth tinha senioridade. As consequências institucionais de ser membro da família real ficaram ainda mais evidentes para a duquesa quando chegou a hora de escolher o nome da segunda filha. Ela teve de aceitar que a decisão final cabia aos avós, o rei George e a rainha Mary, e não aos pais. Inicialmente, os York queriam chamá-la de Ann Margaret, pois a duquesa achava que Ann de York soava bem. Os sogros, porém, discordaram, preferindo Margaret Rose (Margaret foi uma rainha escocesa, ancestral da família). A escolha do rei e da rainha prevaleceu. Não seria a última interferência que fariam na criação das princesas reais. A mãe cerrou os lábios e se ocupou da recém-chegada. Ela estava ansiosa para descrever sua personalidade a amigos e familiares. Em uma carta ao arcebispo de Canterbury, escreveu: "A filha número 2 é realmente muito querida. Fico feliz em dizer que ela tem grandes olhos azuis e uma vontade de ferro — tudo o que uma dama necessita! Desde que ela consiga disfarçar a própria vontade e usar seus olhos, tudo ficará bem."[23]

A chegada de Margaret Rose acrescentou uma nova atriz ao melodrama real. O belo quarteto — "Nós quatro", como repetia incessantemente o duque — representava lar, coração e família. Em uma era de incertezas, desemprego em massa e pobreza, eles eram a personificação do ideal de uma família comum, decente e temente a Deus que vivia de modo modesto e razoável. Mesmo que morassem em uma grandiosa e exclusiva casa geminada ao lado do Hyde Park, que contava com salão de baile e elevador elétrico, o fato de preferirem a aconchegante vida doméstica à sociedade dos cafés assegurava a popularidade deles.

O ápice desse acordo entre a nação e a família se deu quando o povo de Gales, o mais empobrecido do reino, presenteou a princesa Elizabeth com uma casa em miniatura chamada Y Bwthyn Bach [A Casinha] em seu sexto aniversário. Projetada por Edmund Willmott, a cabana com teto de palha e projeção de dois terços do tamanho de uma casa real era uma criação magnífica e completa, com eletricidade, água encanada e descarga no vaso sanitário. Havia panelas e frigideiras, livros de Beatrix Potter, latas de comida e até mesmo um fogão a gás — tudo em escala reduzida. Ele foi instalado no Royal Lodge, a nova, porém dilapidada, casa dos York no Grande Parque de Windsor.

As princesas ficaram fascinadas com o presente e passavam horas limpando, varrendo, polindo e "cozinhando". Elizabeth enrolava os talheres em folhas de jornal para que não manchassem e a grande alegria de Margaret era subir e descer as escadas e também dar a descarga no banheiro para ouvir a água gorgolejando pelos canos. Fotografias oficiais sancionadas pelo palácio, mostrando as duas em pé na frente da cabana ou brincando com seus amados cães corgi no jardim, forneceram ao público um retrato da vida inocente das irmãs, consolidando o elo geracional entre a família real e os súditos. Analisando a ávida fascinação pública pelas duas princesas, Alan "Tommy" Lascelles, o secretário particular do rei, descreveu-as como "animais de estimação do mundo".[24]

A sensação de que, de certo modo, as jovens princesas eram filhas de toda a Grã-Bretanha foi reforçada em 1936 — meses antes da abdicação —, com a publicação autorizada de um livro de fotografias intitulado *Our Princesses and Their Dogs* [Nossas princesas e seus cães], que retratava amorosamente os oitos cães reais, incluindo dois corgis, e o papel central que ocupavam na vida cotidiana da família. O livro também era uma tocante alegoria do relacionamento íntimo entre a realeza e o povo, simbolizando o imutável acordo que seria levado ao limite — mas não rompido — antes do fim do ano.

Embora os corgis das meninas, Dookie e Lady Jane, fossem companheiros constantes, os animais que governavam o reino infantil de Lilibet eram os cavalos — reais, inanimados e imaginários. Apesar de os corgis terem se tornado sinônimo da vida e do reinado de Elizabeth, a primeira paixão dela foi o mundo equestre, e o muito manuseado clássico de Anna Sewell, *Beleza negra*, sempre em sua mesa de cabeceira, era um testemunho desse amor. "Se algum dia for rainha, criarei uma lei proibindo a montaria aos domingos. Os cavalos também merecem descansar", declarou ela, gravemente.[25] O mundo equestre e suas criaturas foram o grande destaque da infância de Elizabeth, desde conduzir o rei pela barba e transformar um colar de pérolas falsas em rédeas para fazer a mesma manobra com a biógrafa da duquesa, Lady Cynthia Asquith, até brincar de cavalos de circo em Birkhall, na Escócia, com a prima Margaret Rhodes, que era "obrigada a relinchar".[26] Os ferimentos que ela sofreu mais tarde, sobretudo quando foi jogada contra uma árvore e, em outra ocasião, quando levou um coice no queixo, não foram capazes de diminuir o entusiasmo da menina. Quando tinha 5 anos, ela cavalgou com os membros da organização de caça Pytchley Hounds. O pai de Elizabeth tinha a esperança de que ela fosse "iniciada" se eles pegassem algum animal durante a caçada. Não pegaram.

Quando a nova governanta, a escocesa Marion Crawford, entrou no quarto de Elizabeth no Royal Lodge em outubro de 1933, a primeira conversa que elas tiveram foi sobre os dois principais interesses de Elizabeth: os cavalos e a irmã mais nova, Margaret Rose. Ela fora autorizada a ficar acordada até tarde para conhecer a mulher que, mais tarde, chamaria de Crawfie, e estava sentada em sua cama de madeira, conduzindo cavalos imaginários por um parque imaginário. Como rédeas, usava os cordões da camisola atados à cabeceira. "Você já conheceu Margaret?", perguntou a princesa. "Acho que ela está dormindo. Ela é adorável, mas às vezes é muito travessa. Você dará aulas a ela também? E vai brincar conosco? Vai deixar que eu a conduza pelo jardim?"[27]

Durante vários anos, Crawfie, no cargo de companheira e professora das meninas, interpretou o papel de cavalo de carga dócil, entregando mantimentos e outras mercadorias pela vizinhança. Durante essas brincadeiras, entrevia a vívida imaginação de Elizabeth, especialmente quando a própria princesa entregava os mantimentos. Como lembrou: "Então ocorriam as mais maravilhosas conversas, sobre o tempo, os cavalos da dona da casa, os cães reais, galinhas, filhos e marido."[28]

Crawfie percebeu rapidamente que o interesse de Elizabeth por todos os assuntos equinos era mais que uma paixão; aproximava-se da obsessão, de um primeiro e duradouro amor. A princesa frequentemente afirmava que, se não fosse quem era, gostaria de ser uma dama vivendo no interior, com muitos cavalos e cães.[29] Ou então uma fazendeira com vacas, cavalos e filhos.[30]

Quando a princesa se mudou para o Palácio de Buckingham, o ponto alto da semana eram as aulas de equitação com o instrutor Horace Smith. Ela falava com conhecimento de causa sobre pisaduras, correias e escovas, indicando que se interessava não somente pelo contato com os cavalos, como também pelos cuidados e pelo manejo que exigiam.

A princesa era muito cuidadosa com os trinta e poucos cavalos de madeira que lotavam o quarto de brinquedos no quinto andar. Quando a família estava prestes a se mudar para o Palácio de Buckingham, inclusive, a menina deixou Ben, seu cavalo favorito, aos cuidados da amiga Sonia. Ben foi entregue duas semanas depois, quando os outros cavalos já haviam sido desempacotados e alinhados no corredor em frente ao quarto dela.[31]

Para Elizabeth, a montaria lhe garantia uma chance de ser ela mesma, de exercer controle em um cenário socialmente aceitável. Grande parte da rotina da princesa estava fora de seu alcance: Bobo escolhia as roupas que ela vestia, Alah determinava o cardápio, Crawfie organizava as aulas e os pais, avós e os homens de terno do Palácio de Buckingham definiam seu futuro. Ela passou por uma fase na qual acordava várias vezes durante a noite para se assegurar de que sapatos e roupas estavam dobrados e arrumados. Era outra forma de controle.

A educação de Elizabeth foi um exemplo clássico da contínua batalha pelo coração e pela mente da herdeira presuntiva. Enquanto o avô, o rei George V, vociferava para Crawfie "Pelo amor de Deus, ensine Margaret e Lilibet a terem uma boa caligrafia, é tudo que peço!",[32] a rainha Mary foi muito além. A matriarca real vetou o cronograma acadêmico de Crawfie e sugeriu mais tempo de leitura da Bíblia e da história dinástica. Em quase todas as segundas-feiras ela levava as meninas em secretas excursões educativas à Royal Mint (a fabricante oficial das moedas britânicas e a mais antiga empresa do Reino Unido), à Torre de Londres e ao Banco da Inglaterra, assim como a galerias de arte. As visitas nem sempre saíam como o planejado. Certa vez, elas estavam na loja de departamentos Harrods quando uma multidão se reuniu, esticando o pescoço para dar uma olhada nas princesas. Elizabeth ficou tão animada com a perspectiva de tantas pessoas quererem vê-la que a avó, não querendo que o momento de fama lhe subisse à cabeça, gentilmente a levou embora pela porta dos fundos.

Foi a rainha Mary — líder de uma facção palaciana que incluía o bibliotecário real Owen Morshead e a formidável Lady Cynthia Colville, principal dama de companhia da soberana — quem sentiu que a educação de Elizabeth era muito feminina e leve. No programa de estudos da neta, havia pouco reconhecimento do possível papel e responsabilidades futuras que ela poderia vir a ter. De acordo com Lady Cynthia, "nenhum Bowes-Lyon jamais se importou com as coisas da mente". Foi um julgamento que o cronista real Dermot Morrah considerou muito duro, dado o fato de a família ter produzido três poetas.[33]

A mãe das princesas tinha um ponto de vista diferente das coisas. Ela e o duque não estavam muito preocupados com a educação formal das filhas. A última coisa que queriam eram duas garotas excessivamente intelectuais e tão inteligentes a ponto de serem arrogantes. Como observou Crawfie: "O que eles mais queriam para elas era uma infância feliz, repleta de memórias agradáveis que poderiam ser usadas nos dias sombrios que estivessem por vir, e, mais tarde, casamentos felizes."[34] A duquesa de York fora criada ao ar livre e aprendera um pouco de francês e alemão. Seus pais, o conde de Strathmore e Kinghorne e a esposa, Cecilia Cavendish-Bentinck, haviam educado a filha mais nova em casa, com a ajuda de uma governanta, apenas matriculando-a em um colégio em Londres aos 8 anos. As prioridades eram as tarefas práticas, como criar arranjos de flores, costurar, dançar e recitar poesia, em vez de aprender grego ou latim. A jovem Elizabeth Bowes-Lyon aprendera a ser polida, entreter visitantes, pescar salmão, recolher pássaros mortos durante as caçadas e atirar com espingarda. Entretanto, não era intelectualmente preguiçosa. Depois de frequentar o colégio, formou-se com distinção no Oxford Local Examination quando tinha somente 13 anos.

Literatura e as Escrituras haviam sido os pontos fortes escolásticos da condessa e, portanto, não surpreende que ela insistisse em chamar as filhas para seu quarto, todas as manhãs, a fim de lhes ensinar histórias bíblicas. Gentileza, cortesia e valores cristãos eram valorizados, e a duquesa acreditava que um caráter decente, uma bússola moral e uma consciência sensível às necessidades alheias eram tão ou mais importantes que as realizações intelectuais. Em uma carta ao marido, ela estabeleceu as próprias restrições, lembrando a Bertie que o pai dele perdera a afeição dos filhos porque costumava gritar com eles.

Presa no meio de tudo isso estava a governanta Marion Crawford, de apenas 22 anos. Embora tivesse se graduado em pedagogia na Escola de Educação e Esporte Moray House, em Edimburgo — a futura *alma mater* da autora de *Harry Potter*, J. K. Rowling, e do campeão olímpico de ciclismo Chris Hoy —, ela não tinha condições de participar da sutil política do palácio. De fato, os York a haviam escolhido precisamente porque ela era jovem o bastante para participar com entusiasmo das brincadeiras das meninas.

As aulas, que incluíam matemática, geografia, poesia — qualquer coisa envolvendo cavalos capturava o interesse de Elizabeth — e gramática inglesa, ocorriam somente pela manhã, entre 9h30 e 12h30, com um intervalo de trinta minutos para o lanche. Também havia interrupções frequentes para visitas ao dentista, ao cabeleireiro e à costureira, e Crawfie sentia que a educação não estava no topo das prioridades da duquesa.

Qualquer tentativa de Crawfie de estender as aulas era sufocada pela duquesa, pois a mulher queria que as meninas brincassem ao ar livre. Frequentemente o duque participava das brincadeiras de amarelinha e esconde-esconde em Hamilton Gardens, nos fundos da casa. Quando se tornou mais confiante, Crawfie começou a sair com as duas princesas, organizando visitas ao metrô, passeios de barco pelo Tâmisa e até mesmo, por insistência de Elizabeth, uma excursão a bordo do segundo andar de um ônibus. Rapidamente ficou nítido que elas estavam ansiosas por experimentar coisas que as outras crianças consideravam banais.

As meninas, assim como Sonia Graham-Hodgson, a amiga de Elizabeth, tinham aulas de dança semanais com Marguerite Vacani, e a princesa se provou habilidosa nas danças escocesas. No entanto, os astros de Hollywood Fred Astaire e Ginger Rogers eram a sensação da época.

Por algum tempo, a música favorita de Elizabeth foi o sucesso de 1935 "Cheek to Cheek".

Elas também tinham aulas de música com Mabel Lander, uma estudante da Segunda Escola de Viena. Elizabeth, às vezes acompanhada pela mãe, cantava baladas inglesas, hinos afro-americanos e toadas escocesas — "The Skye Boat Song" foi sua favorita por muito tempo. Quando Margaret teve idade suficiente para participar, a irmã mais velha ficou imediatamente impressionada com a habilidade da caçula de aprender melodias e acordes de ouvido. As aulas de francês, que frequentemente ocorriam quando Crawfie estava de folga, não eram tão populares. Em certa ocasião, presumivelmente em protesto contra o enfadonho método de ensino, uma entediada Elizabeth virou o pote de tinta sobre os cachos loiros. A professora de francês, Mademoiselle Lander, teve uma crise nervosa e deixou que outros cuidassem da bagunça.

Aulas de música, dança e desenho intercaladas com aulas de francês compunham um bom programa, mas Crawfie sentia que as meninas precisavam do estímulo e da companhia de crianças da mesma idade. "Naqueles dias, vivíamos em uma torre de marfim, separadas do mundo real", lembrou ela em sua biografia, *The Little Princesses* [As princesinhas].[35]

Uma de suas conquistas mais satisfatórias ocorreu em 1937, quando ela criou uma tropa de bandeirantes que se reunia no Palácio de Buckingham todas as semanas. Pela primeira vez, as irmãs puderam se misturar a suas contemporâneas — o grupo de 34 bandeirantes incluía filhas de funcionários do palácio, amigos e cortesãos. Elizabeth e a prima mais velha, Lady Pamela Mountbatten, integravam a patrulha Martim-Pescador, ao passo que Margaret, jovem demais para ser guia, estava em um grupo de ciranda criado especialmente para ela.

Foi bom que as duas tivessem crianças da idade delas com as quais brincar, pois houve uma grande mudança na vida das princesas quando foram morar no Palácio de Buckingham, em meados daquele ano. Depois da mudança, sempre que Elizabeth saía, era acompanhada por um detetive que, para grande diversão da menina, parecia ter a habilidade de se fazer invisível. Elizabeth falava do rei e da rainha, e não da mamãe e do papai, e passava mais tempo fazendo e recebendo mesuras que no número 145 da rua Piccadilly. Até mesmo o cardápio infantil era em francês — exatamente como o do casal real. As lutas de travesseiro e outras brincadeiras noturnas que haviam pontuado a vida da família na rua Piccadilly rapidamente ficaram no passado. O pai e a mãe passaram a estar ocupados demais.

Além de jogar boliche nos longos corredores, havia uma vantagem em ser princesa em um palácio: a jovem descobriu que, se passasse em frente às sentinelas que guardavam sua nova casa, elas tinham de apresentar armas. Caminhar de um lado para o outro na frente delas se tornou um jogo do qual Elizabeth jamais se cansou.

Ainda mais empolgante que isso foi a coroação agendada para maio de 1937. A rainha-mãe, Mary, enxergou no evento uma oportunidade didática, levando para o quarto de brinquedos uma imagem panorâmica da coroação do rei George IV em 1821, a fim de ensinar às princesas o simbolismo e o significado da cerimônia. No fim, de acordo com Crawfie, Elizabeth se tornou uma especialista. Talvez tão atraente quanto esses ritos e rituais fosse a perspectiva de usar os primeiros vestidos longos e os diademas desenhados pelo pai. "Elas vieram conversar comigo, muito timidamente, meio intimidadas pelo próprio esplendor e pelos primeiros vestidos longos",[36] lembrou Crawfie.

Aos 11 anos, já apresentando uma personalidade madura e maternal, o que mais preocupava Elizabeth em relação à coroação era o comportamento da irmãzinha de 6 anos. Ela se lembrava de quando fora dama de honra no casamento do tio, o duque de Kent, com a princesa Marina da Grécia e da Dinamarca na Abadia de Westminster, em novembro de 1934. Margaret recebera permissão para se sentar ao lado da mãe. No entanto, quando a irmã mais velha surgiu caminhando pela ala central segurando o véu da noiva, a pequena acenou, possivelmente em uma tentativa de distrair a irmã mais velha de seu solene dever. Elizabeth não vacilou. Lançou um olhar severo à irmã e balançou a cabeça em desaprovação, a fim de desencorajar outras possíveis travessuras. No fim, ela alegremente relatou a Crawfie que a irmã se comportara muito bem. Foi tudo muito louvável, pois as meninas haviam ficado acordadas a maior parte da noite em razão das músicas e conversas da multidão que aguardava do lado de fora do palácio.

A princesa Elizabeth registrou as próprias memórias do dia histórico em um caderno pautado e amarrado com uma fita cor-de-rosa e escreveu uma tocante dedicatória escrita a giz de cera vermelho na capa: "A coroação, 12 de maio de 1937. Para mamãe e papai, em memória de sua coroação, de Lilibet, escrita por ela mesma."[37]

Ela relatou como fora acordada pela banda dos fuzileiros reais do lado de fora. Então, enrolando-se no edredom, ela e Bobo MacDonald "agacharam-se sob a janela, olhando para a manhã fria e enevoada".[38] Após o café da manhã, as irmãs se vestiram e desfilaram para si mesmas em seus trajes, antes de irem ver os pais, que também se preparavam para o grande dia.

Depois de lhes desejar boa sorte, as princesas e a rainha Mary entraram em uma carruagem de vidro e enfrentaram o "acidentado" trajeto rumo à Abadia de Westminster.

A princesa ficou fascinada com a elaborada coreografia da coroação e bastante desapontada com o fato de a avó não se lembrar muito bem do grande dia. Em certo momento da cerimônia, quando as preces pareciam intermináveis, Elizabeth folheou o programa e apontou para a palavra *Finis*, partilhando um momento conspiratório com a avó.

A coroação foi história viva, próxima e pessoal, assim como uma intensa e cativante prévia do próximo estágio da educação real da princesa. Essa educação começou com a primeira festa nos jardins do Palácio de Buckingham a que compareceu, seguida pela Trooping the Colour e, finalmente, pela antiga cerimônia da Ordem da Jarreteira na Capela de St. George, no Castelo de Windsor. Sem perspectivas de um irmão mais novo no horizonte, o treinamento de Elizabeth se intensificou. Quando Joseph Kennedy (patriarca da dinastia Kennedy) chegou a Londres em março de 1938 para assumir o posto de embaixador norte-americano na Real Corte de St. James, o rei posicionou a filha mais velha sentada a seu lado durante um almoço em Windsor. Para não se sentir inteiramente deixada de lado, Margaret acompanhou os Kennedy e a própria família durante uma caminhada por Frogmore Gardens. Em outra ocasião, quando o presidente Lebrun da França fez uma visita de Estado em março de 1939, a princesa se uniu ao pai e ao presidente francês no trajeto de carro entre o Palácio de Buckingham e a estação Vitória, de onde a delegação francesa partiu.

Com certo atraso, a nova rainha percebeu que a educação acadêmica da filha mais velha precisava ser ampliada. Após discutir o assunto com algumas pessoas, entre elas Sir Jasper Ridley, um banqueiro ex-aluno do prestigioso Colégio Eton, decidiu-se que a princesa estudaria história constitucional com Henry Marten, o vice-reitor da centenária escola. Embora estivesse inicialmente apreensiva com as duas visitas semanais ao colégio restrito a meninos, ela em breve iniciou uma amizade com o elegante erudito, apreciando a introdução adulta à política, à história e às atualidades. De fato, o teatro político foi encenado diante de seus olhos quando seus pais surgiram no balcão do Palácio de Buckingham, em setembro de 1938, com o primeiro-ministro, Neville Chamberlain, e a esposa, Anne, para celebrar o famoso Acordo de Munique, que trazia "a paz de nosso tempo" com o líder nazista Adolf Hitler.

Elizabeth estava crescendo. Então com 13 anos, ela era, de acordo com Crawfie, "uma criança encantadora, de cabelo e pele adoráveis e uma figura longa e esbelta".[39] Não que os garotos de Eton parecessem notar. Se algum deles precisasse ir até a sala do vice-reitor ou a visse nos corredores, polidamente tirava a cartola e seguia em frente. Para uma garota que fora encarada a vida inteira, essa foi uma mudança revigorante, embora seja possível que a adolescente, pela primeira vez diante de hordas de garotos, tenha considerado a polida indiferença deles, bem, um tanto indiferente demais.

Com exceção dos primos George e Gerald Lascelles, filhos da princesa Mary, sua tia, Elizabeth tivera pouco contato com meninos durante a infância. Talvez não seja surpresa, dada a fascinação que tinha por cavalos, que sua primeira paixonite infantil tenha sido Owen, o jovem cavalariço. Aos olhos dela, Owen era a fonte de toda a sabedoria e nunca errava — para exasperado divertimento do rei e da rainha, particularmente do pai.

O relacionamento entre o pai e a filha era, de longe, o mais significativo. "O rei sentia grande orgulho da filha, que, por sua vez, tinha o desejo inato de fazer o que se esperava dela", comentou Crawfie.[40] O relacionamento deles era amoroso e complexo, e o rei, um homem reservado e tímido, admirava a maturidade precoce de Elizabeth e galantemente tentava protegê-la do solitário futuro que a aguardava. Em certos momentos, ele parecia querer parar o relógio e manter as filhas crianças, em vez de adolescentes em crescimento.

O pai despertava em Elizabeth a natureza maternal, especialmente quando sofria de "rangeres" — explosões de temperamento causadas pela frustrante inabilidade de superar a gagueira persistente. Ambas as garotas aprenderam a resgatar o pai desses humores sombrios. Elas também aprenderam que o melhor era ficar fora do caminho dele e deixar a mãe lidar com o problema.

No verão de 1939, com a perspectiva de guerra despontando no horizonte, o grupo real viajou para o colégio naval Dartmouth, no sudoeste da Inglaterra, a bordo do iate real, o *Victoria and Albert*.

Seria lá, em 22 de julho, que Elizabeth conheceria o jovem que mudaria sua vida. Os augúrios não foram bons. Embora as garotas devessem comparecer a uma missa na capela após a inspeção dos cadetes, decidiu-se que, como dois deles estavam com caxumba — doença que pode causar infertilidade —, elas deveriam passar o tempo na casa do capitão do colégio, Sir Frederick Dalrymple-Hamilton. Os dois filhos mais velhos do homem, North, de 17 anos, e Christian, de 19, foram encarregados de distraí-las. No meio da brincadeira com um trem de corda, uniu-se ao quarteto um garoto de boa aparência, olhos azuis penetrantes, traços marcantes, maneiras informais e aparência de viking. Entrara em cena o príncipe Philip da Grécia, sobrinho do cavalariço do rei, Lord Louis Mountbatten, parecido com Adônis. O príncipe, então com 18 anos, logo ficou entediado com os trens e sugeriu saltarem sobre a rede da quadra de tênis. Embora Crawfie o tenha achado "exibido", suas alunas o viam por uma perspectiva diferente, admirando quão alto ele conseguia saltar. Embora Elizabeth não tirasse os olhos dele, o contrário não aconteceu. Philip estava simplesmente cumprindo as ordens do tio Louis, que lhe dissera para fazer companhia às garotas. Ele preferia ter comparecido ao evento principal, no qual o rei inspecionava as fileiras de aspirantes a oficiais navais.

Se Philip havia recebido ordens do incorrigível casamenteiro real, o tio Louis, para fazer amizade com Elizabeth, não se esforçou muito. Durante o almoço do dia seguinte, o príncipe exibiu juvenil entusiasmo pelo extenso cardápio, em vez de conversar com a companheira real que lhe foi designada. Rapidamente o faminto cadete, acostumado às rações da Marinha, devorou vários pratos de camarão, uma banana split e mais tudo o que conseguiu pôr as mãos. "Para as garotas, um rapaz de qualquer tipo era sempre uma criatura estranha, vinda de outro mundo", comentou Crawfie, que não gostou muito do excesso de confiança de Philip. "Lilibet ficou lá sentada, de rosto vermelho, gostando muito da companhia. Para Margaret, qualquer um que conseguisse comer tantos camarões era um herói."[41]

O príncipe era, de fato, uma criatura estranha e exótica. Afinal, com exceção do sangue real, a criação e o background de Elizabeth e Philip não poderiam ter sido mais diferentes. Até aquele momento, ele tivera uma vida extraordinária, quase inacreditável. O avô havia sido assassinado; o pai, preso; a mãe, a princesa Alice, internada à força em um hospício. Era de conhecimento público que ele nascera sobre uma mesa de jantar em uma vila chamada Mon Repos, na ilha grega de Corfu. Quando Philip tinha menos de 2 anos, a família fugiu da ilha, enquanto o menino estava acomodado em um caixote de laranjas à guisa de berço, a bordo de um destróier inglês. O pai, príncipe Andrea, foi enviado para o exílio; a sentença de morte imposta por um tribunal militar foi comutada por intervenção de George V.

Desde os 8 anos, Philip levou uma vida errante, estando poucas vezes com o pai — que se mudara com a amante para um pequeno apartamento em Monte Carlo — e menos ainda com a mãe. Em um período de 18 meses, suas quatro irmãs se casaram e se mudaram para a Alemanha com os maridos aristocratas. Philip fora matriculado no colégio interno Cheam e estudara em Salem, na Alemanha, antes de completar sua educação formal em Gordonstoun, no norte da Escócia, a recém-fundada escola dirigida por Kurt Hahn, um judeu alemão que fugira do país de origem.

Apesar de tudo por que passara, Philip era lembrado como um garoto alegre e vivaz, dono de uma mente inquisitiva e possuidor de uma habilidade natural para os esportes. Ele não sentia pena de si mesmo por causa daqueles dias: segundo relatou a seu biógrafo, Gyles Brandreth: "A família se dividiu. Minha mãe estava doente, minhas irmãs, casadas e meu pai vivia no sul da França. Tive que seguir em frente. É isso que as pessoas fazem."[42] Em Gordonstoun, ele foi nomeado guardião ou monitor de alunos; em Dartmouth, recebeu a Adaga Real por ser o melhor cadete de seu ano de ingresso.

Ele certamente atraiu os olhares da princesa e do restante do grupo real conforme o *Victoria and Albert* navegava lentamente pelo estuário. O navio real era seguido por uma flotilha de barcos a remo, a bordo dos quais cadetes empolgados se despediam ruidosamente dos soberanos.

Quando o estuário se alargou, alguns deles continuaram seguindo o iate. A certa altura, o rei, temendo um acidente, indicou ao comandante, Sir Dudley North, que sinalizasse a eles que voltassem. Finalmente, os garotos rumaram em direção à costa — com exceção de um jovem que ignorou todos os sinais. Era Philip, observado atentamente por Lilibet por trás do binóculo. Depois de algum tempo, percebendo que ninguém estava impressionado com a bravata marítima que ele exibia, o jovem príncipe deu meia-volta e remou em direção ao colégio.

Seis semanas depois, a Grã-Bretanha declarava guerra à Alemanha. Philip foi nomeado aspirante e designado para o couraçado HMS *Ramillies*. As princesas souberam do conflito iminente por meio da emocionada pregação do ministro Dr. John Lamb na pequenina igreja paroquial de Crathie Kirk, perto de Balmoral, onde elas estavam hospedadas. Ele disse à congregação que a paz terminara e a Grã-Bretanha estava novamente em guerra.

Quando saíram da missa, nervosas e empolgadas, Margaret perguntou a Crawfie: "Quem é esse Hitler, que está estragando tudo?"[43]

Elas descobririam em breve.

2

Bombas na hora de dormir

Logo depois de Winston Churchill se tornar primeiro-ministro, em maio de 1940, um espião nazista chegou de paraquedas à Grã-Bretanha. O agente, nascido na Holanda e que atendia pelo nome de Jan Willem Ter Braak, carregava consigo um revólver, um radiotransmissor, documentos falsos e dinheiro em espécie. As ordens as quais estava cumprindo eram simples: encontrar e assassinar Winston Churchill. O espião morou com um casal em Cambridge por algum tempo e então, conforme seu dinheiro chegava ao fim e ele começava a temer ser capturado, entrou em um abrigo antiaéreo público e se matou com um tiro na cabeça.[1] Esse foi provavelmente o primeiro de ao menos três planos para matar o primeiro-ministro durante a guerra, com os conspiradores às vezes abatendo o alvo errado. Como o próprio Churchill comentou em seu livro de memórias sobre a guerra: "A brutalidade dos alemães só se comparava à estupidez de seus agentes."[2] Ele foi, no entanto, excessivamente desdenhoso. A política alemã de matar ou capturar líderes políticos e chefes de Estado reais quase teve sucesso. George VI, a rainha consorte — que Hitler mais tarde descreveu como "a mulher mais perigosa da Europa" — e suas filhas estavam no topo da lista de sequestros e prisão. Um dos planos previa que paraquedistas descessem no jardim do Palácio de Buckingham e em outros parques reais e mantivessem o rei e sua família sob "proteção alemã".

O homem por trás desse esquema, Dr. Otto Begus, quase capturou a rainha Wilhelmina da Holanda durante a invasão nazista dos Países Baixos. Enquanto as tropas desciam de paraquedas na residência real em Haia, Begus e os homens sob seu comando estavam envolvidos em operações de invasão aérea que levaram à queda de certo número de planadores perto do aeroporto de Valkenburg.

Wilhelmina conseguiu evitar a captura: deixou para trás todos os seus bens pessoais, fugindo somente com as roupas do corpo para a cidade de Hoek van Holland, no litoral do mar do Norte. Lá, o destróier britânico HMS *Hereward* esperava a rainha e sua família, assim como membros do governo holandês e as reservas de ouro e diamantes do Estado. A operação, chamada de Força Arpão, foi um sucesso, embora o destróier tenha sido atacado por bombardeiros Stuka durante a travessia para a Inglaterra. Finalmente, Wilhelmina chegou sã e salva ao Palácio de Buckingham, onde contou suas aventuras ao rei e à rainha.

O rei belga Leopold III não teve tanta sorte. Em 28 de maio, dias antes da queda da França, ele rendeu-se aos nazistas depois que suas tropas foram cercadas, gerando polêmica. Os alemães o mantiveram inicialmente em prisão domiciliar no Castelo Real de Laeken (residência oficial da família real belga), nas cercanias de Bruxelas, até 1944, quando foi enviado à Áustria.

Em toda a Europa, outros nobres fugiam dos invasores nazistas. O rei Haakon VII da Noruega passou semanas evitando a captura enquanto ele, o príncipe herdeiro, Olav, e membros do governo norueguês eram perseguidos por um esquadrão de cem paraquedistas nazistas. Como a rainha Wilhelmina, o exausto monarca e seu filho subiram a bordo de um cruzador britânico, dessa vez o HMS *Devonshire,* e foram levados para a Inglaterra. Ao chegarem ao Palácio de Buckingham, estavam tão cansados após a traumática fuga de 7 de junho que adormeceram deitados no chão, enquanto a rainha andava na ponta dos pés para não perturbá-los.

Mais para o sul, o duque e a duquesa de Windsor, que estavam em Portugal, um país neutro à época, foram os alvos da Operação Willi: Hitler enviou o principal espião alemão, Walter Schellenberg, a Lisboa a fim de liderar uma equipe para capturar o casal e atravessar com ele a fronteira para a Espanha de Franco, amigo dos nazistas. De última hora,

Churchill soube do plano e fez com que o casal embarcasse em um navio para as Bahamas, onde o antigo rei se tornou o relutante novo governador.

O grande esquema de Hitler se baseava na ideia de instalar o duque como rei da Inglaterra, que estava prestes a ser conquistada, ou transformar outros membros da realeza europeia em reféns; assim, eles poderiam ser usados como governantes-fantoches ou como garantia do bom comportamento dos súditos. Era uma estratégia tão antiga quanto a guerra.

Com a Grã-Bretanha encurralada e sua força expedicionária resgatada a grande custo das praias manchadas de sangue de Dunquerque entre o fim de maio e o início de junho de 1940, Hitler se preparava para o golpe final. Em algum momento de agosto daquele ano, enquanto o plano de invasão Operação Leão Marinho era finalizado, Otto Begus, de acordo com seu testemunho posterior,[3] recebeu instruções escritas de se apresentar para uma missão especial. O alvo dessa vez era a família real britânica. Um comando especialmente treinado de paraquedistas, incluindo alguns que haviam participado da missão holandesa, aprontou-se para capturar o rei, a rainha e as duas princesas. O objetivo era manter os reféns reais vivos: os paraquedistas foram instruídos sobre como saudar e se dirigir aos cativos membros da família real.

No grande esquema alemão, Hitler acreditava que, se a tentativa de sequestro fosse bem-sucedida, a Grã-Bretanha seria forçada a se render. Somente o fracasso da Luftwaffe em vencer a batalha contra a Grã-Bretanha fez com que o plano fosse abandonado. Mesmo assim, a perspectiva de paraquedistas alemães descendo nas cercanias da Torre de Londres e nos jardins do Palácio de Buckingham ou de outras residências reais foi levada muito a sério pela família real e pelos estrategistas militares.[4]

A rainha, temendo ser capturada, praticou tiro com pistola nos jardins do Palácio de Buckingham, usando como alvo os ratos que haviam fugido dos edifícios bombardeados. Sua sobrinha, Margaret Rhodes, tempos depois, lembrou: "Suponho que ela pensava que, se paraquedistas surgissem com o propósito de levá-los para algum lugar, ela poderia ao menos abater um ou dois."[5]

O rei George VI, que passara a carregar um rifle e uma pistola, super-visionou pessoalmente a remoção das inestimáveis Joias da Coroa da Torre de Londres. Enroladas em panos de algodão e postas em caixas de couro, elas foram levadas para o Castelo de Windsor e escondidas no calabouço.

Por trás dos sorrisos corajosos e da calorosa confiança que transmi-tiam aos súditos, tanto o rei quanto a rainha carregavam uma sensação de tragédia iminente durante os mais fatídicos meses desde a ameaça de invasão da Armada espanhola, em 1588.

Antecipando os dias sombrios e incertos que estavam por vir, a rainha escreveu para a irmã mais velha, Rose, perguntando se ela cuidaria das princesas caso algo acontecesse ao rei ou a ela mesma. Rose concordou prontamente, dizendo: "Prometo que farei o melhor que eu puder e irei diretamente até elas se, Deus nos livre, algo acontecer a vocês."[6]

Embora tanto o rei quanto a rainha falassem em morrer lutando no caso de os nazistas invadirem Londres, havia a perturbadora questão do que seria feito com as preciosas filhas. Muitos de seus amigos aristocratas tinham mandado os filhos para o Canadá; outros haviam optado por mandá-los para o interior do país. Depois da declaração de guerra em 3 de setembro de 1939 — a resposta à invasão da Polônia pelos alemães —, as princesas foram mandadas para o Birkhall Lodge, nas Terras Altas esco-cesas, já que Balmoral era considerado alvo para os bombardeiros nazistas. Enquanto isso, o casal real e uma equipe reduzida mantinham o Palácio de Buckingham funcionando. Nos primeiros meses da chamada Guerra de Mentira, período que se estendeu até maio de 1940, quando a Alemanha engoliu de uma vez só a França, a Bélgica, a Holanda e Luxemburgo, as garotas cavalgaram, envolveram-se em brincadeiras inocentes, como fazer pedidos a cada folha que caía das árvores, e aprenderam francês sob o olhar atento de Georgina Guerin, que mais tarde retornou a seu país natal, onde exerceu um papel de liderança na Resistência francesa. Além disso, Elizabeth continuou a ter aulas por correspondência com Henry Marten, o vice-reitor de Eton que havia se tornado tutor particular da princesa. A guerra parecia muito distante, embora sem dúvida as garotas,

BOMBAS NA HORA DE DORMIR

sensíveis aos humores paternos, percebessem a tensão por trás das brincadeiras descontraídas durante o telefonema diário das 6 horas da tarde. Até mesmo tirar medidas para as máscaras de gás parecia um jogo — a princesa Margaret, então com 9 anos, lidava com aquele estranho objeto de borracha como se fosse um brinquedo esquisito.

Naturalmente, a rainha queria poupar as filhas o máximo possível, dizendo a Crawfie para monitorar os programas de rádio e a cobertura dos jornais. "Mantenha-se na programação de sempre enquanto puder, Crawfie", ordenou o rei. Era mais fácil falar que fazer, já que as garotas frequentemente ligavam o rádio para ouvir o loquaz apresentador Lord Haw-Haw (pseudônimo do irlandês nascido norte-americano William Joyce) e seu programa *Germany Calling* [A Alemanha Chama] cheio de propaganda nazista em inglês. Muitas vezes elas ficavam tão chocadas com as tiradas dele que jogavam almofadas e livros no rádio.

Em 14 de outubro, um submarino alemão pôs a pique o navio de guerra *Royal Oak* causando a morte de 834 homens e meninos. A cruel realidade da guerra se apresentava às garotas. "Crawfie, não pode ser verdade, todos aqueles ótimos marinheiros", disse a princesa Elizabeth. Foi uma época confusa e preocupante, especialmente porque o rei e a rainha estavam a 840 quilômetros de distância. Para as duas jovens, Hitler poderia facilmente capturá-los.

Mesmo ali, na Royal Deeside, uma região idílica do interior escocês, os tentáculos da guerra as alcançavam. Toda quinta-feira, Crawfie organizava um clube de costura para auxiliar no esforço de guerra e as garotas serviam bebidas para as mulheres que compareciam. A decisão do rei de permitir que a mansão de pedra de Craigowan Lodge, na propriedade Balmoral, fosse usada para abrigar crianças evacuadas de Glasgow certamente ampliou os horizontes das princesas. Quando elas chegavam, frequentemente acompanhadas das mães, Crawfie insistia para que as meninas os recebessem e oferecessem chá a todos.

Para as princesas, que haviam crescido no campo, era como encontrar criaturas de outro planeta. Criadas na pobreza no distrito Gorbals, em

Glasgow, muitas daquelas crianças nunca haviam visto um coelho, um cervo ou um pônei ou experimentado o prazer propiciado pelo silêncio das colinas circundantes · — ou de um banho quente.

Outra presença incomum naquela época era a dos lenhadores canadenses, que abatiam árvores da propriedade de Balmoral, cuja madeira seria usada no esforço de guerra. O conflito criou estranhas amizades, mas garantiu que ambas as garotas crescessem muito mais rapidamente do que em tempos de paz. Embora a rainha gostasse de ver as filhas em trajes iguais (o que inevitavelmente fazia com que a princesa Elizabeth parecesse mais jovem), a interrupção da rotina, a ausência do pai e da mãe e as incertezas da guerra interromperam a infância das princesas. No Natal, elas tiveram uma mudança bem-vinda de cenário quando a rainha pediu que Crawfie as levasse a Sandringham, em Norfolk, costa nordeste da Inglaterra — muito embora o local fosse considerado uma provável porta de entrada para a invasão alemã. De fato, enquanto elas rumavam para o sul, o vizinho da família em Norfolk, o conde de Leicester, proprietário de Holkham Hall, enviou as filhas Anne e Carey para longe do perigo: para o norte, na Escócia.

As crianças reais eram diferentes. A permanência delas na Grã-Bretanha era vista como prova da resolução dos líderes da nação. Se as princesas fossem enviadas para o Canadá ou a um país neutro, isso seria um golpe no moral e na resistência do país. No fim de maio de 1940, quando o primeiro-ministro Churchill viu os planos de evacuação dele mesmo, do governo e da família real, encerrou o assunto dizendo com todas as letras que "tal discussão"[7] não seria permitida. Contudo, ao menos nessa ocasião, a rainha superou a retórica do primeiro-ministro com a memorável frase: "As crianças não podem ir sem mim, eu não posso ir sem o rei e o rei jamais partirá!"[8]

No entanto, a despeito da firme posição de Churchill, o assunto foi discutido. Preparando-se para a potencial chegada da família real após a esperada invasão alemã, o governo canadense gastou C$75 mil comprando Hatley Hall, uma mansão em falso estilo Tudor de quarenta cômodos na

BOMBAS NA HORA DE DORMIR 51

ilha de Vancouver, para uso da família. Em seu diário, o então primeiro-ministro canadense, William Mackenzie King, escreveu, em maio de 1940, que o rei e a rainha eram esperados em breve, implicando que a Grã-Bretanha cairia e o Canadá seria o refúgio do governo derrotado e do que sobrasse das Forças Armadas do país.[9]

O debate sobre o que fazer com a herdeira presuntiva e a irmã, independentemente do rei e da rainha, ocupava a mente de ministros e militares. Aceitava-se que o casal real permanecesse na Grã-Bretanha. Contudo, para que a resistência também lutasse a partir do Canadá, a herdeira precisaria estar lá, como legítima chefe do Estado britânico no exílio. Com a proibição desse tipo de discussão, alguns generais temiam que o ato de atrasar a partida de Elizabeth e Margaret colocaria ambas em perigo desnecessariamente. O governo não tocava no assunto e os ministros estavam alarmados porque já circulavam rumores sugerindo que as princesas haviam partido para o Canadá.

À época, os membros da família real eram protegidos por unidades militares diferentes. Em julho, o major Jim Coats, da Coldstream Guards (tropa de infantaria de elite do Exército britânico), reuniu o que o rei George mais tarde chamaria de "meu exército particular". Coats, um esquiador brilhante, pescador habilidoso e, ainda mais importante, amigo da família real, estava encarregado da epônima Missão Coats. Sob o codinome Operação Cavalo de Balanço, ele e seus colegas da Coldstream Guards receberam a missão de proteger o rei e a rainha "até o último homem e a última bala". Se houvesse risco de a família real ser capturada, a tarefa deles era garantir a fuga imediata para uma das quatro casas de campo localizadas em Worcestershire, Yorkshire ou Shropshire, em carros blindados especialmente adaptados para levar os soberanos à relativamente segura área rural. Apenas quando o país estivesse em risco de colapso total eles voariam para o Canadá via Islândia ou, alternativamente, embarcariam em um destróier ancorado no porto de Liverpool. Os membros da família real foram instruídos a manter uma mala arrumada ao lado da cama, preparada para uma possível evacuação. A rainha-mãe,

Mary, seguramente abrigada em Badminton House, em Gloucestershire (na costa inglesa oposta ao continente europeu), mantinha as joias mais preciosas que possuía — e não roupas ou artigos de higiene — na maleta de mão.

Os planos para a herdeira presuntiva e a irmã, que haviam sido levadas do Royal Lodge para o vizinho Castelo de Windsor durante os desesperados dias de maio de 1940, eram diferentes. Se uma unidade de paraquedistas tentasse sequestrá-las nos moldes de como havia pensado Otto Begus, cabia ao tenente Michael Tomkin, da 2ª Northamptonshire Yeomanry, um regimento do Exército britânico, garantir a segurança das princesas. Essa companhia era efetivamente o "exército privado de Lizzie". A missão era tão importante que Tomkin e seus soldados logo receberam quatro dos pouquíssimos carros blindados que ainda restavam no país — o Exército britânico em retirada deixara todo o equipamento pesado nas praias belgas e francesas. Eles prontamente adaptaram dois carros para as princesas, removendo as metralhadoras e instalando dois assentos pequenos para que elas viajassem com mais conforto.

Os soldados começaram a praticar, à noite, as rotas que tomariam até refúgios selecionados — Madresfield Court, uma casa de campo cercada por um fosso em Worcestershire, foi inicialmente escolhida como base, chamada de Estabelecimento A, para a família real e o governo. Como um agrado, Tomkin levou as duas princesas, Crawfie e um corgi para um teste em torno do Home Park (o belo parque real de pouco mais de 265 hectares nos arredores de Windsor). Na opinião das princesas, foi uma experiência empolgante e agradável.

O exército privado de seu pai não se saiu tão bem. Certa noite, ele discutia sobre a segurança com seu hóspede temporário, o rei Haakon, que perguntou sobre os preparativos no caso do muito temido ataque de paraquedistas alemães. Com um floreio, o rei pressionou um alarme e convidou o monarca norueguês para se juntar a ele e à rainha no jardim, antecipando a pronta resposta de sua força de defesa. Nada aconteceu. O cavalariço enviado para descobrir o que estava acontecendo relatou que,

BOMBAS NA HORA DE DORMIR

quando o alarme soara, o sargento da polícia de plantão dissera ao oficial da Guarda que não havia ataque algum em andamento. Finalmente, após esse atraso burocrático, guardas começaram a chegar correndo ao jardim. Na opinião do rei exilado, o comportamento do corpo de segurança não inspirava confiança. O biógrafo do rei, John Wheeler-Bennett, contou a história: "Para horror do rei Haakon, mas grande diversão do rei e da rainha, eles começaram a vasculhar a vegetação rasteira como batedores durante uma caçada, e não como homens perseguindo um inimigo perigoso."[10]

A terrível situação enfrentada pelo país não era motivo de riso. Semanas depois, em 7 de setembro de 1940, a palavra-código *Cromwell* foi dita em um pronunciamento, o que significava que a invasão alemã era iminente. Os sinos das igrejas tocaram durante a noite, pontes foram detonadas e minas terrestres, espalhadas ao acaso nas estradas. O aviso, que colocou os homens da Missão Coats de prontidão, marcou o início efetivo da Blitz ("relâmpago", em alemão), campanha de bombardeamentos estratégicos na qual a Luftwaffe enviava onda após onda de aviões sobre o sul da Inglaterra. Londres foi o primeiro alvo e o mais duramente atingido, mas a família real manteve-se firmemente na linha de frente. O Palácio de Buckingham foi bombardeado durante o primeiro ataque, embora a explosão tenha causado poucos danos. O segundo ataque, em 9 de setembro de 1940, poderia ter sido muito mais sério. Uma bomba caiu perto do escritório real, mas não explodiu. Pensando se tratar de um artefato com defeito, o rei continuou trabalhando. Foi uma suposição tola: a bomba explodiu nas primeiras horas da noite, causando consideráveis danos à fachada norte do palácio, quebrando todas as janelas e arrancando grande parte do estuque. O rei dera sorte — assim como o país.

Um ataque ainda mais sério aconteceu em 13 de setembro, quando um único bombardeiro alemão voou diretamente sobre a avenida The Mall e lançou seis bombas, tendo duas delas caído próximas ao rei, que estava com seu secretário particular, Alec Hardinge. O rei escreveu posteriormente: "A coisa toda levou segundos. Todos nos perguntamos por que não estávamos mortos."[11] Ficou evidente que o Palácio de Buckingham fora o alvo daquele ousado ataque diurno; o rei e outros suspeitavam que o piloto era um de seus muitos familiares alemães. No total, o palácio foi bombardeado 16 vezes durante a guerra — tendo sido nove dessas vezes ataques diretos. Graças à Força Aérea Real [RAF, na sigla em inglês] e seu impacto decisivo na batalha da Grã-Bretanha, o medo de que paraquedistas pousassem no jardim real diminuiu. Na realidade, os ataques ao Palácio de Buckingham foram uma tremenda vitória em termos de propaganda, consolidando o acordo emocional entre o soberano e o povo e produzindo uma onda mundial de simpatia pela sitiada família real, especialmente nos Estados Unidos. Esse sentimento patriótico foi expresso na ressonante frase da rainha, referindo-se a uma parte pobre de Londres, duramente atingida pelas bombas nazistas: "Estou feliz por termos sido bombardeados; agora consigo encarar o East End."[12]

Os sorrisos empáticos e os apertos de mão trocados com socorristas e vítimas dos bombardeios disfarçavam a crescente tensão do casal real. A rainha achava o abrigo antiaéreo do Palácio de Buckingham profundamente claustrofóbico, sentia pavor dos bombardeios noturnos e se preocupava constantemente com o próprio destino e o da família. A guerra era extenuante, física e emocionalmente, e cada dia era um novo lembrete da natureza transitória da vida. Por ter perdido o amado irmão mais velho, Fergus Bowes-Lyon, num campo de batalha durante a Primeira Guerra Mundial, a rainha sentia intensa empatia pelo sofrimento alheio. O amanhecer sempre chegava acompanhado de novos horrores. Em setembro de 1940, por exemplo, ela visitou uma escola no pobre distrito londrino de East Ham, que fora bombardeado. Entre mortos e feridos estavam dezenas de crianças esperando para serem evacuadas. "Fico muito mais abalada ao ver essa destruição terrível e sem sentido do que quando sou eu mesma a vítima de um bombardeio", escreveu ela à rainha Mary.[13]

Ao menos ela e o rei eram capazes de ver as filhas quase diariamente, pois o casal passava a maior parte das noites no Castelo de Windsor, onde um grande e reforçado abrigo antiaéreo fora preparado para a família real sob as torres Brunswick e, mais tarde, Vitória. Nas primeiras semanas, o castelo foi poupado do pior dos bombardeios, e o único acontecimento de nota foi a derrubada, em setembro, de um caça alemão Messerschmitt no Grande Parque de Windsor. As princesas e a amiga Alathea Fitzalan Howard, que morava no terreno do parque, encontraram o avião abatido na floresta e levaram suvenires para o castelo. Na maioria das noites, o alarme no interior de Windsor soava para avisar sobre o ataque aéreo iminente. O sono era constantemente interrompido pelos bombardeiros e pela bateria antiaérea no solo. "Parecíamos viver em uma espécie de submundo mal iluminado e sem aquecimento central", comentou Crawfie.[14]

Nos primeiros dias, a chegada tardia das princesas ao abrigo aéreo causou ansiedade entre os ocupantes do castelo real, temerosos do que poderia acontecer com elas caso não alcançassem a relativa segurança do abrigo a tempo. Em certa ocasião, a jovem princesa Margaret, então com 10 anos, atrasou-se procurando calças adequadas. Quando as garotas receberam macacões e seus "tesouros" foram colocados em pequenas bagagens de mão, o tempo de chegada até o abrigo se tornou muito mais rápido.

A mudança foi providencial: em duas noites consecutivas de outubro, as princesas ouviram o enervante assobio das bombas entre os disparos da bateria antiaérea montada ao redor do castelo. Embora Windsor não tenha sido atingido na ocasião, ao fim da guerra trezentas bombas haviam explodido sobre ou perto dele. Em uma ocorrência em seu diário datada do início de outubro, Alathea, que morava próximo ao castelo, registrou a própria e aterrorizante experiência quando numerosas bombas, algumas de ação controlada, explodiram por perto: "Em minha cama, eu tremia com um terror desvairado que nunca tinha sentido antes." Algumas horas depois, uma bomba de efeito retardado explodiu. "Fiquei deitada em um silêncio horrorizada enquanto via as paredes sacudindo violentamente de um lado para outro."[15] Sem dúvida essa alarmante, mas não menos empolgante, experiência foi relatada em detalhes pela menina às princesas, durante as aulas semanais de desenho e dança.

O barulho das bombas caindo e mais a tensão da constante antecipação de outro ataque aéreo modificaram fisicamente tanto Elizabeth como Margaret. A rainha comentou posteriormente que as filhas pareciam preocupadas e "diferentes". "Embora elas sejam boazinhas e comportadas, estão sempre alertas, e isso se torna estressante", escreveu ela à rainha Mary.[16]

Naquele outubro, a princesa Elizabeth, então com 14 anos, fez seu primeiro discurso transmitido pelo rádio, um pronunciamento perfeito de quatro minutos sobre as tribulações sofridas pelas muitas crianças que haviam deixado a família pela relativa segurança dos domínios distantes. A princesa, que praticou incessantemente o discurso, lembrou aos ouvintes da então Commonwealth — arranjos especiais foram feitos para a transmissão também para os Estados Unidos — que as crianças permaneciam alegres e corajosas, a despeito de serem forçadas "a suportar nossa parte do perigo e da tristeza da guerra".[17] A transmissão terminou com Elizabeth chamando a irmã para se despedir também; a princesa Margaret então desejou "Boa noite, crianças".

Enquanto ouvia o discurso de seu lar temporário na Escócia, a colega das princesas, Anne Coke, que vivia em Holkham Hall, na costa nordeste do país, pensou: "Elas são nossas heroínas... Lá estavam as duas princesas ainda na Inglaterra, correndo tanto perigo quanto nós."[18] Não só isso: as duas partilhavam as mesmas privações. O rei era meticuloso no racionamento e nas regras sobre o aquecimento. Quando ficaram mais velhas, as garotas foram instruídas a jamais aceitar presentes, especialmente itens muito desejados à época, como meias de nylon. Essa vida de necessária parcimônia afetou até mesmo as normalmente obedientes princesas. Por ser vegetariano, o embaixador da Grã-Bretanha na então União Soviética, Sir Stafford Cripps, pediu uma omelete durante um jantar no palácio, causando considerável estrago no estoque da família real. Enquanto ele comia, as princesas fizeram caretas pelas costas, sabendo que ficariam sem ovos por uma semana, pelo menos.

Como muitos na Grã-Bretanha em tempos de guerra, as garotas levavam uma vida de dramáticos contrastes. O vice-reitor de Eton e tutor particular de Elizabeth, Henry Marten, chegava ao Castelo de Windsor em uma carruagem puxada por um pônei. Ele e a princesa se sentavam e discutiam a história britânica em um dos edifícios mais icônicos da nação enquanto, nos céus, a história era feita ao vivo na batalha da Grã-Bretanha.

Embora fosse um professor confiante, Marten hesitava quando o tópico era a Constituição britânica. Dado que o esmaecimento dos poderes soberanos caminhava de mãos dadas com a Constituição não escrita da nação, ele não sabia bem como discuti-la com a futura monarca. Quando pediu conselhos ao secretário particular do rei, Alan Lascelles, foi instruído a não "esconder nada".[19] Em agradecimento aos esforços de Alan, o rei o sagrou cavaleiro em 1945.

Menos contenciosa era a assistência acadêmica de Marie-Antoinette de Bellaigue, conhecida como Toinon, substituta de Georgina Guerin, então líder da Resistência francesa. Ela fora contratada para tornar as princesas proficientes em francês. "Em nossas conversas", lembrou ela, "eu tentava dar às princesas certa consciência sobre os outros países, o modo de pensar e os costumes — que, às vezes, eram fonte de diversão. A rainha Elizabeth II sempre teve bom julgamento. Ela era simplesmente ela mesma, *très naturelle*. E também um forte senso de dever misturado à *joie de vivre* em seu caráter."[20]

A princesa Margaret treinava francês por meio de músicas populares e canções infantis, e a voz jovial e limpa da menina acompanhada pelo piano era frequentemente ouvida vinda do quarto.

As aulas conferiam um senso de rotina e normalidade aos dias sombrios da guerra na Grã-Bretanha. Crawfie garantia que, longe de permanecerem escondidas no andar de cima com a governanta, as jovens princesas tivessem contato com uma gama mais ampla e diversa de pessoas do povo do que teriam em tempos de paz.

Ela se sentia particularmente orgulhosa da tropa de bandeirantes que organizara em Windsor. O grupo era composto por filhas de oficiais, crianças que viviam nas imediações do castelo e jovens do empobrecido East End londrino, cujas casas haviam sido bombardeadas ou cujos pais haviam sido mortos e, por isso, viviam com familiares na propriedade Windsor. Não havia cerimônia nas reuniões. As garotas do East End, cujo sotaque era tão indecifrável quanto o das crianças de Gorbals, em Glasgow, passaram a se referir à princesa Elizabeth como Lilibet após ouvirem Margaret chamá-la assim. "Margaret era a mais vivaz, cheia de brincadeiras e piadas", lembrou Joan Scragg, uma colega do grupo. Elizabeth era mais reservada.[21]

Independentemente do nível de familiaridade, todo mundo trabalhava. Quando as garotas acampavam no Grande Parque de Windsor, o rei às vezes se juntava a elas, ajudando a montar barracas e cavar latrinas. Depois das refeições ao redor das fogueiras, as princesas, um tanto relutantes no início, faziam as partes que lhes eram designadas, como lavar louça e recolher madeira. (Elizabeth gostava tanto de lavar louça que, por muitos natais, recebeu de presente luvas de borracha.)

Naquele inverno, as princesas deixaram o grupo de bandeirantes e passaram as festas de fim de ano com os pais em Appleton House, um refúgio dentro da propriedade Sandringham outrora pertencente aos reis da Noruega. Ali, elas conviveram com os jovens oficiais da Missão Coats, que logo passaram a ser tratados como parte da família real. Eles se uniam a elas na igreja, eram convidados para jantar e tomar chá e ainda para caçar faisões com o rei na ampla propriedade — embora um general tenha protestado quanto ao uso de seus soldados como batedores a fim de espantar os faisões e conduzi-los na direção das armas.

O major Malcolm Hancock se lembrou da ocasião na qual as princesas tomaram chá com os oficiais: "Jogamos *animal grab* [um ruidoso jogo de cartas], e a princesa Margaret ficou tão empolgada que pulou na mesa."[22]

Durante a longa estadia de inverno, as princesas brincaram de esconde-esconde e caça ao tesouro. Elizabeth se juntou aos homens para jogar hóquei no gelo no lago congelado perto do York Cottage, onde George V vivera. Depois de fazer um gol, ela e a irmã participaram entusiasticamente da guerra de bolas de neve que se seguiu.

Os homens da Missão Coats também forneciam entretenimento musical. O capitão temporário Ian Oswald Liddell organizou uma pantomima de Natal chamada *Cinderela* e subintitulada *E daí e os sete bobos*. A família real cantou "O velho MacDonald tinha uma fazenda" e, depois disso, Margaret grunhiu como um porquinho e imitou outros animais de fazenda por horas. Algum tempo depois, em um coquetel para os oficiais da Missão Coats e as respectivas esposas, ela cantou novamente — com direito a todos os sons dos animais de fazenda.

Tanta era a informalidade entre a família real e os guarda-costas que os soldados fizeram uma vaquinha e compraram uma caixa de chocolates para o 15º aniversário da princesa Elizabeth, em 21 de abril de 1941.

Após o retorno ao Castelo de Windsor, Elizabeth e Margaret se encarregaram de entreter os oficiais da Guarda de Granadeiros que se recuperavam de ferimentos, e também pilotos de licença. Embora a instituição das Forças Armadas Britânicas favorita do rei fosse a Marinha Real, as princesas sentiam secreta admiração pelos magníficos homens em máquinas voadoras cujo heroísmo salvara a nação dos invasores nazistas. No gramofone, tocavam sem parar a canção favorita de tempos de guerra, "Comin' in on a Wing and a Prayer"; a canção narrava a história de um avião desaparecido que retorna à base sem um motor, mas com a tripulação ilesa. Como milhares de crianças, as princesas haviam memorizado o som característico e a silhueta de cada avião, fosse alemão, fosse britânico. Em abril de 1941, elas ficaram encantadas ao ganhar um modelo do caça britânico Spitfire, criado por um piloto tcheco a partir dos destroços de um bombardeiro Dornier alemão abatido. Dada a grande paixão das princesas pela RAF, não é difícil imaginar a empolgação que as duas sentiram quando foram apresentadas a um genuíno piloto de caça, dono de inúmeras condecorações pela atuação que tivera na batalha da Grã-Bretanha, que serviria temporariamente ao rei, auxiliando-o em seus deveres oficiais. Tratava-se do altamente condecorado capitão de esquadrilha e ás da aviação Peter Townsend — uma das figuras mais heroicas e galantes que a guerra construiu na Inglaterra. A rainha o descreveu como um homem "charmoso" e "perfeitamente adequado".[23]

Durante chás e almoços mais formais em homenagem aos militares, alguns dos quais se preparavam para o combate, Elizabeth escolhia os lugares, servia a comida e abria as conversações. A princesa havia sido nomeada coronel da Guarda de Granadeiros em fevereiro de 1942; o primeiro compromisso público oficial ao qual deveria comparecer, dois meses depois de seu 16º aniversário, foi à revista de uma parada regimental em Windsor. Para ela, a vida no castelo consistia em manter as conversas animadas e leves, deixando os pensamentos sombrios sobre a morte para outro dia.

Na posição de coronel honorária, ela experimentava em primeira mão a brutalidade prosaica e arbitrária da guerra e uma profunda sensação de impermanência: naquele momento, conseguia associar rostos aos nomes dos mortos em ação. O capitão Liddell, por exemplo — que em tempos mais felizes organizara a pantomima de 1941 em Sandringham —, foi morto em ação pouco antes de 8 de maio de 1945, o Dia da Vitória na Europa, quando a Alemanha assinou a própria rendição aos Aliados. O heroísmo de Liddell lhe rendeu a Cruz Vitória, a mais alta condecoração britânica por bravura.

A princesa escrevia cartas às famílias daqueles que nunca retornariam, descrevendo o caráter do ente querido e a maneira como seria lembrado pelo tempo que passou no Castelo de Windsor. A rainha era sensível ao efeito que a guerra tinha sobre as filhas e estava consciente, como disse em carta ao irmão David Bowes-Lyon em outubro de 1943, de que aqueles eram "tempos cruéis" para quem ainda estava crescendo. "Lilibet conhece jovens granadeiros e em seguida eles são mortos. Isso é horrível para alguém tão jovem. Tantos bons homens partiram recentemente."[24]

Um efeito colateral positivo do papel de liderança social que desempenhava foi o de forçá-la a enfrentar a timidez crônica — com a ajuda de um pequeno conselho da mãe.

Como lembrou Prudence, Lady Penn, a amiga de longa data de Elizabeth: "A mãe disse a ela: 'Quando entrar em um cômodo, passe pelo centro da porta.' Ela queria dizer para agir não como se precisasse da aprovação de alguém, e sim como se estivesse no comando. Esse foi um conselho muito bom. E ela certamente o seguiu até os dias de hoje."[25] Crawfie também notou a transição. De "menininha tímida", Elizabeth se tornou "uma jovem muito charmosa, capaz de lidar com qualquer situação sem constrangimento"[26] e se transformou em uma "excelente interlocutora".[27]

A princesa, contudo, não gostava de fofocas, como contou Alathea Fitzalan Howard, a melhor amiga de Elizabeth durante a guerra. "Ela é a pessoa menos fofoqueira que conheço. Plácida e indiferente, nunca deseja o que não está ao seu alcance; está sempre feliz com a própria família e nunca precisa da companhia de estranhos; nunca sofre e, portanto, nunca deseja intensamente."[28]

As limitações e responsabilidades da posição da princesa em tempos de guerra enfatizavam seu caráter estoico e reservado e seus modos solenes, qualidades perceptivamente observadas pela primeira-dama Eleanor Roosevelt durante a visita à Grã-Bretanha em outubro de 1942. Hospedada nos aposentos da rainha no bombardeado e gelado Palácio de Buckingham, ela encontrou a princesa de 16 anos duas vezes. Elizabeth entrara oficialmente no mundo adulto ao assinar formalmente o próprio nome no gabinete de empregos em Windsor e, durante a visita da primeira-dama, fazia uma campanha intensa para que seus relutantes pai e mãe a deixassem enfrentar os mesmos riscos que outras garotas da mesma idade que a dela enfrentavam. "Se ela fosse a filha de alguém de fora do palácio, eu diria que era atraente e bastante séria, uma jovem com muito caráter. As questões que ela me propôs sobre a vida neste país foram todas sérias. Ela teve que ponderar seriamente a respeito. Não acho que eles a tenham poupado da seriedade da guerra — afinal, praticamente não há sequer uma janela inteira no Palácio de Buckingham!"[29]

A primeira-dama conheceu a princesa em uma época na qual o rei introduzia a filha gradualmente no mundo singular de um monarca reinante, por meio das intermináveis caixas vermelhas de despachos, que continham documentos ultrassecretos do Gabinete e do Ministério do Exterior para análise e assinatura do soberano. Ao contrário dos monarcas anteriores, notadamente a rainha Vitória e o rei George V, que só muito relutantemente permitiram que seus herdeiros dessem uma espiada no futuro destino que o esperavam, George VI estava disposto e ávido para treinar sua sucessora. Como comentou F. J. Corbitt, vice-administrador de abastecimento do palácio por duas décadas: "Acho que nenhum outro soberano inglês aprendeu tanto a respeito de seu trabalho com o predecessor quanto a rainha Elizabeth com o pai. Era sempre uma alegria vê-los tão felizes na companhia um do outro."[30]

A morte do tio George, o duque de Kent, devido à queda de seu avião em agosto de 1942, consolidou na mente das princesas a súbita e arbitrária realidade da guerra. Depois de mais de 450 anos, um membro da família real morria no serviço ativo. A notícia foi ainda mais chocante porque o rei e a rainha, que estavam em Balmoral, haviam planejado um tradicional baile escocês em homenagem a ele para o fim daquela semana.

A morte de George, as vidas ceifadas impiedosamente nos céus e nas frentes de batalha nos últimos estágios da guerra, a chuva mortal de bombas letais voadoras V-1 sobre Londres — que aterrorizavam a população mais que a própria Blitz —, tudo isso fez com que o rei e a rainha percebessem que precisavam estar preparados para a possibilidade de serem os próximos. Em 18 de junho de 1944, uma V-1 atingiu em cheio a capela da Guarda, perto do Palácio de Buckingham, matando 121 pessoas entre civis e soldados e deixando outras centenas presas sob os escombros. Alguns dias depois, a rainha escreveu à filha mais velha explicando o que ela deveria fazer se a mãe fosse morta pelas bombas voadoras nazistas. Seu tom era tipicamente animado e leve, mas traía suas sérias preocupações:

"Esperemos que isso não seja necessário, mas *sei* que você sempre fará a coisa certa e se lembrará de manter o temperamento sob controle, sempre cumprir sua palavra e ser amorosa e doce. Mamãe."[31] Ninguém estava imune à ideia de mortalidade. Em julho daquele ano, logo antes de partir em um voo secreto para visitar as tropas na Itália, o rei disse à esposa onde ela deveria morar caso ele não retornasse.

Embora o caráter estoico e fleumático da princesa Elizabeth combinasse com o clima de "consertar e fazer durar" da época, ela sentia o crescente desejo de abrir as asas, se debatendo contra o cordão de cautela que a cercava. Segundo a amiga Veronica Maclean, "a quieta determinação que faz parte do caráter dela e que talvez seja uma variação da paciência e constância do pai começava a emergir."[32] Com escolta e em grupo, a princesa adolescente era levada ao centro de Londres para jantar ou assistir a peças e concertos. A primeira ópera à qual compareceu foi *La Bohème*, de Puccini, no teatro Sadler's Wells. Em outra ocasião, ela ouviu Bach e Händel no Royal Albert Hall.

Elizabeth e Margaret participavam com entusiasmo da reunião semanal do coral de madrigais sob a liderança de Sir William H. Harris, organista da Capela de St. George no Castelo de Windsor. O coral nascera durante uma sessão musical na qual as garotas haviam descoberto *My Ladye Nevells Booke*, uma coleção de músicas para cravo do século XVI. A sessão se transformou em um coral de madrigais que se reunia toda semana, com a participação de oficiais da Guarda e rapazes de Eton, a convite de Sir Harris. Em função do amor natural de Elizabeth pela música, foi inteiramente adequado que, em maio de 1943, logo após seu 17º aniversário, ela se tornasse presidente do Colégio Real de Música.

Outros entretenimentos culturais não foram tão bem-sucedidos. Um recital de poesia organizado no Castelo de Windsor por um amigo da rainha, o escritor e poeta Sir Osbert Sitwell, foi um total desastre. Uma poeta bêbada teve que ser retirada do palco improvisado, o diminuto Walter de la Mare ficou ofuscado por trás do atril no qual apoiava o papel com seus poemas e um poeta declamou sua obra por tanto tempo que foi solicitado a abreviar a apresentação, sem concluí-la. Foi demais para as princesas, que mal conseguiam se manter sérias. Muitos anos depois, a então rainha-mãe descreveu o evento surreal e involuntariamente cômico ao jornalista e escritor A. N. Wilson: "Um homem bastante lúgubre de terno leu um poema [...] Acho que se chamava 'O deserto'. Primeiro as meninas começaram a rir, depois eu mesma e, finalmente, até o rei."

O perplexo Wilson indagou: "'O deserto', madame? A senhora tem certeza de que não era 'A terra desolada?'", referindo-se à atualmente clássica obra de T. S. Eliot.

A rainha continuou: "Isso mesmo. Nenhum de nós conseguiu conter o riso. Era um homem muito lúgubre, parecia um funcionário de banco, e não conseguimos entender uma palavra."

"Acredito que ele realmente *foi* funcionário de banco", respondeu Wilson.[33]

Mais notáveis que esse interlúdio poético foram as pantomimas de Natal estreladas pelas jovens princesas. Embora a infinitamente dramática Margaret Rose fosse uma atriz nata, a real revelação foi a herdeira presuntiva, demonstrando confiança, vigor e domínio sobre a plateia de cerca de quinhentas pessoas. As habilidades da primogênita como sapateadora — ela dançou o sucesso norte-americano "In My Arms" — foram ainda mais amplamente admiradas; seu talento teatral foi uma surpresa para todos.

Até mesmo o cínico Alan Lascelles ficou impressionado, considerando a pantomima do Natal de 1942, *A bela adormecida*, digna do West End. "A coisa toda correu com tanta suavidade e confiança que fiquei pasmado", escreveu ele.[34] O secretário particular do rei ficou igualmente impressionado no ano seguinte, quando a princesa Elizabeth interpretou um "charmoso" Aladim, embora o rei tenha achado as pantalonas da filha muito curtas e ligeiramente indecorosas.

Igualmente memorável foi o baile que George VI organizou para celebrar o 17º aniversário de Elizabeth. Ele foi um sucesso tão grande que apenas terminou ao amanhecer. Perto do fim da guerra, o rei também promoveu bailes menores no Bow Room, no primeiro andar do Palácio de Buckingham. Em certa ocasião, o monarca liderou uma fila de conga pelas salas e pelos corredores do palácio, enquanto a banda tocava sozinha no salão.

BOMBAS NA HORA DE DORMIR

Um dos convidados desses eventos era o tenente Mark Bonham Carter, que empreendera uma ousada fuga de um campo de prisioneiros italiano. Ele dançou duas vezes com a adolescente princesa Margaret e posteriormente relatou que ela era dona de um "temperamento marcante" e "muito ácida em suas críticas".[35] Bonham Carter, cuja mãe era filha do primeiro-ministro Herbert Asquith, ostentava conexões reais incomuns; décadas mais tarde, sua sobrinha, a atriz Helena Bonham Carter, interpretaria a princesa Margaret na série *The Crown* e a rainha-mãe no filme *O discurso do rei*. Na época, ele fez sucesso imediato com as princesas e as manteve entretidas com uma série de piadas e a habilidade de deslizar pelos corrimãos sem pôr as mãos neles.

Ele era um dos adequados jovens oficiais da Guarda, usualmente filhos da aristocracia rural, convidados pelo rei e pela rainha para divertir as princesas no Palácio de Windsor e, mais tarde, no Castelo de Buckingham. A rainha os chamava de "guarda-costas".

Além de Bonham Carter, outro jovem adequado posto no caminho das princesas foi o primo Andrew Charles Elphinstone — filho da irmã da rainha Lady Mary Bowes-Lyon —, que se tornou vigário após a guerra. A princesa Elizabeth acreditava que ele seria o marido ideal para alguma jovem de sorte. Em novembro de 1943, ela escreveu para a prima Diana Bowes-Lyon: "Vi Andrew semana passada. E, quanto mais o vejo, mais desejo que não fosse meu primo em primeiro grau. Ele é o tipo de marido que qualquer garota adoraria ter. Não conheço ninguém mais agradável."[36] Andrew sentiu que estava ficando para trás se comparado aos amigos na corrida matrimonial e perguntou abertamente a Lilibet se ela conhecia alguém com quem ele pudesse se casar.

Havia, no entanto, muitos outros pretendentes potenciais, entre eles Lord Rupert Nevill, cavalariço de Sir Brian Horrocks durante a invasão da Alemanha; Lord Wyfold; e o belo oficial da Guarda irlandesa Patrick Plunket, que tempos depois se tornaria cavalariço do rei. A presença de tantos jovens elegíveis deu origem a especulações nos jornais norte-americanos, sugerindo que Elizabeth estava prestes a anunciar o noivado com

Charles Manners, o décimo conde de Rutland, ou com Hugh FitzRoy, também conhecido como conde de Euston.

Aparentemente, Manners arruinou as chances que tinha ao flertar abertamente com a princesa, o que ela achou imensamente ofensivo. Eminentemente seguro na posição em que estava era Henry Porchester, conhecido como Porchie, mais tarde sétimo conde de Carnarvon, cuja casa, o Castelo de Highclere, ficou mais famoso que a própria família quando, décadas depois, tornou-se o cenário da prolongada saga sobre a vida aristocrática *Downton Abbey*. Porchie, que compartilhava com Elizabeth o amor pelos cavalos, não era um concorrente sério ao coração da princesa e, mais tarde, tornou-se seu administrador de corridas.

Contudo, foi o britânico nascido na África do Sul Hugh FitzRoy, conde de Euston — descendente do rei Charles II e mais tarde duque de Grafton — que, sem saber, causou certa rivalidade romântica entre a princesa Elizabeth e a amiga Alathea Fitzalan Howard. Alathea, dois anos mais velha que a princesa, estava apaixonada por Euston, que era um convidado assíduo dos eventos sociais organizados pelo rei e pela rainha no Castelo de Windsor. Para o infortúnio de Alathea, ele frequentemente se sentava ao lado de Elizabeth durante as refeições ou para assistir a filmes, e eles regularmente eram o primeiro casal a dançar durante as festas. Alathea suspeitava que o rei e a rainha estavam tentando aflorar um romance entre Euston e a filha. Ela escreveu em seu diário: "Eles são tão explicitamente gentis com ele que me pergunto se há algo por trás disso; ele se dá tão bem com todos. Tenho certeza de que gosta mais de Lilibet do que de mim."[37] Não que Elizabeth fosse imune ao ciúme. Em uma festa em julho de 1941, a princesa perguntou a Alathea quanto a amiga havia dançado com Euston, pois, como se queixou, ele só compartilhara a primeira dança da noite com ela por obrigação. Essa gentil rivalidade chegou à natural conclusão em 1943, quando Euston foi enviado à Índia como cavalariço do vice-rei, Lord Wavell.

Muito antes disso, no entanto, as princesas compartilharam com Alathea o segredo sobre quem genuinamente fazia o coração de Elizabeth

BOMBAS NA HORA DE DORMIR

bater mais forte. Em abril de 1941, ela confidenciou que o príncipe Philip da Grécia e da Dinamarca era o genuíno interesse romântico — ou, como disse a princesa Margaret, o "garoto" — de sua vida. O flerte com Euston fora somente uma distração. De forma muito discreta e particular, a princesa escrevia cartas para o príncipe e até mesmo recortava dos jornais artigos relevantes sobre as atividades do navio em que ele servia.

Sua prima Margaret Rhodes lembra: "Tenho cartas dela dizendo 'É tão empolgante. Mamãe diz que Philip pode se hospedar conosco quando estiver de licença'. Ela nunca olhou para outra pessoa. Esteve verdadeiramente apaixonada por ele desde o início."[38]

A guerra fora para Philip uma boa experiência. A primeira posição a qual ocupou foi a bordo do HMS *Ramillies*, que escoltava comboios de navios encarregados do transporte de tropas australianas e neozelandesas para o Egito. Logo no início, ele disse ao capitão, o vice-almirante Harold Baillie-Grohman, que se correspondia com a princesa e confidenciou que seu tio Dickie (Louis Mountbatten, 1º Conde Mountbatten da Birmânia) estava cheio de ideias. "Ele acha que posso me casar com a princesa Elizabeth." Surpreso, o capitão perguntou: "Você realmente gosta dela?" "Ah, sim, escrevo para ela toda semana",[39] respondeu Philip. Como os pombinhos só tinham 18 e 13 anos, respectivamente, Baillie-Grohman aconselhou o rapaz a não mencionar o relacionamento para ninguém no navio. Quando o *Ramillies* chegou a Sydney, Baillie-Grohman, consciente dos possíveis planos maritais em andamento para o príncipe, enviou Philip para uma distante fazenda de ovelhas, em vez de deixá-lo passar a folga entre as tentações da cidade grande.

Embora a correspondência fosse platônica, Lady Myra Butter, prima de Philip, estava convencida de que era intenção do ambicioso Lord Mountbatten arquitetar um casamento real e, no processo, melhorar a posição da Casa de Mountbatten. Myra afirmou: "Philip nunca teria se casado com ela se não a amasse. Posso dizer isso porque conheci as outras namoradas que ele teve."[40]

Philip, cinco anos mais velho que sua correspondente real, era popular, atraindo a atenção de várias damas solteiras. Osla Benning, uma bela canadense de cabelos escuros, era uma companheira regular. Anos depois, a filha de Osla, Janie Spring, descreveu Philip como o primeiro amor da mãe.[41]

Como prima de Philip, Alexandra, princesa da Grécia e da Dinamarca, comentou ironicamente: "Beldades loiras, morenas e ruivas: Philip escoltava todas elas, galante e bastante imparcialmente, creio eu."[42] No entanto, era para a princesa Elizabeth que ele enviava cartas sobre sua vida militar — todas elas sujeitas à caneta do censor. Philip tinha muito a contar. Depois de decidir se comprometer com a Marinha britânica e não com a grega, no Ano-Novo de 1941, ele embarcou no navio de guerra HMS *Valiant* em Alexandria rumo a Atenas, onde passou algum tempo com a mãe, a princesa Alice de Battenberg, e com George II da Grécia. Um dos convidados presentes no coquetel a que compareceu era o político, escritor e cronista nascido nos Estados Unidos Henry "Chips" Channon. Ele descreveu o príncipe como "extraordinariamente bonito" e comentou: "Ele será nosso príncipe consorte, e é por isso que está servindo em nossa Marinha."[43] Channon dava a entender que a decisão de Philip o tornaria mais aceitável para o público britânico, caso ele e a princesa Elizabeth se casassem.

Na época, Philip estava mais preocupado com questões navais que maritais. Em março de 1941, o *Valiant* participou dos três dias da Batalha do Cabo Matapão, no Mediterrâneo. O príncipe foi mencionado nos despachos por manobrar um holofote a fim de localizar os navios de guerra italianos. O rei George II da Grécia concedeu a Philip a Cruz de Guerra grega por suas ações.

Em junho de 1941, ele retornou à Grã-Bretanha para tentar o posto de subtenente. Durante o tempo em que passou em terra firme, ficou em Coppins, a casa de sua prima, a duquesa de Kent, onde desfrutou sua primeira dança com a princesa Elizabeth. Segundo a amiga da princesa

BOMBAS NA HORA DE DORMIR

Alathea Fitzalan Howard, Elizabeth ficou "muito empolgada" com a perspectiva de vê-lo novamente.

Ele também foi hóspede do Castelo de Windsor, onde deleitou o rei e os demais presentes com suas aventuras no Mediterrâneo. O rei ficou impressionado com o relato sucinto da Batalha do Cabo Matapão, que efetivamente destruiu a Marinha italiana. Posteriormente, ele escreveu à avó do príncipe, Victoria, marquesa de Milford Haven: "Que rapaz encantador. Estou feliz por ele permanecer em minha Marinha."[44] Em junho de 1942, ele foi aprovado nos exames para subtenente; em outubro, foi designado para o HMS *Wallace*, fundeado no estuário do rio Forth, na Escócia. O destróier foi encarregado de escoltar navios mercantes ao longo da costa leste britânica. Em junho de 1943, o *Wallace* partiu para a Sicília; à noite, foi atacado em mar aberto pela Luftwaffe.

Depois que a primeira onda de aviões inimigos partiu, ficou óbvio que outros viriam. Eles tinham cerca de vinte minutos para planejar a fuga. Philip teve a presença de espírito de lançar ao mar sinalizadores amarrados a cada extremidade de um bote, a fim de criar a impressão de que as bombas alemãs haviam atingido o alvo. A fumaça e as faíscas produzidas criaram uma imitação convincente de destroços em chamas na água — o que teria restado do navio depois de ter sido atingido pelas bombas nazistas. Os pilotos alemães da segunda onda de ataques seriam levados a acreditar que a embarcação havia afundado. O HMS *Wallace* se afastou dos pretensos destroços em chamas e o capitão ordenou que os motores fossem desligados, eliminando a possibilidade de que os bombardeiros identificassem o revelador rastro espumoso na água. O truque de Philip funcionou. A onda seguinte de aviões da Luftwaffe voou por cima do *Wallace* e atacou o bote cercado de fumaça. Anos depois, o tripulante Harry Hargreaves lembrou: "O príncipe Philip salvou nossa vida naquela noite. Suponho que teria havido alguns sobreviventes, mas certamente o navio teria sido afundado. Ele sempre foi muito corajoso e habilidoso, e sempre pensou muito rápido."[45]

Ninguém a bordo ficou surpreso quando Philip foi promovido a tenente, um dos mais jovens da Marinha Real. Mesmo com as novas responsabilidades, ele aceitou o convite para passar o Natal de 1943 no Castelo de Windsor. A notícia encantou a princesa.

"Quem *você* acha que virá nos ver atuar, Crawfie? [...] Philip!", disse Elizabeth empolgada.[46] Embora não tenha conseguido participar do baile que o rei organizara para as filhas por estar gripado, ele assistiu à pantomima, rindo dos trocadilhos infames e da interpretação exagerada juntamente com os quinhentos convidados.

Elizabeth, no papel-título, fez sua entrada saltando de um cesto de roupas sujas. A apresentação de sapateado dela — ao som do sucesso norte-americano "In My Arms" — arrancou aplausos de todos, embora fosse nitidamente uma performance direcionada a um membro em especial da plateia. Crawfie ficou surpresa com a animação e o inequívoco brilho no olhar de Elizabeth: ali estava uma jovem apaixonada.

O pretendente da princesa primogênita já não era o atrevido e presunçoso cadete que pulara sobre a rede de tênis do colégio Dartmouth, mas, na crítica opinião de Crawfie, um jovem sóbrio, sério e charmoso, evidentemente amadurecido pela guerra. Philip passou o Natal com a família real e participou de jogos e charadas, assistiu a filmes e dançou ao som do gramofone até de madrugada. Esse tempo juntos foi importante para ambos. Alathea Fitzalan Howard, amiga da princesa, observou o romance em desenvolvimento com satisfação. Ela se lembrou do verão de 1942, quando Elizabeth, que normalmente guardava os próprios sentimentos para si, perguntou-se em voz alta se algum dia se casaria e decidiu que fugiria com o homem de seus sonhos, se necessário. Naquele momento, porém, 18 meses depois, ela parecia ter encontrado um parceiro adequado. "Ele parece adequado para PE [princesa Elizabeth] e hoje fiquei me perguntando se ele será o futuro marido dela. Acho que esse é o desfecho mais desejável possível. Ela gostaria disso e, ainda que fosse o caso de ele não amá-la, acredito que não seja contrário à ideia",[47] escreveu ela em seu diário, numa ocorrência datada de 18 de dezembro

BOMBAS NA HORA DE DORMIR

de 1943. No ano seguinte, quando ele enviou uma fotografia de si mesmo à princesa como presente de Natal, Elizabeth "dançou sozinha pelo quarto, de tanta alegria".[48]

A guerra mudara a todos, quer estivessem nas linhas de frente, quer não. Elizabeth já não era uma garotinha de meias brancas, e sim uma bem formada jovem de opiniões muito firmes, descobrindo novos interesses.

Em seu 18º aniversário, em 1944, ganhou uma tiara de diamantes da mãe e um bracelete de safiras e diamantes do pai. Naquele ano, Elizabeth estreou muitas atividades: abateu um veado, pescou um salmão — um belo espécime de quase 4kg —, batizou um navio — o HMS *Vanguard*, em Clydebank (cidade escocesa famosa por seus estaleiros e, por isso, arrasada pela Luftwaffe em 1941) —, fez um discurso público como presidente da Sociedade Nacional de Prevenção à Crueldade contra Crianças, compareceu a um jantar oficial no Palácio de Buckingham e assumiu o papel de conselheira de Estado quando o pai fez uma viagem secreta para visitar as tropas na Itália.

A ascensão de Elizabeth deixou a irmã doente de inveja e validou a sensação de que ela nunca participava de nada substancial ou interessante. Ela já se queixara anteriormente por não participar das aulas de história com Sir Henry Marten. Ainda havia o fato de que Elizabeth fora transformada em conselheira de Estado aos 18 anos, quando, normalmente, a idade era 21.

Mais inveja fraternal surgiu quando, em março de 1945, a princesa Elizabeth recebeu permissão para se filiar ao Serviço Territorial Auxiliar das Mulheres como segundo-tenente. Depois de aprender a dirigir, ela ficou encarregada de levar o comandante até a base de Camberley, a 25 quilômetros do Castelo de Windsor. Juntamente com outras garotas, aprendeu a desmontar motores, trocar pneus, velas de ignição e o óleo, ler mapas e navegar à noite. O ponto alto foi quando a princesa, que, de acordo com Alan Lascelles, parecia "um pato" vestida com o uniforme do ATS, levou o comandante do condado de Aldershot, a 60 quilômetros de Londres, até o pátio do Palácio de Buckingham.

Finalmente ela pudera contribuir para a campanha de guerra, o que lhe deu a sensação de ter o direito de participar da desvairada comemoração após a rendição alemã em 8 de maio de 1945. A princesa acompanhou o pai e a mãe e o então primeiro-ministro, Winston Churchill, até o balcão do Palácio de Buckingham, a fim de acenar para a grande e delirante multidão.

As garotas, que haviam passado a vida observando os desfiles, imploraram para se juntar à celebração. Após certa hesitação, o rei concordou. O fato de que, especialmente naquela noite, ela e a irmã tiveram que implorar permissão para sair demonstra vividamente quanto viviam sob uma redoma de proteção, na qual cada movimento e desejo das duas inquietava o rei, a rainha e os cortesãos.

As garotas, porém, não foram autorizadas a sair sozinhas: elas foram escoltadas por 16 acompanhantes, entre eles o capitão de grupo Peter Townsend, Lord Porchester e o engomado cavalariço do rei, o capitão Harold Campbell, envergando um terno risca de giz complementado por um chapéu-coco e um guarda-chuva. Ele desaprovara firmemente o passeio improvisado, que Elizabeth descreveu como "uma das noites mais memoráveis da minha vida".[49]

Talvez ele tivesse razão. Embora a Pathé News tenha mostrado a multidão participando de animadas filas de conga, o retrato real foi muito mais impudico. A aristocrata Diana Carnegie estava na multidão e posteriormente escreveu ao marido James, que ainda estava na Alemanha, contando que ela e o grupo com o qual estava haviam "encontrado casais trepando no escuro" enquanto abriam caminho do West End até o Palácio de Buckingham.[50]

Anos depois, já como rainha, Elizabeth disse ao veterano correspondente de guerra da BBC Godfrey Talbot que as principais emoções que sentiu naquela noite haviam sido "empolgação e alívio". A rainha, que deu uma rara entrevista para comemorar o quadragésimo aniversário do Dia da Vitória na Europa, lembrou: "Acho que fomos ao balcão a cada hora, em resposta à grande multidão do lado de fora — seis vezes. Logo, quando a empolgação de ver os holofotes sendo ligados chegou até nós, eu e minha irmã percebemos que não conseguíamos captar o que alegrava a multidão [...]. Então, perguntamos a nossos pais se podíamos sair e ver por nós mesmas."[51]

Elizabeth se lembrou de ter sentido "pavor de ser reconhecida", enterrando o quepe na cabeça para encobrir os olhos. Contudo, o oficial da Guarda dos Granadeiros se recusou a ser visto na companhia de outro oficial inadequadamente vestido.

"Assim, eu tive que usar meu quepe conforme o protocolo. Acenamos em comemoração para o rei e a rainha no balcão e então caminhamos quilômetros pelas ruas. Eu me lembro de desconhecidos dando os braços e caminhando por Whitehall [rua que concentra a maior parte dos órgãos do governo britânico], todos nós inundados por uma onda de felicidade e alívio."[52]

3

Uma caminhada entre as urzes

A princesa Marina da Grécia e da Dinamarca era um cupido improvável. Fora ela a beldade fria que capturara o coração de um dos filhos do rei George V, o desregrado e voluntarioso príncipe George. Embora tivesse recebido o título de duquesa de Kent — o mais inglês dos condados da ilha —, ela permanecia resolutamente continental, tão orgulhosa do legado grego e russo que carregava que jamais se permitira ser realmente absorvida pela família real britânica. Sentia desdém pela norte-americana de classe média Wallis Simpson, que conhecera em Balmoral, em 1936, e se referia à rainha e à cunhada, a duquesa de Gloucester, como "aquelas garotinhas escocesas comuns".[1]

Ela era menos crítica em relação a seus familiares europeus. O príncipe Philip — na verdade, Philip da Grécia e da Dinamarca — era filho do tio da duquesa, o príncipe Andrew, ou seja, seu primo. Ela e o marido, o príncipe George, regularmente o convidavam para se hospedar em Coppins, a casa de campo do casal no charmoso vilarejo de Iver, a alguns quilômetros do Castelo de Windsor.

Philip ficava com a família durante as férias dos colégios internos em Cheam, no sul da Inglaterra, e Gordonstoun, no extremo norte da Escócia, assim como do colégio naval Dartmouth, em Devon. Com sua mente vivaz, atitude positiva e energia, o príncipe provou ser um hóspede divertido. Quando o duque de Kent morreu em um acidente aéreo em agosto de 1942, a atitude sensível, mas prática, de Philip foi crucial para levantar o ânimo de Marina. Após um breve colapso inicial, a duquesa de Kent não somente assumiu os deveres reais do marido, como também recebeu treinamento como enfermeira. Ela assumiu o papel de acompanhante quando recebeu o príncipe e "certa jovem dama" na Páscoa de 1944. A presença do rei e da rainha indicava certo grau de aprovação parental. Nitidamente, havia romance no ar. Quando Elizabeth recebeu elogios do príncipe por certo vestido azul, fez questão de usar outro de cor e estilo similares quando eles se encontraram de novo em Coppins. Amigo e confidente da princesa Marina e da rainha-mãe, o historiador Sir Steven Runciman revelaria posteriormente que "foi a princesa Marina, e não [Louis] Mountbatten, quem promoveu o casamento entre Elizabeth e o príncipe Philip".[2]

De fato, nos primeiros meses do romance real, Louis Mountbatten estava ocupado demais com o teatro de guerra japonês, onde era Supremo Comandante Aliado no Comando do Sudeste Asiático. Durante suas ocasionais visitas a Londres, no entanto, Mountbatten continuava a fazer pressão sobre o sobrinho. Ele escreveu para figuras influentes, entre elas, o parlamentar independente Tom Driberg, enfatizando o caráter inglês de Philip. Às vezes, a animada e irreprimível ambição que tinha em favor do sobrinho exasperava o rei. "Eu sei que você gosta de decidir as coisas imediatamente quando tem algo em mente [...] mas cheguei à conclusão de que estamos indo muito rápido", disse o rei. Ele achava que a filha mais velha era jovem e inexperiente demais para se contentar com o primeiro pretendente elegível a cruzar o caminho dela.[3]

Até mesmo o príncipe Philip sentia que o incansável lobby do tio era uma faca de dois gumes. Ele escreveu para ele com seriedade: "Por favor, imploro que o senhor não dê conselhos demais em assuntos do coração ou serei forçado a fazer a corte por procuração."[4]

Embora tivesse o influente apoio do tio e a firme devoção da princesa, a posição de Philip como pretendente favorito à mão da futura rainha não estava de modo algum assegurada. A família real e aqueles que a rodeavam desconfiaram da entrada em cena daquele intruso sem um tostão e bastante rude que, na opinião de alguns, não seria fiel. Inevitavelmente,

UMA CAMINHADA ENTRE AS URZES

surgiram rumores picantes sobre a procissão de garotas que havia passado por Philip. A maioria das fofocas vinha de Sydney e Melbourne, na Austrália, onde o príncipe ficara por três meses, em maio de 1945, enquanto seu navio, o HMS *Whelp*, passava por uma reforma. Ele frequentara festas e outros eventos sociais nos quais não faltaram damas jovens e atraentes.

Duas garotas que atraíram o olhar de Philip foram a beldade Sue Other-Gee e a cantora e modelo Sandra Jacques. Ele foi amigo de Other--Gee por muitos anos. Ela até mesmo manteve um caderno de recortes no qual registrava os encontros ocasionais que tiveram. Quanto a Sandra Jacques, a agente literária Robin Dalton, que conhecera o príncipe durante a guerra, lembrou que o relacionamento dele com Jacques fora "um caso de amor fantástico. Uma completa e verdadeira paixão".[5] Para complicar as coisas, a escritora Barbara Cartland — que, além de ser autora de romances, era ex-namorada de Lord Mountbatten e seria mãe da futura madrasta de Lady Diana Spencer —, alegou que, após uma conexão íntima com certa mulher que não foi nomeada, o príncipe tivera um filho em Melbourne. Ela sempre se recusou a fornecer mais detalhes.[6]

Embora o título, a bela aparência e o charme natural de Philip o tornassem um ímã de garotas bem-nascidas, aqueles que conheciam o homem, em vez da libertina imagem construída sobre ele, sabiam que ele era um sujeito cauteloso e reservado, que guardava os próprios sentimentos para si. Ele era similar à princesa Elizabeth nesse quesito. Até mesmo a própria família a descrevia como "o gato que anda sempre sozinho". O tenente-comandante Mike Parker, amigo e colega de Philip nas Forças Armadas Britânicas, descreveu o príncipe como "reservado", um homem que nunca foi realmente um sedutor. "Nós éramos jovens e nos divertíamos. Saíamos para beber e às vezes dançávamos um pouco, mas não passava disso."[7]

Talvez o rei procurasse uma razão, por mais espúria que fosse, para rejeitar o pretendente de longa distância da filha. Quisesse admitir ou não, o rei era possessivo e havia encontrado na vida familiar a felicidade e completude que não conhecera na própria e fria infância. Ele também sentia que a filha, que nem mesmo havia alcançado os 21 anos, era jovem demais para fazer uma escolha tão importante. A avó de Elizabeth, a rainha-mãe Mary, discordava, e ela era uma oponente formidável quando se tratava de defender o próprio ponto de vista. Como disse a sua confidente, Lady Airlie: "Elizabeth sempre tomará as próprias decisões. Há algo resoluto e determinado nela."[8]

A rainha, por sua vez, queria que Lilibet fosse feliz, mas temia que Philip — autoconfiante, independente e ambicioso — tivesse dificuldade de aceitar a posição inferior de príncipe consorte da futura rainha. Ela preferia um oficial da Guarda bem-nascido para a filha mais velha — preferencialmente um duque, mas até mesmo um conde serviria se viesse acompanhado de uma bela propriedade. O irmão, David Bowes-Lyon, apoiava a posição dela. Segundo sua concepção, um aristocrata britânico era uma escolha infinitamente melhor do que um estrangeiro cujas irmãs estavam casadas com oficiais nazistas.

Nessa importante questão, a rainha tinha o apoio do influente secretário particular do rei, Alan Lascelles, que se opunha firmemente ao casamento entre a princesa Elizabeth e o príncipe Philip.[9] De acordo com Edward Ford, recém-nomeado vice-secretário particular, a escolha de Lascelles era Hugh Euston, que se tornaria duque de Grafton. Parece que as suspeitas de Alathea Fitzalan Howard de que o rei, a rainha e o círculo mais próximo à família real estavam discreta e deliberadamente aproximando Elizabeth e Hugh, por quem Alathea estava muito apaixonada, eram fundamentadas.

Hugh Euston permaneceu amigo da princesa e de Alathea. Talvez ele nunca tenha percebido a consternação romântica que causava toda vez que chegava ao Castelo de Windsor durante a guerra. Alathea, por sua vez, aceitou que não era para ser e, com o tempo, reconheceu que ele lhe escapara. Em outubro de 1946, a mais remota possibilidade de um romance foi definitivamente findada quando ele se casou com Fortune Smith, filha do capitão Eric Smith, membro da dinastia bancária dos Smith. Em 1967, ela seria nomeada Mistress of the Robes [Senhora dos Vestidos] da rainha

UMA CAMINHADA ENTRE AS URZES   79

Elizabeth II, cuja função é organizar a agenda das damas de companhia da rainha, além de cuidar do guarda-roupa e das joias da monarca e ajudá-la nos afazeres reais.

Na época em que Hugh se casou, o romance da própria princesa estava no auge.

Philip voltara à Grã-Bretanha em janeiro de 1946, depois de testemunhar os líderes japoneses assinarem formalmente o instrumento de rendição em 2 de setembro de 1945, na baía de Tóquio, a bordo do porta-aviões USS *Missouri*.

Em sua viagem final, ele levou prisioneiros de guerra britânicos de volta à Inglaterra. Então foi encarregado de desativar o HMS *Whelp*. Alguns meses depois, foi nomeado para uma escola de treinamento de oficiais em Corsham, Wiltshire, 160 quilômetros a oeste de Londres, onde ensinava náutica aos suboficiais.

Nos fins de semana e durante as licenças, ele barganhava cupons de gasolina — o petróleo ainda estava sendo racionado — com os colegas oficiais e dirigia seu pequeno carro esporte, em imprudente velocidade, até a casa dos Mountbatten em Londres, onde se hospedava. Philip também se tornou um visitante regular e bem-vindo das acomodações de Elizabeth no Palácio de Buckingham.

Como ela posteriormente descreveu em uma carta à jornalista Betty Shew — a única credenciada no Palácio de Buckingham e responsável por escrever um livro para registrar o casamento real, em 1947 —: "Passamos a nos ver mais quando Philip aceitou um cargo de dois anos na escola de suboficiais em Corsham. Antes disso, mal nos conhecíamos. Ele ficava conosco nos fins de semana e, quando a escola foi fechada, passou seis semanas em Balmoral. Foi uma grande sorte ele ter conseguido um emprego em terra! Ambos adorávamos dançar. Dançávamos no Ciro's e no Quaglino's, bem como em festas."[10]

Durante as visitas dele ao Palácio de Buckingham, Crawfie, que agia como acompanhante, observava com indulgência o desabrochar do romance. Ela gostava da natureza entusiasmada e informal de Philip, mas achava que o jovem casal passava pouquíssimo tempo junto, sobretudo porque a princesa Margaret fazia questão de estar invariavelmente presente quando os dois se encontravam, a menos que Crawfie inventasse alguma razão para deixá-los a sós.

A presença de Philip na vida de Elizabeth teve efeito imediato. As pessoas em volta não tinham como não notar as mudanças. Ela estava mais confiante e bem-humorada, captando rapidamente a graça das histórias divertidas que ouvia. Em uma festa organizada pela família Grenfell para celebrar a paz, em fevereiro de 1946, a princesa impressionou Laura Grenfell com a naturalidade e o poder de observação que possuía. Elizabeth divertiu os outros hóspedes com uma imitação de uma sentinela perdendo o chapéu ao apresentar armas. A perspicácia para detalhes frequentemente ignorados e o profundo senso de ridículo que carregava seriam muito úteis quando assumisse o futuro papel de rainha.

Outros ficaram igualmente impressionados com a escolha da princesa. Durante um jantar na casa da família Elphinstone em Beaconsfield, Sir Michael Duff descreveu Philip como "encantador". Afilhado da rainha-mãe, Mary, ele argumentou que o jovem príncipe tinha todas as qualidades certas — beleza, inteligência e bravura no mar — para ser popular como consorte da futura rainha. O fato de somente falar inglês era, na opinião de Duff, "admirável e necessário", especialmente "considerando-se o ponto de vista do homem nas ruas, que tem um preconceito inato contra qualquer idioma que não seja o próprio".[11]

Foi uma observação astuta, pois, em certos ambientes, Philip era visto como "continental" demais. Sua mãe nascera no Castelo de Windsor e ele não apenas tinha sido educado na Inglaterra, como também servira corajosamente na Marinha Real; mesmo assim, Philip era frequentemente chamado de "huno" ou "Charlie Chucrute" em certos círculos da corte. Essa hostilidade era compreensível; um dos cunhados de Philip, o príncipe Philipp de Hesse, fora preso pelos Aliados e outro cunhado, o príncipe Christoph de Hesse, era o principal suspeito, embora injustamente, de ser a mente por trás de um ousado bombardeio diurno ao Palácio de Buckingham.

UMA CAMINHADA ENTRE AS URZES   81

A própria Elizabeth conta sobre o primeiro verão de Philip como convidado em Balmoral, para algumas semanas de férias. Embora não fosse tão rigoroso quanto as provas que ele mesmo aplicava em Corsham, o teste de Balmoral sempre foi — e continua sendo — uma importante avaliação do potencial futuro integrante da casa reinante. Essencialmente, a intenção era analisar de maneira informal o príncipe marinheiro e ver se ele se adequava à vida no campo, na qual caçar veados, atirar em codornas e pescar salmão eram partes fundamentais da rotina da família real — assim como trocar de roupa frequentemente ao longo do dia.

Philip não começou muito bem. Seu guarda-roupa estava tão vazio quanto sua conta bancária; quando morreu, em 1944, seu pai, o príncipe Andrew, só deixou-lhe de herança ternos, um pincel de barba com cabo de marfim e um anel de sinete. Para a estadia na propriedade da família real na Escócia, o príncipe pegara emprestado um kilt, que se mostrou curto demais. Por isso, Philip fez uma graciosa mesura em vez de apenas inclinar a cabeça ao saudar George VI, tentando transformar a gafe em um momento descontraído. O rei, rígido como os irmãos quanto ao traje correto e às formalidades necessárias para cada ocasião, não achou engraçado. O comportamento de Philip confirmou a impressão, entre seus detratores na corte, de que o jovem impolido e excessivamente confiante — sem casa, fortuna ou reino para embasar a nobreza que trazia do berço — era pouco mais que um oportunista "continental".

Durante a estadia, seu manejo das armas mostrou-se tão medíocre quanto seus trajes; guias e batedores diziam que a mira do príncipe era "errática e pobre"[12] — mas não quando se tratava de acertar o coração de certa princesa, e era isso o que realmente importava. Direto e objetivo, ele levou Elizabeth para um passeio de carro pela propriedade. Depois de pararem em um lugar distante, eles caminharam pelas urzes, o som de um pássaro maçarico distante aumentando a sensação de solidão. Foi ali que Philip perguntou se ela queria ser sua noiva. A princesa, que colocara retratos do príncipe em seu álbum e mantivera uma foto emoldurada de seu barbado marinheiro na escrivaninha durante meses, aceitou imediatamente. Somente depois de Elizabeth aceitar o compromisso foi que o príncipe buscou permissão formal do rei, cujo consentimento era requerido pela Lei de Casamentos Reais de 1772. Aprovada pelo Parlamento, ela evitava que uniões inadequadas ou impróprias prejudicassem a posição da família real.

Durante aquela estadia de seis semanas, o rei estabeleceu uma calorosa ligação com o jovem príncipe. Como qualquer pai, ele ficou feliz ao ver a filha desabrochar graças ao amor e apoio do futuro marido. No malabarismo dinástico, ressalvas à parte, Philip e Elizabeth formavam um excelente casal, e o rei deu sua permissão de boa vontade. Havia somente uma condição.

A viagem dos quatro membros da família real à África do Sul, planejada havia meses, fora marcada para o início de 1947, e o rei pediu que o casal esperasse até o retorno em maio para fazer o anúncio formal. O palácio até mesmo publicou uma declaração, no início de setembro, negando o rumor de que Elizabeth e Philip estavam noivos. Isso deixou a princesa confusa e desanimada. Ela sabia o que queria; a indecisão vinha do pai e da mãe, não dela, e a viagem à África do Sul era uma desculpa para testar a determinação do jovem casal. Em contrapartida, o príncipe ainda precisava se tornar cidadão britânico antes de qualquer anúncio, e sua nacionalização não se daria sem empecilhos.

Relutantemente, o casal concordou em retardar o anúncio e continuar disfarçando os sentimentos em público por mais algum tempo. Em sua carta de agradecimento a Elizabeth, datada de 14 de setembro de 1946, o emocionalmente circunspecto Philip deu pistas de seus sentimentos: "Tenho certeza de que não mereço todas as coisas boas que me aconteceram, como ser poupado na guerra e ser testemunha da vitória. Apaixonar-se profundamente e sem reservas faz com que todos os problemas, pessoais ou mesmo mundiais, pareçam pequenos e insignificantes."[13]

Embora o casal tivesse concordado em manter o noivado em segredo, o público sentiu que havia romance entre a herdeira e o oficial naval quando ambos compareceram ao casamento da prima em primeiro grau

UMA CAMINHADA ENTRE AS URZES

de Philip, Patricia Mountbatten, com o capitão Lord Brabourne, em outubro de 1946. Observadores argutos notaram que Philip e Elizabeth provavelmente eram mais que amigos. O príncipe não apenas entrou com a família real na igreja, como também, na entrada, ajudou solicitamente a princesa Elizabeth, que era dama de honra, a despir o casaco de pele. Nos meses seguintes, aqueles que torciam pelo casal liam as especulações da mídia sobre os dois e perguntavam "Onde está Philip?" quando Elizabeth aparecia em público, para grande constrangimento e irritação da princesa.

No fim de janeiro de 1947, alguns dias antes de a família real embarcar para a África do Sul a bordo do HMS *Vanguard*, alguns dos que sabiam o que estava de fato acontecendo compareceram a um pequeno jantar oferecido por Lord Mountbatten na residência londrina da família. O dramaturgo, ator e compositor britânico Noël Coward cantou na ocasião, e os convidados brindaram a Philip e Elizabeth com champanhe — à exceção do rei, que sempre bebia uísque. A família real estaria ausente por quatro meses, e ao menos dois dos presentes contavam os dias até o retorno.

∾

Um membro importante do grupo era o jornalista do *Times* Dermot Morrah, um monarquista passional. Quando ele tinha 4 anos, sua babá o encontrou chorando ao saber da morte da rainha Vitória. Matemático, classicista, historiador e ex-aluno da All Souls College, foi nomeado em 1953 Arundel Herald of Arms Extraordinary [Arauto de Armas Extraordinário de Arundel] — oficial de armas responsável por tratar de assuntos de heráldica e organizar cerimônias de Estado. Ele se tornou o principal nome do *Times*, sempre com uma frase pomposa e um sentimento elevado a postos. Se alguém precisasse de uma palavra ou ditado em latim, Morrah era o homem a ser consultado. Durante a guerra, ele foi notado pelo rei, que, com a gagueira sob controle, sentia-se muito mais confortável para falar em público. Frequentemente, o nobre jornalista era chamado para preparar, construir e polir as declarações de Sua Majestade.

Morrah foi um dos jornalistas a bordo do chamado Trem Branco, a composição que se tornaria a casa da família real durante 35 dias, enquanto eles visitavam centenas de cidades e vilarejos ao longo de 18 mil quilômetros pela África do Sul. Morrah costumava ser chamado durante a viagem para escrever discursos para o rei. Embora a visita fosse ostensivamente para agradecer aos sul-africanos pelos sacrifícios e apoio durante a guerra, também se esperava que o sol e o clima temperado dessem ao rei, visivelmente abatido após as tribulações do conflito, um muito necessário estímulo. A visita também era importante do ponto de vista das relações públicas. Não somente se esperava que a presença da família real fortalecesse o governo moderado do primeiro-ministro, o marechal de campo Jan Smuts, contra os nacionalistas que terminariam por implantar o sistema de apartheid no país, como também o palácio acreditava que o planejado discurso de maioridade da princesa Elizabeth, a ser transmitido em seu 21º aniversário, seria o ponto alto da viagem.

O pronunciamento deveria transmitir os valores da monarquia — serviço, lealdade e tradição — e, ao mesmo tempo, articular a continuada importância da instituição em um mundo em rápida mudança. Era um discurso de comprometimento e conexão que precisava, por sua importância, ser memorável; seria o manifesto da monarquia do pós-guerra. Era necessária uma prosa cuidadosamente pensada, e por isso o secretário particular do rei designou a tarefa a Morrah, que trabalhou assiduamente no esboço durante a viagem. Em certo momento, o precioso manuscrito desapareceu em algum lugar do trem, mas por fim foi localizado entre as garrafas de bebida no bar do vagão-restaurante "Protea".

Alan Lascelles era habitualmente rude, mas ficou muitíssimo impressionado com o discurso. "Leio esboços há muitos anos, mas não me lembro de qualquer outro que tenha me deixado tão completamente satisfeito, sentindo que nenhuma palavra deve ser alterada. Além disso, por mais cínico que eu seja, ele me comoveu muito. Tem a ressonância do discurso de Tilbury da outra Elizabeth, combinada à imortal simplicidade do 'Eu serei boa' da rainha Vitória",[14] escreveu ele a Morrah.

UMA CAMINHADA ENTRE AS URZES

Outros não ficaram tão impressionados; dessa vez, o rei discordou de seu secretário particular. De acordo com o correspondente da rádio BBC Frank Gillard, o monarca achou o original de Morrah "pomposo demais e cheio de platitudes".[15] Como aquele provavelmente seria um dos mais importantes discursos reais já proferidos, merecia a atenção de todos. Certo domingo, depois da missa realizada no Victoria Falls Hotel, o rei, a rainha, a princesa Elizabeth e Frank Gillard se sentaram nas cadeiras reclináveis do jardim e, por duas horas, trabalharam no discurso, página por página, linha por linha, enquanto a princesa lia as passagens em voz alta e modificava palavras aqui e ali a fim de melhorar a nitidez e o sentido do texto. Era o discurso de Elizabeth e, por isso, ela era uma voz importante — literal e figurativamente — na criação daquele documento histórico.

Uma vez que todos estavam satisfeitos, a princesa leu a versão final sob o olhar atento de Gillard. O veterano radialista a considerou "composta, confiante e extremamente cooperativa"[16] — o contrário do gaguejante pai dela. O discurso foi então secretamente gravado e filmado sob as árvores do jardim do hotel, sob os olhares curiosos de um bando de babuínos. No dia do aniversário da princesa, em 21 de abril, o discurso foi ao ar como se estivesse sendo transmitido ao vivo na Casa do Governo na Cidade do Cabo, para uma audiência de mais de duzentos milhões de pessoas — incluindo norte-americanos —, sintonizada para ouvi-la.

Já na primeira frase, a futura rainha deixava evidente que sua vida, a qual ela voluntariamente associava ao crescimento da Commonwealth, não seria dedicada só aos brancos. "Em meu 21º aniversário, dou boas-vindas à oportunidade de falar a todas as pessoas da Commonwealth britânica e do Império, onde quer que vivam e quaisquer que sejam sua raça e sua língua."

O clímax do discurso de sete minutos se deu com a princesa consagrando a própria vida a servir à Coroa e ao povo. Era quase um voto religioso, que levara Elizabeth às lágrimas quando ela lera o esboço pela primeira vez.

"Eu gostaria de fazer essa consagração a vocês agora. Ela é muito simples. Eu declaro, perante todos, que toda minha vida, seja longa, seja curta, será devotada a serviço de vocês e a serviço da grande família imperial à qual todos pertencemos. Mas só terei forças para cumprir essa resolução se vocês se unirem a mim, como agora os convido a fazer. Sei que seu apoio infalivelmente me será oferecido. Deus me ajude, a fim de que eu possa cumprir esses votos, e Deus abençoe todos vocês, que estão dispostos a compartilhá-los comigo."[17]

Muitas pessoas pelo mundo fizeram uma pausa na rotina diária para ouvir o discurso da princesa, cujas palavras evidentemente vinham do coração. Ele levou lágrimas aos olhos do rei, da rainha e da rainha-mãe, Mary, que confidenciou a seu diário: "É lógico que chorei."[18] E não foi a única. Churchill, romântico até a ponta de seu charuto Romeo y Julieta, admitiu que também fora levado às lágrimas.

Um dos bastiões do Partido Conservador, Sir Samuel Hoare — visconde de Templewood —, escreveu no *Times*: "Pode muito bem ser que a Coroa torne possível uma Commonwealth de povos livres e de muitas raças, muito mais diversificada que qualquer uma que tenha existido até hoje."[19]

Durante seu discurso transmitido pelo rádio, Elizabeth declarou que, apesar de estar a 10 mil quilômetros de seu local de nascimento, não estava a essa distância de casa. Foi um gesto gracioso para com seus anfitriões sul-africanos, mas um tanto quanto exagerado. Embora a sempre leal Bobo MacDonald tenha levado até ela uma bandeja com o café da manhã e a irmã, o pai e a mãe tenham lhe dado presentes durante a refeição, o dia de seu 21º aniversário foi passado entre estranhos que, embora a quisessem bem, não eram amigos nem familiares. Sua maioridade a fez lembrar que, em uma vida de dever, a felicidade e o prazer sempre estão em segundo plano.

Ela teve dor de cabeça durante a maior parte do dia e se viu cercada por estranhos ansiosos, enquanto o homem que ela amava estava a milhares de quilômetros de distância.

Para coroar o dia, Nellis Bolus, seu parceiro de dança no primeiro dos dois bailes em sua homenagem mostrou-se um desastre. Ele era um jogador de rúgbi bonito, mas desajeitado, que calçava 45 e havia pisado nos pés da princesa, além de conduzi-la durante a dança até a grade de proteção da lareira do salão. No fim do baile, os convidados que partiam se lembravam de ter visto as duas princesas sentadas na escadaria, sem sapatos e esfregando os pés doloridos.[20]

Contudo, houve compensações cintilantes. No segundo baile, realizado na Casa do Governo, o marechal de campo Jan Smuts presenteou-a com um belo colar cravejado de 21 impecáveis diamantes de 52 facetas. Durante o restante da vida, ela os chamaria de seus "melhores diamantes".[21]

Embora o discurso de aniversário fosse um triunfo pessoal, as sementes de inclusão e integração racial expressadas na abertura caíram em solo infértil, ao menos na África do Sul. Um ano depois, o Partido Nacional estaria no poder e o cruel sistema de apartheid seria lei. Uma política informal de segregação racial já estava em vigor quando a viagem começou. O rei ficou enfurecido por não poder entregar pessoalmente as medalhas a ex-combatentes negros ou apertar as mãos de chefes e anciãos ao longo do caminho. Durante as caminhadas e os desfiles em carro aberto, a população negra nativa concentrava-se de um lado da rua e a branca, do outro. A experiência abriu os olhos da princesa. Elizabeth aprendera a ver além dos vazios e conciliatórios comunicados oficiais; durante a viagem, começou a analisar a realidade da vida na África do Sul e a entender por que o pai, frustrado com a maneira como era controlado pelos organizadores, referia-se aos policiais brancos como "nossa Gestapo".

Ela escreveu à rainha Mary: "Hoje os zulus são um povo alquebrado, muito diferentes do que eu esperaria ver após ouvir sobre os 'grandes zulus' [do folclore militar]. O governo da União tem sido muito cruel com eles, o que é triste e tem removido muito de seus costumes."[22]

Longe de relaxar e se revigorar, o rei tornou-se cada vez mais irritado ao longo da viagem. Até mesmo Smuts ficou alarmado em ver como a saúde do soberano deteriorava, ao mesmo tempo em que suas explosões de temperamento eram mais frequentes e descontroladas. Durante o que a família chamava de "seus rangeres", o rei era conhecido entre os membros de sua comitiva por chutar cestas de papel e torcer esponjas de banho até destruí-las. Em certa ocasião, o Trem Branco parou em uma baía remota do oceano Índico para que ele pudesse nadar sozinho. "O homem mais solitário do mundo", como descreveu o jornalista James Cameron.[23] De modo algum a experiência proporcionou um descanso reparador: quando o rei retornou à Grã-Bretanha, estava quase 8kg mais magro e parecia ainda mais abatido.

Se os rigores da aparentemente interminável viagem e a dor constante nas pernas o perturbavam, a família o consolava. Como seu cavalariço, Peter Townsend, observou: "Uma corrente perpétua [de afeto] flui entre eles, entre pai e mãe, entre as duas irmãs, entre pais e filhas e de volta para eles." Ele achou — de modo meio otimista, dada a hostilidade do Partido Nacionalista à viagem — que o afeto entre os membros da família real teria impacto em todo o globo. "E então [o afeto] é irradiado até os confins do mundo, tocando milhões de corações, que enviam de volta uma imensa onda de amor pela família real."[24]

Essa imagem romântica talvez expressasse os próprios sentimentos pela família de seu soberano — e por um membro em particular. Foi durante a visita ao local que ele descreveu como "paraíso" que Townsend, então casado e pai de dois filhos, se apaixonou pela princesa Margaret, quase 16 anos mais nova.

O caso começou bem diante dos olhos do restante da família, dos membros da corte e dos jornalistas que cobriam a viagem. Toda manhã e todo fim de tarde, as princesas cavalgavam pelas colinas ou ao longo da costa acompanhadas por Townsend e pelo secretário-assistente do rei, Michael Adeane. "Disparando pelo ar frio, atravessando a areia ou a savana, aqueles eram os momentos mais gloriosos do dia", escreveu Townsend. Foi durante esses estimulantes e muito antecipados passeios diários que a princesa de 16 anos, como admitiu tempos depois, "apaixonou-se loucamente"[25] pelo companheiro de cavalgada.

UMA CAMINHADA ENTRE AS URZES

Dona de um temperamento sensato, Elizabeth inicialmente considerou a atração que a irmã caçula sentia pelo capitão casado uma simples paixonite juvenil. Mais tarde, porém, ela seria obrigada a levar o relacionamento a sério.

A primogênita foi o grande sucesso da viagem, encarada como sensata, solícita e socialmente hábil, dotada de um senso de humor bem desenvolvido e uma atitude enérgica e profissional em relação aos compromissos reais. Sua abordagem de "Vamos logo com isso" frequentemente estava em desacordo com o estilo mais demorado e teatral da mãe.

Ela desenvolveu o hábito de cutucar o calcanhar da mãe com a ponta da sombrinha quando a rainha atrasava o cronograma. Elizabeth — conhecida por alguns como "coronel" — tampouco era avessa a chamar a atenção do pai se ele se mostrasse muito difícil. Em resumo, ela era o sonho de todo membro da corte. Mesmo assim — e isso foi mencionado várias vezes —, a princesa era sempre solícita e atenta ao bem-estar alheio. O principal fã de Elizabeth, o jornalista Dermot Morrah, descreveu como a futura rainha subira uma encosta de granito somente de meias porque dera os próprios sapatos à mãe, cujo salto havia se quebrado.[26]

Alan Lascelles escreveu à esposa falando do "notável" progresso da princesa Elizabeth. "Ela se desenvolveu da maneira mais surpreendente e na direção correta."[27] O rei fez uma sábia e comovente observação sobre a amada filha durante uma visita ao túmulo de Cecil Rhodes. Um ministro perguntou se deveria acompanhar a princesa. Negando com um breve aceno de cabeça, o rei observou-a se afastar do monumento e disse: "Lá vai Elizabeth, pobre garota solitária, ela assim permanecerá por toda a vida."[28]

Enquanto navegavam de volta a Portsmouth em maio, a princesa não tinha como saber que não retornaria à África do Sul por quase meio século. No entanto, as cores vibrantes, o céu infinito e o banquete de pratos exóticos deixaram nela uma impressão indelével. Aquela era uma nação na qual alguns viviam como reis, concluiu a princesa.

Ela tinha o próprio tesouro aguardando pacientemente seu retorno. Quando o *Vanguard* se aproximou do porto, Elizabeth foi vista dançando de alegria no deque, sabendo que o próprio noivado já não podia mais ser postergado. Seu pai, reconhecendo a grande paciência da filha nessa importante questão do coração, mais tarde escreveu a ela: "Temia que você achasse que eu estava sendo muito duro. Como você sabe, eu ansiava que você fosse à África do Sul."[29]

Retornando à Inglaterra, a família real percebeu que as provações e os problemas que surgiram durante a longa viagem eram insignificantes, se comparados ao clima catastrófico enfrentado por seus súditos. No pior inverno de que se tinha memória, o país sofria terríveis enchentes e grandes nevascas, e vivia o caos nos transportes, a diminuição do estoque de carvão e um racionamento de alimentos pior que o da guerra.

Na base naval de Corsham, o príncipe Philip começara a usar um pesado sobretudo na sala congelante onde dava aulas à luz de velas.

Antes de a família real partir para a África do Sul, Philip reconhecera que o rei estava certo em pedir que o anúncio fosse postergado. Naquele momento, porém, estava ansioso para pôr fim ao segredo. Ele não se mantivera ocioso durante a ausência de Elizabeth. O príncipe tinha consciência de que seu sobrenome exótico e seus antecedentes familiares podiam ser motivo de críticas. Em fevereiro, a fim de lidar com essas preocupações, ele se tornara súdito britânico. Não mais príncipe Philip da Grécia e da Dinamarca, ele passou a ser conhecido somente como tenente Mountbatten da Marinha Real. Philip quase não tinha conseguido a naturalização e precisara de toda a legendária influência dos Mountbatten para encorajar um tribunal indiferente a contornar os obstáculos administrativos e transformá-lo formalmente em cidadão britânico.

No entanto, mais dois frustrantes meses se passariam antes que o noivado fosse anunciado oficialmente. O pai e a mãe da princesa tinham dúvidas, e a rainha expressava sua ambivalência para Alan Lascelles: "Só posso rezar para que ela tenha tomado a decisão correta. *Acho* que ela tomou, mas ele ainda não foi testado",[30] escreveu ela.

UMA CAMINHADA ENTRE AS URZES   91

Finalmente, em 9 de julho, o noivado foi anunciado. Era uma breve alegria para uma nação em colapso, vivendo um racionamento tão severo que súditos do Canadá e da Nova Zelândia, Austrália e África do Sul enviavam mantimentos. A Grã-Bretanha podia ter vencido a guerra, mas estava rapidamente perdendo a paz. Foi a era da austeridade, a qual lançou uma longa sombra sobre o planejamento do casamento, oficialmente marcado para 20 de novembro de 1947.

A família real e os que a rodeavam tinham reservas quanto àquele príncipe que ainda não tinha sido posto à prova; conforme o dia das bodas se aproximava, Philip também começou a ter dúvidas sobre se casar com a futura rainha. Uma semana depois de o noivado ser anunciado, ele e a princesa viajaram para Edimburgo, onde Elizabeth recebeu cidadania honorária. Quando a princesa fez o discurso de aceitação, ele obedientemente se manteve dois passos atrás. Essa seria sua posição nos anos à frente.

Durante o café da manhã no Palácio de Kensington após a segunda de duas despedidas de solteiro, o príncipe disse à prima Patricia Mountbatten: "Não sei se estou sendo muito corajoso ou muito estúpido por seguir adiante com esse casamento." A prima, sentindo que a questão era retoricamente nervosa, retrucou: "Tenho certeza de que você está sendo muito corajoso."[31]

Como ela mais tarde lembrou, "estávamos todos muito conscientes de que Philip não estava aceitando somente a família imediata, mas todos os aspectos externos da vida na corte. Acho que ele estava muito consciente de que haveria dificuldades".[32] De sua parte, a rainha Wilhelmina da Holanda comparou a situação de Philip a "entrar na gaiola real".[33] E disse isso a ele.

Durante seu primeiro verão em Balmoral como noivo da princesa, Philip teve uma prova do que estava por vir. Muitos convidados, entre eles o irmão caçula da rainha, David Bowes-Lyon, os Eldon e os Salisbury tinham dúvidas sobre o casamento. O príncipe, sabendo estar em terreno hostil, talvez tenha se mostrado mais combativo e "vivaz" que de costume. Os membros da corte que examinaram o casal concluíram que a princesa estava apaixonada pelo noivo, mas não souberam determinar com certeza os sentimentos dele. Eles o acharam indiferente demais a ela. Philip, por sua vez, achou os membros da corte — particularmente aquele enrugado e grisalho desagregador do palácio, Alan Lascelles — condescendentes e desdenhosos.

Conforme se aproximava o dia do casamento, Philip concluiu que era simplesmente visto como um zé-ninguém, embora um muito elegante. Todas as grandes decisões sobre o casamento foram tiradas de suas mãos. Mesmo que tenha lutado lealmente durante a guerra, o rei achou cedo demais para convidar as irmãs, todas casadas com a nobreza nazista. "Tão cedo após a guerra, não podemos receber os hunos", disse sem rodeios Lady Pamela Hicks, a própria prima do noivo.[34] Foi uma decepção tanto para o príncipe quanto para as irmãs, mas ele entendeu o argumento do rei.

No grande dia, a família nazista de Philip foi esquecida frente à euforia do casamento. Quando a princesa Elizabeth olhou pela janela do quarto no segundo andar do Palácio de Buckingham, ficou maravilhada com a cena que encontrou: sob a luz da fria alvorada de novembro, havia centenas de pessoas na avenida The Mall, algumas deitadas em colchões e cobertores, encharcados pela chuva que caíra durante a noite. No Palácio de Kensington, onde passara a última noite como solteiro, o oficial da Marinha Philip Mountbatten parecia notavelmente relaxado para um homem que acabara de deixar de fumar — a pedido da noiva. Ele resolvera usar seu surrado uniforme da Marinha, uma decisão admirada pela rainha e amigas. Embora estivesse usando um par de meias cerzidas em seu grande dia, ele agora tinha dinheiro para comprar um novo par, pois seu salário de £11 semanais (cerca de R$3150 atualmente [2023]) fora acrescido de £10 mil por ano, concedidas pela Lista Civil — a subvenção anual que cobria algumas despesas associadas aos membros da família real no desempenho das funções oficiais. Elizabeth recebera £50 mil do governo, com uma concessão de mais £50 mil para reformar Clarence

House, bombardeada durante a guerra e que seria a residência do casal em Londres.

O dinheiro não foi a única coisa que o oficial da Marinha recebeu. No dia anterior às núpcias reais, o rei lhe concedeu a Ordem da Jarreteira e, no dia do casamento, os títulos de duque de Edimburgo, conde de Merioneth e barão Greenwich.

O rei se atormentara para decidir como o futuro genro seria chamado, e, novamente, Dermot Morrah viera em socorro da família real, compilando uma lista de nomes apropriados e colocando-os em ordem de relevância histórica e adequação. Vários agradaram ao soberano.

Em contraste com os modestos preparativos do príncipe, a noiva e suas oito damas de honra foram preparadas pelo costureiro real Norman Hartnell e sua equipe. Foram necessárias duas horas para ajustar na princesa o vestido de seda marfim no qual 350 costureiras haviam trabalhado durante sete semanas. O modelo, com tema de renascimento e renovação, fora discutido até mesmo pelo primeiro escalão do governo. O primeiro-ministro trabalhista, Clement Attlee, expressara preocupação com o fato de a seda proceder de um país que recentemente estivera em guerra contra o Reino Unido. Hartnell sarcasticamente retrucara que os bichos-da-seda vinham de Taiwan, aliada da Grã-Bretanha.[35]

No palácio, enquanto a princesa vestia cuidadosamente seu traje de casamento, havia pânico contido. Primeiro o buquê tinha sumido, sendo descoberto em um armário refrigerado quando um criado de libré se lembrou de tê-lo guardado lá. Então, a tiara de diamantes emprestada pela rainha à princesa se quebrou, ao tentarem prendê-la ao véu da noiva.

Felizmente, o joalheiro real estava de plantão. Ele foi escoltado pela polícia até sua oficina, onde rapidamente fez o reparo. Problema resolvido, foi a vez de o colar de pérolas de duas voltas dado a Elizabeth pelo rei e pela rainha desaparecer. Felizmente, alguém lembrou que as pérolas estavam sendo exibidas, junto com outros 2.583 presentes, no Palácio de St. James. O secretário particular da princesa, Jock Colville, recorreu ao carro oficial usado pelo rei Haakon da Noruega para ir buscá-las; depois de uma tensa conversa com o policial que fazia a segurança dos presentes de casamento, Colville foi capaz de recuperar a preciosa joia.[36]

Enquanto o drama se desenrolava nos bastidores, a Abadia de Westminster recebia a maior reunião da realeza desde antes do início da guerra, em 1939. A princesa herdeira Juliana da Holanda observou os outros membros da realeza, muitos vestidos com roupas distintamente gastas, e comentou: "As joias de todos estão tão sujas."[37] Além das irmãs de Philip, houve três omissões notáveis na lista de convidados: o duque e a duquesa de Windsor e mais a princesa real Mary, irmã do rei. Ela boicotou a cerimônia por achar que a exclusão de Edward e Wally Simpson era injusta e anticristã. Foi o primeiro exemplo público de um padrão que continuaria pelo restante da vida deles, com o duque e a esposa norte-americana exilados das terras que um dia ele brevemente governara.

Em contraste, seu amigo Winston Churchill, que desempenhara importante papel durante a crise da abdicação, foi tratado como herói conquistador. Ele deliberadamente chegou mais tarde e quase roubou o show quando todos na congregação, incluindo os nobres da realeza, se levantaram em reconhecimento ao seu papel para garantir a vitória, a libertação e a paz na Europa. Como o líder de guerra previra, o casamento real foi "um lampejo de cor na difícil estrada pela qual precisamos viajar" quando mais de duzentos milhões de pessoas ligaram o rádio e milhares foram para as ruas que levavam à abadia.[38] Para muitos, foi uma chance de escapar por um dia da opressiva austeridade e da esmagadora monotonia. Para outros, foi uma renovação do antigo pacto entre o público e a família real, uma chance de a nação congratular-se pelos acontecimentos e celebrar uma cerimônia eterna que diz respeito a comprometimento, amor e esperança.

A estrela do espetáculo foi recebida com uma fanfarra e o hino "Praise, My Soul, the King of Heaven" [Louvado seja, minha alma, o Rei do paraíso]. Elizabeth e o pai caminharam lentamente pelo tapete vermelho — de segunda mão, por causas econômicas — até o altar onde Philip e o primo e padrinho David Mountbatten (marquês de Milford Haven) aguardavam.

"Fiquei tão orgulhoso e maravilhado por tê-la tão perto em nossa longa caminhada na Abadia de Westminster. Contudo, quando entreguei você ao arcebispo, senti que perdia algo precioso",[39] escreveu o rei à filha posteriormente. Durante o café da manhã do casamento, Philip fez um curto discurso no qual declarou: "Estou orgulhoso de meu país e de minha esposa"; ao passo que Elizabeth desejou que "Philip e eu sejamos tão felizes quanto meu pai e minha mãe e a rainha Mary e o rei George antes deles".[40] Reconhecendo que "nós quatro" eram a partir daquele momento "nós cinco", o mais novo membro da Casa de Windsor escreveu ternamente à rainha para garantir que a filha estava em boas mãos.

"Lilibet é a única 'coisa' no mundo absolutamente real para mim, e minha ambição é nos unir em uma nova e combinada existência que não somente será capaz de suportar os golpes a nós infligidos, como também será positivamente voltada para o bem".[41] Talvez os desconfiados membros da corte tivessem interpretado mal o romântico real.

Embora "abençoadamente feliz", Elizabeth considerou os primeiros dias de lua de mel na propriedade rural de Broadlands "vulgares e vergonhosos", particularmente a missa de domingo.[42]

Muitos curiosos chegaram a pé ou de carro para vê-los na Abadia de Romsey. Os que não conseguiram entrar subiram nas lápides ou encostaram escadas nas paredes para olhar pelas janelas da igreja. Uma família levou até mesmo um aparador, que usou como plataforma improvisada para ver os recém-casados reais durante as preces.

A realeza como celebridade, a monarquia como circo. Esse foi um prenúncio do que estava por vir.

4

A princesa descalça

O casamento modificou Elizabeth. Ela parecia mais madura, decidida e confiante. A dinâmica familiar também mudou. O mundo da princesa agora estava centrado no marido, não mais nos pais e na irmã. Mesmo assim, no início, sua reação instintiva era primeiramente consultar a mãe e apenas em seguida procurar a opinião de Philip. Para Elizabeth, esse era um hábito difícil de abandonar, principalmente porque, por sentir que o genro desafiava sua autoridade como matriarca da família, a rainha a encorajava a continuar recorrendo a ela. Philip esperava por sua hora. Segundo a professora de história Jane Ridley, a rainha o via como "inimigo". E acrescentou: "Aqueles primeiros anos foram um cabo de guerra" pela atenção da princesa Elizabeth.[1]

Por mais direto e sem tato que pudesse ser, o príncipe não estava ansioso para entrar em conflito com sua formidável sogra. Talvez seja inevitável que, em qualquer família próxima, sendo da realeza ou não, a chegada de um novo membro perturbe o equilíbrio de poder. Esse foi particularmente o caso quando "os quatro" se transformaram em cinco.

Quando se tratava da vida cotidiana, Philip governava o ambiente doméstico, escolhendo cardápios, dando ordens aos empregados, determinando a posição da mobília e organizando compromissos particulares. Elizabeth, por sua vez, consultava seu secretário particular, Jock Colville, em questões relacionadas ao Estado, aos compromissos reais, a assinaturas oficiais e coisas assim. Philip se mantinha afastado e evitava conflitos com o terceiro membro de seu casamento, a dama de companhia e assistente de sua esposa, Bobo MacDonald, que estivera presente durante a lua de mel em Broadlands e, em seguida, em Birkhall, a mansão dentro da propriedade de Balmoral.

A austera escocesa, que se vestia exatamente como sua senhora, era responsável pelas trocas de roupas diárias da princesa. Ela mantinha um inventário de bolsas, chapéus, vestidos e sapatos e se assegurava de que tudo combinasse e tivesse um caimento impecável.

Era ela quem levava a bandeja com o primeiro chá da manhã para a princesa e, ainda mais importante, informava-a sobre as fofocas do palácio. Sua presença ocasionalmente irritava Philip, mas, na maior parte das vezes, ele se mantinha em silêncio.

Entrementes, a princesa organizava animadamente sua partida do Palácio de Buckingham e o início da vida de casada em Sunninghill Park, uma labiríntica casa de campo em uma propriedade de cerca de 265 hectares ao lado do Grande Parque de Windsor. Para uma jovem que queria estar cercada de cachorros, cavalos e, eventualmente, filhos, a propriedade do início do século XIX era ideal. Logo antes de eles se mudarem, no entanto, a imensa casa, que fora ocupada por invasores, pegou fogo. Inicialmente, suspeitou-se de incêndio criminoso, mas a investigação da polícia concluiu que ele começara durante a reforma. Com a casa londrina do casal, Clarence House, ainda em renovação, os sem-teto reais moraram algum tempo no Palácio de Kensington, antes de retornar às acomodações de Elizabeth no Palácio de Buckingham. O casal tinha quartos separados e conversava alegremente enquanto se vestia, Philip ajudado por seu valete, John Dean, e a princesa pela onipresente Bobo. E, é óbvio, os recém-casados viviam sob constante escrutínio, observados por silenciosos criados de libré, julgados por ardilosos membros da corte e seguidos pelos onipresentes guarda-costas da polícia.

Mesmo assim, em comparação aos dias atuais, o ambiente era relativamente tranquilo. O príncipe Philip caminhava pela avenida The Mall até o Almirantado, onde ocupava um cargo administrativo na equipe do diretor de operações navais. Frequentemente, fazia um intervalo durante

A PRINCESA DESCALÇA

o dia para supervisionar as obras em Clarence House. Foi Philip o responsável pela instalação dos dispositivos mais modernos da época, como máquinas de lavar roupa, televisões, sistema de interfone e passadora elétrica de calças. No fim da reforma, a princesa começou a se juntar a ele, misturando tintas para as paredes verdes da sala de jantar em estilo neoclássico.

Por sua vez, o secretário particular sempre presente da princesa, Jock Colville, tentava inserir os recém-casados — que, afinal, ainda eram aprendizes reais — em eventos diversos, a fim de associar a eles uma imagem mais autêntica da Grã-Bretanha moderna. O casal compareceu a um debate na Câmara dos Comuns, visitou um tribunal juvenil e jantou com jovens políticos e suas respectivas esposas na casa do então primeiro-ministro, Clement Attlee.

No entanto, nem tudo se resumia a sérias questões de Estado. Em 28 de fevereiro de 1948, a família foi ao London Palladium assistir ao show do comediante norte-americano Danny Kaye. Pela primeira vez, a família real se sentou na primeira fileira, em vez de ocupar o camarim real. O rei cantou juntamente com a plateia e foi aquele que, aos gritos, repreendeu o comediante durante um esquete sobre perder a hora do chá. A família real adorou os quadros bobos e frequentemente improvisados de Kaye. Com o passar das décadas, o comediante se tornaria um visitante regular e bem-vindo das residências reais. Elizabeth era uma fã tão devotada que o poeta norte-americano Delmore Schwartz escreveu o poema "Vaudeville para uma princesa", com o subtítulo "Inspirado pela admiração da princesa Elizabeth por Danny Kaye".

Na primeira viagem ultramarina do casal, em maio de 1948, o destino foi Paris, o que deu à princesa uma chance de colocar em prática todas as aulas de francês que tivera ao longo da vida. Embora tenha apreciado assistir às corridas de cavalos em Longchamps e dançar em um clube elegante, a princesa guardava um segredo: os primeiros estágios da gravidez já a faziam sofrer de enjoo matinal. Em várias ocasiões durante a visita, ela mal conseguiu manter a compostura. A maioria dos observadores achou que a indisposição se devia à intensidade de seus sentimentos.

Nesse meio-tempo, o casal passou a ter um administrador e tesoureiro, o general Sir Frederick "Boy" Browning, famoso por sua participação na Operação Market Garden, que decidiu a Batalha de Arnhem — uma das mais intensas e sangrentas da Segunda Guerra Mundial, travada em campos holandeses. Ele também era conhecido por ser marido da romancista Daphne du Maurier. Uma das primeiras tarefas do general foi alugar Windlesham Moor, uma casa de campo em uma propriedade de aproximados vinte hectares no frondoso condado de Surrey, no sudeste da Inglaterra. Philip imediatamente transformou as quadras de tênis em um campo de críquete; durante o verão, organizou partidas com os amigos e os moradores das imediações. Havia oito empregados quando o casal estava hospedado na casa, incluindo um criado de libré cuja função era levar a comida dos corgis em uma bandeja de prata, precisamente às 4h30 da tarde.

Michael Parker, o grande amigo marinheiro de Philip, e a esposa, Eileen, eram visitantes regulares nos fins de semana. Assim como a princesa, Eileen estava grávida, porém do segundo filho. As duas não se conheciam muito bem, mas tinham um tópico comum de conversação: bebês.

Eileen Parker se lembra de como a princesa, ao falar sobre os sonhos e as ambições que tinha para os filhos, desejava que eles tivessem uma vida menos restrita que a dela. A palavra *normal* era usada frequentemente — como seria para futuras gerações de mães reais. Segundo Eileen, "ela queria que eles fossem criados no que chamava de circunstâncias 'normais'".[2] "Eu gostaria que eles tivessem uma vida comum", disse a princesa, confidenciando a Eileen que sua ideia de felicidade era viver discretamente com os filhos, cães e cavalos. A ambição de Elizabeth era um sonho impossível.

Assim que o palácio anunciou a gravidez da princesa no dia 4 de junho — dia da competição da corrida de cavalos Derby de Epsom, que ocorre sempre na primeira semana de junho, mais conhecido como Derby Day —, ela e o marido receberam uma avalanche de roupinhas, sapatinhos, cobertores e brinquedos. Elizabeth abandonou os deveres reais no fim de junho e dedicou seus dias às tarefas que até então eram consideradas tradicionais das futuras mães: organizar o quarto do bebê em Clarence House e desejar seu bolo de chocolate favorito.

A princesa insistiu em ter o bebê em seu quarto no Palácio de Buckingham e ficou aliviada quando o então secretário do Interior, James Chuter-Ede, determinou que a presença de um ministro do governo durante o nascimento já não era requerida. Nem, aparentemente, a do marido: Phillip jogava *squash* com Michael Parker na quadra do palácio enquanto a princesa, atendida por quatro médicos, dava à luz. O príncipe foi interrompido pelo secretário particular do rei, Alan Lascelles, para ser informado de que, às 9h14 da manhã do dia 14 de novembro de 1948, ele se tornara pai de um menino. Eles o chamaram de Charles Philip Arthur George.

Enquanto os novos pai e mãe celebravam com flores e champanhe, uma nuvem pairava sobre o palácio: os sérios problemas de saúde que atormentavam o rei, cada vez mais frágil e irascível. Durante a gravidez da filha, ele sofrera câimbras terríveis nos pés, o que tornou o ato de se levantar — parte integrante de seu trabalho — agonizante. Não desejando criar confusão, o estoico soberano aguentou a dor até que ela ficou insuportável. Ele usara os remédios prescritos por seu médico homeopata, Sir John Weir, e essa dúbia linha de tratamento pode ter atrasado o diagnóstico mais convencional. Em 30 de outubro — duas semanas antes do nascimento do primeiro neto —, os médicos determinaram que o rei estava gravemente doente. George VI se entregou aos cuidados da medicina convencional e, exausto e angustiado, dormiu por dois dias seguidos.

Após vários exames, ele foi diagnosticado com a doença de Buerger, uma inflamação crônica dos principais vasos sanguíneos. Havia um risco tão grande de gangrena na perna direita do rei que os cirurgiões discutiram uma possível amputação.

A RAINHA

Durante esse período de agonia, os segredos e as evasivas foram a ordem do dia, a fim de garantir que nada preocupasse a princesa no fim da gestação.

Nenhuma palavra sobre a condição do rei veio a público antes de a princesa dar à luz. Dois dias depois do nascimento do neto, em 16 de novembro, ele aceitou que a muito ansiada viagem para a Austrália e Nova Zelândia teria que ser adiada. Também autorizou a publicação de um boletim médico e anunciou que cancelaria todos os compromissos mais imediatos. Contudo, estava bem o bastante para comparecer ao batizado do príncipe Charles no Palácio de Buckingham, em 15 de dezembro. Além de outros membros da família real, a cerimônia contou com a ex-governanta de Elizabeth, Marion Crawford, e o marido, George Buthlay, com quem havia se casado em setembro de 1947.

Enquanto os Buthlay observavam o então arcebispo de Canterbury, Geoffrey Fisher, jogar água do rio Jordão sobre a cabeça do bebê no Salão de Música do Palácio de Buckingham, o casal planejava um estratagema que destruiria o relacionamento entre Crawfie e Elizabeth para sempre.

A recém-casada Sra. Buthlay planejava escrever suas memórias sobre o tempo que passara com as princesas, o rei e a rainha. A ideia era incendiária, sobretudo porque logo ficou muito evidente que a família real se opunha totalmente a atuais ou antigos funcionários tornarem públicas as experiências junto à família real. O livro de memórias foi intitulado *The Little Princesses* e retratava Elizabeth, Margaret, o rei e a rainha como uma família virtuosa que exaltava valores como dever, amor e fidelidade; mesmo assim, os Windsor sentiram que a ex-governanta havia traído a confiança deles. Em uma carta enviada à Sra. Buthlay em abril de 1949, a rainha deixou evidente a posição da família: "Sinto que você definitivamente não deveria escrever e assinar artigos sobre as crianças, pois pessoas em posição de confiança devem ser fechadas como ostras."[3] Ou seja, devem permanecer em silêncio. Quando ela desafiou a antiga empregadora e escreveu uma série de artigos para a revista norte-americana *Ladies' Home Journal* e, em seguida, publicou o livro de memórias, a família real ficou

A PRINCESA DESCALÇA 103

furiosa e chocada. Mesmo que, para olhos modernos, o livro seja inofensivo e altamente elogioso, a princesa Margaret ficou enojada e a irmã, profundamente perturbada com a traição da governanta.

Elizabeth a acusou de ter sido uma "cobra" — traído a família — e aconselhou as damas de companhia que recebiam cartas da Sra. Buthlay a segurá-las com um pegador de cabo longo. Não era o que ela escrevera que preocupava a família real — a governanta conjurara um mundo humano e digno, no qual amor, dever e obediência eram os valores que regiam a vida cotidiana —, mas seu deliberado ato de deslealdade. Em uma carta de seis páginas a Lady Nancy Astor, a rainha lamentou que "nossa última governanta, que gozava de nossa total confiança", tivesse "perdido a cabeça".[4] A expressão *dar uma de Crawfie* subsequentemente passou a ser usada para descrever qualquer funcionário que vendesse histórias sobre o tempo que passara com a realeza.

Esse episódio infeliz ilustrou de maneira vívida uma característica da família real: ao menor sinal de perigo, ela imediatamente se cercava para proteger os seus. Se alguém se voltasse contra um deles, estaria se voltando contra todos, como Crawfie descobriu a duras penas. Não havia como voltar atrás, e a ex-funcionária real foi lançada à condenação eterna. Logo após a publicação de *The Little Princesses*, ela saiu da cabana no terreno do Palácio de Kensington, cedida por "graça e favor" do soberano, e se mudou para Aberdeen, a alguns metros da estrada para Balmoral. Crawfie desejava uma reconciliação, mas isso jamais aconteceu. No fim da vida, ela tentou o suicídio duas vezes. Em uma delas, escreveu uma nota: "O mundo me deixou para trás e não consigo suportar que aqueles que amo passem por mim na estrada."[5]

Dito isso, a ex-governanta deveria ter antecipado a severa e implacável reação da jovem a quem ela amava e adorava como uma filha. Quando Jock Colville, que foi secretário particular de Elizabeth por dois anos antes de trabalhar para Winston Churchill, perguntou à princesa se podia escrever sobre as experiências que tivera no cargo, a resposta foi brusca.

O pedido lançou uma sombra sobre os últimos meses de sua permanência com a família real em 1949.

Assim como Elizabeth era completamente leal à família e à instituição, ela esperava o mesmo daqueles que trabalhavam com ela. O efeito de longo prazo da atitude de Crawfie foi criar distância entre a princesa e aqueles que trabalhavam para ela, por mais leais que fossem. Em tempos de crise, a família real instintivamente se recolhia.

Se o caso Crawford marcou o fim da inocência infantil, a doença incapacitante do rei — ele passou por uma grande cirurgia na coluna em março de 1949, a fim de restaurar a circulação nas pernas — empurrou firmemente a princesa de 22 anos para a linha de frente da monarquia.

Enquanto George VI se recuperava lentamente, a participação política da princesa Elizabeth tomou maiores proporções, assumindo muitos dos deveres formais do pai. Em junho de 1949, o rei foi levado em carruagem aberta para observar a cerimônia Trooping the Colour enquanto a primogênita cavalgava na dianteira do desfile.

Embora estivesse infinitamente preocupada com o pai, ela começava a levar a vida de uma mulher casada e independente, um processo que se acelerou quando o casal se mudou na mesma época do Palácio de Buckingham para Clarence House.

Anteriormente naquele ano, ao celebrar seu 23º aniversário, a princesa fora ao elegante Café de Paris, perto da famosa Piccadilly Circus, depois de assistir a Laurence Olivier e Vivien Leigh em *School for Scandal* [A escola de escândalos]. O glamouroso casal de atores se juntou à festa real em um clube noturno para uma noite de tango, *quickstep* — um estilo de dança alucinadamente rápida que combina o foxtrote com o charleston — e samba. Em um baile realizado no Castelo de Windsor naquela época, os recém-casados reais roubaram a cena. O político, escritor e cronista Henry "Chips" Channon comentou que eles pareciam "personagens de um conto de fadas".[6] Em julho, eles chegaram fantasiados à festa de verão organizada pelo embaixador norte-americano Lewis W. Douglas, cuja filha, Sharman, era amiga íntima da princesa Margaret: Elizabeth como uma criada eduardiana e Philip como um garçom. Determinada a causar impacto, Margaret se fantasiou de dançarina parisiense de cancã, incluindo a calcinha de renda e a meia-calça preta. Em nota de agradecimento, ela disse a Douglas: "Eu estava tão empolgada que, quando finalmente chegou a hora de nosso cancã, mal conseguia respirar." Isso não impediu a "extática" princesa de vestir a fantasia e repetir a dança para a mãe quando chegou em casa, no Palácio de Buckingham.[7]

A melhora na condição do rei coincidiu com o fim da temporada em terra de Philip. Ele foi nomeado primeiro-tenente e segundo em comando do HMS *Chequers*, baseado na ilha de Malta, para onde teve de partir em outubro de 1949. Elizabeth se uniu a ele um mês depois, com as bênçãos do rei. Malta se tornara querida para George VI durante a guerra. Em abril de 1942, durante o brutal cerco da ilha, ele concedera a Cruz de George aos bravos defensores e, em junho, visitara o lugar. A rainha, que tinha em sua cômoda uma fotografia do rei chegando à ilha, posteriormente lembrou: "O rei estava muito determinado a chegar a Malta de qualquer jeito, para tentar expressar sua gratidão e admiração pelos bravos cidadãos, por sua coragem e tenacidade sob incessantes ataques."[8]

O sentimento era mútuo. Milhares de pessoas lotaram as ruas para ter um vislumbre da filha mais velha do rei, a futura rainha. Tal era a fascinação e adoração pela princesa Elizabeth que Mabel Strickland, dona do *Times of Malta*, escreveu um artigo no qual pedia ao público que deixasse o casal a sós durante eventos privados.

A princesa, que chegou à época de seu segundo aniversário de casamento, 20 de novembro, mal teve chance de celebrar a data com o marido antes de mergulhar em uma série de compromissos. Durante a estadia de seis semanas, ela visitou as catedrais da cidade, a biblioteca nacional, as docas, a frota do Mediterrâneo, uma exposição industrial e muitos hospitais; presidiu o chá anual de brinquedos das crianças no palácio; e inaugurou um monumento às vítimas das duas guerras mundiais.

Apesar de toda a formalidade e o protocolo — o então primeiro-ministro, Paul Boffa, e o arcebispo Michael Gonzi aparentemente eram presenças constantes —, esse foi um dos períodos mais felizes da vida de Elizabeth. Malta é o lugar onde sua filha, a princesa Anne, foi concebida; ali, ela e o marido conseguiram passar algum tempo sozinhos, explorando a fascinante costa em uma lancha emprestada pela Marinha e adequadamente nomeada *Éden*. Para não enjoar, a princesa levava consigo um pacote de *gallettas* (como são conhecidos os biscoitos em Malta), que vivia mordiscando. Ela e o duque encontraram tempo para dançar a bordo do HMS *Chequers*, em uma festa dos oficiais, e no Phoenicia Hotel, onde a banda diligentemente tocava a música favorita dela, "People Will Say We're in Love", do musical de Rodgers e Hammerstein, *Oklahoma*.

Ela também pôde agradecer de maneira adequada ao colega de Philip, o tenente Bill O'Brien, que graciosamente dera ao príncipe os próprios cupons de gasolina quando eles estavam juntos em Corsham, a fim de que ele pudesse dirigir até Londres e cortejar a princesa.

Ele e a esposa, Rita, eram convidados regulares nos jantares oferecidos por Elizabeth e Philip na Villa Guardamangia, um casarão de calcário com vista para o Grande Porto de Valeta. Seus anfitriões, Lord Louis e Edwina Mountbatten, haviam mudado de quarto a fim de oferecer ao casal real a melhor suíte da casa.

Outra presença constante na vida de Elizabeth era Mabel Strickland, a exuberante e controversa editora do *Times of Malta*. Ela apresentou a princesa a seu círculo de amigos e a ajudou com as listas de convidados para os eventos sociais. Quando o casal real finalmente se mudou para a Villa Guardamangia, Mabel compareceu ao primeiro jantar oferecido por eles. Outro convidado, o vice-almirante Guy Grantham (futuro governador de Malta), lembrou: "Tivemos uma iguaria local como segundo prato e usávamos talheres de peixe folheados a ouro. A primeira coisa que aconteceu foi que a faca usada pelo cavalariço se quebrou. A princesa disse a ele para não se preocupar, [acrescentando] 'Foi presente de casamento', mas, antes de terminarmos aquele prato, outros dois talheres se quebraram! A princesa achou tudo imensamente divertido."[9]

A atmosfera na vila era calorosa e amigável, e Edwina Mountbatten gostou de cuidar da mais jovem mãe. "É adorável vê-la tão radiante e, ao menos uma vez, levando uma existência mais ou menos humana e normal."[10]

Como lembrete das responsabilidades por vir, certa vez Philip recebeu uma descompostura do tio por manter a esposa fora de casa até tarde da noite, fazendo com que eles se atrasassem e perdessem o início de um jantar oferecido pelos Mountbatten. Ele chamou o príncipe a seu escritório e disse: "Não ouse fazer isso novamente. Lembre-se: ela é a futura rainha. Jamais se esqueça disso."[11]

Esse seria um dos muitos conflitos entre esses dois homens teimosos que gostavam de fazer as coisas à própria maneira. Depois de semanas comportando-se com brusquidão e indiferença em relação ao tio, Philip se sentou com ele para resolver o problema. O príncipe admitiu que estava tentando resistir à dominadora influência do tio da única maneira que sabia: revidando. Em resposta, Mountbatten concordou em recuar. Depois que a questão foi resolvida, os dois retomaram o relacionamento amigável e afetuoso.

Mountbatten estava desesperado pelo afeto e pela admiração da futura rainha, e ficou maravilhado ao descobrir que ela o considerava boa companhia. Como disse à irmã Patricia: "Lilibet é muito encantadora e perdi o que ainda restava de meu coração, que agora é dedicado inteiramente a ela. Ela dança divinamente e sempre quer um samba quando dançamos juntos."[12]

Os bailes chegaram ao fim em dezembro, quando a princesa se despediu do marido, que, juntamente com seis outros navios de guerra, seguia em missão no HMS *Chequers* para patrulhar o Mar Vermelho, em seguida aos conflitos tribais na Eritreia. Foi um salutar rito de passagem experimentado por todas as mulheres de marinheiros, incluindo Edwina Mountbatten, que sentiu uma onda de simpatia pela jovem parada nas docas, observando o amado navegar para longe. Logo depois, a princesa e sua pequena comitiva voltaram a Londres a bordo de um avião a hélice Viking.

"Lilibet partiu com lágrimas nos olhos e um nó na garganta", disse Edwina a Pandit Nehru, o primeiro-ministro da Índia, com quem tinha um romance havia muitos anos. "Embarcá-la naquele Viking foi como confinar um pássaro em uma gaiola muito pequena. Fiquei triste e quase chorei também."[13]

O consolo da princesa foi ter se reunido ao filho, que passara o Natal com os avós em Sandringham. Elizabeth, e posteriormente Philip — que se juntou a ela mais tarde —, desfrutaram nas semanas seguintes o refúgio de Norfolk, ajudando a entreter os numerosos convidados que chegavam para o jantar com pernoite. Essa era uma maneira eficiente de hospedar convidados importantes, como políticos e diplomatas, já que Sandringham é um local pouco acessível. Durante uma visita em fevereiro, Cynthia Gladwyn, esposa do ex-embaixador inglês em Paris, observou o contraste entre a juventude de Elizabeth e a elevada posição que ocupava. Ela notou que a princesa tinha "em suas expressões uma charmosa mistura: a vontade de agradar e, ao mesmo tempo, a séria consciência de sua posição e responsabilidade. Sua encantadora timidez era muito atraente, pois um toque de genuína gravidade sempre foi a barreira tradicional separando a realeza do rebanho comum, avisando que nenhuma liberdade deve ser tomada. Mas tudo isso com um sorriso doce, uma voz muito suave e certa falta de jeito ao andar, revelando que ainda era uma garota".[14]

Logo depois, ela retornou a Malta para se juntar a Philip. A princesa passou seu 24º aniversário em um campo de polo na ilha, observando o marido e o tio dele se enfrentar em partidas altamente competitivas — e escolhendo ignorar o linguajar de Philip, que podia ser muito vulgar se a partida não saísse como o desejado. Aqueles foram dias felizes para a princesa grávida que, de acordo com Mike Parker, passou somente dez por cento de seu tempo sendo membro da realeza, usando o restante para se entrosar com as esposas de outros oficiais, organizando chás e demais eventos sociais.[15] Quase sempre foi deixada em paz; os ilhéus atenderam aos pedidos de Mabel Strickland e outros para respeitar a privacidade da princesa. Rapidamente, a primavera e o verão descontraídos chegaram ao fim e a princesa partiu para Clarence House, onde milhares de curiosos se reuniram para ter um vislumbre da princesa antes que ela desse à luz o segundo filho. Em 15 de agosto de 1950, a multidão foi recompensada por sua ruidosa paciência quando a princesa Anne nasceu. Dona de uma saúde quase inabalável, Elizabeth levou mais tempo que o esperado para se recuperar do parto — os médicos aconselharam-na a cancelar os compromissos públicos até novembro. Naquele mês, ela retornou a Malta para passar o Natal com o marido e deixou Charles e Anne em Sandringham, com Margaret, o pai e a mãe — além de uma pequena tropa de enfermeiras e babás.

Quando ela chegou, Philip estava ávido para lhe mostrar seu novo "bebê". Em setembro, logo depois da chegada da princesa Anne, ele recebera o comando da fragata HMS *Magpie* e fora promovido a tenente-comandante. Com somente 29 anos e já comandante de fragata, tornava-se evidente que Philip estava a caminho de grandes realizações.

Logo depois de se juntar a Philip em Malta, Elizabeth e o duque navegaram até Atenas para visitar a família real grega, o rei Paul e a rainha Frederika. Elizabeth seguiu a bordo do HMS *Surprise*, o navio do comandante-chefe da esquadra, e o príncipe a bordo do *Magpie*. Durante a viagem, o casal real trocou sinais bem-humorados que ainda estão preservados nos arquivos da Marinha. Um exemplo famoso é: "*Surprise* para *Magpie*: 'Princesa farta de feijões.'" "*Magpie* para *Surprise*: 'Vocês não podem servir a ela coisa melhor no café da manhã?'" Outros estão relacionados a textos bíblicos, como quando a princesa, em certa ocasião, sinalizou "Isaías 33:23" — que significava: "Suas cordas estão frouxas." O marido respondeu rapidamente com "I Samuel 15:14" — ou: "Que balido de ovelhas é esse em meus ouvidos?"[16]

A visita altamente bem-sucedida do casal, que fora sancionada pelo ministério do Exterior, foi a união perfeita entre os deveres navais de Philip e os reais de Elizabeth.

Essa estadia mais longa — sem interferência do tio Dickie — provavelmente foi a mais feliz, sobretudo quando a irmã, Margaret, chegou para se juntar à diversão. Em um memorando à criadagem e ao grupo de apoio, a princesa deixou evidente que queria uma vida tranquila: "Sinceramente espero que exista total cooperação entre todos os membros da equipe, a fim de criar uma atmosfera feliz na Villa Guardamangia."[17] Ela estava relaxada o bastante para andar descalça ao redor da mansão. E tampouco fazia cerimônia. Tony Grech, filho de sua criada Jessie, começou a chamá-la de tia Liz. E não foi o único. Muito depois de ter partido de Malta, ela enviou um cartão de Natal a sua equipe maltesa e, posteriormente, convidou-os para celebrar seu 25º aniversário de casamento na Abadia de Westminster e no Palácio de Buckingham.

Enquanto Philip navegava no iate *Cowslip* pela baía ou aprimorava suas jogadas de polo em um cavalo de treinamento de madeira, a princesa cavalgava, dirigia pela ilha — com a dama de companhia ou um guarda-costas a seu lado — ou visitava esposas de outros oficiais para tomar chá e comer sanduíches.

Ela também é lembrada por ter experimentado pratos típicos da região, como patê de coelho, *pastizzi* (pastéis assados), *lampuki* (uma torta de peixe) e *hobz malti* (o pão local).

Em certa ocasião, em abril de 1951, ela visitou o povoado de Sannat, na minúscula ilha de Gozo, onde observou o trabalho das rendeiras.[18] Embora hoje uma placa relembre a ocasião, na época a visita atraiu apenas interesse local. A vida que Elizabeth levava mal podia ser imaginada na Inglaterra, e essa foi uma experiência da qual ela sempre se lembrou com afeto e gratidão.

Em janeiro de 1975, um ano depois de Malta se tornar uma república, a princesa ainda falava elogiosamente sobre o lugar. "Tenho pensado tanto em Malta e nos tempos felizes que passamos lá como uma família naval. É algo que jamais esquecerei", escreveu ela a Mabel Strickland, que enviara o presente anual — uma cesta com abacates, laranjas, limões e outras frutas exóticas de seu jardim.[19]

Era difícil abrir mão de uma vida tão contente e feliz. Contudo, foi o que eles fizeram. Em meados de 1951, estava nítido que a visita à Grécia

A PRINCESA DESCALÇA 111

a bordo do HMS *Magpie* fora somente uma coincidência feliz. Tanto a Marinha Real quanto a família real exigiam comprometimento em tempo integral. Alguém precisava ceder. Philip foi forçado a aceitar o inevitável. Olhando com melancolia para os uniformes da Marinha, ele disse a seu valete, John Dean: "Demorará muito para que eu os use novamente."[20]

Logo depois, ele foi posto de licença por tempo indeterminado.

Uma gripe, que fizera com que o rei adoentado cancelasse uma visita à Irlanda do Norte em maio de 1951, selou seu destino. Enquanto George VI se recuperava, a rainha e as princesas Elizabeth e Margaret assumiram os deveres do rei — a primogênita o representou na Trooping the Colour em junho. A condição do rei George VI se deteriorou, o que lançou uma sombra sobre a celebração dos 21 anos da princesa Margaret, em Balmoral, em agosto. No mês seguinte, sete médicos publicaram um curto, mas dramático, boletim dizendo que os pulmões do rei se encontravam em situação preocupante e ele teria que passar por uma cirurgia em breve. Elizabeth e Philip, que partiriam para o Canadá em uma viagem de cinco semanas pela América do Norte, decidiram adiar a viagem de navio e ir de avião, a fim de que pudessem estar em Londres para a cirurgia do rei em 23 de setembro.

As notícias não eram boas. Após a cirurgia, os médicos disseram à rainha e a Elizabeth que haviam encontrado câncer no pulmão removido. O diagnóstico não foi informado ao rei. Enquanto o monarca passava por uma lenta e dolorosa recuperação, ele insistiu que a viagem ao Canadá e aos Estados Unidos ocorresse como planejado.

Depois de um almoço de despedida no Palácio de Buckingham em 7 de outubro, eles embarcaram em um Stratocruiser da British Overseas Airways Corporation para o voo de 17 horas até Montreal — era a primeira vez que um herdeiro do trono fazia um trajeto de longa distância em um avião, e a preocupação era tanta que a Marinha Real colocou navios em posições estratégicas ao longo do oceano Atlântico, em caso de emergência. Entre a bagagem, estavam roupas pretas de luto e um envelope selado contendo o esboço da Declaração de Ascensão, caso o pior acontecesse e o rei viesse a óbito.

A chegada de Elizabeth e Philip a Montreal foi muito diferente dos despreocupados dias de anonimato em Malta. Uma multidão amigável e muito ruidosa de cerca de 15 mil pessoas recebeu o casal real, e havia tantos fotógrafos que pequenos cacos de vidro provenientes dos flashes das câmeras cobriram o casaco de pele de Elizabeth. O ritmo da visita de 33 dias foi implacável e exaustivo; a princesa estava tão nervosa com a confusão bem-intencionada que acompanhava cada movimento dela que um músculo na bochecha direita tremia involuntariamente, com frequência. Ela também adotou novamente a atitude habitual de interesse polido mas contido. Como resultado, os críticos reclamaram que ela estava excessivamente distante e formal. Esses sentimentos incomodaram a princesa, que disse a seu séquito que a mandíbula dela doía de tanto sorrir. Não seria a única vez que as pessoas confundiriam sua atitude impassível com indiferença, mesmo que essa fosse a maneira que ela encontrava para manter as emoções sob controle. Essa compreensível mas errônea interpretação a seguiria durante todo o seu reinado. Como observou seu ex-secretário particular Lord Martin Charteris, que conviveu com ela por cinquenta anos, a chave para seu caráter era o fato de ela temer as próprias emoções, já que eram muito fortes e precisavam ser mantidas sob férreo controle.[21]

Quando o casal voltou para casa em novembro, a princesa ficou aliviada ao ver que o pai ganhara peso e até mesmo falava em caçar com uma arma leve. Ela concordou com o plano dele de viajar para a África do Sul em março de 1952, com o intuito de aproveitar o fim do verão no Hemisfério Sul e ganhar forças. George VI ainda estava tão fraco que, quando gravou a mensagem de Natal, só conseguiu dizer uma exaustiva frase de cada vez.

Como resultado da saúde continuamente debilitada do rei, decidiu-se que o duque e a duquesa de Edimburgo embarcariam para a viagem à Austrália e à Nova Zelândia — várias vezes adiada — no lugar dele, partindo na quinta-feira do dia 31 de janeiro e fazendo uma parada no Quênia. A última noite que a família real passou junta antes da viagem foi no Teatro Real Drury Lane, onde assistiram a uma apresentação de *South Pacific*, de Rodgers e Hammerstein.

No dia da partida, o rei ignorou o conselho dos médicos e ficou em pé por meia hora, sem chapéu, na pista varrida pelo vento do aeroporto de Londres, a fim de se despedir da amada filha. "Ele é assim, nunca pensa em si mesmo",[22] comentou a princesa posteriormente. Embora o rei e a rainha tivessem conversado com Churchill e outros membros do grupo oficial, as fotografias mostravam um emaciado e extenuado rei George VI, o que chocou e perturbou a nação. "Tive a premonição de que aquela seria a última vez que ele veria a filha, e de que ele pensava o mesmo",[23] comentou o então secretário de Estado para as Colônias, Lord Chandos. E não foi o único a concluir isso.

Depois que Lord Casey, o ministro das Relações Exteriores da Austrália, encontrou-se com a princesa Elizabeth perto do Natal de 1951, ele disse à esposa, Marie: "Não sei se Elizabeth já não sabe que, a qualquer hora, pode se tornar nossa rainha. Ela tem um comportamento tão sério que parece ter sido avisada ou instintivamente sente que, a qualquer momento, pode ter esse fardo lançado sobre ela." Quando ele mencionou essa impressão para Churchill, o primeiro-ministro respondeu: "Sim, há preocupações demais naquele jovem semblante."[24]

De volta a Sandringham na terça-feira, 5 de fevereiro, o rei ostentava um exuberante bom humor e decidiu ir caçar. Era um dia extremamente frio, mas ensolarado. Durante o jantar, ele ouviu com atenção enquanto seu administrador de corridas, Charles Moore, descrevia as aventuras que tivera no Quênia, hospedado no hotel Treetops Lodge, na floresta de Aberdare, onde, naquele exato momento, Elizabeth e Philip estavam sentados em uma cabana no alto de uma figueira gigante, observando elefantes, rinocerontes e outros grandes animais à luz da lua.

O rei foi se deitar cedo. Na manhã seguinte, 6 de fevereiro, o valete levou a bandeja de chá às 7h15, mas não conseguiu acordá-lo. Depois de abrir as cortinas, ele percebeu que o soberano de 56 anos estava morto. Posteriormente, descobriu-se que o rei sofrera uma trombose coronariana, um coágulo que chegara ao coração. A rainha foi informada e se dirigiu imediatamente ao quarto do marido. Ele parecia tão em paz que ela achou que estivesse apenas dormindo profundamente. Mas logo se deu conta do que havia acontecido. A então rainha-mãe ficou de pé por um momento ao lado da cama e beijou gentilmente a testa do marido. Então foi dar a terrível notícia à princesa Margaret, ao mesmo tempo que dava ordens para que se iniciassem os mecanismos do "Hyde Park Corner" — o código usado para informar aos principais membros da corte do Palácio de Buckingham e aos oficiais do governo que o rei estava morto.

No Quênia, naquela manhã, o céu emanava uma luz de tom azul-claro e toda a atmosfera em torno da princesa era vibrante e quase mágica. Enquanto ela se maravilhava com o cenário iridescente, uma águia majestosa circulou no alto por algum tempo e então mergulhou, como se a saudasse, antes de desaparecer. Mike Parker achou a experiência muito intrigante, e aquilo o assombraria por muito tempo.

Sem qualquer meio de comunicação, Elizabeth abençoadamente ignorava o drama que se desenrolava em Sandringham. Na noite anterior, a pequena comitiva do casal, sob a luz de lampiões de querosene, ouvira com atenção a princesa falar orgulhosamente do pai e da batalha dele para recuperar a saúde. A princesa se lembrou do dia em que ele levara a muleta ao ombro e dissera: "Acredito que agora consigo atirar."[25] A filha esperava que a visita planejada à África do Sul lhe fizesse bem e que ele estivesse totalmente recuperado quando ela voltasse para casa.

Depois do café da manhã, o grupo retornou a Sagana Lodge, a cabana oferecida ao casal real pelo povo queniano como presente de casamento. Enquanto a princesa escrevia uma carta ao pai e à mãe, contando sobre a empolgação da noite anterior, Philip descansava antes de uma planejada pescaria de trutas.

No corredor, Mike Parker atendeu a um telefonema que o deixaria chocado. Era do secretário particular da princesa, Martin Charteris, que estava hospedado em um hotel local. Ele fora informado por um jornalista que telegramas haviam chegado de Londres anunciando a morte do rei. O primeiro instinto de Parker foi acordar o príncipe Philip. Em vez disso, porém, ele foi para o quarto e ligou um rádio de ondas curtas em busca de informações. Quando estava certo da veracidade da notícia, contou a Philip. Ao absorver o significado da morte do rei, o príncipe reagiu como se o mundo tivesse desmoronado ao redor de si. Depois de se recompor, ele se direcionou ao quarto da esposa e a levou para caminhar no jardim. Lá, sob o céu encoberto e às margens de um riacho, ela soube que o pai morrera e que, a partir daquele momento, era a nova rainha.

Sua resposta revelou o caráter da jovem de apenas 25 anos que herdara o trono. Ela parecia quase preparada para aquele acontecimento terrível; a reação de Elizabeth foi prática e pragmática. Não houve lágrimas nem explosão emocional de qualquer espécie quando compreendeu que perdera o amado pai; ela aceitava, naquele momento, a inevitabilidade do destino que a esperava. Certamente a nova rainha estava pálida — quase translúcida —, tensa e cansada, mas aqueles que viajavam com ela lembraram-me posteriormente de que Elizabeth parecia contida, atenta e no controle. Havia muito sobre o que refletir. Alguns dias depois, o caçador Jim Corbett, que acompanhara a princesa, capturou o clima do momento ao escrever no livro de visitantes: "Pela primeira vez na história mundial, uma jovem subiu em uma árvore como princesa e desceu como rainha."[26] Quando ela retornou à cabana, a prima e dama de companhia, Lady Pamela Mountbatten, impulsivamente a abraçou. "O que posso dizer?", perguntou ela à nova monarca. Elizabeth apenas deu de ombros: "São coisas da vida."[27] Momentos depois, Pamela fez uma profunda mesura, tendo se dado conta de que Elizabeth já não era só uma amiga, e sim sua nova soberana.

Durante as horas seguintes, o treinamento que a rainha recebera durante toda a vida entrou em ação e ela se ocupou das novas e onerosas responsabilidades. Suas emoções, a partir de então, estavam inteiramente subordinadas ao dever. Ela manteve as lágrimas contidas e permaneceu concentrada no trabalho a ser feito. Como Edward Windley, o comissário provincial do distrito de Nyeri, lembrou mais tarde: "Muito pálida, ela era como gelo; exatamente glacial." Quando lhe perguntaram como ela recebera a notícia, ele respondeu: "Como uma rainha."[28]

Quando seu secretário particular, Martin Charteris, chegou a Sagana Lodge ainda usando uma jaqueta esportiva, Elizabeth levantou o olhar para ele e disse: "A Austrália precisa ser informada."[29] Então escreveu uma nota ao governador-geral, Sir William McKell, expressando seu pesar por precisar adiar a viagem. Como parte dos procedimentos formais, Charteris teve que perguntar por que nome ela queria ser conhecida. "Pelo meu nome, Elizabeth, é lógico."[30] Para enfatizar a decisão, ela assinou algumas fotografias dela mesma com a família usando a nova assinatura: "Elizabeth R."[31] Embora o tempo fosse crucial — uma tempestade se aproximava do aeroporto de Nanyuki —, ela insistiu em agradecer à equipe da cabana.

James Cosma A. Gabatha, seu motorista, ajoelhou-se para beijar os pés da nova rainha quando ela se despediu. Como suas roupas de luto estavam a bordo do SS *Gothic*, ancorado no porto de Mombaça, ela deixou Sagana Lodge trajando um casual vestido bege e branco e usando luvas brancas; o luto estava expresso na braçadeira preta, sempre incluída na bagagem da monarca.

Enquanto iam de carro até Nanyuki, a comitiva se espantou com a quantidade de moradores dos vilarejos de pé ao lado da estrada, de cabeça baixa em sinal de respeito. Evidentemente, o boca a boca fez a notícia se espalhar a toda a velocidade. Quando chegaram ao aeroporto, a rainha ficou feliz em notar que os fotógrafos haviam acatado seu pedido de não tirar fotos e, em vez disso, colocaram as câmeras no chão em sinal de respeito.

Depois de subir a escada da aeronave, ela estacou no topo por um longo tempo, como se buscasse capturar toda a atmosfera elétrica e primitiva daquela terra rústica. O escritor John Hartley descreveu o momento: "Ela ficou lá, de pé na escuridão cada vez mais intensa, sem se mover e totalmente distante. Tudo e todos permaneceram silenciosamente em alerta, ouvindo e esperando com a respiração suspensa."[32]

Então ela retomou os deveres. Durante o interminável voo até Londres, houve esporádicas comunicações por rádio com o governo e o palácio. O primeiro-ministro, Winston Churchill, enviou uma mensagem de condolências em nome do Gabinete. A rainha-mãe também enviou uma mensagem, na qual dizia: "Todos os meus pensamentos e preces estão com você. Mamãe."[33] Durante o longo voo, Elizabeth teve muito tempo para revisar o discurso que faria ao Conselho Privado no dia seguinte.

Quando eles chegaram ao aeroporto de Londres, a rainha estava firmemente controlada, composta e descansada, pronta para enfrentar o grupo oficial de recepção.

Ela teve que esperar dentro do avião até que o vestido e o véu pretos enviados de Clarence House chegassem — suas roupas de luto ainda estavam a bordo do SS *Gothic*. Quando estava pronta para se encontrar com o primeiro-ministro, Churchill, e outros políticos, ela deu uma última olhada pela janela da aeronave antes de descer para a pista.

Durante a estadia do casal real em Clarence House, Elizabeth e Philip abriram mão dos enormes carros das marcas Rolls-Royce e Daimler, optando por uma frota mais moderna e modesta da marca Austin Princess. Enquanto eles taxiavam pela pista, a rainha deu uma olhada na fila de Daimlers e Rolls pretos aguardando por ela: "Ah, eles enviaram os carros funerários."[34] Seu luto finalmente tornava-se real e completo.

5

Coroação gloriosa

Quando a nova rainha e seu séquito real passaram de carro pelas ruas da capital até Clarence House, notaram que um novo blackout estava em curso. Nas ruas silenciosas, os homens trajavam ternos pretos e as mulheres, vestidos pretos — ou, no mínimo, ostentavam braçadeiras em sinal de luto. Na elegante rua Bond, o dono de um armarinho vestira os manequins da vitrine com lingerie preta. O historiador John Wheeler--Bennett, que se tornaria o biógrafo oficial de George VI, lembrou como "o povo da Inglaterra não fez segredo da profundidade e sinceridade de seu pesar. Vi muitas pessoas chorando".[1]

A rainha Elizabeth II, agora "a Mais Alta, a Mais Poderosa e Mais Excelente Monarca", não tinha tempo para sentimentos. Quando chegou a Clarence House, sua avó, a rainha Mary, esperava por ela, e permaneceu ereta e digna enquanto a nova soberana se juntava a ela no hall de entrada. Então, a idosa rainha, que presenciara cinco reinados e acabara de perder outro filho, fez uma profunda reverência e beijou a mão da jovem monarca. Foi um momento tão poderoso de intimidade familiar e simbolismo real que sua dama de companhia, Lady Cynthia Colville, teve que se esforçar para manter a compostura. O mesmo não se deu com a inabalável rainha: depois de se curvar, ela disse à neta que seu vestido era curto demais para o luto oficial na corte.[2]

Posteriormente, Elizabeth e o príncipe Philip, em posição de conselheiro de Estado, compareceram a uma reunião de vinte minutos com o Conselho Privado, juntamente com outros 175 dignitários, no Palácio de St. James, onde a rainha assinou seu juramento de ascensão. Após proclamar-se rainha Elizabeth II, ela disse ao conselho: "Meu coração está demasiado apertado para que, hoje, eu possa dizer algo além de que, como fez meu pai durante seu reinado, sempre trabalharei para promover a felicidade e a prosperidade de meus povos, espalhados como estão por todo o mundo."[3]

Embora o primeiro-ministro Churchill tenha confidenciado a seu secretário particular, Jock Colville, que a nova rainha era "somente uma criança",[4] ele fez um passional discurso em homenagem a ela na lotada Câmara dos Comuns. "Com o novo reinado, todos devemos sentir nosso contato com o futuro. Uma figura bela e jovem — princesa, esposa e mãe — é herdeira de todas as nossas tradições e glórias, que nunca foram maiores que durante os dias de seu pai, e também de todas as nossas perplexidades e perigos, que nunca foram maiores, em tempos de paz, do que agora. Ela também é a herdeira de nossa força e lealdade."[5]

Tendo lidado com as formalidades iniciais, a nova rainha foi até Sandringham para consolar a mãe e a irmã enlutadas e se despedir em particular do pai. Quando chegou à propriedade de oito mil hectares em Norfolk, a primeira ação foi a de ir até o quarto do pai no térreo, onde o corpo jazia em um caixão simples, entalhado de um único carvalho derrubado meses antes. Ela prometeu silenciosamente que seguiria os passos dele e o deixaria orgulhoso. Essa não seria uma tarefa fácil. Apesar dos ensinamentos de história constitucional de Sir Henry Marten e das limitadas informações que o pai lhe passara, Elizabeth sentia que recebera um treinamento incompleto para o papel que tinha acabado de assumir — embora, refletindo a respeito, tivesse a mesma idade da primeira Elizabeth ao ascender ao trono: 25 anos. Naqueles dias turbulentos, ela não tinha o pai para guiá-la, apoiando-se, em vez disso, em Alan Lascelles — o experiente e direto secretário particular do rei —, no marido e, é óbvio, em Churchill. Ela deixou as dúvidas de lado, sabendo que tinha de ser a mais forte do trio remanescente, pelo bem da mãe e da irmã. Como reconheceu tempos depois, as duas "tinham que suportar o maior fardo

COROAÇÃO GLORIOSA   121

do pesar, pois o futuro delas devia parecer muito vazio, enquanto eu tinha um trabalho e uma família em que pensar".[6]

O rei e a rainha haviam sido um emblema de esperança e unidade durante a guerra. Eles haviam trabalhado em parceria, com a rainha Elizabeth I, agora rainha-mãe, tão dependente da "sabedoria, integridade e coragem" do marido quanto ele era da confiança e do apoio que ela transmitia.[7] Naquele momento, viu-se sozinha. Ela se sentia vazia e sem valor, e seu sentimento de perda era "impossível de descrever".[8]

A irmã de Elizabeth estava igualmente desesperada. O rei, ele mesmo segundo filho, tinha um fraco pela filha mais nova, chamando Margaret de sua "alegria" e Elizabeth de seu "orgulho". Pai indulgente, amigo gentil e conselheiro sábio, ele fora o centro do universo dela. Em retorno, Margaret fora capaz de acalmá-lo quando, em seus últimos anos, ele cedera aos furiosos rangeres. A princesa explicou "a horrível sensação de estar em um buraco negro" enquanto tentava lidar com a morte do pai — era a primeira vez que ela perdia uma pessoa realmente próxima.[9] Margaret escreveu à sua amiga Veronica Maclean agradecendo "pelo apoio nessa hora de angústia": "Fico feliz em pensar que ele está seguro no céu, longe de tudo que possa machucá-lo, e que em breve o sentiremos mais próximo que nunca."[10] Nem mesmo a fé — Margaret, assim como a irmã mais velha, lia e refletia sobre a Bíblia — foi capaz de ajudá-la a atravessar as noites escuras da alma. Desesperançosa e sem perspectivas, a princesa acabou se afundando em sedativos, destilados e cigarros, e perdeu uma quantidade preocupante de peso.

Elizabeth se sentia culpada e impotente, mas precisava seguir em frente, ciente de que o marinheiro de sua vida também estava enlutado. Philip certamente lamentava a perda do sogro, mas também se despedia de uma carreira que estava começando a decolar. Embora tirasse licenças para acompanhar a princesa em visitas ultramarinas, o príncipe presumira que teria pelo menos duas décadas na Marinha antes de se aposentar. De acordo com a prima Pamela Mountbatten, o casal planejara uma vida comum acreditando que Elizabeth só ocuparia o trono por volta dos 50 anos.[11] Quatro anos era simplesmente cedo demais para Philip abandonar todas as suas ambições militares. Agora ele era súdito da esposa, obrigado a sempre caminhar dois passos atrás dela em público.

Ela podia usar a coroa, mas não era a chefe da família. Esse papel era uma atribuição de Philip. Embora tivesse sido assim desde o início do casamento, essa dinâmica se tornou ainda mais pronunciada depois que Elizabeth se tornou rainha. Ele não somente estava no comando do ambiente doméstico, como também era quem os filhos, à medida que ficaram mais velhos, procuravam para discutir questões pessoais. Segundo um ex-assistente próximo ao casal, "ele era o chefe. Ela deixava todas as decisões sobre a casa e a família para ele. Qualquer coisa real, simbolizada pelas caixas vermelhas em que eram trazidos os documentos oficiais, era departamento dela, e ele não se intrometia".[12]

Antes do funeral em 15 de fevereiro, foi a nova rainha, e não seu consorte, quem teve uma constrangedora reunião com a ovelha desgarrada da família, o duque de Windsor. Pouco esforço fora feito no palácio para informar o duque, que estava em Nova York e soube pela imprensa que o irmão estava morto. Ele foi sozinho para a Inglaterra, pois sabia que a esposa seria friamente recebida por aqueles que agora governavam seu antigo reino. O principal objetivo de sua ida era assegurar a manutenção da renda anual de £10 mil (um pouco mais de US$12 mil) que recebia do irmão, mas saiu gravemente decepcionado do encontro com a nova rainha. Em um de seus primeiros atos como soberana, Elizabeth cortou completamente a mesada do tio. Foi um golpe amargo para o duque, que esperava um pouco de leniência da nova monarca. Depois de receber a notícia, ele escreveu a Wallis: "É um inferno depender tanto assim dessas vadias sem coração."[13] Não que ele estivesse às portas da miséria: sua biografia, *A King's Story* [A história de um rei], publicada em 1951, lhe rendera quase US$2 milhões. Sem surpresa, a morte do rei não pôs fim ao exílio do duque ou à briga familiar, que continuou praticamente até a sua morte.

Em um dia terrivelmente frio do inverno europeu, no entanto, o ex-rei acompanhou o cortejo funerário até a Abadia de Westminster. Em um discurso transmitido pelo rádio, o então arcebispo de Canterbury, Geoffrey Fisher, descreveu os dois casamentos perfeitos que o rei consumara em vida: um com sua rainha, outro "com seu povo".[14] Um dos presentes no funeral comentou que foi "um grande tributo tanto a ele como a nós. Porque George VI faz parte do *nós*. Ele é *nós* e nós somos ele. Ele é o povo britânico, o melhor de nós, e todos sabemos disso".[15]

Com os guindastes dos estaleiros desativados, as bandeiras a meio-mastro, os transportes parados e as partidas esportivas suspensas, não havia dúvidas sobre a extensão do luto nacional. Na cabeceira do caixão, Elizabeth colocou uma coroa de flores brancas, com a íntima e simples mensagem: "PARA PAPAI, DE LILIBET." Sua irmã foi igualmente modesta: "PARA O QUERIDO PAPAI, DE SUA SEMPRE AMOROSA MARGARET."[16]

Desse momento em diante, sempre que tinha dúvidas, a rainha se lembrava de como o pai costumava fazer as coisas. Se fosse bom o bastante para ele, então era bom o bastante para ela. Ele era o critério dela, olhando silenciosamente sobre o ombro da filha enquanto ela ponderava sobre as muitas decisões difíceis que enfrentava. De qualquer modo, a mudança não era parte de seu léxico emocional. O lema de Elizabeth era — e por algum tempo seria — "Segurança primeiro". Um de seus primeiros atos foi nomear Bobo MacDonald, a criada austera, tradicionalista e leal, sua estilista pessoal. Como a iconografia da moda e do estilo reais define um reino, essa nomeação provavelmente foi mais importante que a de secretário particular. Foi isso o que decerto a descreveu na imaginação pública: penteado impecável em forma de capacete, bolsa intimidadora, *twinset*, pérolas e luvas brancas. Foi somente depois da aposentadoria de Bobo e a consequente chegada de Angela Kelly — a nova estilista pessoal da rainha —, na década de 1990, que as roupas da soberana se tornaram mais sofisticadas e imaginativas.

Mesmo que todo mundo ainda carregasse consigo cartões de identificação e, mais de seis anos depois do fim da guerra, doces e ovos ainda fossem racionados, a mudança estava no ar, em meio a conversas empolgadas sobre uma "nova era elisabetana". A nação debatia animadamente sobre considerações a respeito do passado e expectativas para o futuro. Mais que somente um retorno nostálgico aos dias de glória de Elizabeth I e da dinastia Tudor, era a adoção do novo, do divertido e do vibrante, como simbolizados pelo Festival da Grã-Bretanha — que, embora iniciado em 1951, capturou o apetite por mudança e desafio. Óperas provocativas como *Wozzeck*, do compositor austríaco Alban Berg; literatura controversa, como o romance de Graham Greene *O poder e a glória*, que criticava a Igreja católica; e o retrato vanguardista do magnata da mídia Lord Beaverbrook pintado por Graham Sutherland mostravam que a Grã-Bretanha não tinha medo de abordar questões difíceis e desconcertantes.

A revista de esquerda *New Statesman* esperava que a nova monarca, descrita como "capaz, enérgica e razoavelmente progressista", aproveitasse a oportunidade para "se livrar da velha ordem na corte e substitui-la por um estilo de vida adequado aos tempos em que se vivia".[17] Como o palácio ainda era um lugar no qual criados de libré empoavam suas perucas com farinha e água e eram necessários 15 minutos para que uma xícara de chá chegasse das cozinhas aos apartamentos reais, isso era pedir demais.

Embora a Grã-Bretanha fosse uma nação no ápice das mudanças sociais, também era um país novamente envolvido em um conflito: dessa vez, a guerra da Coreia. Ao mesmo tempo, o mundo parecia estar à beira da aniquilação nuclear, em função da corrida armamentista entre a então União Soviética comunista e os Estados Unidos capitalista. Em um de seus primeiros atos como rainha, Elizabeth concedeu ao fuzileiro Bill Speakman a Cruz Vitória, a mais alta condecoração militar por bravura. Era um lembrete de que a Grã-Bretanha tinha mais de oitenta mil homens lutando na península coreana. Após sua investidura no Palácio de Buckingham, Speakman comentou: "Acho que ela estava nervosa, e eu muito mais!"[18]

Elizabeth estava aprendendo na prática, mas assimilava tudo rapidamente. Os membros da corte ficaram impressionados com a dedicação, a atenção aos detalhes e a atitude vigorosa e pragmática da soberana. Prática, em vez de lírica, ela lia os documentos mais rápida e atentamente que o pai, além de reter informações de forma mais acurada. Era equilibrada, altiva e se mantinha impassível sob pressão, ostentando uma atitude que lembrava os distantes administradores coloniais britânicos responsáveis por ter mantido o maior império que o mundo já tivera visto. Controlada, cautelosa e conscienciosa, ela era ávida por garantir que estava fazendo tudo certo.

Nos primeiros meses, o problema que enfrentou era interno: sua agenda apertada e insuficientes horas no dia fizeram com que seu papel como mãe fosse negligenciado. "Por que mamãe não vem brincar conosco hoje à noite?", reclamavam Charles e Anne.[19] Uma solução foi postergar em uma hora as audiências de terça-feira com o primeiro-ministro, a fim de poder brincar e banhar as crianças antes de deixá-las aos cuidados da rigorosa babá escocesa, Helen Lightbody, conhecida como Sensata Lightbody por causa de seus modos austeros.

A rainha rapidamente descobriu quão solitária era sua posição: continuamente requisitada, mas sempre sozinha. Seus corgis eram companheiros constantes e uma tática diversiva muito útil quando as conversas tomavam rumos difíceis. Ela precisou de Dookie e dos outros cães durante a primeira reunião com Churchill, que tinha três vezes a idade dela e era um estimado líder de guerra e vencedor do Nobel da Paz. Será que o primeiro-ministro a levaria a sério? Mal sabia Elizabeth que, durante aquela primeira e hesitante reunião oficial, eles se tornariam bons amigos e confidentes.

Em retrospecto, Churchill foi um primeiro-ministro perfeito para ela. Dada a falta de treinamento de Elizabeth, a astúcia e a experiência dele, além de sua compreensão de um papel de um soberano em relação ao governo, provaram-se inestimáveis. Como monarquista dedicado, ele se tornou um entusiástico mentor da rainha. Sua esposa, Clementine, certa vez descreveu o marido como "o último crente nos direitos divinos dos reis".[20]

Quando o ex-membro da corte Richard Molyneux perguntou a Elizabeth se o relacionamento dela com o primeiro-ministro podia ser comparado àquele entre o "excessivamente indulgente" Lord Melbourne e a rainha Vitória, ela respondeu: "Ao contrário, eu às vezes o acho muito obstinado."[21] Churchill era a figura paterna autoritária e também devotada de que a jovem rainha precisava. O brilho úmido nos olhos dele sugeria que podia até mesmo estar apaixonado por ela. O secretário particular que servia a ambos, Jock Colville, disse que Churchill estava "terrivelmente apaixonado" pela rainha, estendendo as audiências semanais de meia hora para uma hora e meia.[22] O primeiro-ministro a considerava cautelosa, astuta e, no melhor sentido da palavra, conservadora. Embora os membros da corte não pudessem ouvir o que era dito, Alan Lascelles registrou em seu diário que as conversas entre elas eram "pontuadas por risos, e Winston geralmente sai de lá enxugando os olhos. 'Ela está *en grande beauty ce soir*', disse ele certa noite em um francês de colegial".[23] A mulher muito mais jovem, sem experiência de governo, aceitava os conselhos do primeiro-ministro; e ele, por sua vez, respeitava o julgamento dela.

A primeira crise no reinado de Elizabeth não demorou a chegar e, como seria durante toda sua governança, estava relacionada à família; nesse caso, ao nome dela. Dois dias depois do funeral de George VI, o editor da *Debrett's*, a bíblia da aristocracia britânica, escrevera que, como Philip adotara Mountbatten como sobrenome, a casa real seria a partir daquele momento a Casa de Mountbatten e não mais a Casa de Windsor. Churchill e seus ministros determinaram que esse "fato estarrecedor" tinha de ser corrigido.[24] Contudo, a questão não era tão simples, uma vez que ela estava no âmago do relacionamento do casal. Como esposa de Philip Mountbatten, era tradição que Elizabeth adotasse o sobrenome dele. Além do mais, ele esperava isso.

No entanto, como em tantos aspectos da vida cotidiana, a família real literalmente faz a própria lei. Membros da família real podem ser conhecidos tanto pelo nome da casa real quanto por um sobrenome não necessariamente igual. Até 1917, membros da família real britânica não tinham sobrenome, somente o nome da casa ou dinastia à qual pertenciam. Daí Henrique VIII ou Henrique Tudor, aquele que teve seis esposas e foi pai de Elizabeth I.

COROAÇÃO GLORIOSA

Tudo isso mudou durante a Primeira Guerra Mundial. No auge dos sentimentos antigermânicos, o rei George V mudara o nome de origem germânica de sua dinastia de Saxe-Coburgo-Gota para Windsor, que soava mais britânico. Em uma reunião do Conselho Privado, em 17 de julho de 1917, George V declarara que todos os descendentes masculinos da rainha Vitória usariam o sobrenome Windsor.

Como a rainha vinha da linhagem feminina da família, Lord Mountbatten e o príncipe Philip argumentaram que o nome da família também deveria refletir o sobrenome de Philip.

A questão chegou ao auge durante um jantar nas Broadlands durante o qual o tio Louis se vangloriou dizendo que, desde o funeral do rei George VI, uma Mountbatten estava sentada no trono e, portanto, "a Casa de Mountbatten agora reina".

Quando a fofoca chegou à rainha Mary, ela ficou horrorizada. A matriarca de olhar severo contatou Churchill e o convenceu — não que fosse preciso muito esforço — da necessidade de a Casa de Windsor prevalecer. Ela insistiu para que Churchill formalmente pedisse à rainha confirmação dessa continuidade no presente e no futuro. Isso também se aplicaria aos filhos.

Apesar dos furiosos protestos do marido, a rainha, como era obrigada a fazer, aceitou o conselho formal do governo e, em 9 de abril de 1952, assinou uma Order in Council [lei monárquica aprovada pelo Conselho Privado] confirmando a ascendência da Casa de Windsor.

Em um momento no qual precisava do apoio do príncipe Philip, Elizabeth se viu ao lado de um marido taciturno e ressentido que exclamou ser "somente uma ameba, uma maldita ameba", pois era o único marido do país que não podia passar o próprio sobrenome para os filhos.[25] Para um macho alfa como ele, foi uma pílula amarga de engolir. Mesmo após o anúncio, Philip continuou a agir na retaguarda. Ele enviou um memorando a Churchill insistindo para que a casa real se chamasse Edimburgo-Mountbatten. A opinião da rainha Mary foi tipicamente forte. "Por que aquele maldito tolo Edimburgo acha que o nome da família tem alguma relação com ele?"[26] No entanto, aquele "maldito tolo Edimburgo" não abandonou a questão.

Os precedentes estavam do lado dele, pois a rainha Vitória adotara o sobrenome do príncipe Albert depois do casamento. Contudo, seu oponente, o primeiro-ministro, também se baseava na história britânica. Ele e a rainha Mary argumentaram que o nome Windsor fora criado pelo rei George V em 1917, em uma época de conflito, não somente para dissociar a monarquia de suas origens germânicas, como também para expressar a determinação e o estoicismo britânicos frente a um inimigo formidável.

A rainha, como soberana e esposa, encontrou-se em uma posição difícil, com a implacável avó, a mãe e Churchill de um lado e o marido e o tio dele do outro. Esse rancoroso debate familiar foi, segundo o então chanceler do Tesouro, Rab Butler, a única vez em que ele viu a rainha à beira das lágrimas. No fim, por mais furiosos que Philip e Mountbatten estivessem, Churchill e as duas rainhas prevaleceram.

Churchill vencera Philip em uma questão contenciosa. Não demorou muito para que o marido usurpasse a posição de autoridade doméstica novamente. Dessa vez, o argumento era sobre onde a família real deveria morar. Clarence House era a moradia atual deles, na qual tinham investido tempo e energia em prol de construir o ninho familiar. Eles haviam escolhido os móveis, as cores das paredes e as cortinas. O interesse de Philip por tecnologia garantira que a casa estivesse equipada com os mais modernos dispositivos de economia de trabalho, incluindo um guarda-roupa que ejetava a camisa ou o paletó requerido ao toque de um botão. Para um jovem que levara uma existência desenraizada, a chance de construir um lar para a esposa e a família era naturalmente atraente.

Durante certo almoço, sugeriu-se que a rainha e a família permanecessem em Clarence House e utilizassem o Palácio de Buckingham como escritório. Philip ficou entusiasmado, e a ideia fazia sentido em termos práticos, já que a rainha Elizabeth e a princesa Margaret ainda moravam no palácio e a rainha-mãe não demonstrava desejo ou inclinação de sair de onde estava. Ela era senhora da grandiosa residência desde 1936 e nitidamente desejava permanecer ali tanto quanto possível. As discussões sobre a mudança do Palácio de Buckingham foram embaraçosas e emotivas. Em ao menos uma ocasião, a rainha-mãe, de forma atípica, começou a chorar. Elizabeth era sensível à profunda perda pessoal da mãe, assim como ao súbito rebaixamento dela na hierarquia da corte. Durante os primeiros meses, a soberana abnegadamente assumira o papel inferior, mesmo que as posições reais já estivessem invertidas desde a morte do rei. Durante as missas de domingo, por exemplo, a rainha encorajava a mãe a se sentar no assento do monarca. Havia um "desconforto no que dizia respeito à precedência", como lembrou um membro da corte. "A rainha não queria entrar na frente da mãe e a rainha-mãe estava acostumada a entrar primeiro."[27] Elizabeth sabia do desejo da mãe de permanecer no Palácio de Buckingham enquanto fosse possível e, pelo bem da felicidade e unidade familiar, aceitou a proposta, especialmente porque o marido também desejava permanecer em Clarence House.

Churchill e o rígido, mas experiente, secretário particular da rainha, Alan Lascelles discordaram: "O mastro [no Palácio de Buckingham] é onde está o estandarte da rainha e é onde ela deve morar", decretou Churchill.[28] Philip reagiu mal. Ele permaneceu em seu quarto, deprimido e sombrio, detestando a ideia de se mudar de Clarence House para o Palácio de Buckingham.[29] Foi mais fácil para Elizabeth aceitar a ordem de Churchill, considerando que ela estava simplesmente voltando a morar em sua antiga casa, embora dessa segunda vez ocupando a mais suntuosa suíte do palácio: a Suíte Belga. Philip, em contrapartida, estaria não somente abandonando o único lugar que já viera a considerar um lar, como também desistindo do último domínio de sua vida sobre o qual ainda tinha controle. "Foi muito difícil para ele. Na Marinha, ele estava no comando do próprio navio, literalmente", explicou Mike Parker, "Em Clarence House, ele ainda era protagonista. Quando fomos para o Palácio de Buckingham, tudo mudou."[30]

A mudança de casas ocorreu em maio de 1952, quando a batalha pela escolha do sobrenome estava no auge, e foi pior do que Philip antecipara.

Sob constante escrutínio dos membros da corte, havia, como ele lembrou, "muitas pessoas me dizendo o que *não* fazer. 'Você não deve interferir nisso.' 'Mantenha-se afastado'".[31] Comparando essa situação com o seu papel anterior como capitão de navio, ele confessou: "As pessoas costumavam me perguntar o que fazer."[32] Nessa nova fase da vida, Philip era ignorado. Churchill, que se desentendera com Lord Louis Mountbatten — tio do príncipe — por causa da desnecessária pressa ao lidar com a independência da Índia, pareceu estender esse antagonismo ao sobrinho real, bloqueando todas as sugestões dele.

O velho estadista disse a um assistente que, embora não desejasse o mal de Philip, tampouco gostava ou confiava nele, e esperava que não prejudicasse o país. Como lembrou a prima do consorte real, Pamela Mountbatten: "O príncipe Philip foi completamente excluído e tratado como se sua presença não fosse bem-vinda no Palácio de Buckingham. Todos se fecharam contra ele. Churchill fez com que ele fosse deixado de fora de tudo. Embora o duque de Edimburgo jamais tenha querido ser rei, tampouco esperava ser tão brutal e cruelmente marginalizado."[33] Em questão de meses, Philip perdera a carreira, o sobrenome, os direitos parentais, a casa e a autoridade intrínseca ao papel de marido. Como lamentável consolo, o príncipe comprou uma frigideira elétrica, a fim de preparar os ovos com bacon de seu café da manhã sem ter de esperá-los chegar das cozinhas.

A rainha, que, como observara Lascelles, era excepcionalmente sensível, sabia que o marido estava sofrendo. Ela se casara com um oficial naval dinâmico e ambicioso, não com um homem que sentia pena de si mesmo. Era evidente que ele precisava deixar a cisma de lado e ficar encarregado de algum projeto.

Inicialmente, a rainha pediu ao marido que supervisionasse a construção do novo iate real no estaleiro John Brown, em Clydebank, na Escócia. Era a tarefa perfeita para o ex-comandante interessado em design e atento a detalhes. Ele trabalhou com o arquiteto Sir Hugh Casson, responsável pelo interior do iate de quase 126 metros que a rainha batizou de *Britannia* na cerimônia inaugural, em abril de 1953.

O trabalho no iate real canalizou o amor do príncipe por arquitetura e tecnologia. Então, veio o pedido da rainha para que ele presidisse o comitê que organizava a coroação, a ser realizada em 2 de junho de 1953, alguns dias antes da famosa corrida de cavalos em Epsom. Isso ocasionou novamente um embate entre o príncipe consorte e o *establishment*. Dessa vez, o conflito incluiu Elizabeth: a rainha era decididamente contra a transmissão televisiva da coroação. Philip pensava o contrário. A atitude da rainha era apoiada pela rainha-mãe, por Churchill, Lascelles e pelo arcebispo de Canterbury, o qual temia que o hábito da rainha de passar a língua pelos lábios parecesse indecoroso em ocasião tão sagrada. Philip, como homem da ciência e da inovação — ele fora o primeiro membro da família real a voar de helicóptero —, apoiava a abertura da cerimônia solene para o público através da nova tecnologia televisiva.

As objeções da rainha mostraram-se tanto práticas quanto pessoais. Ela reconhecia que a coroação era um momento profundo e sagrado — um mortal comum transformado em poderoso símbolo, meio homem, meio sacerdote, em um ritual solene que remonta a mais de mil anos. Ao mesmo tempo, ela temia que a cobertura televisiva significasse que milhões de pessoas testemunhariam seu enrubescido constrangimento se algo desse errado.

Elizabeth se lembrava vividamente das memórias do pai quanto à coroação dele, permeada por numerosos incidentes: um padre desmaiara e atrasara a procissão; a Bíblia gigantesca se provara pesada demais para ser carregada e tivera de ser substituída; um bispo acidentalmente cobrira com a mão as palavras do juramento quando o nervoso rei estava prestes a lê-las; outro bispo pisara no manto de George VI quando ele tentara se levantar; e, por fim, a coroa fora entregue ao arcebispo de Canterbury do lado errado, o que criara ainda mais tensão. A experiência resultara em uma divertida história — depois de passado o evento. Foi divertido até que a rainha teve de aceitar que aquele era seu temido destino. Elizabeth não tinha intenção de transformar um evento sagrado em uma comédia-pastelão.

132 A RAINHA

Philip, um homem de temperamento progressista, estava convencido de que abrir a coroação para o povo por meio da transmissão televisionada era a maneira mais simples e precisa de manter a monarquia. Ele inverteu completamente o argumento do constitucionalista vitoriano Walter Bagehot* ao afirmar que "a magia deve ser exposta à luz do sol". A despeito disso, a velha-guarda venceu. Em 20 de outubro de 1952, o Palácio de Buckingham anunciou que a coroação só seria transmitida por rádio.

A imprensa e os políticos imediatamente atacaram a decisão, culpando o governo, não a rainha. "É verdadeiramente espantoso. Será negado às pessoas o clímax de uma ocasião maravilhosa e magnífica na história britânica",[34] reclamou o *Daily Express*. Em vista da avalanche esmagadora de críticas, o governo deu à nação um presente antecipado de Natal, declarando, em 8 de dezembro, que a cerimônia seria transmitida também pela televisão. A nova rainha foi elogiada por, falsamente, ter percebido seu papel como "rainha do povo"; o público acreditava que ela se mantivera firme contra o *ancien régime* que tentava excluir os súditos do grande dia. Foi um exemplo precoce de projeção coletiva. A rainha era mais cautelosa que progressista, agarrando-se ao passado e aos precedentes, exatamente como o pai. Era o marido quem cumpria o papel de agente da mudança. Não foi uma vitória completa para o povo, pois a rainha insistiu que não houvesse closes de seu rosto e que os atos sagrados da comunhão e da unção ficassem de fora da transmissão.

Ainda em dezembro, mais ou menos na mesma época do grande debate sobre a transmissão televisionada da coroação, Margaret marcou uma hora para se encontrar com a rainha a sós na Suíte Belga. Outra crise se aproximava. Depois de uma breve reverência, ela tomou chá com a irmã e revelou os profundos sentimentos que tinha por Peter Townsend, o ex-cavalariço do

---

* Philip constrói o contraponto de seu argumento utilizando a própria fala de Walter Bagehot no livro *The English Constitution* [A constituição inglesa] como referência: "Acima de tudo, nossa realeza deve ser reverenciada, e se você começar a mexer nela, não poderá fazê-lo... Seu mistério é sua vida. Não devemos deixar incidir a luz do dia sobre a magia." [*N. do E.*]

COROAÇÃO GLORIOSA 133

rei que passou a atuar como administrador da residência da rainha-mãe, pai de dois meninos, quase 16 anos mais velho que ela e prestes a se divorciar. Embora a idade e o fato de já ter família fossem motivos suficientes de censura, a palavra com "d" — divórcio — representava o maior obstáculo. Afinal, fazia somente 16 anos (quase exatamente) que o tio David, o rei Edward VIII, abdicara o trono para se casar com a duplamente divorciada norte-americana Wallis Simpson. Aquela crise abalara a monarquia e modificara a trajetória de vida de ambas as irmãs. De acordo com a Lei de Casamentos Reais de 1772, Margaret, terceira na linha de sucessão, precisava ter a permissão da soberana para seguir com um matrimônio. Ao completar 25 anos, ela poderia se casar com quem quisesse — desde que o Conselho Privado aprovasse. O casamento com um divorciado, como Margaret sabia muito bem, era inconcebível aos olhos da Igreja e do Estado.

A rainha sempre fora uma excelente observadora das nuances sociais, e, por isso, aparentemente não ficou surpresa com a confissão de Margaret. Talvez a irmã e o amante herói de guerra não tivessem sido tão cuidadosos quanto pensavam. Sua resposta foi discreta e simpática, mas evasiva. Ela agia tanto como irmã de Margaret, naturalmente querendo que ela fosse feliz, quanto como rainha que tinha obrigações para com a instituição da monarquia. Naquele momento, ela estava em uma posição extremamente difícil — era uma decisão que sua irmã mais nova pedia a ela que tomasse e para a qual seria obrigada a aceitar o conselho formal de seu governo.

Alguns dias depois, ela convidou Margaret e o amante para jantar com ela e o príncipe Philip; seria a ocasião para discutirem a questão em um ambiente menos formal. O comportamento de Philip foi desconcertante. Ele parecia achar a situação que Townsend descreveu como "pungente" muito divertida, fazendo piadas durante todo o jantar. Embora ninguém deixasse de notar a ironia de a filha do falecido rei ter se apaixonado por um divorciado tão pouco tempo depois de o tio abdicar pelo mesmo motivo, o casal achava que, dada a inócua reação da rainha, havia esperança de que, algum dia, eles poderiam se casar. Afinal, mantinham um romance secreto há quase cinco anos, desde a viagem à África do Sul em 1947, quando Margaret, então com 16 anos, admitira estar apaixonada pelo ex-piloto de guerra. Ao longo do tempo, o que começara como amizade indulgente se transformara em caso de amor. E as pessoas haviam notado. Durante um fim de semana em Balmoral em 1950, a jovem socialite Lady Jane Vane-Tempest-Stewart observou a interação social entre os dois e concluiu que estavam apaixonados. Quando voltou a Londres e contou para a mãe sobre suas suspeitas, ouviu dela como resposta: "Não seja romântica e ridícula. Ele é servo do rei. Ela não pode estar apaixonada por um servo, isso seria totalmente errado."[35]

Na época, ele não somente era um servo, como também era casado, ainda que apenas no papel. A morte de George VI, em fevereiro de 1952, aproximou o casal, com a simpática presença de Townsend ajudando a preencher o vazio na vida de Margaret.

Quaisquer que fossem as esperanças de um dia serem aceitos como casal, elas foram brutalmente destruídas por Alan Lascelles durante uma agressiva discussão em seu escritório. Ele bruscamente disse a Townsend que ele era "maluco ou maligno" por sequer cogitar tal possibilidade.[36]

Contudo, em vez de ser demitido ou forçado a pedir demissão, Townsend foi promovido. A rainha-mãe pediu que ele se tornasse administrador de Clarence House, a nova residência dela e da princesa Margaret. Nesse cargo, ele ficou ainda mais próximo da princesa do que quando era cavalariço do rei. Townsend foi encarregado de organizar a mudança das duas do Palácio de Buckingham para Clarence House. Por mais confusa que fosse essa situação para os dois pombinhos, o caso continuou durante as férias de Natal em Sandringham, Norfolk, onde Lascelles discutiu novamente o assunto com a rainha, a princesa Margaret e o príncipe Philip. Eles não chegaram à conclusão alguma, embora Elizabeth tenha pedido à irmã que esperasse até a coroação, em junho, antes de prosseguir com aquela história. A política da monarca de postergar, postergar, postergar se tornaria um mantra durante seu reinado — uma política que poderia ser resumida no hábito que cultivava de sair para longos passeios com os cachorros em vez de enfrentar encontros embaraçosos.

No entanto, todos concordaram que a coroação deveria vir em primeiro lugar. O evento exigia a atenção de todos. Nos meses antecedentes ao grande dia, provavelmente o mais importante do reinado de um soberano, a rainha tentou se assegurar de que a cerimônia televisionada transcorresse com a precisão de um balé. Ela não queria clérigos desmaiando.

No Palácio de Buckingham, Elizabeth passou horas na Sala de Estar Branca ensaiando suas falas e caminhando de um lado para outro em uma ala improvisada, com vários lençóis amarrados ao ombro representando o manto. Ela ouviu gravações da coroação do pai e até mesmo usou a coroa de santo Eduardo em suas tarefas diárias, a fim de se acostumar em ter 2,23kg sobre a cabeça[37] — em outras ocasiões, o símbolo maior da monarquia britânica era substituído sem constrangimento por um saco de farinha. A jovem rainha até mesmo pediu ao bispo de Durham que não arqueasse as sobrancelhas durante a cerimônia, evitando, assim, que ela tivesse um imprevisível ataque de riso.

Com as falhas da coroação do pai em mente, nenhum detalhe foi pequeno o bastante para ser deixado de lado. Elizabeth solicitou que um tapete fosse sobreposto ao carpete da Abadia de Westminster, a fim de evitar que o salto dos seus sapatos se enroscasse em seu manto; que duas estrelas de prata fossem adicionadas à coroa, para que o arcebispo de Canterbury soubesse qual era o lado certo; e que apoios de braço fossem instalados na Gold State Coach, a carruagem dourada que a transportou do Palácio de Buckingham à Abadia de Westminster no dia de sua coroação — assim ela pareceria estar segurando com facilidade os pesados cetro e orbe durante a procissão de 8km por Londres. Elizabeth analisou cuidadosamente a lista de convidados, escolheu os arranjos de flores e o esquema de cores da abadia, examinou 73 esboços de selos da coroação e, embora não fosse vaidosa, escrutinou dezenas de fotografias suas antes de decidir a maquiagem que melhor se enquadraria na transmissão pela televisão.

Até mesmo o marido teve que se comportar. Durante um ensaio na abadia, o príncipe Philip arruinou o juramento de fidelidade à rainha. Ele se ajoelhou, grunhiu as palavras, deu um beijo no ar e recuou rapidamente. "Volte aqui, Philip, e faça direito", disse ela, pacientemente.[38] Embora os preparativos cobrissem todas as contingências, o estilista Norman Hartnell bordou em lantejoulas um trevo de quatro folhas no vestido da rainha, para dar sorte.

Em 24 de março de 1953, houve uma pausa nos preparativos por causa da morte da rainha Mary, avó de Elizabeth, aos 85 anos. A mulher foi diligente na morte como fora em vida. No fim, insistiu para que as celebrações não fossem postergadas ou canceladas devido ao luto. A rainha Mary pode não ter sido a avó mais afetuosa de todas, mas demonstrou amor e devoção de maneiras mais práticas. Foi ela quem ensinou a Elizabeth o segredo da boa postura e o poder dos saltos altos e grandes chapéus quando as mulheres da realeza precisavam se impor. Também ensinou a melhor maneira de lidar com questões excessivamente íntimas ou observações inapropriadas: continuar sorrindo para o indivíduo presunçoso, como se não tivesse ouvido que algo havia sido dito, e seguir em frente graciosamente.

Em contraste, a princesa Margaret, assim como o duque de Windsor, dedicou poucas lágrimas à fria matriarca. Ela jamais perdoou a avó pelas constantes críticas à figura baixa e bastante rechonchuda de Margaret, especialmente quando ela era adolescente, assim como por desaprovar o amor da princesa pelo canto, pela dança e pelas companhias animadas.

A rainha Mary teria, porém, aprovado as canções patrióticas que surgiram espontaneamente entre a multidão em torno do Palácio de Buckingham, enquanto as pessoas esperavam no frio e na chuva por um vislumbre da nova rainha. O sentimento universal era de que o reinado daria início a uma nova era elisabetana de dinamismo, abundância e esperança. "TUDO ISSO E O EVEREST TAMBÉM", anunciou a primeira página do *Daily Express* quando dois escaladores (um neozelandês* e um

---

* Na época, o feito foi noticiado e comemorado pelo jornal *Daily Express* como se Edmund Hillary — a quem o veículo referenciou como "briton", pessoa britânica — tivesse sido o primeiro cidadão britânico a alcançar o topo do Everest. Na verdade, ele era neozelandês. A confusão se deu por conta de Hillary ter conquistado o feito como membro do British Mount Everest Expedition [Expedição Britânica ao Monte Everest]. O ocorrido foi mencionado em uma matéria de setembro de 2014 pelo jornal *Express*. "The coronation of Queen Elizabeth II: How the Daily Express reported it 61 years ago", *Express*, 18 set. 2014. Disponível em: https://www.express.co.uk/news/history/512126/Coronation-Queen-Elizabeth-II-Daily-Express-Archive-Everest. [*N. do E.*]

nepalês) chegaram ao topo da montanha mais alta do mundo um pouco antes do grande dia.[39] A nova rainha absorveu essa energia. Durante um almoço com líderes da Commonwealth na véspera da coroação, ela parecia exuberante e confiante. Posteriormente, confidenciou: "O mais extraordinário era que eu já não me sentia ansiosa ou preocupada. Não sei por quê, mas perdi toda a timidez."[40]

Conforme o grande dia se aproximava, ela continuou de excelente humor. Quando uma dama de companhia perguntou à rainha se estava nervosa, ela respondeu, com ar sério: "É óbvio, mas acho que Aureole vai vencer" — uma referência irônica a seu cavalo, que correria no Derby de Epsom no sábado seguinte.[41]

A rainha estava serenamente composta quando ela e o príncipe Philip entraram na opulenta e desconfortável Gold State Coach, a carruagem dourada, para a breve jornada — que mais tarde ela chamaria de "horrível" — até a Abadia de Westminster. Antes de fazer sua grande entrada, Elizabeth, com um belo sorriso no rosto, virou-se para as damas de honra e perguntou: "Prontas, garotas?"[42] E seguiu em frente, jamais olhando para trás, pronta para a cerimônia de consagração e coroação que duraria quase três horas.

Aquela foi a 38ª coroação realizada na Abadia de Westminster, e, embora o misterioso ritual ainda tivesse uma aura de magia e autoridade, a juventude e feminilidade da rainha sugeriam a promessa de novos começos, além de servirem de réquiem para a velha ordem aristocrática. "Foi a coisa mais solene que aconteceu em sua vida.[43] Ela não pode abdicar. Ficará no trono até a morte."[44] comentou posteriormente o cônego John Andrew. O raciocínio dele se baseava no juramento solene que ela fizera não somente à nação, como também a Deus. Era um voto de servidão, similar ao das freiras.

O jornalista favorito da família real, Dermot Morrah, observou que "o senso de exultação espiritual que irradiava dela era tangível".[45] A rainha sentiu descer sobre sua cabeça não apenas a coroa de santo Eduardo — dessa vez no lado correto —, como todo o peso que acompanhava sua posição na monarquia. Entretanto, manteve a cabeça erguida e, desde então, a coroa permaneceu firmemente no lugar.

A longa procissão de carruagens até o Palácio de Buckingham, ladeada pelas multidões exultantes, foi tão comovente e profunda quanto a cerimônia reservada a convidados escolhidos a dedo pela rainha. "O som se tornou febril, tão alto que parecia que a nação inteira estava dando vivas", lembrou a dama de honra Anne Glenconner.[46] Elizabeth retornou ao palácio com os olhos brilhando de alívio e júbilo. A esposa de um membro da corte lembrou "o extraordinário impacto que as ruas lotadas e os vivas da multidão tiveram sobre ela". A rainha disse que jamais imaginara que seria assim, uma sensação de euforia e alegria, de ser levada adiante por uma grande onda.[47]

Uma multidão ainda maior assistira à transmissão da cerimônia diante das imagens em preto e branco da televisão. Mais de 27 milhões de pessoas — duas vezes a estimativa da BBC — assistiram ao evento, confirmando os instintos democráticos do príncipe Philip.

De volta à Sala de Estar Verde no Palácio de Buckingham, a rainha e suas damas de honra se jogaram no sofá com um grande suspiro de alegria e alívio — uma pausa antes de partirem para entreter os convidados no banquete de celebração à coroação, onde seria servido o "Frango da Coroação", um prato criado especialmente para a ocasião (descrito no menu como *Poulet Reine Elizabeth,* ou Frango Rainha Elizabeth). Enquanto repassavam os acontecimentos do dia, elas reconheceram pequenos imprevistos. Elizabeth se esquecera da mesura em certo momento, impedindo que suas damas repetissem o gesto. Quando foi assinar o juramento, ela descobriu que não havia tinta na caneta. "Finja que está assinando", cochichou Lord Chamberlain (o mais alto oficial do Conselho Privado). Embora a rainha tivesse ordenado um tapete dourado sem fibras altas, ele fora instalado ao contrário, e isso fez com que seu manto ficasse preso às felpas. Felizmente, o arcebispo de Canterbury estava alerta quando a rainha sibilou: "Ajude-me."[48]

COROAÇÃO GLORIOSA

O príncipe Philip, após a hesitante atuação durante o ensaio, teve uma performance impecável, ajoelhando-se diante dela e jurando ser seu "vassalo de corpo e alma".[49] Ele a beijou no rosto com tanta firmeza que ela precisou segurar a coroa. De volta ao palácio, Philip encarnou seu espírito mais intrometido, distribuindo ordens a todos os fotógrafos. Finalmente, um exasperado Cecil Beaton — autor da imagem oficial da recém-coroada rainha — abaixou a câmera e disse: "Se o senhor quer tirar as fotografias, então, por favor, faça isso."[50] A rainha e a rainha-mãe olharam para ele horrorizadas, e o duque, percebendo que passara dos limites, recuou e se conteve.

Enquanto a câmera disparava e todo mundo conversava animadamente sobre os acontecimentos do dia, o príncipe Charles, então com 4 anos, viu a coroa da mãe e correu para pegá-la. Uma dama de companhia, atenta, tirou-a das mãos do príncipe antes que ele se machucasse ou danificasse o objeto.

A hora dele chegaria.

6

Corações e diademas

Toda nova geração da Casa de Windsor caminha com uma sombra. O real bonzinho *versus* o real travesso. O rebelde real e o príncipe sensato. Ou princesa. O incontrolável Harry e o correto William. Diana, a recatada, e Fergie, a encrenqueira. A inconformista Meghan, a sensata Catherine. Depois de moldada, a narrativa é aceita por todos. Esse interminável exercício sobre o caráter que é percebido, contudo, disfarça tanto quanto revela.

Em sua juventude, quando princesa, Elizabeth fora uma cantora e atriz competente que frequentava concertos e adorava dançar. Em situações sociais, era capaz de detectar o divertido e o incomum e criar histórias engraçadas sobre os encontros da realeza. Em certa ocasião, fizera um membro do Conselho Privado ter uma crise de riso ao imitar os contorcionismos de um lutador a quem assistira na televisão. Entretanto, essas qualidades eram frequentemente ignoradas devido ao fato de a irmã mais nova sempre ter sido mais abertamente teatral. A princesa Margaret se unia entusiasticamente a estrelas de Hollywood para cantar em torno do piano noite adentro, a fumaça azul-acinzentada de sua piteira concedendo à sala de estar a ambientação e o cheiro de um clube noturno no centro da cidade.

Margaret era "uma garota de incomum intensa beleza, com um incrível poder de expressão", comentou seu amante, Peter Townsend, que descreveu a comediante real como sendo "tanto coquete quanto sofisticada".[1] A descrição pegou — mesmo que, nas fotografias, Elizabeth fosse mais alta e magra e tivesse feições mais abertas e receptivas. A irmã mais nova muitas vezes parecia ter sido forçada a estar presente em ocasiões públicas. Ela era a solteira real, irresistível para os tabloides, que a ligaram a 31 pretendentes diferentes antes de ela completar 21 anos. A imagem pública da princesa era a de uma jovem empolgada tentando se divertir nos clubes noturnos de Mayfair, no centro de Londres, acompanhada por um grupinho frívolo de filhos e filhas da aristocracia.

Margaret era diferente da irmã, mas similar de muitas maneiras. Romanticamente, ambas se apaixonaram pelo primeiro homem a quem conheceram e ignoraram o desejo dos pais — particularmente da mãe — de que encontrassem a felicidade com um duque ou conde. Elizabeth tinha apenas 13 anos quando conheceu o príncipe Philip, e Margaret somente 16 quando percebeu que se apaixonara por um homem casado, muito mais velho e pai de dois filhos.

O rei e a rainha não tinham a menor ideia dos segredos escondidos no coração da filha mais nova. Eles se asseguraram de que ela convivesse com o "tipo certo" de homem, aquele que não ficaria excessivamente impressionado com sua classe ou posição. Até mesmo Alan Lascelles participou do jogo romântico de adivinhações. Ao ver Johnny Dalkeith — posteriormente intitulado nono duque de Buccleuch — lançando "olhares melosos e interessados" para Margaret na celebração do 21º aniversário da princesa em Balmoral, ele o aprovou, dizendo a Townsend que o jovem aristocrata fora o escolhido. Townsend sorriu para si mesmo, sabendo quais eram os verdadeiros sentimentos de Margaret.

A princesa talvez tenha expressado inconscientemente o que sentia quando o capitão de grupo Townsend estava em pé na frente da Abadia de Westminster ao fim da cerimônia de coroação de Elizabeth. Margaret, cintilante, arrebatadora e ruborizada por causa da empolgação do dia, aproximou-se e casualmente alisou a lapela dele, removendo um fiapo do imaculado uniforme azul da Força Aérea Real (RAF, na sigla em inglês). Foi um momento de ternura e habitual familiaridade flagrado e capturado pelas câmeras. No dia seguinte, o gesto afetuoso recebeu a

CORAÇÕES E DIADEMAS

mesma cobertura de primeira página em jornais continentais e de Nova York que a dedicada à coroação.

Embora a mídia britânica tenha se concentrado na intensa e singular cerimônia, os jornais nacionais já focavam outra história. Como o Palácio de Buckingham temia, o caso estava prestes a se tornar público. A rainha concordou que Lascelles viajasse até Chartwell, a casa de campo de Churchill, para alertar o primeiro-ministro. Ao ser informado, a reação inicial de Churchill, de acordo com seu secretário particular, Jock Colville, foi tipicamente romântica. "Que combinação encantadora! Uma dama adorável casada com um aviador galante, a salvo dos perigos e horrores da guerra." Sua formidável esposa, Clementine, imediatamente objetou: "Winston, se você provocar uma nova abdicação, vou embora. Vou comprar um apartamento e morar em Brighton."[2] Essa foi uma observação um tanto irônica, levando em conta que o próprio filho do casal, Randolph, se divorciara e se casara novamente; além disso, três membros do gabinete de Churchill eram igualmente divorciados.

Clemmie talvez estivesse exagerando: Margaret era a terceira na linha de sucessão, sem qualquer chance realista de se tornar rainha, e Townsend, embora divorciado, era um herói de guerra, querido e admirado por sua família adotiva. Quando o romance veio a público, ele rapidamente assumiu o status de herói popular. A Coroa não estava em perigo existencial, como durante a abdicação do rei Edward VIII, mas o conflito entre o casal e a Igreja da Inglaterra — que não permitia divórcio nem um segundo casamento para pessoas divorciadas — perdurou. Naqueles dias, o estigma do divórcio era tal que a BBC não admitia homens divorciados para a leitura das notícias no rádio ou na televisão.

Duas semanas depois da coroação, o jornal *People* publicou a matéria com a manchete "ELES PRECISAM NEGAR AGORA". O jornal discutiu sobre os rumores "escandalosos" e "profundamente inverídicos" acerca do caso entre a princesa e um homem divorciado chamado Peter Townsend, na posição de capitão de grupo. O editorial afirmou que era "impensável que uma princesa real sequer contemplasse se casar com um homem que passara pelo tribunal de divórcio".[3] Quando leu as notícias, a duquesa de Windsor, que culpava a rainha-mãe por seu exílio da Grã-Bretanha, não conseguiu conter a satisfação. Ela telefonou para uma amiga em Paris e disse exultante: "Agora aconteceu com a filha dela."[4]

De modo geral, o público apoiava o casal. Eles eram atraentes juntos: Margaret, uma bela princesa; Townsend, um galante piloto de caça que ajudara a salvar a Grã-Bretanha em seu momento mais sombrio. Uma votação patrocinada pelo *Daily Mirror* obteve setenta mil respostas à pergunta "O capitão de grupo Peter Townsend, de 38 anos, piloto de guerra da Grã-Bretanha, foi a parte inocente em um divórcio. Ele recebeu a custódia dos dois filhos e a ex-mulher se casou recentemente. Se a princesa Margaret, agora com 22 anos, assim desejar, deve receber permissão para se casar com ele?". Os votos a favor corresponderam a 97%.[5] Embora os instintos iniciais de Churchill refletissem a opinião popular, ela não era páreo para os precedentes, as leis, a Igreja e Alan Lascelles. Ele já dissera à rainha que Townsend deveria partir e assumir um cargo no exterior, preferencialmente bem longe dali. Dessa maneira, o escândalo seria diluído e contido. Não era o conselho que a rainha desejava receber.

Elizabeth tinha que decidir o destino da pessoa que representava o que ela precisava refrear e esconder em si mesma, o seu "eu sombrio": a irmã, a quem, apesar de todas as falhas e fraquezas, amava e apoiava, da mesma maneira que recebera apoio por parte dela quando os céticos membros da corte no palácio torceram o nariz à chegada do príncipe Philip. O laço fraterno permanecia forte. Durante a semana das corridas de Ascot, elas foram vistas competindo alegremente ao longo da Royal Mile, cavalgando lado a lado e rindo quando Margaret venceu.

Elas tinham consciência de que, quaisquer que fossem seus sentimentos pessoais, a monarquia era maior que ambas, e a rainha era guiada por seus ministros. Foi isso o que a poupou de um difícil e amargo confronto em potencial com a irmã. Embora posteriormente a princesa, de modo bastante insincero, tenha dito que não sabia das consequências de se casar com Townsend, parece que Lascelles, com permissão da rainha, fora

CORAÇÕES E DIADEMAS

meticuloso ao informá-la sobre as opções existentes. De fato, Margaret enviou uma nota de agradecimento ao homem depois de ele ter explicado que, sob a Lei de Casamentos Reais de 1772, se ela desejasse se casar sem a permissão da rainha, teria de esperar até completar 25 anos e, mesmo então, obter licença das duas câmaras do Parlamento. Lascelles também indicou que a princesa perderia a posição na linha de sucessão e, é óbvio, seria obrigada a se casar numa cerimônia civil. No pior dos casos, também precisaria desistir de seu título de nobreza, abdicar dos pagamentos da Lista Civil e, possivelmente, viver no exterior simplesmente como Sra. Townsend. Como seu amigo e biógrafo Christopher Warwick observou, "agora sabemos que, longe de mantê-la no escuro, Lascelles indicou nitidamente os obstáculos".[6]

Em 16 de junho, durante a audiência semanal com a rainha, Churchill disse que, para o bem da nação e da Coroa, o capitão de grupo Townsend devia ser designado para um cargo no exterior, e sem demora. Os amantes reais não deveriam se ver por ao menos um ano. Foi uma das decisões mais difíceis que ela teve de tomar, pesando a felicidade da irmã contra as prerrogativas da Coroa.

Quando os procedimentos começaram a se desenrolar, a rainha pediu uma concessão: que Townsend só partisse depois que a rainha-mãe e a princesa Margaret retornassem da visita, em julho, à Rodésia do Sul (o atual Zimbábue).

Diante da situação, Lascelles chamou Townsend e o informou abruptamente que ele seria enviado ao exterior por dois anos, podendo escolher entre Bruxelas, Johannesburgo ou Singapura. Townsend ficou imensamente surpreso com a reviravolta. Em um momento, ele estava jantando com a rainha e o duque de Edimburgo; no outro, sendo enviado ao exílio. Quando recobrou a compostura, ele optou pelo cargo de adido aeronáutico em Bruxelas. Ao menos, estaria perto dos dois filhos, que estudavam em um colégio interno em Kent. Quando Margaret e a rainha-mãe partiram para a África, a rainha pediu que Townsend acompanhasse a comitiva real durante uma visita a Belfast, na Irlanda do Norte. Na opinião de

Townsend, a rainha estava assegurando que ele fosse visto como parte da ampla família real. Infelizmente, o secretário de imprensa da rainha, o comandante Richard Colville (nenhum parentesco com Jock Colville), anunciou a partida de Townsend para Bruxelas durante a visita, fazendo com que ele involuntariamente recebesse mais atenção da mídia que a rainha. Com o retorno da comitiva real a Londres, Elizabeth deliberadamente procurou Townsend ao descer do avião. Ela desejou boa sorte e apertou a mão dele, um gesto que foi visto por muitos como um símbolo de amizade e boa vontade. Mesmo assim, o anúncio de Colville acelerou a partida de Townsend. O recém-nomeado adido aeronáutico foi enviado a Bruxelas antes que a princesa retornasse da África. Um ano se passaria antes que ele a visse novamente. Quando ouviu a notícia, Margaret perdeu o controle e chorou, e Townsend precisou usar toda sua carinhosa influência durante um telefonema entrecortado para acalmá-la. Ela permaneceu deprimida durante o restante da viagem.

Nesse meio-tempo, a rainha também precisou experimentar uma dolorosa separação. Ela e o príncipe Philip passaram as férias com os filhos em Balmoral antes de iniciarem a várias vezes postergada viagem à Austrália, à Nova Zelândia e a outros países a oeste. Não foi a mais feliz das férias. O clima estava péssimo, Charles estava de cama com uma infecção no ouvido e Anne teve febre. A princesa Margaret, abatida e sentindo falta do amante, mostrou-se temperamental e desanimada. Compreensivelmente, a rainha, mal-humorada com a perspectiva de não ver os filhos por seis meses, não sentiu muita empatia por ela. Em sua ausência, a irmã e a mãe supervisionaram a educação de seus filhos. Charles acompanhava a rota do rei e da rainha por dez países da Commonwealth com a ajuda de um globo na sala de aula do palácio. Era um consolo modesto por estar perdendo a viagem. O príncipe celebrou seu quinto aniversário e o Natal daquele ano longe do pai e da mãe, que estavam do outro lado do mundo. Na maior parte do tempo, a comunicação se fazia por carta, pois as diferenças de fuso e as dificuldades técnicas tornavam as conversas telefônicas quase impossíveis.

A viagem de seis meses, iniciada em novembro de 1953, foi na verdade uma maratona, provavelmente o ponto alto da monarquia em termos de popularidade. Na Austrália, o delírio foi tão grande que mais de três quartos da população foi para as ruas a fim de ter um vislumbre do casal real. Durante a prolongada viagem, eles percorreram quase 70 mil quilômetros; a rainha fez 102 discursos e foi pessoalmente apresentada a mais de 13 mil pessoas. Sob exposição constante, o casal real desenvolveu um eficiente ato duplo: Philip fazendo piadas e a rainha aceitando as flores e os aplausos. O casal saiu do personagem somente uma vez durante a longa visita, quando uma equipe de filmagem australiana capturou uma cena monarquicamente indigna. Esse inesperado insight sobre o casamento real ocorreu às margens do reservatório O'Shannassy, em Victoria, onde eles estavam hospedados em um luxuoso chalé durante um raro fim de semana de folga. Eles haviam concordado em gravar uma breve cena para o filme oficial sobre a visita, intitulado *The Queen in Australia* [A rainha na Austrália]. Em frente ao chalé, o operador de câmera Loch Townsend e seu auxiliar esperavam pacientemente pela aparição do casal real, a fim de que fossem filmados enquanto admiravam cangurus e outros animais selvagens. Subitamente, a porta do chalé se abriu, dando passagem a um despenteado príncipe Philip e sua irada rainha, que jogou um par de tênis e uma raquete no marido em fuga.[7] Ela gritou para que ele voltasse, arrastou-o para dentro do chalé e bateu a porta. Tudo isso foi capturado em filme. Enquanto Townsend e sua equipe debatiam sobre o que fazer em seguida, foram confrontados pelo secretário de imprensa da rainha, o comandante Colville, que abruptamente ordenou que entregassem o rolo de filme. Eles obedeceram diligentemente. Logo depois, a rainha, sorridente, calma e grata, emergiu do chalé e se desculpou pela altercação doméstica. "Sinto muito por esse pequeno interlúdio, mas, como vocês sabem, isso acontece em todo casamento. O que vocês desejam que eu faça agora?"[8] Então ela posou para a câmera. Embora não conheçamos as razões que levaram à briga, o incidente indicou que, por baixo da imagem composta e controlada, o casal tinha um relacionamento impetuoso e cheio de faíscas — e Philip não era o único a cantar de galo na relação.

Ironicamente, embora a visita tenha sido um tremendo sucesso, os críticos novamente reclamaram de que a rainha não sorria o bastante. A narrativa sobre uma soberana distante começava a ganhar forma. Ela era guiada pela razão, ao passo que sua voluntariosa irmã mais nova, pelo coração. Ou será que não? Conforme seu 25º aniversário se aproximava, em agosto de 1955, o mundo queria saber se Margaret desistiria do status real pelo amor de um herói de guerra divorciado. A história era sedutora. Quando a princesa celebrou seu aniversário no Castelo de Balmoral, a propriedade foi cercada por cerca de trezentos jornalistas e fotógrafos, esperando por algum tipo de sinal dos moradores sitiados. "Por favor, decida-se!", urgiu o *Daily Mirror*.[9]

A princesa, porém, não era a romântica que figurava na imaginação popular. Seis dias antes de seu aniversário, ela escreveu ao novo primeiro-ministro, Anthony Eden — ele mesmo divorciado —, e expôs friamente seu argumento: disse que só tinha intenção de ver Townsend em outubro, quando ele teria a licença anual, e então estaria em posição de decidir se queria se casar com ele. A princesa escreveu: "Mas será somente ao vê-lo que poderei decidir adequadamente se posso me casar com ele ou não. No fim de outubro, ou início de novembro, desejo muito estar em posição de dizer ao senhor e a outros primeiros-ministros da Commonwealth o que pretendo fazer.

"A rainha, é óbvio, sabe que estou escrevendo ao senhor sobre esse assunto, mas ninguém mais sabe, e tudo é tão incerto que sei que certamente o senhor manterá o assunto em segredo."[10]

A carta, que permaneceu secreta até 2009, contraria a visão ortodoxa de que Margaret sacrificou seu romance em prol do dever e da monarquia. Como argumentou seu biógrafo, Christopher Warwick: "Aquela era uma jovem determinada e confiante no controle da situação, dizendo ao primeiro-ministro que ainda não decidira e estava incerta, o que ia contra o que o público foi levado a acreditar e certamente o que ela me disse."[11]

CORAÇÕES E DIADEMAS 149

Embora as limitações de sua posição real a restringissem, talvez a Igreja tenha tido papel determinante na decisão que ela tomara. Como cristã, ela achava profundamente perturbadora a noção de não poder se casar perante a Igreja da Inglaterra. Ao mesmo tempo em que a princesa ponderava sobre seu futuro, o esguio e loiro filho de um fazendeiro da Carolina do Norte, apaixonado por hambúrgueres e pela palavra de Deus, entrou na vida de Margaret. Ele causou uma impressão profunda e duradoura não somente na indecisa princesa, como também em toda a família real. O carismático cruzado cristão Billy Graham visitou Londres pela primeira vez em março de 1954. Quando partiu, em maio, ele havia pregado para um total de dois milhões de britânicos, seus cultos sendo os eventos que mais reuniram pessoas desde a coroação. Quando retornou em maio do ano seguinte, somente três meses após o 25º aniversário de Margaret, ele foi convidado a tomar café com ela e a rainha-mãe em Clarence House. Esse primeiro e bem-sucedido encontro resultou em um convite para pregar para a rainha no Castelo de Windsor.

Ele aceitou e preparou um sucinto sermão baseado em Atos 27:25: "Assim, tenham ânimo, senhores! Creio em Deus que acontecerá conforme me foi dito."

Depois do sermão, ele e a esposa, Ruth, foram convidados para almoçar em Windsor. Ao entrar no castelo, Graham cordialmente apertou a mão do mordomo que se aproximara para pegar seu chapéu. Foi um início bastante desajeitado para o que se tornaria uma longa e duradoura amizade entre a rainha, a princesa Margaret, a rainha-mãe e o reverendo norte-americano.

Durante os anos seguintes, ele enviou à rainha relatórios regulares sobre seus ministérios, principalmente ao pregar em um país da Commonwealth. Como observou Franklin Graham, seu filho: "Não há dúvida de que ela era muito firme e convicta de sua crença. Sua grande fé foi consistente não somente durante as conversas com meu pai, como também por toda a vida."[12]

O relacionamento entre os dois perdurou até a morte de Graham em 2018, e estava ancorado tanto na fé quanto em suas distintas, mas similares, posições na vida. Ambos estavam intrínseca e perenemente ligados a organizações que exigiam cada minuto do dia deles — Graham em sua aliança com a palavra de Deus e a rainha com a monarquia. Era tanto um chamado quanto um confinamento, e Graham descreveu sua vida e a da esposa, Ruth, como semelhantes à vida de prisioneiros.

A biografia de Billy Graham, escrita pelo jornalista norte-americano Marshall Frady, menciona a ocasião em que ele e a rainha olhavam pela janela, talvez no Palácio de Buckingham, observando a grande multidão em frente ao edifício real: "Perguntei à rainha Elizabeth se ela já desejara descer e se unir ao povo. Ela respondeu: 'Com todo o meu coração.' Eu disse a ela: 'É exatamente como me sinto.'"[13] A garotinha que costumava observar os desfiles da janela do quarto no número 145 da rua Piccadilly não mudara muito. Assim como o mundo estava curioso em saber sobre a vida da rainha, ela continuou empenhada em conhecer como era viver ordinariamente.

Ao mesmo tempo, a chegada de Billy Graham naquele verão fatídico lembrou ambas as irmãs do papel da fé na resolução de conflitos.

Na verdade, foi o então primeiro-ministro, Anthony Eden, quem abriu caminho para a princesa através da selva secular e espiritual. Ele foi a Balmoral no início de outubro de 1955, para a costumeira visita de fim de semana do primeiro-ministro, e informou à rainha e à princesa que, após analisar a situação, concluíra que Margaret teria que abrir mão do direito à sucessão, mas não do título de nobreza ou dos pagamentos que recebia da Lista Civil, e tampouco precisaria ir para o exílio. De fato, se ela decidisse se casar com Townsend, ele poderia receber o próprio título de nobre e entrar na Lista Civil. É óbvio que o conflito com a Igreja da Inglaterra permaneceria, mas o Estado estava se afastando da decisão. Isso foi muito diferente dos sombrios prognósticos de Alan Lascelles e Winston Churchill. Havia riscos potenciais para a rainha e a monarquia. Um memorando não assinado de Downing Street sugeria que a Coroa poderia sofrer certo dano caso o casamento acontecesse, mas nada fatal.

CORAÇÕES E DIADEMAS 151

Haveria objeções entre a população, o que poderia afetar a instituição. Eden encorajou Margaret a decidir rapidamente para pôr fim à incerteza sofrida por ela mesma, pela irmã e pela monarquia. Ele deixou evidente, em uma carta a outros líderes da Commonwealth, que a rainha não desejava interferir na felicidade da irmã.[14] Estando Townsend de licença e se preparando para ver Margaret, a rainha autorizou a princesa a encontrá-lo discretamente em Clarence House e na casa de amigos.

Durante as duas semanas seguintes, o casal se encontrou para jantares e coquetéis, namorou e avaliou as circunstâncias antes de tomar uma decisão. Townsend, porém, parece não ter sido informado sobre a posição de Eden em relação às possíveis penalidades para a princesa e para ele. Não há indicação, nem na autobiografia, *Time and Chance* [Tempo e acaso], nem em entrevistas subsequentes, de que ele sabia que Margaret só precisaria desistir da posição na linha de sucessão e se casar em uma cerimônia civil. Ele acreditava que ela teria que desistir de tudo — e Margaret pouco fez para corrigir essa impressão durante o tempo que passaram juntos. Townsend permaneceu no escuro.

Como Eden previra, com a histeria pública aumentando, a questão da princesa Meg precisava ser resolvida de um jeito ou de outro. Como Peter Townsend admitiu na autobiografia: "Todo mundo estava impaciente e criticava uma situação que rapidamente se tornava ridícula." As duas pessoas no centro do turbilhão estavam "exaustas mental, emocional e fisicamente".[15] Decisões tinham de ser tomadas.

Margaret passou o fim de semana de 22 de outubro de 1955 avaliando as próprias emoções na companhia da rainha-mãe, da irmã e do cunhado no Castelo de Windsor. Havia muita tensão. Margaret mal falava com a mãe, que estava muito perturbada com toda aquela situação. Em certo momento, a matriarca perguntou onde Margaret e Peter morariam caso se casassem. O questionamento rendeu-lhe uma resposta criticamente sarcástica do príncipe Philip, dizendo que ainda era possível comprar casas.[16] A rainha-mãe, então, saiu da sala, batendo a porta atrás de si. A tensão que regia a família real foi acompanhada pelo alvoroço externo.

Foram necessários apenas alguns dias na companhia de Townsend para que Margaret chegasse à conclusão de que seus sentimentos pelo capitão de grupo já não eram tão fortes quanto antes da longa separação. No fim, a escolha foi dela. A rainha não a pressionou. Aliás, Elizabeth estava pronta para aceitar críticas à Coroa em nome da felicidade da irmã. Margaret escolheu a fé e a família. O próprio Townsend, ainda que não soubesse de todos os fatos, chegou à mesma conclusão.

Durante uma noite inquieta, ele rascunhou o que seria a base da declaração pública da princesa. Quando leu o esboço em Clarence House, ela concordou completamente.

Ele lembrou: "Por algum tempo, olhamos um para o outro; havia uma maravilhosa ternura nos olhos dela, refletindo, suponho, aquela em meus próprios olhos. Havíamos chegado ao fim da estrada. Nossos sentimentos não haviam mudado, mas geravam um fardo tão grande que, juntos, decidimos nos livrar dele. E, ao fazermos isso, sentimos um inimaginável alívio. Finalmente estávamos livres do monstruoso problema."[17]

Depois de conversar com o arcebispo de Canterbury, Margaret publicou sua declaração em 31 de outubro de 1955: "Informo que decidi não me casar com o capitão de grupo Peter Townsend. Tenho consciência de que, com minha renúncia aos direitos de sucessão, teria sido possível realizar um casamento civil. Contudo, atenta ao ensinamento da Igreja de que o casamento cristão é indissolúvel e consciente de meus deveres para com a Commonwealth, resolvi colocar essas considerações acima de todas as outras. Cheguei a essa decisão inteiramente por mim mesma e, ao tomá-la, fui fortalecida pelo infalível apoio e pela devoção do capitão de grupo Peter Townsend. Sou profundamente grata pela preocupação de todos aqueles que rezaram constantemente por minha felicidade."

Entre lamentos pela decisão de desistir do relacionamento a felicitações por aceitar as restrições da Igreja, Margaret recebeu mais de seis mil cartas de apoio.

Como observou a escritora e hoteleira escocesa Veronica Maclean, uma amiga da família: "Foi a primeira vez que a rainha Elizabeth, uma

CORAÇÕES E DIADEMAS 153

pessoa muito reservada, teve que enfrentar um dilema pessoal perante o julgamento do público, e essa foi uma experiência desagradável e dolorosa para ela e toda a família."[18]

Embora exercesse o papel de rainha havia poucos anos, Elizabeth lidou com a crise familiar com muito cuidado. Ela aderiu ao conselho formal de seus ministros, mas, ao mesmo tempo, deu à irmã o máximo de liberdade possível. Embora a rainha não tenha desejado interferir na felicidade de Margaret, essa foi uma narrativa duradoura no imaginário popular. Foi somente depois da liberação de cartas e documentos oficiais, cerca de meio século depois do ocorrido, que se soube quanto Margaret apreciou o apoio que recebeu da irmã mais velha.

Somente alguns meses depois, a rainha precisou que a irmã estivesse a seu lado quando o próprio casamento sofreu escrutínio, por conta de algo que nasceu na melhor das intenções. Elizabeth via quanto seu enérgico marido sentia-se frustrado com o ritmo solene das mudanças na corte e o encorajara a viajar para Melbourne, na Austrália, a bordo do iate real *Britannia*, a fim de abrir os Jogos Olímpicos de 1956. Como ela própria comentou, de modo muito perceptivo: "Não há nada pior que prender um homem e impedi-lo de fazer o que quer."[19]

A viagem de quatro meses era uma chance única de testar o iate, em cujo projeto ele próprio estivera tão envolvido, e previa uma visita à Antártica e a outros cantos remotos da Commonwealth.

Certamente, com uma tripulação de 240 pessoas e uma banda de 26 fuzileiros navais, nada do que acontecesse a bordo do iate real *Britannia* passaria despercebido. Contudo, foi a famosa viagem de 1956 para visitar cantos obscuros da Commonwealth que colocou o casamento real sob o microscópio internacional.

Embora a rainha mencionasse afetuosamente o marido ausente em seu discurso de Natal e o duque estivesse preparando um documentário de 45 minutos sobre suas viagens, o fato de ele permanecer voluntariamente longe da família por tanto tempo gerou rumores que resultaram em um raro comentário oficial sobre o casamento. O semanário norte-americano

Time relatou, em fevereiro de 1957, que "os moinhos de rumores não giravam tão clamorosamente no Palácio de Buckingham desde os dias de Wallis Warfield Simpson e Edward VIII".[20]

Os ventos da especulação começaram a soprar histórias não comprovadas sobre festas desvairadas a bordo do iate real. Diante da grande tripulação, era improvável que travessuras a bordo fossem ignoradas. Entretanto, foi a partida precipitada do cavalariço de Philip, seu amigo Mike Parker, em Gibraltar — antes que o iate terminasse a jornada —, que realmente criou um furacão de insinuações. Durante a viagem, sua esposa, Eileen, pedira o divórcio e o advogado dela passara a notícia a um tabloide dominical enquanto o iate completava a última parte da viagem. Houve rumores de que Parker estava sendo punido pelo palácio por desencaminhar o príncipe. Na verdade, Parker decidira, à luz do caso Townsend, partir mais cedo a fim de poupar o príncipe consorte e a família real de qualquer constrangimento. Philip ficou furioso quando a vida particular de um de seus mais antigos e leais amigos foi exposta em todos os tabloides.

Na mídia norte-americana, a decisão de Parker foi justaposta a matérias sobre uma "desavença" entre a rainha e o príncipe Philip a respeito de uma "garota festeira" não nomeada que ele teria encontrado regularmente na casa de um fotógrafo da alta sociedade — presumivelmente seu amigo Henry Nahum, o "Barão".

Essa era uma história antiga que ganhou novo fôlego graças à longa ausência do príncipe. Durante a década de 1940, ele participara do Thursday Club [Clube das quintas-feiras], um encontro social exclusivamente masculino realizado no restaurante de frutos do mar Wheeler's, no Soho, centro de Londres, e presidido por Baron.

Tratava-se de um grupo eclético que incluía jornalistas, atores, artistas e políticos que gostavam de conversas, vinho branco, piadas e ostras. Com a presença de contadores de histórias brilhantes, como os atores Peter Ustinov, James Robertson Justice e David Niven, ninguém fazia cerimônia.

CORAÇÕES E DIADEMAS

Além de organizar o clube, o Barão era notório pelas festas noturnas em seu apartamento em Mayfair, que também foi o local da despedida de solteiro não oficial de Philip, antes de seu casamento na Abadia de Westminster. Foi Nahum o responsável por colocar o príncipe em apuros depois de uma noitada que só terminou ao amanhecer. O fotógrafo estava apaixonado pela cantora e atriz Pat Kirkwood, e levou o príncipe e seu cavalariço ao camarim dela, depois de uma apresentação do musical *Starlight Roof* [Teto estrelado]. O quarteto foi jantar e depois dançar em um clube noturno em Milroy. Quando Philip foi para a pista de dança com a glamourosa atriz, um silêncio palpável caiu entre os presentes. As fofocas chegaram ao rei George VI, que ficou ultrajado pelo fato de o genro ser tão indiscreto.

Embora Kirkwood sempre negasse vigorosamente que eles haviam tido um caso — rumores de que ela ganhara um Rolls-Royce do príncipe circulavam —, sua breve associação com o consorte da rainha a seguiu até o túmulo.

O nome dela ganhou destaque na lista de potenciais amantes de Philip quando o casamento entre a rainha e o príncipe foi colocado sob o microscópio da mídia, assim como o nome da vivaz Hélène Cordet, proprietária de um clube noturno. Philip conhecia Hélène, então Foufounis, desde que tinha 3 anos e passava as férias com ela na vila do pai e da mãe da moça em Le Touquet, no norte da França. Quando ela teve dois filhos enquanto estava separada e se recusou a revelar a identidade do pai, o nome de Philip foi aventado, principalmente porque ele concordara em ser o padrinho das crianças. Na verdade, o pai era um piloto de caça francês. Em defesa de Philip, Cordet arriscadamente argumentou: "É evidente que ele gosta de mulheres. Por que diabos ele não pode ter uma reputação decente? Se não olhasse para mulheres, diriam que ele gosta de homens. Ele gosta de mulheres. E daí? Isso é uma coisa boa."[21]

Ao longo dos anos, ele foi ligado à romancista Daphne du Maurier, cujo marido, Sir Frederick "Boy" Browning, era seu administrador; às atrizes Merle Oberon e Anna Massey; à celebridade da TV Katie Boyle;

e a Susan Barrantes, mãe de Sarah Ferguson, duquesa de York e uma das noras da rainha Elizabeth.

Um sinal da irritação da rainha com as manchetes sobre seu casamento foi a decisão de autorizar seu oficial de imprensa, o comandante Colville, a publicar uma declaração formal negando as histórias difamatórias. A linha oficial do palácio foi: "É inverídico que exista qualquer desentendimento entre a rainha e o duque."[22]

Os rumores de infidelidade continuaram a assombrar o príncipe durante toda a vida. Quando comecei a cobrir a família real, em 1982, no período de um ano ouvi que o príncipe Philip tinha famílias secretas em Gales, Norfolk, Alemanha e Melbourne. Quando uma jornalista reuniu coragem suficiente e perguntou a ele sobre esses rumores, a resposta foi tipicamente vigorosa: "Você já parou para pensar que, durante os últimos quarenta anos, jamais fui a lugar algum sem um policial me acompanhando? Em que mundo eu teria me safado de algo assim?"[23] É lógico que isso não impediu seu filho mais velho, Charles, de ter um prolongado caso com Camilla Parker Bowles, que veio a tornar-se sua segunda esposa.

A história sobre os problemas conjugais reais foi levada tão a sério que, quando a rainha voou até Lisboa para se juntar ao marido na visita oficial a Portugal, o mais antigo aliado da Inglaterra, havia 150 pessoas da esfera midiática esperando na pista do aeroporto e observando atentamente cada movimento do casal.

Durante a viagem, o príncipe deixara crescer uma esplêndida barba, mas tirou-a pouco antes de retornar. Quando Philip embarcou no avião real, teve a grande surpresa de se deparar com toda a comitiva real, incluindo sua esposa, usando bigodes ruivos falsos. Aparentemente, eles não sabiam que o príncipe havia se livrado da barba. Contudo, isso ajudou a quebrar o gelo e serviu como continuação das pegadinhas que os dois faziam entre si. Durante a viagem ao Canadá em 1951, por exemplo, ele colocara bombinhas dentro de uma lata de nozes que ela estava prestes a abrir e, em outra ocasião, correra atrás dela pelos corredores usando dentes falsos.

CORAÇÕES E DIADEMAS 157

A princesa Margaret resumiu os sentimentos da família real em uma carta a seu amigo norte-americano Sharman Douglas: "Vejo que a boa e velha imprensa de seu país tentou dizer que a rainha andava tendo problemas com meu cunhado. Assim, é óbvio que a imprensa fétida daqui repetiu tudo tal como ovelhas, como os covardes desagradáveis que são. No entanto, tudo está ótimo, ele está terrivelmente bem e cheio de histórias fascinantes sobre suas viagens. É muito bom tê-lo em casa novamente. As crianças estão maravilhadas."[24]

Outros notaram que, longe de estar distante, o casal real se tornara uma dupla cujo trabalho era instintivo. Ao menos foi essa a conclusão de Cynthia Gladwyn, esposa do embaixador britânico na França, que recebeu o casal durante uma visita de quatro dias a Paris e Lille em abril de 1957.

Ela escreveu em seu diário: "O príncipe Philip é bonito e informal, criando uma atmosfera leve e democrática em torno da rainha. Essa informalidade o torna muito popular. Ele brilha como um animado marinheiro que sabe como é não ser da realeza. Lida com essa difícil posição de uma maneira notavelmente bem-sucedida, e não consigo pensar em nenhum outro homem com quem a rainha pudesse ter se casado e que fizesse isso tão bem."[25]

Nem todo mundo desfrutava essa mesma opinião. Desde a coroação, a princesa Margaret e o príncipe Philip haviam estado na mira da mídia. E então era a vez da rainha. Críticas a seu estilo e sua personalidade chegaram de uma fonte insuspeita: um de seus pares, um membro da Câmara dos Lordes.

O escritor, jornalista e político Lord Altrincham, em um cortante artigo publicado em agosto de 1957, criticou não somente a rainha, como também os membros da corte. Escrevendo no próprio periódico, o *National and English Review*, ele descreveu o modo de falar dela como "um torcicolo doloroso", a personalidade como a de uma "escolar arrogante" e os discursos como "pequenos sermões afetados". Altrincham escreveu: "Como sua mãe, [a rainha] parece incapaz de deferir mesmo que poucas frases sem um texto escrito."[26]

Esse ataque ecoou o de outros artistas e intelectuais que pouco valorizavam a "nova era elisabetana". O dramaturgo John Osborne, um dos chamados Jovens Raivosos da década de 1950, descreveu a monarquia como "um dente de ouro em uma boca podre".[27] O loquaz astro de TV Malcolm Muggeridge chamou a paixão pela família real de um tipo de "falsa religião".[28] Como resultado, a BBC o baniu da programação.

Contudo, foi Altrincham quem criou o maior tumulto. O ultraje nacional foi tão grande que, ao sair de um estúdio de TV no centro de Londres, ele levou um soco de um furioso membro de 60 anos do grupo Legalistas do Império Britânico, o qual lutava contra a dissolução dos domínios de Sua Majestade.

Algumas tiradas de Altrincham atingiram o alvo, notadamente a crítica à apresentação de debutantes na corte. O ritual ultrapassado foi eliminado, mas a rainha adiou a decisão por um ano, a fim de não dar a entender que fora forçada pelo errante par do reino.

É óbvio que, na verdade, os três homens estavam dizendo que a monarquia ficara para trás em uma época de rápidas mudanças e que a rainha, artificialmente encorajada pela adoração que recebera antes, durante e depois da coroação, estava cercada por gente que nem remotamente representava a Grã-Bretanha moderna. Isso impedia que sua autêntica personalidade brilhasse, sufocada por platitudes e rituais ultrapassados. Em uma mensagem aos editores Bruce e Beatrice Gould, do *Ladies' Home Journal*, Altrincham — que anos depois abriria mão de seu título de par do reino — escreveu: "Pelo bem da instituição e da própria rainha, mudanças são necessárias, e espero que a recente controvérsia tenha ajudado a acelerar o ritmo. Eu certamente desisti de conseguir resultados argumentando nos bastidores."[29]

Esse debate, que recebeu tanta proeminência e peso, foi uma maneira oblíqua de abordar o abrupto declínio militar e político da Grã-Bretanha no mundo moderno. A monarquia serviu como para-raios da calamidade que foi a Crise de Suez. Quando Altrincham escreveu seu infame artigo, a nação ainda estava lambendo suas feridas.

CORAÇÕES E DIADEMAS

O fiasco ocorrera em outubro de 1956, quando Israel, Grã-Bretanha e França haviam tentado tomar o controle do canal de Suez, nacionalizado pelo presidente egípcio Nasser. Embora a invasão tivesse sido condenada pelas Nações Unidas, por outros países da Commonwealth e, ainda mais importante, pelos Estados Unidos, o triunvirato iniciara ações militares contra o líder nacionalista.

O primeiro-ministro Eden, no poder havia menos de dois anos, ignorara os avisos do então presidente norte-americano, Eisenhower, e pagara o preço. Humilhado, acabou renunciando depois de se ver forçado a retirar suas tropas do conflito. Internacionalmente, o caso Suez marcou o fim da Grã-Bretanha como grande potência mundial, ao passo que, domestica-mente, abriu margem para que instituições até então intocáveis, como a monarquia, fossem criticadas e questionadas.

As placas tectônicas da sociedade estavam se movendo, mas não tão rapidamente quanto alguns gostariam. Embora a religião da monarquia tivesse seus críticos, eles eram poucos. Depois do episódio Altrincham, a rainha abordou as críticas à própria maneira. Embora se mostrasse tímida em frente às câmeras, ela concordou em fazer seu primeiríssimo discurso ao vivo, durante o qual reconheceu a inevitabilidade de ser vista como figura remota. "Espero que essa nova mídia torne minha mensagem de Natal mais pessoal e direta", disse ela de sua biblioteca em Sandringham. Admitindo jamais ter realmente tocado a vida pessoal de seus súditos, continuou: "Mas agora, ao menos por alguns minutos, eu lhes dou boas--vindas à paz de minha própria casa."[30]

Na época, nem todo mundo tinha televisão, mas, mesmo assim, Elizabeth atraiu e fez chorar uma audiência de 16,5 milhões de pessoas. O uso dos meios de comunicação de massa pela família real havia começado.

7

Segredos, escândalos e espiões

Embora o amanhecer de uma nova era elisabetana tenha se provado uma quimera, a rainha e o príncipe consorte iniciaram uma silenciosa revolução na Casa de Windsor. Eles decidiram enviar os filhos para a escola, em vez de educá-los no palácio, com tutores — fato que ocorria pela primeira vez na história. A decisão do casal real não foi aprovada por todos. A rainha-mãe, que era efetivamente quem assumia o papel de mãe de Charles e Anne enquanto o casal real embarcava em suas muitas viagens, fez campanha para que as crianças fossem educadas no palácio. A rainha e o príncipe Philip não se deixaram convencer. Como ele mais tarde explicou à televisão norte-americana, "a rainha e eu queremos que Charles vá à escola com outros meninos de sua geração, aprenda a viver com outras crianças e absorva, desde a infância, a disciplina advinda da educação em grupo".[1]

Foi uma genuína ruptura com o passado, uma grande mudança com que há tempos a rainha sonhava. Ela falara frequentemente sobre os filhos serem capazes de ter uma vida relativamente "normal" e sem restrições. Essa tentativa única de integrar os jovens membros da realeza com outras crianças teve início em novembro de 1956, quando o príncipe Charles foi matriculado em Hill House, um pequeno colégio a somente cinco minutos do palácio. Nos primeiros dias, o experimento pareceu fadado ao fracasso, pois o príncipe de 8 anos era seguido por um barulhento grupo de fotógrafos e curiosos sempre que chegava para as aulas. Não era isso o que a rainha desejava.

Após três dias desse tumulto, a rainha manteve o príncipe Charles em casa e ordenou que seu secretário de imprensa, o comandante Colville, contatasse todos os editores britânicos e pedisse que aquele intenso assédio parasse. Funcionou. Esse pacto editorial foi o primeiro de muitos acordos informais entre a Fleet Street — como é referenciada a imprensa britânica — e o Palácio de Buckingham, permitindo que as crianças reais fossem à escola sem serem seguidas.

Não que o príncipe Charles encarasse as coisas dessa maneira. Ele concordava com a avó e sentia falta da proteção e da certeza da vida por trás dos portões palacianos, seguro nas mãos da devotada babá e de cuidadoras. Quando estava na presença de outras crianças, Charles sentia tanto medo que se agarrava à babá Lightbody em busca de apoio. Ela era a mãe substituta, aquela que acordava e alimentava o príncipe pela manhã e lhe dava um beijo de boa-noite antes de dormir. Quando mais novo, ele ficava no quarto de brinquedos até ser levado ao andar de baixo para passar meia hora com a mãe ou o pai. Embora esse fosse um estilo distante de parentalidade, era familiar para outros membros da aristocracia e para as classes superiores. Quando a ainda princesa Elizabeth estava em Malta com o marido, ninguém se espantava com o fato de Charles e a irmã serem deixados para trás no Palácio de Buckingham ou em Sandringham durante meses, atendidos pelo triunvirato formado pela babá Lightbody, a rainha-mãe e a princesa Margaret — assim como por um pequeno exército de cuidadoras.

Seguindo o acordo informal que a rainha e Philip haviam feito no início do casamento, o príncipe ficou encarregado das questões familiares importantes, enquanto ela cuidava de questões de Estado, assumindo as responsabilidades do pai adoentado, George VI. Nenhum dos dois esperava que o rei morresse tão jovem, e a ascensão de Elizabeth como a nova rainha exigiu que ela mergulhasse nos deveres reais, sobrando pouquíssimo tempo para dedicar-se aos filhos. Ela precisava escolher entre as caixas vermelhas e a hora do banho das crianças com grande constância. O dever sempre triunfava. Godfrey Talbot, um correspondente real daquela

SEGREDOS, ESCÂNDALOS E ESPIÕES

época, lembrou: "Ela teve de assumir imediatamente as responsabilidades de Estado. Fora treinada desde o berço pelo pai, o qual lhe ensinara que o dever vinha antes de tudo, inclusive da família. Apesar de relutante, ela teve que abandonar os filhos, e eles praticamente passavam meses a fio sem ver o pai e a mãe."[2]

Charles, um menino tímido, sensível, solitário e um tanto acima do peso, adorava a mãe, mas de longe. Como era o pai quem cuidava dos assuntos domésticos, ele e a irmã, Anne, passavam muito mais tempo com Philip — quando ele estava disponível.

Quando mais nova, Anne, agressiva e competitiva desde o berço, respondia mais prontamente às investidas do pai, ao passo que Charles recuava das tiradas de Philip. O método que utilizou para ensinar os filhos a nadar, por exemplo, foi o de jogá-los na parte funda da piscina do Palácio de Buckingham. Anne voltava à superfície rindo; Charles se engasgava e perdia o fôlego, aterrorizado.

Embora posteriormente Charles tenha descrito o pai como intimidador — uma crítica que os irmãos rejeitaram —, havia método no comportamento agressivo de Philip. À própria maneira, ele tentava encontrar um esporte ou uma atividade que os filhos, especialmente Charles, pudessem dominar e lhes desse autoconfiança enquanto cresciam e se desenvolviam. Lady Kennard, amiga da família, considerava Philip "um pai maravilhoso". "Ele brincava com os filhos, lia histórias, levava-os para pescar, estava muito envolvido", lembrou ela.[3] Eventualmente, Charles se uniu aos irmãos nos elogios às habilidades parentais do príncipe consorte. "Meu pai era maravilhoso em organizar brincadeiras bobas", disse ele em um tributo à vida de Philip realizado em 2001. "Havia muitas brincadeiras de pique e outras maluquices."[4]

Enquanto Charles inicialmente lidava com dificuldades com esse estilo parental durão, Anne enxergou nele uma oportunidade para desabrochar. Philip a colocou sobre um cavalo e ela ronronou de felicidade. Anne foi o primeiro membro da família real a competir em uma Olimpíada, tendo integrado a equipe equestre britânica nos jogos de Montreal, em 1976.

Embora Anne fosse uma moleca, o irmão mais velho não se saía tão bem. Charles não era esportivo nem um adorador de cavalos. Tudo parecia projetado para humilhá-lo e depreciá-lo. Quando começou a ter aulas no palácio, ele era diligente e perseverante, mas ficava confuso com os princípios básicos da matemática, achava inglês difícil e não conseguia aprender datas da história elementar, por mais que adorasse o assunto. Charles era um "experimentador", e seus momentos mais felizes eram quando tinha um pincel e uma caixa de tintas à mão.

Sua modesta habilidade acadêmica, natureza reservada e aparência pouco atlética não o ajudaram a se entrosar em Hill House. O príncipe teve dificuldades durante o tempo em que esteve no colégio. Se ele achava Hill House difícil, o colégio seguinte foi seu pior pesadelo. Charles foi matriculado no internato de Cheam, onde o pai também estudara. Philip sobrevivera e se destacara, tornando-se o capitão de críquete do colégio e goleiro do time de futebol.

Ao contrário de seu filho mais velho, que estava profundamente infeliz e com saudades de casa. Tímido e sensível, Charles achava difícil fazer amigos e se via à parte de qualquer atividade. Aqueles foram alguns dos piores anos de sua vida. Embora a rainha apoiasse totalmente o marido nesse projeto, tinha que se obrigar a ser dura quando, ao fim das férias em Balmoral, Charles implorava para não retornar à casa da "infelicidade".

Tampouco ajudou o fato de, no verão de 1958, a rainha ter decidido, sem razão aparente, anunciar que o filho era a partir de então "príncipe de Gales, duque de Chester e cavaleiro da nobilíssima Ordem da Jarreteira". O pupilo gordinho ficou vermelho e desejou que o chão se abrisse e o engolisse quando assistiu, ao lado dos colegas, ao pronunciamento da mãe na televisão.

Como observou Sarah Bradford, biógrafa da rainha, "ninguém pensou em avisá-lo com antecedência, o que parece uma extraordinária falta de sensibilidade por parte de Elizabeth".[5]

Por mais que simpatizasse com as dificuldades do filho, ela não somente apoiava o marido, como também sentia que as experiências de Charles no colégio interno seriam um bom treinamento para os altos e baixos de sua futura posição. A rainha tinha uma visão benigna, embora imperturbável, da educação do filho, ao mesmo tempo que demonstrava pouco interesse pelo progresso acadêmico da filha. Anne era educada em casa pela governanta Catherine Peebles. Embora a sala de aula ficasse logo acima dos aposentos da mãe no Palácio de Buckingham, a rainha nunca verificava como ela estava se saindo. Em vez disso, era a princesa Margaret quem analisava o trabalho e discutia o currículo da menina com a tutora e até mesmo tomava as lições de Anne. Ela carregava mágoas pela própria e inadequada educação, e ficou exultante quando a princesa Anne se tornou a primeira filha de um soberano reinante a frequentar um internato: Benenden, uma instituição exclusivamente para meninas, em Kent.

Enquanto Anne se lembrava dos dias na escola como "agradáveis", o irmão notoriamente se referia a seu colégio de ensino médio, Gordonstoun, na costa norte escocesa, como "Colditz com kilts."[6] (Colditz foi um notório campo alemão de prisioneiros de guerra.) Ele queria ir para Eton, o colégio interno masculino perto do Castelo de Windsor, e era apoiado nessa ambição pela rainha-mãe, que fez pressão junto à filha e ao genro. Seus argumentos caíram por terra, com Philip argumentando que Eton era perto demais de Londres — o que significava que Charles inevitavelmente seria cercado pela mídia. Assim, ele foi para Gordonstoun. A despeito da hesitação inicial, o príncipe fez de seu tempo lá o melhor possível. Participou do grupo de teatro e foi eleito guardião do colégio — ou monitor —, assim como o pai.

Charles nunca superou realmente o distante cuidado parental que recebeu na infância. Seu biógrafo oficial, o historiador e escritor Jonathan Dimbleby, descreveu a rainha como "fria" — um sentimento do qual os irmãos de Charles discordavam fortemente. Com mais tato, um amigo explicou as habilidades parentais de Elizabeth da seguinte maneira: "A maternidade não é o ponto forte da rainha. Ela gosta de fazer seu trabalho e está sempre muito ocupada."[7]

Essa duradoura narrativa sobre a distância parental começou com a transmissão da famosa reunião a bordo do iate real *Britannia* no porto de Tobruk, na Líbia, ao fim da viagem de seis meses da rainha e do príncipe Philip pela Down Under, as colônias britânicas na Australásia, em 1954. O casal real encontrou os filhos no deque; Charles e Anne, solene e polidamente, lhes apertaram as mãos. Ao menos eles reconheceram o pai e a mãe — havia o temor de que, após uma ausência tão prolongada, não mais soubessem quem eles eram. Embora as boas-vindas na cabine tenham sido muito mais afetuosas, essa apagada exibição definiria o frio comportamento materno da rainha. Muito posteriormente, haveria um grande contraste entre a reticência emocional da rainha e o caloroso comportamento da princesa Diana, que, em uma reunião similar durante uma viagem pelo Canadá, mal se conteve em correr pelo deque para abraçar e pegar os dois filhos no colo — em frente às câmeras.

Outras pessoas, que conviveram com a rainha durante anos, tinham um entendimento diferente. Eles a viam como uma mulher de poderosas emoções que era forçada a se manter sob um controle férreo por conta das incessantes demandas de sua posição. Como pontuou o escritor James Pope-Hennessy, "dá para sentir que a mola está muito retesada".[8]

Houve numerosas ocasiões nas quais ela precisou suprimir os fortes instintos maternais em nome da Coroa. Em tempos de crise familiar, notadamente durante os problemas conjugais da irmã e a morte da princesa Diana, a princesa de Gales, seu primeiro pensamento sempre foi o bem-estar dos filhos.

Enquanto adolescente e jovem adulta, ela falou frequentemente da convencional ambição de ser uma dama vivendo no interior, cercada por cães, cavalos e filhos. E esse não era um sonho impossível. O pai, George VI, fora um cavaleiro experiente, mas Elizabeth levou as coisas a outro nível. Ela conquistou o respeito da comunidade de corridas porque era uma autoridade reconhecida na criação de cavalos de raça. Em 1954 e 1957, ela foi Champion Owner [Proprietário Campeão] de cavalos de corrida, a primeira monarca reinante a ganhar o prêmio duas vezes.

SEGREDOS, ESCÂNDALOS E ESPIÕES

"Se fosse uma pessoa comum, ela provavelmente seria treinadora, de tanto que ama corridas", observou o treinador Ian Balding.[9] Em Balmoral, ela criava pôneis Shetland; em Hampton Court, seu interesse era por pôneis Fell. Como criadora de cães de caça, ela ganhou numerosos prêmios ao longo dos anos por sua atitude profissional em competições. Quando deu ao cunhado Antony Armstrong-Jones — posteriormente Lord Snowdon — um de seus cães de caça, ele imediatamente reconheceu quão especial era o presente.

Ao longo do seu reinado, cães e cavalos a ajudaram a manter a sanidade. Eles respondiam a quem ela era como ser humano, não pelo título de nobreza. Em um mundo no qual ela estava regularmente cercada por pessoas que mal conhecia, os animais davam a Elizabeth um senso de normalidade. E isso ajuda a explicar por que, mesmo aos 90 anos, a rainha cavalgava todos os dias, acompanhada somente por um cavalariço e um segurança. Era uma chance de estar sozinha, ao menos por algum tempo. Assim como era sincera em seu entusiasmo por cães e cavalos, ela falava sério sobre iniciar uma segunda família agora que ela e Philip eram um casal de profissionais capazes de lidar com as demandas do "trabalho". Embora o mundo tenha ficado surpreso com a notícia de uma nova gravidez da rainha em 1959, ela e Philip haviam começado a considerar a questão anos antes, depois que ele retornara da controversa volta ao mundo.

A chegada do príncipe Andrew Albert Christian Edward na Suíte Belga do Palácio de Buckingham, em 19 de fevereiro de 1960, o transformou no primeiro filho de um monarca reinante em mais de cem anos — Charles e Anne nasceram quando Elizabeth ainda era princesa. Sua predecessora havia sido a princesa Beatrice, quinta e mais nova filha da rainha Vitória e do príncipe Albert. Philip e Elizabeth ficaram entusiasmados com o recém-chegado, particularmente o príncipe, já que o nome do terceiro filho fora escolhido em homenagem ao avô paterno.

Houve consideráveis vantagens em ter um filho posteriormente em seu reinado. Já não sendo uma monarca ingênua, a rainha se sentia capaz de passar mais tempo com o bebê — a ponto de a irmã mais velha dele, a princesa Anne, achar que ele estava sendo mimado, ao menos em comparação com a própria criação. A rainha ensinou a Andrew as letras do alfabeto, a ver as horas em um dos relógios do palácio e a montar o Sr. Dinkum, seu primeiro pônei. Às vezes, Elizabeth trabalhava em seu estúdio enquanto Andrew brincava no chão. Se a rainha dizia à babá Mabel Anderson que cuidaria do filho, sempre havia um pajem e um criado de libré presentes para ajudar. Quando os compromissos diários permitiam, a rainha se encarregava do banho e o príncipe Philip lia ou inventava histórias na hora de dormir. Andrew cresceu e se tornou um menino tempestuoso e barulhento, correndo pelos corredores com uma bola ou um bastão. A despeito — ou talvez por causa — de suas enérgicas travessuras, ele sempre foi considerado o filho favorito da rainha, aquele que nunca fazia qualquer coisa errada. O príncipe Philip o chamou de "chefe" quando retornou de um evento de caridade com um olho roxo.[10] Posteriormente, ele explicou que aquele fora o resultado de uma luta de boxe com o filho que saíra do controle, à hora de botar o garoto para dormir.

A chegada de Andrew também ajudou a curar uma duradoura ferida conjugal. Philip se ressentira durante anos do fato de os filhos não terem seu sobrenome, Mountbatten. Desde a coroação, as várias partes interessadas em solucionar essa constrangedora questão discutiram o que poderia ser feito. Em janeiro de 1960, pouco antes de o então primeiro-ministro, Harold Macmillan, partir para a África do Sul — onde faria seu famoso discurso "Ventos da mudança" —, ele foi a Sandringham falar com a rainha sobre a situação. Ele reconheceu que Elizabeth queria aplacar o marido e resolver a cisma que rondava o casamento.

"A rainha somente deseja (de forma muito adequada) fazer algo para agradar ao marido, a quem ama desesperadamente", suspirou ele, "O que me incomoda é a atitude quase brutal do príncipe em relação a ela nisso tudo."[11] Philip finalmente conseguiu o que queria: 11 dias antes de Andrew vir ao mundo, o Palácio de Buckingham publicou a declaração de que, no futuro, certos membros da dinastia real usariam o sobrenome Mountbatten-Windsor. A casa real, no entanto, ainda seria chamada Windsor.

No ambiente familiar doméstico, foi um período feliz para a rainha. Ela estava amamentando o terceiro filho, o marido estava contente e, finalmente, a irmã, tão infeliz no amor, encontrara o homem de seus sonhos e aceitara o pedido de casamento. Embora o fotógrafo Antony Armstrong-Jones não viesse da esfera murada da aristocracia — como os pais de Margaret teriam desejado —, ele era eminentemente aceitável. Não apenas era cortês e charmoso, como também parecia fazer Margaret feliz. Ele até mesmo se dava bem com o príncipe Philip, que tendia a desdenhar dos fotógrafos de modo geral. "Se ele ainda não conseguiu o que queria, é um fotógrafo ainda pior do que eu pensava", era sua queixa regular — e desconcertante — durante as sessões fotográficas formais.[12]

Quando o ex-aluno de Eton viajou para Sandringham em janeiro de 1960 a fim de pedir a permissão formal da rainha, ela a concedeu, desde que o anúncio do noivado fosse feito somente depois do nascimento de seu terceiro filho.

Apenas duas semanas após o nascimento de Andrew, a rainha-mãe publicou formalmente a notícia do noivado na majestosa Court Circular, o venerável registro dos assuntos cotidianos da realeza. A notícia enviou ondas de choque pelos condados e entre a realeza europeia, a qual sentia que o fotógrafo freelance não era *ebenbürtig* — igual em posição ou nascimento — da princesa. Os colegas de jornal de Antony ficaram igualmente surpresos, pois jamais imaginaram que um deles estava prestes a fazer parte da família real.

A resposta geral da rainha e do restante dos Windsor, porém, foi de acolhimento. Havia culpa coletiva entre a família — a sensação de que, como Margaret tivera que desistir de Peter Townsend, o amor de sua vida, eles teriam que tolerar qualquer escolha conjugal razoável. Durante todo seu reinado, a rainha raramente interferiu na escolha ou comentou sobre os parceiros conjugais escolhidos pelos membros da família. Ao contrário de algumas mães, ela era bastante passiva, contente em observar o desenrolar dos dramas românticos. Não fazia sentido a soberana encorajar sua prole a se casar com ricos e nobres; cônjuges sem títulos de nobreza e de meios modestos foram as escolhas típicas — com exceção de Lady Diana Spencer, que era filha de um conde.

No entanto, com relação ao casamento da irmã, a rainha não teria sido tão amável se soubesse que, meses antes da concretização do matrimônio, o fotógrafo da sociedade estava envolvido em um triângulo amoroso com seu padrinho de casamento, o engenheiro e inventor Jeremy Fry, e a esposa dele, Camilla. Ela engravidara de Armstrong-Jones e a filha dos dois, chamada Polly, nascera enquanto o fotógrafo estava em lua de mel a bordo do iate real *Britannia*.

Nos círculos mais informados ele dividiu as opiniões; a maior parte do público britânico, porém, ficou entusiasmada com o fato de a princesa Margaret, tão frequentemente perdedora no amor, ter finalmente encontrado a felicidade — e ao lado de um homem que representava, juntamente com cabeleireiros de celebridades e modelos, a profissão mais badalada nos Swinging Sixties — os loucos anos 1960, quando a Inglaterra foi tomada por uma efervescência cultural e pelo modernismo de costumes. Pela primeira vez, um casamento real foi transmitido ao vivo pela televisão; mais de trezentos milhões de telespectadores assistiram ao luxuoso espetáculo, que contou com vinte bolos de casamento, um arco floral de 18 metros e uma noiva real vestindo uma criação do costureiro favorito da família real, Norman Hartnell (o mesmo estilista do vestido de casamento da rainha), que usou em sua obra cerca de trinta metros de organza de seda pura.

Durante a cerimônia na Abadia de Westminster em 6 de maio de 1960, a rainha não parecia muito entusiasmada com a feliz ocasião. "Todo mundo comentou a intensa depressão no rosto da rainha, e a mente gosta de inventar causas para ela: inveja, esnobismo?",[13] comentou o escritor e editor Sir Rupert Hart-Davis. Outros observadores fizeram comentários similares: "Um rosto amuado como o da rainha Vitória durante toda a cerimônia", disse o jornalista e biógrafo real Kenneth Rose.[14]

Como a rainha percebera cedo na vida, ela parecia zangada quando tentava não sorrir. Naquele dia, a rainha estava se despedindo de uma

SEGREDOS, ESCÂNDALOS E ESPIÕES

prolongada dificuldade familiar: a irmã. Se no exterior ela se mostrava impassível, por dentro era puro contentamento.

Quando se despediu da irmã que embarcava no iate real *Britannia*, ancorado no porto de Londres, ela voltou ao papel de CEO da Grã-Bretanha Inc. Apesar de todas as conversas sobre igualdade sexual dos Swinging Sixties, havia poucas mães ocupando altos postos de trabalho. A rainha era uma delas. A série televisiva *Mad Men*, abordando o chauvinismo e o preconceito sexual em uma agência de publicidade de Manhattan, tornou famosa uma era em que até mesmo a rainha recebia poucas concessões em seu papel de mãe e executiva. Quando estava no palácio, ela podia passar algum tempo com seu terceiro filho; mesmo assim, perdeu muitos marcos da vida do bebê — em especial o primeiro aniversário. Naquele ano, 1961, ela embarcou em uma massacrante viagem, passando por Nepal, Índia, Paquistão, Chipre, Irã, Vaticano, Itália, Libéria e Gana. Suas frequentes ausências eram algo com que seus filhos mais velhos simplesmente tiveram que se acostumar.

"Sinto falta deles quando fico longe por muito tempo, mas eles entendem por que preciso me ausentar"[15], disse a rainha ao físico dinamarquês Niels Bohr. Anne posteriormente ecoou a observação da mãe, ao dizer que ela e os irmãos aceitavam as demandas da época, e acrescentou: "Acho que nenhum de nós acreditou, nem sequer por um segundo, que ela não se importava conosco da mesma maneira que qualquer mãe."[16]

As visitas ultramarinas não eram somente turismo de sorrisos e boas--vindas; faziam parte da política externa, com a chefe de Estado ajudando a consolidar alianças, particularmente entre as nações que já haviam sido parte do Império Britânico, mas passaram a desempenhar um papel na Commonwealth também.

Em novembro de 1961, a rainha e o príncipe Philip deveriam fazer uma viagem a Gana, a primeira colônia britânica a obter independência. Sob o governo socialista do presidente Nkrumah, o país estava se aproximando cada vez mais da esfera soviética de influência. A visita, porém, não era certa, e a viagem já havia sido muitas vezes adiada. A nação estava sendo destroçada pela violência entre facções — duas bombas explodiram na capital, Acra, dias antes da chegada da rainha. O primeiro-ministro, Macmillan, e até mesmo Winston Churchill se preocupavam com a segurança dela.

Após muita reflexão, Macmillan sancionou a visita, uma vez que cancelá-la daria a Nkrumah uma desculpa para sair da Commonwealth e se alinhar à União Soviética.

A rainha concordou, decidida. "Quão tola eu pareceria se tivesse medo de visitar Gana e então Khrushchov [o líder soviético] fosse até lá e tivesse uma boa recepção. Não sou uma estrela de cinema. Sou a líder da Commonwealth, paga para enfrentar quaisquer riscos envolvidos. Não digo isso com despreocupação. Não esqueçam que tenho três filhos."[17] A atitude refletia sua visão de não querer ser tratada de modo diferente por ser mulher e mãe. Ela era firmemente apoiada pela rainha-mãe, para quem o espírito da Blitz era uma segunda natureza. "Tenho certeza de que, se déssemos ouvidos a todos os de coração sensível, não iríamos a lugar algum", escreveu ela.[18]

Essa se provou a decisão certa — e, dada a atmosfera febril, corajosa. A rainha demonstrou seu forte compromisso com a Commonwealth, uma organização que cresceu durante seu reinado, assim como sua forte resposta à perspectiva de perigo pessoal. A curta viagem foi um triunfo tão grande que o jornal *Evening News* de Acra trombeteou, de modo otimista: A rainha é a "maior monarca socialista da história!".[19]

A hábil diplomacia da soberana culminou em um banquete oferecido pelo Estado ganense no qual uma rainha coberta de joias e um presidente todo sorrisos dançaram juntos. O momento insólito imortalizado em uma fotografia percorreu o mundo e, ao menos dessa vez, Elizabeth superou a glamourosa irmã mais nova — o rosto dos Swinging Sixties — nas capas e primeiras páginas.

A fotografia não apenas foi uma demonstração simbólica do novo relacionamento entre a Grã-Bretanha e sua antiga colônia, como também enfatizou que, embora a autoridade da monarca tivesse sido fortemente reduzida, ela ainda tinha alcance e influência globais.

SEGREDOS, ESCÂNDALOS E ESPIÕES 173

Essa combatente da Guerra Fria que usava arminho teve um encontro bastante diferente antes da viagem a Gana, quando, em julho de 1961, conheceu o primeiro homem a ter ido para o espaço, o cosmonauta Yuri Gagarin. Novamente a *Realpolitik* entrava em ação — e a rainha foi convocada, sem aviso prévio, a desempenhar seu papel. Os mestres russos de Gagarin o haviam mandado em uma missão mundial de boa vontade a fim de exaltar as virtudes do comunismo. O sucesso da viagem alarmou tanto os ministros que, quando o soviético chegou a Londres e teve uma recepção mais do que entusiasmada, achou-se prudente convidá-lo a ir ao número 10 da Downing Street para conhecer o primeiro-ministro, Macmillan, e ao Palácio de Buckingham para um café da manhã com a rainha.

Após as apresentações iniciais, um cosmonauta nitidamente nervoso sentou-se ao lado da rainha e, para imensa surpresa dela, acariciou a perna da soberana logo acima do joelho. A monarca seguiu o conselho da avó, a rainha Mary, e continuou a sorrir enquanto bebia café. Posteriormente ele explicou, por meio de intérpretes, que a tocara para ter certeza de que ela era real e não algum tipo de boneca animada.

O ex-fundidor também teve dificuldades com as regras de etiqueta durante o jantar, confuso com os talheres que devia usar. A rainha o socorreu gentilmente: "Caro Sr. Gagarin, eu nasci e fui criada neste palácio, e mesmo assim ainda não sei em que ordem devo usar todos os garfos e facas."[20]

Um casal da Guerra Fria que sabia o que fazer com os talheres durante um jantar formal era o formado pelo então presidente dos Estados Unidos, John Kennedy, e pela sofisticada primeira-dama, Jacqueline Kennedy. Eles jantaram no Palácio de Buckingham ao fim de uma rápida viagem pela Europa e tiveram uma recepção igualmente arrebatadora.

A afinidade entre a primeira-dama e a rainha não foi tão grande quanto entre a monarca e o cosmonauta russo. Posteriormente, a Sra. Kennedy reclamou que a rainha havia sido bastante "rígida". Quando o escritor norte-americano Gore Vidal contou isso à princesa Margaret, ela exclamou lealmente: "Mas é para isso que ela está lá!"[21]

Em uma visita posterior, em março de 1962, quando a primeira-dama retornava do Paquistão depois de uma visita oficial bem-sucedida, as duas se uniram durante um almoço no Palácio de Buckingham. Se a rainha ouvira algum dos comentários da primeira-dama — que criticara suas roupas e seu penteado "careta" —, ela jamais demonstrou.

A frieza emocional aqueceu-se em alguns graus quando elas descobriram o amor mútuo pelos cavalos. Durante a estadia de Jacqueline Kennedy no Paquistão, o presidente Ayub Khan presenteara a primeira-dama com um cavalo de 10 anos chamado Sardar, que ela chamou de seu "tesouro favorito".[22] Como muitos antes e depois dela, a primeira-dama presenciou o rosto da rainha se iluminar e se tornar muito mais animado ao compartilhar sua paixão pela comunidade equestre.

Embora elas jamais fossem se tornar melhores amigas, a rainha e a primeira-dama partilhavam muitas características para além do amor pelos cavalos. Casadas com homens alfa, extrovertidos e agressivos, ambas eram mulheres reservadas e tímidas, e as duas ocupavam posições nas quais precisavam mascarar a personalidade com uma calma reserva. Quando Kennedy foi assassinado, em 22 de novembro de 1963, a rainha não pôde estar presente para consolar ou estender sua simpatia à viúva enlutada porque estava esperando o quarto filho. Os médicos a aconselharam a não viajar para o funeral, que ocorreu em Washington. O príncipe Philip representou-a na ocasião.

∾

Alguns dias antes do assassinato do presidente norte-americano, os Beatles se apresentaram perante a princesa Margaret, Lord Snowdon e a rainha-mãe — que compareceu no lugar da soberana grávida — durante o Royal Variety Performance, um show de variedades com o intuito de arrecadar fundos para a Royal Variety Charity, instituição que dá apoio a artistas doentes, empobrecidos ou idosos.

SEGREDOS, ESCÂNDALOS E ESPIÕES

Antes da canção final, John Lennon pediu aos que estavam sentados nas fileiras mais baratas que batessem palmas. "E o restante de vocês", acrescentou ele, olhando diretamente para o camarote real, "pode sacudir suas joias".[23] Irreverente, iconoclasta e local, o quarteto representava o *Zeitgeist*, o espírito da década de 1960, se tornando a realeza do rock and roll.

A chegada dos Beatles e de outras bandas, a explosão da sátira, com programas como *That Was the Week That Was* [Essa foi a semana que passou] e a glamourização de certas profissões criativas contribuíram para a sensação de que os tempos de fato estavam mudando. Até mesmo a rainha e seu consorte foram ousadamente modernos durante o nascimento do príncipe Edward Anthony Richard Lewis. Ele nasceu na Suíte Belga do Palácio de Buckingham em 10 de março de 1964 e, pela primeira vez, o príncipe Philip esteve presente durante o parto — uma iniciativa encorajada pela enfermeira e doula Betty Parsons. Uma semana depois, Elizabeth escreveu para a velha amiga Mabel Strickland em Malta: "O bebê está se desenvolvendo bem e é uma grande alegria para todos nós, especialmente para Andrew, que está fascinado por ele."[24]

As placas tectônicas da sociedade estavam genuinamente se movendo. A classe governante britânica estava sob permanente ataque, e seu declínio pode ser representado pelo escândalo envolvendo o então ministro da Guerra, John Profumo, e a descoberta de que tivera um caso com a prostituta Christine Keeler — o escândalo levou seu nome e é lembrado até hoje. Profumo não sabia, mas a amante estava também dormindo com um espião da KGB, Eugene Ivanov. Quando o caso se tornou público, Profumo mentiu e negou formalmente seu envolvimento em uma declaração feita na Câmara dos Comuns. A verdade emergiu, e ele renunciou em desgraça.

As ondas de choque do escândalo se espalharam pela alta sociedade e atingiram até mesmo quem estava longe. O cafetão de Christine Keeler, Stephen Ward, era um conhecido osteopata e retratista, e alugava um chalé na propriedade Cliveden, em cuja piscina promovia desvairadas festas nudistas. Ward, que era também membro do Thursday Club, desenhara retratos do príncipe Philip e de outros membros da família real. Embora a mídia se esforçasse arduamente para ligar Philip às farras sexuais em Cliveden, acharam muita fumaça e nenhum fogo. O primeiro-ministro, Macmillan, escreveu um doloroso pedido de desculpas à rainha pelo comportamento de seu ministro e de outros: "É claro que eu não tinha ideia do estranho submundo no qual outras pessoas, além do Sr. Profumo, infelizmente se deixaram ser apanhadas."[25] Embora a rainha simpatizasse com os problemas do primeiro-ministro, não demorou muito para que a inexorável maré do escândalo atingisse novamente os tapetes vermelhos do Palácio de Buckingham. As ondas foram impulsionadas pela pessoa mais improvável: o destacado historiador de arte Sir Anthony Blunt, curador das pinturas reais.

A rainha nunca fora próxima de Blunt, nomeado para a posição por George VI. Ele era um frio asceta que sempre se comportava de maneira perfeitamente adequada, mas era possível sentir o desdém em seu olhar. Blunt achava a vida na corte horrível e, segundo disse aos amigos, a ideia de noite cultural da família real era jogar golfe dentro de casa, usando um pedaço de carvão como bola e um precioso tapete Aubusson como grama. Ele apenas aceitou ser feito cavaleiro em 1956 para agradar à mãe. Como comentou sua biógrafa, Miranda Carter: "A atitude social de Blunt, cortês, mas distante, não era muito diferente da polida impassividade da rainha."[26]

Em algum momento de 1964, após o nascimento do príncipe Edward, o secretário particular de Elizabeth, Sir Michael Adeane, deu a ela a inacreditável notícia de que o MI5, a agência de segurança britânica, agindo de acordo com informações fornecidas pelo FBI, desmascarara Blunt como espião soviético. Antes e durante a Segunda Guerra Mundial, ele enviara informações a Moscou.

Quando Adeane informou a rainha, ele enfatizou que Downing Street aconselhara a Coroa a não reagir e mantê-lo no cargo. Ele recebera imunidade da procuradoria, desde que cooperasse e contasse às autoridades tudo o que sabia.

Também havia o temor de que qualquer publicidade prejudicasse severamente as relações da inteligência britânica com os norte-americanos; elas já andavam bem ruins por causa do escândalo Profumo e da revelação dos Cinco de Cambridge (grupo formado por membros da elite do serviço público britânico, que agiram como espiões da União Soviética desde a Segunda Guerra Mundial até o início dos anos 1950). Blunt era o membro mais antigo. Seus colegas espiões Guy Burgess, Donald Maclean e Kim Philby, descobertos, haviam fugido para território soviético — o quinto homem, John Cairncross, acabou se estabelecendo na Itália e depois na França, antes de finalmente, no fim da vida, voltar à Inglaterra.

Embora fosse prioridade preservar as relações anglo-americanas, também havia a suspeita de que manter o *status quo* salvaria o governo já em apuros de ainda mais constrangimento. Pouca ou nenhuma atenção foi dada à proteção do nome da Casa de Windsor quando, inevitavelmente, a presença de um traidor no Palácio de Buckingham foi revelada. Ao longo dos anos, a rainha se mostrara uma valorosa defensora da instituição, sempre pronta a contrariar seus ministros se sentisse que a monarquia estava sob ameaça. Blunt só foi desmascarado em novembro de 1979 pela então primeira-ministra, Margaret Thatcher, em plena Câmara dos Comuns; os membros da corte então se perguntaram por que ele fora mantido no cargo até a aposentadoria, sem ser privado do título de cavaleiro. Alguns disseram que a rainha-mãe, que jamais gostara de Blunt por conta do ateísmo dele, teria feito uma defesa mais contundente da monarquia. "A rainha-mãe, cujo julgamento usualmente não era tão bom, não teria admitido isso sequer por um momento, mas a filha o fez", lembrou um importante oficial real.[27] Outro ex-conselheiro observou: "Fiquei pasmado com o fato de a decisão de manter Blunt não ter prejudicado ainda mais a monarquia quando os fatos se tornaram públicos em 1979. Sei que tivemos muita dificuldade para lidar com o escândalo." Embora fosse forçada a aceitar os conselhos formais de Downing Street, a impressão geral era de que a rainha se mostrava passiva demais ao aceitar a linha de ação oficial; como guardiã da instituição, ela deveria ter insistido para que, no mínimo, Blunt fosse removido do cargo. Um resultado feliz do caso foi uma brilhante peça de Alan Bennett chamada *A Question of Attribution* [Uma questão de atribuição], cujo ponto alto é a cena onde há um delicado duelo filosófico entre a soberana e seu curador de arte sobre verdade, imagem e realidade.

∾

A ingênua princesa alçada ao trono no início da década de 1950 dera lugar à experiente rainha que se sentia confortável e mais relaxada na posição de monarca e mãe. Ela forneceu um revelador insight sobre seu mundo quando permitiu que as câmeras dos estúdios Pathé a filmassem com a família caminhando pela propriedade do Castelo de Windsor na Páscoa de 1965, enquanto ela empurrava o carrinho do príncipe Edward, ainda bebê. Embora a narração falasse das frequentes ausências da rainha por conta de seu exigente trabalho, estava evidente que Elizabeth gostava muito do tempo passado com a família. Ela adiantara as audiências de terça-feira com o primeiro-ministro a fim de poder dar banho em Edward e insistira em reservar tempo na agenda para estar com Andrew. Segundo confidenciou a uma amiga, Elizabeth considerava "muito divertido" ter um bebê em casa. De fato, o tema principal de seu discurso de Natal em 1965 foi a família, que ela descreveu como "ponto focal de nossa existência".

A imagem de mãe moderna só ia até certo ponto: ainda havia um pelotão de babás, enfermeiras e outros funcionários para cuidar do bebê. Embora não fosse considerada retrógrada, a rainha era encarada como defensora da tradição, a âncora que era arrastada enquanto os democráticos e ousados Swinging Sixties avançavam. Quando Harold Macmillan renunciou, em outubro de 1963, ele sugeriu que a rainha nomeasse Sir Alec Douglas-Home — o qual renunciara ao título de 14º conde de Home para integrar a Câmara dos Comuns e, assim, poder se tornar primeiro--ministro — em seu lugar, e não seu vice, Rab Butler, como era esperado.

SEGREDOS, ESCÂNDALOS E ESPIÕES 179

A decisão foi um desastre de relações públicas. Home era participante de carteirinha do grupo de membros da corte criticado anteriormente por Lord Altrincham. Dotado de um maxilar desalinhado, um modo de falar que o fazia parecer estar sempre cheio de bolinhas de gude na boca e um histórico como ex-aluno de Eton, ele era o sonho de qualquer satirista.

A rainha, no entanto, se sentia muito confortável com o novo primeiro-ministro, cuja árvore genealógica retrocedia até o século XV e cujas charnecas cheias de codornas ficavam próximas a propriedade dela. Como confidenciou um membro da corte, "ela amava Alec. Ele era um amigo de longa data. Os dois conversavam sobre cães e caçadas conjuntas. Ambos eram proprietários de terra escoceses; o mesmo tipo de gente, como amigos da velha-guarda".[28]

Uma década depois de Altrincham e seu artigo crítico, a rainha ainda se cercava de aristocratas proprietários de terras — todos homens, naturalmente, cuja visão conservadora combinava com a cautela natural da soberana. Seu oficial de imprensa, o comandante Richard Colville, por exemplo, achava que a mídia era "pouco melhor que uma doença contagiosa".[29] A regra básica que seguiu durante os vinte anos de serviço à rainha era que qualquer coisa que não tivesse sido publicada na Court Circular não deveria ser filmada, fotografada ou mesmo discutida. Essa abordagem era reconfortante para uma monarca que sentia timidez diante das câmeras e instintiva desconfiança das revelações pessoais. Contudo, essa atitude não combinava com uma era de rápidas mudanças.

O rio que separava a monarca de seus súditos ameaçava se tornar um mar quando o líder trabalhista Harold Wilson venceu, por ligeira maioria, a eleição geral de outubro de 1964, convocada para aplacar o cada vez mais turbulento cenário econômico.

O primeiro encontro dos dois não inspirou nem fé nem confiança. Seu novo primeiro-ministro era filho de um químico e de uma professora de escola, ex-reitor da Universidade de Oxford e adepto do cachimbo. Ele estava muito longe dos urbanos proprietários de terras conservadores e dos aristocratas que o haviam antecedido. Para sua primeira reunião no

Palácio de Buckingham, o novo primeiro-ministro chegou acompanhado de sua chefe de gabinete, Marcia Williams — posteriormente Lady Falkender —, assim como a esposa, Mary, o pai, Herbert, e os dois filhos, Robin e Giles. Eles esperaram do lado de fora da sala de audiências enquanto Wilson discutia questões de Estado do lado de dentro.

Foi um início pouco promissor. Como Marcia Williams relembrou, "vários oficiais anônimos do palácio estavam presentes e, a meus olhos, pareciam todos iguais. Lembro-me de que a conversa foi centrada em cavalos. Talvez eles tenham presumido que todo mundo se interessava por cavalos, embora meu conhecimento sobre o assunto fosse mínimo e o da família Wilson ainda menor".[30]

As coisas tampouco transcorreram bem na tradicional conversa de meia hora entre a soberana e seu primeiro-ministro. Ele chegou despreparado e fez uma pergunta banal. Ela respondeu com acidez e ambos saíram do encontro contrariados e irritados. Seria uma longa curva de aprendizado.

∽

A morte de Winston Churchill nos primeiros meses do mandato de Wilson, em 24 de janeiro de 1965, demonstrou quanto a nação mudara. Churchill nascera no Palácio de Blenheim, de uma linhagem de duques e cavaleiros. Seu chocalho fora mantido para a posteridade. Wilson nascera no número 4 da estrada Warneford, uma casinha com terraço na cidade de Huddersfield, em West Yorkshire. Enquanto o primeiro-ministro de tempos de guerra, Churchill, ofereceu somente "sangue, sacrifício, lágrimas e suor" a seu povo sitiado, o primeiro-ministro dos tempos de paz, Wilson, foi capaz de prometer "a chama da tecnologia".[31]

Na Catedral de St. Paul, onde o funeral de Estado teve lugar, a rainha respondeu à enormidade do evento abrindo mão do precedente de ser sempre a última a chegar: foi a soberana quem especialmente esperou por seu mais grandioso súdito. Esse simples ato de humildade tornou a despedida ainda mais comovente. O neto de Churchill, Nicholas Soames,

SEGREDOS, ESCÂNDALOS E ESPIÕES

comentou: "Foi absolutamente excepcional, se não exclusivo, que a rainha tenha concedido precedência a alguém. Ela ter chegado antes do caixão de meu avô foi um gesto belo e muito tocante."[32]

A morte de Churchill marcou o fim de uma era e a despedida daquele que talvez tenha sido o maior estadista e líder britânico, um homem cuja lealdade e cujos conselhos foram inestimáveis durante os primeiros anos de reinado de Elizabeth. Conforme comentou o ator John Lithgow, que estudou a vida do ex-primeiro-ministro antes de interpretá-lo na série televisiva *The Crown*, "o relacionamento entre Churchill e a rainha segue uma bela trajetória. Ela é uma soberana sem nenhuma instrução formal que, talvez por causa da orientação dele, gradualmente entende seu papel e poder pessoal e, enfim, passa a contrariá-lo e discipliná-lo. A última audiência real de Churchill, em 1955, foi extremamente comovente, quando a idade e a doença o forçaram a abdicar do poder".[33] Embora numerosos homens de grande importância tenham aconselhado reis e rainhas durante os respectivos reinados — Henrique VIII e o cardeal Wolsey, a rainha Elizabeth I e William Cecil, a rainha Vitória e Lord Melbourne —, Churchill foi o único a ajudar a modelar toda uma dinastia real.

8

Uma questão familiar

A devastação da morte caiu sobre o povo do vilarejo mineiro de Aberfan, no sul de Gales, às 9h30 de uma manhã de céu azul em 21 de outubro de 1966, quando uma montanha de refugo de carvão desmoronou e atingiu uma escola primária e as casas no entorno, matando 116 crianças e 28 adultos.

Esse foi um dos piores desastres em tempos de paz da história britânica, uma tragédia nacional de proporções inimagináveis. O vilarejo se transformou em um verdadeiro inferno, repleto de pais frenéticos, alguns deles cavando a lama com as próprias mãos em uma fútil tentativa de resgatar os filhos. Sobreviventes estupefatos procuravam em torno de si a razão para o desastre, os olhos vazios e o rosto tomado pelo choque. O primeiro-ministro Wilson foi um dos primeiros dirigentes a chegar ao vilarejo, onde concluiu corretamente que a calamidade exigia tanto consolo quanto ação imediata.

Embora a rainha hesitasse em viajar para Gales, seu cunhado, sem esperar para consultar os oficiais, não demonstrou tal reticência. Tony Snowdon arrumou uma mochila e providenciou uma pá antes de pegar o trem para oeste. Em uma nota escrita à mão para a esposa, ele disse: "Beije as crianças por mim."[1] Por algum tempo, ele se tornou a representação do conforto e do consolo, visitando os enlutados e sentando-se em silêncio ao lado deles enquanto lamentavam pelas filhas e pelos filhos perdidos.

Ele visitou hospitais, conversou com médicos, enfermeiras e sobreviventes e tentou manter o ânimo geral. O príncipe Philip chegou no dia seguinte, levando com ele as condolências de toda a nação. Nesse momento de luto nacional, a rainha ficou para trás, preferindo esperar e ver o que aconteceria, em vez de agir por instinto. Atitudes como essa faziam parte do temperamento da monarca e normalmente se mostravam ser a decisão certa. Ela não queria prejudicar os trabalhos de resgate ou se intrometer em um momento de luto, mas para alguns de seus conselheiros a escolha foi encarada como uma oportunidade perdida.

Como um membro da corte disse ao historiador Ben Pimlott: "Ela se arrepende da decisão que tomou — ela diria que foi um erro, que deveria ter ido imediatamente."[2]

Oito dias após o desastre, quando o resgate chegou ao fim, a rainha visitou o vilarejo devastado, onde foi saudada por uma garotinha com um buquê de flores. No cartão, havia a seguinte mensagem: "Das crianças remanescentes de Aberfan."[3] Ela foi até lá não apenas na figura de monarca, mas também como mãe, e a mídia e os moradores do vilarejo saudaram sua presença por essa ótica.

Enquanto caminhava lentamente por entre a multidão silenciosa e testemunhava toda a extensão da onda de destruição e morte, os repórteres notaram que ela estava pálida e os olhos, marejados. Durante a viagem, Elizabeth visitou a casa do conselheiro Jim Williams, que perdera sete familiares no desastre. A visita programada para durar uma hora se estendeu por duas horas e meia conforme ela conversava com aqueles que haviam perdido entes queridos.

A presença da rainha trouxe aos moradores do vilarejo considerável conforto, mas nem eles nem a mídia sabiam do debate interno entre os conselheiros da soberana sobre se ela deveria ou não ter ido até lá antes. Alguns acreditavam que a hesitação se originara no reconhecimento de que, ao contrário da teatral mãe, ela não era uma pessoa sentimental. Isso não significava que se importasse menos; apenas que ela não demonstrava o que sentia. Elizabeth era, como a correspondente real veterana Grania Forbes observou, "muito contida".[4] Não possuía, como disse um membro da corte, "humanidade externa" — a instintiva ligação com estranhos exibida anos depois pela princesa Diana e por seu filho mais novo, o príncipe Harry. Ao longo dos anos, a rainha foi a Aberfan mais quatro vezes — as visitas foram consideradas por alguns uma espécie de reparação pelo que a monarca reconheceu ter sido excesso de cautela.

A esmagadora tragédia se deu na mesma época em que mentes inquisitivas no interior do palácio pensavam em como reformar a monarquia segundo o gosto dos tempos modernos. O verniz do glamour que fizera brilhar a coroação se fora quase todo, e a rainha, então com 40 anos, era encarada como uma mulher de meia-idade, tediosa e alheia à realidade, assim como a instituição que ela presidia. Para usar uma expressão da época, elas eram "quadradas". Isso, é óbvio, não era uma coisa ruim. A Grã-Bretanha mudava rapidamente, tomada por intensas discussões sobre a abolição da pena de morte e a descriminalização da homossexualidade e do aborto; nesse cenário, a monarquia britânica se estendia sobre todos como um manto de segurança, certeza e estabilidade.

A investidura do príncipe Charles como príncipe de Gales se aproximava, o que era uma oportunidade para exibir a monarquia e tirar vantagem do espetáculo cercado de mistérios. Acidentalmente, ocorreu também uma mudança no Palácio de Buckingham: o afável australiano William Heseltine assumiu a posição do antiquado comandante Colville. O novo secretário de imprensa argumentou que não havia meio-termo entre a tediosa prosa da Court Circular e os alegres exageros da imprensa de tabloides para explicar e ilustrar o trabalho da monarquia e a relevância dela para o mundo moderno.

Mesmo com a princesa Margaret e o marido fotógrafo adicionando glamour e brilho contemporâneos à Coroa, a rainha reconheceu que as multidões haviam encolhido e o interesse estava se desvanecendo. Como a televisão turbinara a monarquia durante a coroação, Heseltine sugeriu que era hora de se aproximar da caixa mágica no canto da sala para dar novamente à popularidade da família real um impulso muito necessário. A ideia recebeu apoio do genro de Lord Mountbatten, o renomado cinegrafista Lord Brabourne, e do próprio tio do príncipe Philip. Há muito

A RAINHA

que o consorte da rainha era um expoente das virtudes da TV; ele não somente fora a favor — contra os desejos da esposa — de dar à televisão papel de destaque na cobertura da coroação, como, nos anos seguintes, também criara ou participara de vários documentários.

Philip, o eterno modernizador, argumentou que um documentário cuidadosamente roteirizado e dirigido abriria os olhos do mundo para a maneira comum como a realeza vivia. Seria um registro da vida oficial e o implacável chamado do dever, entreabrindo a cortina para dar aos telespectadores um vislumbre editado do mundo privado da família. A princesa Anne achava que essa era uma "ideia podre".[5] Inicialmente, a rainha tampouco se mostrou disposta. Ela não apenas se sentia constrangida em frente às câmeras — a razão pela qual adiara a transmissão televisiva de seus discursos de Natal até 1957 —, como, consciente dos ensinamentos de Bagehot, também relutava em lançar muita luz sobre a magia da monarquia. Finalmente, ela concordou, desde que um comitê editorial presidido por Philip lhe desse o total controle e a palavra final sobre o material. Quaisquer que fossem as reservas da monarca, algo precisava ser feito para interromper a lenta decadência de sua popularidade. Essa, então, foi a gênese do programa que provavelmente mudou a monarquia para sempre, filmado durante 12 meses no ano de 1968. O problema central de Brabourne era encorajar a rainha a ser mais natural em frente às câmeras. Ele conseguiu, e a rainha relaxou e passou a agir como ela mesma. O documentário se chamava *Royal Family* [A família real], e a ideia era mostrar a rainha como esposa e mãe, além de monarca e chefe de Estado. Ela foi filmada em Balmoral levando Edward para tomar sorvete, participando de um churrasco ao ar livre e conversando durante o café da manhã. Mais formalmente, a rainha é vista entretendo a equipe olímpica britânica durante um coquetel, recebendo o primeiro-ministro, Harold Wilson, para a audiência semanal e almoçando com o então presidente norte-americano, Richard Nixon.

Elizabeth é mostrada como uma mulher equilibrada, bastante séria, mas sempre pronta para ver o lado divertido e irônico das situações,

UMA QUESTÃO FAMILIAR   187

como durante o agonizante circunlóquio do embaixador norte-americano Walter Annenberg ao descrever a construção da embaixada em Londres. Momentos como a rainha e o príncipe Charles trocando afetuosos sorrisos enquanto preparam uma salada para o churrasco passaram a sensação de que o filme de 110 minutos era espontâneo e autêntico.

O roteirista Antony Jay — posteriormente intitulado comandante da Ordem Real Vitoriana — deu ao filme o alicerce intelectual necessário com um breve resumo sobre o valor da monarquia e sua relevância para os tempos modernos. A própria existência da rainha, argumentou ele, era uma proteção contra generais e políticos excessivamente ambiciosos. "A força da monarquia não está no poder que ela dá ao soberano, mas naquele que é negado a todos os outros", escreveu ele.[6]

A resposta ao documentário televisivo foi extraordinária e sem precedentes. Ele foi assistido por mais de 250 milhões de pessoas em todo o mundo — desse número, 23 milhões eram súditos da monarquia, o que correspondia a mais da metade da população adulta da Grã-Bretanha.

Embora ele aproximasse a família real do público e mostrasse os membros da realeza pela ótica de seres humanos tridimensionais, os críticos sentiram que o exercício fora um grande erro, pois os tornara ordinários e acessíveis demais.

O apresentador e antropólogo David Attenborough, que posteriormente foi sagrado cavaleiro, disse ao diretor Richard Cawston: "Você está matando a monarquia com esse filme. Toda a instituição depende da mística e da figura do chefe tribal em sua tenda. Se qualquer membro da tribo pode ver o interior da tenda, todo o sistema de liderança tribal é prejudicado e a tribo acaba por se desintegrar."[7]

Em contrapartida, a audiência ficou encantada em ser convidada para um tour guiado pela tenda da chefe. As pessoas anteciparam avidamente a sequência, embora a rainha, ainda que feliz com o documentário, não estivesse disposta a transformar a família e a si mesma em elenco de novela. Ela sentiu que o documentário, que foi transmitido duas semanas antes da investidura do filho mais velho como príncipe de Gales, cumprira a função principal de abrir o apetite do público para a colorida cerimônia programada para 1º de julho de 1969. Se o documentário televisivo mostrou a família trabalhando e brincando, a investidura descrevia uma dinastia com raízes de séculos.

Todo mundo no palácio se esforçou para assegurar que o evento tão esperado ocorresse sem qualquer falha. Com ameaças de bomba dos nacionalistas radicais galeses, a tensão estava à flor da pele. Embora a investidura fosse projetada como uma espécie de coroação, ela não tinha lugar na Constituição e havia poucos precedentes na história — somente dois dos 21 príncipes de Gales anteriores tiveram uma celebração similar, um deles sendo Edward VIII. Era um ritual moderno mascarado de cerimônia tradicional. Dado que 16 anos haviam se passado desde a coroação, os membros da corte estavam ansiosos para devolver alguma pompa à venerável instituição.

A rainha pediu a Tony Snowdon que assumisse a tarefa de recriar o espírito da cerimônia de 1911, quando o então príncipe Edward (posteriormente duque de Windsor) foi investido como herdeiro do trono no Castelo de Caernarfon, no País de Gales. Embora tivesse o minúsculo orçamento de £50 mil (o equivalente a US$1,5 milhão atualmente [2023]), Snowdon, cuja família era galesa, ficou exultante com o desafio de interpretar o antigo e o moderno e ambientar uma dramática harmonia na grande fortaleza medieval em que nascera o primeiro príncipe de Gales inglês, utilizada como pano de fundo para dramatizar a maioridade do príncipe Charles.

Ele teve o cuidado de mostrar à rainha e ao príncipe Philip os projetos que estava desenvolvendo, incluindo esboços dos tronos e da cobertura de acrílico que protegeria o moderno piso elevado de ardósia galesa durante a cerimônia de coroação. A pressa para criar um espetáculo à altura da rainha se deu em meio à crescente violência dos nacionalistas gauleses, que fizeram ameaças de morte a oficiais e atacaram edifícios públicos com bombas incendiárias. Surpreendentemente, a rainha, que costumava ser fleumática na presença de perigo, disse ao primeiro-ministro Harold Wilson que temia pela segurança do filho e perguntou-lhe se a cerimônia deveria ser cancelada. Wilson garantiu que faria tudo em seu poder para assegurar que não houvesse qualquer incidente. Todos os policiais foram equipados com armas de fogo — embora, temendo o pior, a BBC tenha gravado de antemão uma transmissão televisiva do obituário completo do príncipe Charles caso o pior acontecesse. No trem real, a rainha-mãe disse ao neto que o evento seguiria em frente, mas que ele seria substituído por um dublê. A piada jovial pouco contribuiu para dissipar a tensão.

"Charles estava se cagando de medo",[8] disse Lord Snowdon ao escritor Gyles Brandreth. E com razão. Na véspera do grande dia, dois ativistas morreram quando a bomba que estavam plantando na ferrovia que levaria Charles ao Castelo de Caernarfon explodiu. Eles foram imediatamente chamados de "mártires de Abergele". Há apenas trinta minutos do início da cerimônia, houve uma grande explosão perto do castelo. A audiência uniformizada e coberta de joias, já acomodada nos assentos reservados para o evento, tentou fingir que nada havia acontecido.

Conforme se aproximava o momento da cerimônia, os convidados se mantiveram em silêncio. Entre a multidão de quatro mil pessoas havia membros da realeza estrangeira, embaixadores, políticos, nobres galeses — e um punhado de druidas modernos fantasiados de antigos sacerdotes celtas, trajando capas de nylon.

Era, enfim, a hora do show. Com o coração na boca, o cortejo real entrou no castelo e tudo correu bem. A cerimônia se desenrolou exatamente como planejado. Não houve repetição das palhaçadas ocorridas durante o ensaio, quando a coroa, grande demais para Charles, tombara sobre a testa do príncipe, cobrindo metade de seu rosto. Sem muito sucesso, a rainha e o filho haviam tentado conter o riso.

A cerimônia, no entanto, foi tanto comovente quanto crível, tendo sido o momento mais pungente quando o príncipe de Gales se ajoelhou diante da rainha e colocou a mão entre as dela, jurando: "Eu, Charles, príncipe de Gales, torno-me agora seu vassalo de corpo e alma e juro por minha fé servi-la até a morte e contra toda classe de pessoas." Foi um eco do juramento de lealdade do príncipe Philip durante a coroação da esposa.

Mais de quinhentos milhões de pessoas em todo o mundo assistiram à cerimônia, uma magnética combinação entre o feudal e o moderno, o simbólico e o familiar. A rainha ficou encantada com a visão criativa de Snowdon e concedeu a ele a Grã-Cruz da Real Ordem Vitoriana, entre as honras de sua investidura. Em uma longa carta manuscrita, ela admitiu que inicialmente sentira ceticismo em relação à visão dramática dele, mas admirava sua "espetacular e impressionante realização".[9]

O sucesso da investidura e o documentário *Royal Family* tiveram impacto. A rainha notou pessoalmente como a multidão crescia em número e entusiasmo, percepção confirmada por pesquisas de opinião favoráveis.

Diante desse impulso positivo, o início da década de 1970 foi outro marco da comedida modernização da monarquia. Durante uma visita a Wellington, na Nova Zelândia, em 1970, o carro real parou e a rainha, o príncipe Philip, a princesa Anne e o príncipe Charles desembarcaram para cumprimentar com apertos de mão e conversar ("Vocês estão esperando há muito tempo?") com a alarmada multidão. Assim começou o *walkabout* [jornada], nome derivado do termo usado pelos povos indígenas que significa "andar de modo errante". Um pedacinho da história foi concretizado conforme a rainha se tornava a primeira soberana desde Charles II, mais de trezentos anos antes, a se misturar com seus súditos. De volta à Grã-Bretanha, ela repetiu o truque com sucesso durante visitas a Manchester e Coventry. "Havia uma evidente política de torná-la muito mais acessível", observou o setorista da corte da BBC Ronald Allison. "Subitamente, a dama que figurava na parede das salas de aula, que estampava os selos, era uma pessoa real."[10]

Uma pessoa real que custava muito, muito dinheiro aos contribuintes. Não foi um político radical que abordou pela primeira vez a sensível questão sobre o custo da monarquia, mas o príncipe Philip, quatro meses depois da investidura, em novembro de 1969, durante uma conversa com jornalistas televisivos norte-americanos no programa *Meet the Press* [Encontro com a imprensa].

UMA QUESTÃO FAMILIAR

Ele disse aos surpresos interlocutores que a família real estava prestes a entrar no vermelho, economicamente falando, e explicou que medidas seriam tomadas para sanar o problema; depois de já terem vendido o iate privado, o *Bloodhound,* talvez precisassem se mudar para uma propriedade menor e ele, quem sabe, seria forçado a abandonar o polo. Foi um exemplo clássico do que o próprio duque chamava de "meter os pés pelas mãos" — ele estava terrivelmente enganado se achava que receberia qualquer compaixão do público britânico.

No limiar de uma tumultuada década de ação sindical e radicalismo político — que culminaria na histórica greve dos mineiros e na imposição da semana de trabalho de três dias —, a nação estava zangada e francamente hostil. Embora a resposta da rainha não tenha sido registrada, ela não poderia ter ficado feliz quando o marido explorou a questão de maneira tão brusca e sensacionalista. Embora vivesse em palácios, castelos e mansões, tivesse a maior coleção de joias do mundo e passasse férias a bordo de um iate real equipado com uma banda completa de 26 fuzileiros navais, ela projetava uma cuidadosa imagem de frugalidade e modéstia. Elizabeth era a monarca que apagava as luzes para economizar energia, que, em uma ocasião, mandara o filho mais velho procurar uma guia de cachorro perdida com a reprimenda "isso custou dinheiro" ainda reverberando nos ouvidos e guardava o próprio cereal matutino em tigelas de plástico da Tupperware. Menos bem-vinda era a história de que ela era a mulher mais rica do mundo — um título não desejado que seus conselheiros mais experientes insistiam não caber a ela.

Foi nesse cenário que em maio de 1971 os legisladores criaram um comitê para revisar a Lista Civil, o pagamento estipulado no início de cada reinado para financiar a manutenção da monarquia, bem como os salários dos funcionários e a conservação das residências reais. A inflação corroera a Lista Civil original, o que tornava difícil a manutenção de prestação de contas da realeza. Essa fora a gênese dos polêmicos comentários de Philip.

No entanto, os legisladores não seriam tão facilmente convencidos. O parlamentar e agitador Willie Hamilton descreveu o pedido por mais fundos para a família real como "a mais descaradamente insensível solicitação de pagamento feita nos últimos duzentos anos".[11]

No fim das contas, a família real obteve o aumento, mas o processo foi surpreendentemente agressivo. Durante a revisão, o inquérito iluminou o relacionamento entre a rainha e sua mãe de forma inadvertida quando os legisladores questionaram especificamente a razão pela qual a mesada pessoal da rainha-mãe aumentara se, aos 71 anos, ela já passara da idade da aposentadoria e comparecera a muito menos eventos nos anos anteriores. A pergunta deixou até mesmo os mais antigos membros da corte perplexos.

A mudança do vínculo financeiro entre a rainha e a matriarca da família real começou depois da morte do rei George VI. Elizabeth I se acostumara a ser a estrela do show, no papel de rainha consorte. Quando o marido morreu, ela achou difícil ficar em segundo plano. Sua filha mais velha, que fora a relutante agente de sua demoção, sentia-se culpada pela infelicidade da mãe; como resultado, desenvolvera uma dificuldade em negar qualquer coisa a ela, especialmente no tocante aos cofres reais.

A correspondência interna referente ao desejo da rainha-mãe de viver no esplendor palaciano de Marlborough House, a residência da falecida rainha Mary — que morrera logo antes da coroação —, foi intensa. Uma revisão das finanças reais concluiu, para grande decepção da rainha-mãe, que seria caro demais reformar o imponente edifício histórico somente para usufruto dela. Ao longo dos anos, no entanto, a nova rainha foi indulgente de outras maneiras.

Elizabeth ordenou a reforma de várias propriedades para uso da rainha-mãe, a começar por Clarence House, no centro de Londres, e o Castelo de Mey, uma desolada ruína no extremo norte da Escócia que a mãe comprara por impulso; também expandiu Birkhall, na propriedade Balmoral, e confirmou o direito de residência da mãe em Royal Lodge, a casa de campo no centro do Grande Parque de Windsor que a rainha-mãe e o marido, ainda duque de York, haviam recebido do rei George V em 1931.

Mesmo depois de anos da morte do rei, a soberana reinante não conseguia dizer não para as extravagâncias da mãe, por sentir que ela havia ficado tragicamente viúva ainda tão jovem, aos 51 anos. Como resultado, a rainha-mãe recebia o equivalente a um talão de cheques em branco previamente assinados, que ela usava sem pensar duas vezes. "Ela não tinha nada do usual cuidado escocês. Parecia não saber nada sobre dinheiro",[12] lembrou Edward Ford, ex-vice-secretário particular da rainha Elizabeth.

Amparada por meia dúzia de limusines e uma equipe composta por, entre outros funcionários, três motoristas, cinco chefs e uma multidão de pajens, criados de librê e mordomos, a rainha-mãe estava encasulada em uma dobra do tempo eduardiana de excessos e indulgência. E nunca era censurada. A maior reprimenda que a rainha conseguiu dar na mãe foi por meio de uma nota queixosa, dizendo "Ah, querida mamãe!" quando a matriarca gastou uma pequena fortuna em novos puros-sangues para melhorar a linhagem dos animais de seus estábulos.[13]

Enfim, veio a público o tamanho da conta: uma equipe de cinquenta funcionários e um excedente de gastos de US$5,6 milhões. A maioria dos observadores, inclusive o príncipe de Gales, achou que esse valor era baixo demais.

Se durante a hesitação romântica da princesa Margaret em relação ao capitão de grupo Peter Townsend a rainha estivera preparada para aceitar certo grau de críticas à Coroa em troca da felicidade da irmã, da mesma maneira ela estava disposta a aguentar a censura pública por conta das finanças da mãe, se isso a mantivesse contente e evitasse confrontos pessoais.

A rainha-mãe era o poder oculto por trás do trono, a figura matriarcal que exercia enorme influência. Por trás da personalidade cintilante e meio exagerada, havia uma mulher determinada e profundamente conservadora que conversava com a filha todos os dias — os telefonemas entre as duas pareciam parte de uma comédia, quando o operador anunciava: "Sua Majestade, Vossa Majestade, Sua Majestade." A rainha ouvia e anotava o que a mãe dizia, e por mais exasperante que às vezes ela fosse, Elizabeth quase sempre achava mais fácil atender aos desejos da mãe do que se opor a eles. Usualmente, o momento em que tomavam drinques entre a missa de domingo e o almoço em Royal Lodge era a brecha para a rainha-mãe emboscar a filha. "A mentalidade dela era a do pré-guerra", argumentou um ex-secretário particular, sugerindo que a monarquia teria se modernizado muito antes se não fosse a interferência da rainha-mãe.[14] Os membros da corte logo perceberam que a rainha precisava ser firmemente convencida a seguir determinado curso de ação, no caso de ser desviada pela mãe. Os pontos de vista dela precisavam ser levados em consideração, por mais antiquados que fossem. Embora, em seu coração, a rainha também fosse uma tradicionalista que seguia os precedentes estabelecidos pelo falecido pai com regularidade, a rainha-mãe estava sempre por perto para reforçar essa mentalidade, particularmente em relação a questões familiares. Ela nem sempre tinha sucesso, haja vista o que fora decidido em relação à educação dos netos.

Mesmo quando não conseguia convencer a filha, a rainha-mãe invariavelmente encontrava no herdeiro do trono um grande aliado. Charles a adorava, considerando-a mãe substituta; para a matriarca, ele era o filho que ela jamais tivera e, por isso, o mimava como tal. Como observou o historiador Graham Turner, "embora sentisse profundo amor pela mãe, a rainha frequentemente se irritava com a indulgência dela em relação às fraquezas de Charles e se ressentia por a matriarca frequentemente ignorar as falhas do neto, quando uma reprimenda gentil teria sido mais útil".[15] Durante a juventude, o príncipe de Gales imitou a avó, adotando um estilo de vida indulgente que contava com um valete cujos deveres incluíam depositar dinheiro na caixinha de coleta na missa dominical e colocar pasta na escova de dentes do príncipe todas as noites. O amor de Charles pela vida luxuosa era algo que nem seu pai nem sua mãe conseguiam entender.

Embora a rainha-mãe tenha perdido a batalha em relação aos netos serem educados no palácio, a voz dela se fez ouvir em relação ao duque e à duquesa de Windsor. A matriarca tinha a ideia fixa de que a vida do marido fora abreviada pelo estresse e pelas esmagadoras tensões inevitáveis na indesejada posição de rei. Aos olhos dela, o fato de o marido ter sido um fumante inveterado que morrera de câncer no pulmão tinha pouca relação com a questão.

A severa atitude da rainha-mãe assegurou que, desde a abdicação, em 1936, o duque e a duquesa tivessem contato ocasional com os membros da família real. Elizabeth visitara breve e relutantemente o duque e a duquesa na clínica London, no centro de Londres, em 1965, a fim de discutir os arranjos para o funeral do casal. O tio informou de antemão que comprara um jazigo na cidade norte-americana de Baltimore para ele e a esposa, para o caso de a família real insistir no arranjo vigente: ele sepultado sozinho em Frogmore, no terreno do Castelo de Windsor. A perspectiva de um rei da Inglaterra e a esposa serem enterrados fora do país era impensável para a rainha — qualquer que fosse a opinião da mãe. Depois de certa negociação, ela concordou que Wallis Simpson fosse sepultada ao lado do marido em Frogmore. A única outra ocasião em que os Windsor conviveram com a família real foi quando a rainha os convidou para o desvelamento de uma placa em memória da rainha Mary em Marlborough House, em 1967. Fora isso, silêncio.

De tempos em tempos, um membro da corte mais corajoso sugeria convidar os Windsor para um evento social como o Royal Ascot, as corridas de cavalos mais aguardadas do verão inglês. A rainha, sabendo o que a mãe diria, rapidamente abafava a ideia. Até mesmo o príncipe Charles tentou convencer a avó a chamar o tio e a esposa para passar o fim de semana em Windsor, mas abandonou a ideia quando percebeu quão difícil seria para ela viver dois dias sob o mesmo teto que o homem a quem atribuía a morte prematura do marido.

Em maio de 1972, a saúde do ex-rei estava se deteriorando rapidamente, e a rainha concordou em se reunir com o tio durante uma visita de Estado à França; o encontro de 15 minutos concentrou uma energia macabra. O propósito da visita oficial ao país era assegurar a tranquila entrada da Grã-Bretanha no Mercado Comum Europeu, o precursor da União Europeia. Nada poderia eclipsar esse triunfo diplomático do primeiro-ministro Edward Heath — nem mesmo o duque à beira da morte. O médico do casal Windsor, Jean Thin, foi convocado a Paris e abruptamente informado pelo embaixador britânico, Sir Christopher Soames, que o duque poderia morrer antes ou depois da visita, jamais durante. Isso seria um desastre político. Como resultado, Soames telefonava para o médico francês diária e pontualmente às 6 horas da noite, a fim de receber uma atualização.

No fim, Edward esteve bem o bastante para ver a sobrinha e insistiu em se vestir para a ocasião e recebê-la em sua saleta, no segundo andar de sua *villa* no Bois de Boulogne. Quando Elizabeth chegou, ele ficou de pé e se curvou, preocupando os médicos de que seus vários acessos intravenosos — "essas malditas sondas", como o duque os chamava — saíssem do lugar. A rainha ficou profundamente comovida não apenas com o galanteio do tio, como também com a notável semelhança física entre ele e o irmão. Isso provocou nela uma onda de lembranças que, de acordo com um observador, a deixou com "lágrimas nos olhos".[16]

Ele morreu nove dias depois, em 28 de maio de 1972, e o corpo retornou à Grã-Bretanha, onde foi velado por dois dias na Capela de St. George, no Castelo de Windsor. Mais de sessenta mil pessoas fizeram fila para prestar uma última homenagem em frente ao caixão. O funeral deixou a rainha com uma difícil questão de protocolo. Ele deveria ocorrer dois dias depois da cerimônia anual Trooping the Colour. Alguém levantou a hipótese de cancelar o antigo e popular desfile. Se ele fosse um monarca reinante, obviamente esse seria o caso, mas, como simples cidadão vivendo no exterior, o luto na corte já não era apropriado. A rainha, porém, insistiu que a morte do tio deveria ser honrada. Sabendo que o duque amava o som das gaitas de fole e sabia tocá-las, a Trooping the Colour foi realizada, mas com um lamento das gaitas como sinal de respeito.

O serviço fúnebre na Capela de St. George em 5 de junho durou somente meia hora. A despeito da brevidade da cerimônia, o príncipe Charles a descreveu como "simples, digna à perfeição, colorida e maravilhosamente britânica".[17] A duquesa, dolorosamente magra, se mostrou nervosa e

Depois de mais de uma década de guerra e opressiva austeridade, a perspectiva de uma jovem e glamourosa nova rainha animou uma nação fatigada. Os novos deveres da realeza exigiram muito da monarca e do príncipe Philip. A rainha teve que priorizá-los, colocando-os à frente até mesmo da família, enquanto seu marido abdicou de uma carreira promissora na Marinha Real. Na foto acima, datada de 1953, Elizabeth II estava em um concerto no centro de Londres, organizado pelos governos da Austrália e Nova Zelândia, que esperavam do casal uma visita de seis meses pela Down Under, as colônias britânicas na Australásia. O príncipe Charles e a princesa Anne não os acompanharam na viagem.

À esquerda: A princesa Elizabeth e seus encantadores cabelos loiros encaracolados, com o pai e a mãe, na época duque e duquesa de York. Apenas a estrela-mirim de Hollywood Shirley Temple era capaz de inspirar tamanha admiração e devoção internacional. Os traços cativantes da princesa estamparam selos, pratos decorativos, canecas e toalhinhas.

À direita: Uma rara fotografia da princesa Elizabeth, aos 8 anos, e sua irmã Margaret, aos 4, com outras crianças. Elas estavam em uma pomposa festa à fantasia — Elizabeth vestida como uma dama Tudor, e Margaret como uma fada. Na maior parte do tempo, as irmãs estavam na companhia de adultos que controlavam cada aspecto do bem-estar delas.

À esquerda: Depois do choque causado pela abdicação do rei Edward VIII, em 1936, para se casar com a norte-americana duas vezes divorciada Wallis Simpson, os Windsor estavam ávidos para se restabelecer como modelo de lar, aconchego e humildade familiar. Na fotografia, o que o novo rei, George VI, chamava de "nós quatro", uma família feliz posando na companhia de seus cães no cenário de "Y Bwthyn Bach", ou "A Casinha", a casa em miniatura dada a Elizabeth pelo povo de Gales.

Acima: O rei George VI desenhou diademas e vestidos para as filhas usarem na coroação dele. Margaret, no entanto, reclamou que a cauda de seu vestido era menor que a da irmã. Na manhã da tradicional cerimônia, Elizabeth olhou de seu quarto no Palácio de Buckingham para a multidão que havia esperado a noite inteira pelo evento.

Abaixo: O rei e suas filhas cavalgando no Grande Parque de Windsor. Desde pequena, Elizabeth era fascinada por cavalos. Ela não apenas apreciava cavalgar como também passou a participar do manejo e dos cuidados demandados por eles. A comunidade das corridas equestres acreditava que ela teria sido uma excelente adestradora se não tivesse se tornado rainha.

À esquerda: A Segunda Guerra Mundial mudou a vida de muitas pessoas, mas não tanto quanto a da futura rainha. Era imprescindível para o moral da nação saber que as princesas permaneceram na Inglaterra, em vez de buscar segurança no Canadá ou em outro lugar. Em 1940, com a Grã-Bretanha sofrendo severamente, Elizabeth, acompanhada de Margaret, fez sua primeira transmissão à nação, oferecendo palavras encorajadoras para aqueles forçados a abandonar o lar e a família nas cidades e mudar para o campo ou até mesmo para o exterior.

À direita: Depois de meses importunando o pai e a mãe para que a deixassem fazer sua parte na campanha de guerra, a princesa Elizabeth finalmente conseguiu, em 1945, permissão para se juntar ao Serviço Territorial Auxiliar das Mulheres (ATS, na sigla em inglês). Ela aprendeu a dirigir caminhões, trocar pneus e fazer reparos mecânicos. A princesa ostentou suas habilidades ao dirigir um caminhão do centro de Londres ao Palácio de Buckingham.

À esquerda: Este foi o momento em que jornalistas perspicazes perceberam que a rainha Elizabeth estava namorando o belo tenente naval príncipe Philip da Grécia. Ele a ajudou a se despir do casaco de pele no casamento de Lord Brabourne e Patricia Mountbatten, na Abadia de Romsey, Hampshire, em outubro de 1946.

À esquerda: Em seu 21º aniversário, em 21 de abril de 1947, a princesa Elizabeth fez o mais importante de seus discursos, no qual dispôs o próprio futuro, "fosse ele longo, fosse curto", a serviço da nação e da Commonwealth. Muitos dos ouvintes da transmissão de rádio, que ocorria diretamente da Cidade do Cabo, na África do Sul, foram às lágrimas pela sinceridade e humildade da princesa.

À direita: A princesa Elizabeth e o recém-nomeado duque de Edimburgo celebrando o dia de seu casamento, em 20 de novembro de 1947. O duque logo percebeu que não somente havia se casado com uma princesa como também entrara em uma dinastia. Nos primeiros anos, Philip encontrou dificuldade na nova jornada.

À esquerda: A princesa Elizabeth embalando o príncipe Charles, nascido em 14 de novembro de 1948, durante seu batismo no Palácio de Buckingham, logo antes do Natal. O feliz evento foi ofuscado pela preocupação geral acerca da saúde do rei George VI.

Acima: O casal real dançando reels, uma dança escocesa, no Phoenicia Hotel, em Valeta, Malta, local da base militar para a qual Philip fora enviado em 1949. A princesa Elizabeth conseguia ter uma vida relativamente normal longe das sombras do Palácio de Buckingham. Ela lidou com dinheiro pela primeira vez, foi ao cabeleireiro por conta própria e dirigiu e navegou pela ilha sem chamar atenção ou dar satisfação. Foi um dos períodos mais felizes de sua vida.

Abaixo, à esquerda: Com seu chapéu em mãos, o rei se despediu da primogênita no aeroporto de Londres, antes que ela e o príncipe Philip fossem à Austrália, com parada no Quênia, para uma visita real que fora adiada muitas vezes. Ele faleceu enquanto dormia, em Sandringham, dias depois, em 6 de fevereiro de 1952.

Abaixo, à direita: Elizabeth, já como rainha, descendo os degraus da aeronave para ser recebida pelo primeiro-ministro Winston Churchill e outros políticos seniores.

À esquerda: Durante a coroação, que se estendeu por quase três horas, a rainha, já usando a coroa de santo Eduardo, aceitou a declaração formal de lealdade de seu marido. Inicialmente, a monarca se opusera à transmissão televisionada do evento histórico, mas, no fim, acabou cedendo à demanda popular.

À direita: A recém-coroada rainha Elizabeth II acenando para a multidão do balcão do Palácio de Buckingham, ao lado do príncipe Philip e três de suas seis damas de honra. Esperava-se que o novo reinado fosse o prenúncio de uma dinâmica era elisabetana repleta de mudança, inovação e reforma.

À esquerda: A princesa Margaret inspecionando as tropas acompanhada de seu amante secreto, o capitão de grupo Peter Townsend (mais atrás, à esquerda), um ás da aviação que assumiu o posto de administrador do castelo real. O romance da princesa com um homem divorciado se apresentaria como um dos primeiros problemas no reinado de Elizabeth II, testando ao máximo o caráter da soberana.

Acima: A rainha, logo antes de fazer seu primeiro discurso de Natal televisionado, em 1957. A transmissão se deu em um momento de intensa crítica ao "grupinho" que compunha a corte da monarca. As críticas a ela, no entanto, foram ofuscadas pela audiência de 16,5 milhões de espectadores alcançada com a transmissão, mesmo com apenas uma minoria da nação tendo acesso a aparelho de televisão. Com o sucesso da primeira transmissão, o discurso de Natal da rainha se tornou uma tradição.

Ser a rainha e chefe de Estado da Grã-Bretanha e da Commonwealth não parecia significar coisa alguma para os dorgis e corgis de Elizabeth, que relutaram em seguir seus comandos enquanto ela se preparava para embarcar em uma aeronave da frota real no aeroporto de Aberdeen, próximo a sua propriedade particular em Balmoral, nas Terras Altas escocesas. Os corgis, raça que a acompanhava desde a infância, eram instantaneamente reconhecidos como símbolos de seu reinado.

Acima: A rainha em seu ambiente favorito: a região rural. Na fotografia, ela estava conversando com um despreocupado pastor de ovelhas das Terras Altas durante um teste de campo — evento competitivo para cães de caça —, em meados da década de 1960. Se não tivesse se tornado rainha, ela teria optado por viver fora da cidade, rodeada de crianças, cavalos e cães.

Acima: O fotógrafo Cecil Beaton registrou a atmosfera familiar da maternidade no imponente cenário do Palácio de Buckingham. O nascimento do príncipe Edward, em 1964, completou a família. O príncipe Andrew, intrigado com o irmão recém-nascido, observa a cena.

Acima: A rainha visitando uma vila de Aberfan, ao sul de Gales, onde uma montanha de refugo de carvão desmoronou e atingiu uma escola primária e casas no entorno. O desastre causou a morte de 144 pessoas, sendo a maioria crianças. A monarca sempre demonstrou arrependimento por não ter ido antes.

Acima, à esquerda: O príncipe Charles jurando lealdade à rainha em sua investidura como príncipe de Gales no Castelo de Caernarfon, em 1º de julho de 1969. A cerimônia ajudou a reacender o interesse do público pela monarquia.

Acima, à direita: No cenário improvável de uma feira na cidade de Greymouth, na Nova Zelândia, em março de 1970, a rainha fez história ao se misturar com seus súditos — a primeira monarca desde Charles II a fazer isso.

Abaixo: A rainha sentada à mesa de seu gabinete no Castelo de Windsor, em maio de 1977, conforme se preparava para as celebrações de seu jubileu de prata. Destaque para a fotografia de seu pai, o rei George VI, com o neto, o príncipe Charles, proeminentemente posicionada na mesa.

Acima: O príncipe Charles beijando sua noiva, a mais nova princesa de Gales, depois de primeiramente pedir permissão à mãe. O casamento, assistido por uma audiência global de 750 milhões de pessoas, foi descrito pelo arcebispo de Canterbury como um "conto de fadas".

À esquerda: A rainha tinha uma relação conturbada com a princesa Diana, especialmente depois que o casamento com Charles começou a ruir. Embora Diana respeitasse a monarca, achava que ela deveria responsabilizar o filho pelo fracasso do matrimônio. Na fotografia, elas estavam na estação Victoria, em 1986, à espera de um dignatário estrangeiro.

À direita: A rainha, acompanhada pelo pequeno príncipe William no átrio do Palácio de Buckingham, se despedindo do duque e da duquesa de York conforme eles embarcavam para a lua de mel, em 23 de julho de 1986.

Acima, à esquerda: A rainha, desolada e nitidamente triste, inspecionando o estrago em seu querido Castelo de Windsor depois do incêndio devastador em novembro de 1992, o ano que ela descreveu como seu *"annus horribilis"*, no qual presenciou a separação e o divórcio de três de seus filhos.

Acima, à direita: A rainha e o príncipe Philip observando a montanha de flores do lado de fora do Palácio de Buckingham em homenagem à princesa Diana, após seu falecimento precoce em um acidente de carro em um túnel em Paris, em agosto de 1997.

À esquerda: A rainha secando uma lágrima durante a desativação do iate real *Britannia*, em dezembro de 1997. O iate era o muito amado lar da monarca durante as árduas visitas oficiais.

Abaixo: A rainha, acompanhada do restante da família real, fazendo uma despedida final à rainha-mãe no funeral dela, em 9 de abril de 2002, na Abadia de Westminster.

À esquerda: Em 2002, a rainha e o príncipe Philip, embarcados na carruagem real dourada chamada de Gold State Coach, rumando para a Catedral de St. Paul a fim de participar de um evento de Ação de Graças em celebração ao quinquagésimo aniversário de ascensão da monarca.

À direita: A rainha em um momento de descontração. O príncipe Harry contou uma piada para a avó enquanto eles observavam um caça sobrevoando o Palácio de Buckingham durante a cerimônia Trooping the Colour de 2008. Harry parecia ter a habilidade de fazer a soberana se soltar com seu jeito alegre.

Abaixo: A rainha se interessou logo de início pelo romance do príncipe William com Catherine Middleton, e gostava do fato de que ela o amava por quem ele era, e não pela posição que ocupava. Na fotografia, eles posavam no dia de seu casamento, em 29 de abril de 2011, no balcão do Palácio de Buckingham.

À esquerda: A rainha e outros membros seniores da família real assistindo a uma armada de barcos como parte do espetáculo no rio Tâmisa em celebração ao jubileu de diamante da soberana, em junho de 2012. Devido à constante e gélida chuva, o príncipe Philip precisou ser levado para o hospital por conta de uma infecção e perdeu o restante das festividades.

À direita: O legado é garantido. A rainha e o príncipe William apontando uma aeronave para o príncipe George, então com 2 anos, cuja chegada fez o príncipe Harry cair para terceiro na linha de sucessão ao trono. A duquesa de Cambridge e a bebê princesa Charlotte observavam a tradicional cerimônia Trooping the Colour de 2016.

Abaixo: Família feliz? O príncipe William fazendo uma piada enquanto a mais nova integrante da família real, Meghan Markle, se junta ao grupo alegre para observar a Força Aérea Real sobrevoar o Palácio de Buckingham, em julho de 2018, em celebração ao seu centenário. O clima de união não durou muito. Harry e Meghan se mudaram para a Califórnia depois de abdicar das funções reais, alegando que Meghan teria sido vítima de racismo.

À esquerda: A rainha no funeral do príncipe Philip, que morreu pacificamente no dia 9 de abril de 2021. Ela foi forçada a se sentar sozinha devido às restrições impostas pela covid-19. A imagem da soberana, curvada e diminuta, fazendo sua despedida final ao marido com quem conviveu por 73 anos, sem qualquer outro membro da família por perto para confortá-la, foi considerada por muitos como a representação do momento mais comovente da breve mas emocionante cerimônia na Capela de St. George, em Windsor.

Acima: A rainha sempre foi uma pessoa sociável e adepta ao bom e velho encontro presencial. Quando a pandemia chegou de vez, ela foi forçada a se adaptar, utilizando os meios de comunicação modernos para falar de modo remoto com quem, em outras circunstâncias, se encontraria pessoalmente. Na fotografia, ela estava em seu gabinete no Castelo de Windsor, onde permaneceu a maior parte do tempo em que a pandemia estava em curso.

À esquerda: Maravilhada por estar de volta. Em um de seus primeiros eventos públicos após a morte do príncipe Philip, a rainha compareceu ao Royal Ascot, o evento de corridas de cavalos mais aguardado do verão inglês. Ela amava o campo, uma paixão que começou na infância. Não foi surpresa quando, em 2021, Elizabeth II foi uma das primeiras pessoas a ser incluída no hall da fama do National Flag Racing Association (NFRA).

UMA QUESTÃO FAMILIAR 197

desorientada durante toda a cerimônia. As coisas chegaram a tal ponto que a rainha, sentada atrás dela, demonstrou "a ternura de uma mãe ou babá, colocando a mão no braço ou sobre a mão enluvada da duquesa", de acordo com a condessa de Avon, esposa do ex-primeiro-ministro Sir Anthony Eden. Foi um raro gesto de afeto em público.[18]

Posteriormente naquele mesmo ano, a rainha falou com humor e sentimento sobre seu longo casamento quando o casal real celebrou bodas de prata com uma missa na Abadia de Westminster e um almoço no Guildhall, o medieval palácio cerimonial no centro de Londres. No momento do discurso, ela disse à plateia: "Se me perguntarem o que acho da vida familiar após 25 anos de casamento, posso responder, com simplicidade e convicção, que sou a favor."[19]

Apesar de todos os clichês, o casamento ainda rendia faíscas e fogos de artifício. A rainha há muito percebera que as explosões de temperamento de Philip iam e vinham como chuvas de verão. Quando ele dizia "Você está falando besteira" — o que fez em numerosas ocasiões —, ela o ignorava ou habilmente mudava de assunto. Durante uma altercação a bordo do iate real *Britannia,* ela informou a seu secretário particular, Martin Charteris: "Simplesmente não vou aparecer até que o humor de Philip melhore."[20] Quaisquer que fossem as discordâncias entre eles, no fim do dia Elizabeth e Philip sempre dormiam juntos na mesma cama king size no Palácio de Buckingham.

O estrondoso endosso público da rainha a seu casamento não foi suficiente para acabar com os persistentes rumores sobre Philip e seus supostos casos extraconjugais. A comoção sobre a "garota festeira" em meados da década de 1950 — que suscitara uma negativa oficial — foi apenas a primeira das muitas vezes em que se especulou sobre a infidelidade de Philip. As evidências sempre foram circunstanciais: o escritório do príncipe era repleto de funcionárias jovens e bonitas, ele sempre se aproximava da garota mais atraente durante eventos, públicos ou privados, e gostava de flertar com mulheres de boa aparência na pista de dança. A escritora e biógrafa Sarah Bradford afirmou que sim, ele tivera amantes, mas posteriormente se arrependeu da declaração. Sacha Hamilton, duquesa de Abercorn, era 25 anos mais nova que ele e esteve sob os holofotes por algum tempo, assim como Penny Romsey, condessa da Birmânia, 32 anos mais nova, parceira de Philip nas corridas de charrete. Sacha admitiu que os dois tinham uma amizade passional há mais de vinte anos, mas não um relacionamento. Ela era a "companheira" intelectual dele, partilhando o interesse pelo psiquiatra suíço Carl Jung. "Quando vejo as manchetes, penso que deveria muito bem ter feito isso",[21] resmungou Philip certa vez para Lady Mountbatten,

A rainha sempre lhe deu espaço para ser ele mesmo e, assim como muitos homens, Philip gostava da companhia de mulheres bonitas e interessantes. Como Michael Mann, ex-deão de Windsor, observou: "Ele é atraído por mulheres bonitas, mas não acho que tenha se apaixonado por nenhuma delas desde que se casou."[22]

A rainha também tinha várias amizades masculinas que lhe eram íntimas datadas do período da guerra, mais notadamente Patrick Plunket, seu segundo Mestre da Casa, o chefe operacional dos criados "abaixo das escadas" (como cozinheiros, pajens e criados) das casas reais do Reino Unido. Durante a guerra, ele fora um visitante regular do Castelo de Windsor, um hóspede bem-vindo capaz de animar qualquer festa. Plunket empregou sua vivacidade para organizar a vida social da rainha, de caçadas de fim de semana a grandes bailes em Windsor. Durante os eventos sociais, ele sempre mantinha um olho na chefe, a fim de se assegurar de que estava sendo bem assistida. Se o príncipe Philip estivesse dançando com alguma convidada atraente e a rainha parecesse solitária, Plunket a levava para a pista de dança e se encarregava de diverti-la.

Como lembrou a prima de Plunket, Lady Annabel Goldsmith: "Ele a adorou desde o início. Eles tinham uma conexão muito especial. Ele era o único membro da equipe que podia falar com ela de igual para igual."[23]

Eles iam ao cinema juntos, jantavam em discretos restaurantes italianos e assistiam aos programas de TV favoritos da rainha nas acomodações dela no Palácio de Buckingham. Quando Plunket morreu, prematuramente,

UMA QUESTÃO FAMILIAR   199

em 1975, um sinal da proximidade entre os dois foi o fato de, rompendo a tradição, a soberana ter comparecido ao funeral e à missa do sétimo dia. Ela até mesmo ajudou a escrever o obituário dele no *Times*. Posteriormente, construiu um pavilhão em sua homenagem no Grande Parque de Windsor. Meses após a morte, a rainha ainda sentia profundamente a falta dele.

∽

Elizabeth e Philip tinham um casamento muito monárquico — o casal era de uma geração que esperava lealdade, se não fidelidade. A rainha estava preparada para perdoar quase tudo, pois o marido sempre fora um consorte firme e solícito.

Margaret, todavia, não fora tão afortunada na escolha de um parceiro conjugal. A lenta desintegração de seu casamento com o fotógrafo Lord Snowdon envolveu não somente o casal em disputa, como também a rainha, que teve de escolher o melhor caminho para a monarquia. Como o próprio Snowdon indicou, as coisas eram ótimas no início; eles eram glamourosos, modernos e diligentes, verdadeiros símbolos dos Swinging Sixties ao atravessar Londres na motocicleta ou a bordo do Austin Mini Cooper de Snowdon. Juntos, eles escreveram discursos, aprenderam esqui aquático e viajaram pelo mundo. Também tinham dois filhos muito amados: David, nascido em novembro de 1961, e Sarah, nascida em maio de 1964. Em algum momento, no entanto, as coisas começaram a dar errado. Depois de alguns anos, como seus amigos haviam previsto, Snowdon cansou da camisa de força da vida real, abandonando o papel de consorte para investir na carreira fotográfica. A possessiva e solitária Margaret o perseguia, mas isso só servia para afastá-lo ainda mais. Embora a princesa pudesse ser imperiosa, tendo sido criada para esperar deferência, Snowdon se tornou cruel e zombeteiro, deixando notas maliciosas sobre o travesseiro ou sobre a penteadeira dela. Ambos tiveram amantes e começaram a viver separadamente. Em público, sorriam e mantinham uma impecável aparência de união.

No inverno de 1974, Margaret exigiu que Snowdon se mudasse do Palácio de Kensington e concordasse com uma separação formal. Ele recusou, e o casal passou anos protagonizando cenas dramáticas e amargas, muitas delas na presença de amigos, criados e familiares, constrangidos com o espetáculo.

O fim do casamento de Margaret foi profundamente perturbador e transtornante para Elizabeth e a rainha-mãe. A monarca amava a irmã, mas também gostava muito de Tony. Ela apreciava as habilidades criativas do cunhado, assim como seus esforços em benefício da monarquia, em especial a organização da investidura do príncipe Charles em Gales. A rainha-mãe, que tinha um olho para a boa fotografia e pintura, admirava o talento do genro como documentarista e fotógrafo. E o comportamento de Snowdon para com elas sempre fora alegre, charmoso e correto sem ser obsequioso. Ambas, devido às experiências de uma vida inteira, sabiam que Margaret podia ser voluntariosa, imperiosa e abertamente rude, e, assim, por mais imparciais que tentassem ser, a compaixão delas tendia na direção de Snowdon.

Na verdade, toda essa compaixão tendia na direção das crianças. Tanto a rainha quanto a rainha-mãe se preocupavam com o impacto sobre David e Sarah, e Elizabeth prestava particular atenção à jovem sobrinha. Elas iam juntas para Balmoral nas férias e a rainha a levava para cavalgar, observando das arquibancadas quando a menina participava de gincanas.

Por mais indulgente que fosse em relação à irmã, até mesmo a soberana ficou chocada quando, em meados de 1973, ouviu que Margaret começara a sair com Roddy Llewellyn, um jovem um tanto sem rumo na vida. Ele era 17 anos mais novo que ela, o que o tornava somente um ano mais velho que o futuro genro da rainha, o capitão Mark Phillips, noivo da princesa Anne. A chegada de Roddy, o estereótipo do *toy boy* — garoto-troféu e brinquedinho sexual de uma mulher mais velha — do imaginário popular, complicou uma situação já muito difícil e rachou a relação entre as irmãs. A rainha acreditava que, se o comportamento da caçula viesse a público, isso teria um efeito devastador sobre a monarquia

UMA QUESTÃO FAMILIAR

e exporia a instituição ao ridículo. Em um momento de desespero, ela perguntou a seu secretário particular, Martin Charteris, como eles conseguiriam tirar Margaret "da sarjeta".[24]

A despeito do drama nos bastidores, o polêmico casal foi só sorrisos durante o casamento da princesa Anne com o cavaleiro olímpico e capitão Mark Phillips na Abadia de Westminster em novembro de 1973, um espetáculo televisionado que alcançou uma audiência estimada de cem milhões de pessoas. A rainha tinha reservas em relação ao marido escolhido por Anne — o príncipe Charles o chamava de Fog [neblina], porque o considerava "úmido e espesso" [gírias inglesas para mole e estúpido] —, mas, mesmo assim, ela concedeu permissão para o casamento. Secamente, sugeriu que seus netos acabariam por nascer com quatro patas, dado o entusiasmo do casal por tudo relacionado a cavalos — mas a monarca também pensava bastante neles nessa época: depois de muito tempo, seus animais começaram a vencer provas em sequência. O jóquei Joe Mercer recebeu um bilhete de gratidão da rainha, dona da égua Highclere, depois de vencer o 1000 Guineas — uma corrida de cavalos na Grã-Bretanha aberta a éguas de 3 anos —, em Newmarket, em maio de 1974: "Não me lembro muito bem da corrida em razão da empolgação, mas sei que a vitória no Guineas me deu mais prazer que qualquer outra coisa nos últimos tempos."[25] Contudo, Highclere ainda proporcionaria mais alegria; em junho de 1974 ela venceu o Prix de Diane — o equivalente francês do prestigiado prêmio Epsom Oaks — na pista Chantilly, no norte de Paris. Joe Mercer e o treinador Dick Hern voltaram para Londres em um avião particular, e estavam dividindo uma garrafa de champanhe quando o piloto foi orientado a rumar para o aeroporto de Heathrow, no oeste de Londres: a rainha convidara a dupla enlameada para jantar no Castelo de Windsor. Quando eles chegaram, a monarca estava do lado de fora, na chuva, esperando para recebê-los. "Entrem, meus guerreiros", disse ela, conduzindo-os ao jantar que incluía a princesa Margaret, o príncipe Philip e Lord Mountbatten.[26] Em posição de destaque no centro da mesa estava a taça dourada do Prix de Diane, entregue à dona da égua

202 A RAINHA

vencedora. Como o escritor e jornalista especializado em hipismo Sean Smith observou, "foi um privilégio ter um vislumbre do mundo privado da rainha simplesmente aproveitando a presença de sua família".[27]

No entanto, as aparências eram enganosas. A ausência de Lord Snowdon nesse quadro familiar era notável. Na época, a rainha encorajava a irmã e o marido a tentar resolver as diferenças — ao menos para o bem das crianças. Ela logo percebeu, porém, que as coisas haviam ido longe demais para uma reconciliação e foi forçada a lidar com uma irmã cuja vida desmoronava rapidamente. Essa bagunça emocional era um terreno novo para a rainha. O estado de saúde de Margaret era tão precário que ela cancelou todos os compromissos reais em novembro de 1974. Em certa ocasião, a princesa telefonou para uma amiga, que oferecia um jantar em casa, e ameaçou suicídio: "Se você não vier até aqui agora, vou me jogar pela janela." A amiga ligou para a rainha, que retrucou: "Continue com seu jantar. O quarto dela fica no térreo."[28]

A saúde da irmã, tanto física quanto mental, era uma preocupação constante da rainha. Embora as damas de companhia observassem o comportamento de Margaret, a única coisa que elas podiam fazer era recomendar um tratamento, ao passo que a irmã podia ordenar que a princesa fizesse um. Por fim, uma das damas de companhia contatou a rainha e solicitou uma intervenção. Elizabeth adiou sua agenda de compromissos e dirigiu até o Palácio de Kensington para ver a irmã. "Sinto-me exatamente como a enfermeira da noite assumindo o turno da enfermeira do dia", disse ela secamente, antes de levar Margaret para um fim de semana tranquilo no Castelo de Windsor.[29]

A situação estava quase insustentável. No fim de novembro de 1975, Lord Snowdon escreveu uma carta angustiada à rainha declarando que já não tolerava viver no Palácio de Kensington. "A atmosfera é horrenda para todos os envolvidos — eu, ela, as crianças, os funcionários e os poucos amigos leais que ainda temos."[30]

A carta do cunhado deixou a rainha genuinamente chocada; ela precisou admitir que seus conselhos esporádicos não haviam surtido efeito.

UMA QUESTÃO FAMILIAR

Tudo que restava fazer era supervisionar os detalhes práticos quando a separação fosse a público. Decidiu-se que, para proteger David e Sarah, a notícia seria dada durante a Páscoa de 1976, quando eles estariam de férias e poderiam passar algum tempo com o pai e a mãe. Todos os envolvidos enfrentavam o triste fato de que Margaret estava prestes a se tornar o primeiro membro da família real a se divorciar desde Henrique VIII e Ana Bolena, em 1540.

Qualquer esperança de que a separação pudesse ser administrada pelo palácio acabou quando o jornal *News of the World* publicou fotos da princesa de biquíni e seu "bronzeado *toy boy*" Roddy Llewellyn passando um feriado juntos em Mustique, uma ilha no mar das Caraíbas. Margaret tornou-se, então, a protagonista adúltera de um casamento falido, ao passo que seu marido, o fotógrafo profissional tão trabalhador, fora escalado como o personagem ferido e inocente. Embora essa fosse uma narrativa grotescamente injusta, foi a que prevaleceu. Até mesmo a rainha e a rainha-mãe sentiram que Margaret não se esforçara muito para salvar seu casamento. "Elas não perceberam a profundidade do desespero dela; lembravam-se de Margaret como a brincalhona, a piadista, a garotinha que sempre conseguia o que queria. Havia a sensação de que a culpa de tudo era principalmente dela",[31] comentou Christopher Warwick, amigo e biógrafo da princesa.

Também havia a preocupação de que aquela separação amarga pudesse eclipsar as celebrações do jubileu de prata do reinado de Elizabeth, que ocorreriam em breve. A rainha receava que ninguém se interessasse em comparecer — ou em vê-la. Com a economia em queda livre, a inflação descontrolada e o nível de desemprego cada vez mais alto, os primeiros sinais não foram animadores.

As administrações municipais relataram poucos pedidos para festas nas ruas, a demanda por lembrancinhas — por mais cafonas que fossem — foi baixa e eventos foram cancelados.

Ela não precisava ter se preocupado. As acolhedoras multidões durante a viagem inicial de 11 dias por cidades escocesas sugeriam que, no fim das contas, seu jubileu seria muito comemorado. Um milhão de pessoas foi para a avenida The Mall a fim de ver a rainha e o príncipe consorte saírem do Palácio de Buckingham em uma carruagem dourada, a Gold State Coach, e irem até a Catedral de St. Paul para uma missa comemorativa. A isso se seguiram centenas de desfiles locais e milhares de festas pelas vizinhanças. A proliferação de bandeirolas vermelhas, brancas e azuis e de bandeiras do Reino Unido lembrava as celebrações da vitória da Grã-Bretanha na Segunda Guerra Mundial, em 1945. Elizabeth visitou 36 condados distribuídos pelos três territórios — Inglaterra, País de Gales e Escócia — e levou milhões de pessoas às ruas a fim de ver os desfiles reais. A rainha ficou genuinamente comovida com a recepção. Um membro da corte se lembra dela repetindo diversas vezes: "Estou simplesmente pasmada. Não podia imaginar."[32]

A Irlanda do Norte, porém, provou ser terreno muito mais perigoso. O país estava dividido por conflitos sectários: a maioria protestante tinha interesse na continuidade da união secular com a Grã-Bretanha, ao passo que a minoria católica ansiava por se tornar parte da Irlanda independente. Antes de a rainha e o príncipe Philip chegarem, houve mortes e ameaças de bomba, assim como violentas manifestações nas ruas. Na véspera da visita real de dois dias em meados de agosto, um manifestante e um militar foram mortos a tiros. Quando ela chegou, 32 mil soldados estavam de prontidão, e o Exército Republicano Irlandês jurava que os britânicos pagariam caro pelas "festas da rainha movidas a champanhe em alguns alqueires de solo irlandês".[33]

Tal foi a segurança em torno da breve visita — ela passou somente seis horas em solo irlandês, a um custo de milhões de dólares em segurança — que a rainha permaneceu a bordo do iate real *Britannia* até ser levada de helicóptero para um compromisso público altamente monitorado no Castelo de Hillsborough, tendo sido essa a primeira vez que ela usou tal forma de transporte durante seu reinado — que, por sinal, considerou perigosa. Foi um sinal, se sinais ainda fossem necessários, da preocupação com a segurança da rainha. Posteriormente, um ministro britânico

UMA QUESTÃO FAMILIAR 205

confidenciou que ela estava muito ansiosa e "terrivelmente tensa". Segundo ele, depois de a soberana atender ao seu último compromisso na Universidade de Ulster, o príncipe Philip deu-lhe uns tapinhas na mão e disse: "Pronto, pronto, acabou. A menos que eles afundem o *Britannia*, estamos seguros."[34]

Se aquele foi o ponto mais baixo, o mais alto do ano do jubileu de prata foi quando Dunfermline, seu melhor cavalo, venceu duas corridas clássicas, Epsom Oaks e St. Leger. Além disso, a glória pessoal da monarca veio através de um telefonema em 15 de novembro de 1977 informando-a do nascimento de seu primeiro neto, Peter Phillips, filho da princesa Anne. Ela estava tão feliz que, excepcionalmente, atrasou uma investidura no salão de bailes do Palácio de Buckingham em dez minutos a fim de telefonar para o príncipe Philip, que estava na Alemanha. Ele sempre fora próximo da filha, sempre tão direta, e admirava o espírito zeloso e a firme independência que ela ostentava. Quatro anos depois, Zara nasceu e Anne anunciou que a educação dos filhos seguiria um caminho muito diferente daquele que ela própria e os irmãos haviam recebido.

Isso significava: sem governantas, palácios ou títulos de nobreza para os dois. Eles foram concebidos na propriedade rural de Gatcombe Park — uma fazenda produtiva dada a Anne e ao marido pela rainha como presente —, em Gloucestershire, e frequentaram o jardim de infância local. Anne se dividia entre ser mãe e presidente atuante da organização de caridade Save the Children [Salvem as crianças], uma posição que aceitara em 1970. A rainha e o príncipe Philip deram abertura para que Anne, quarta na linha de sucessão, tomasse as próprias decisões, orgulhosos da maneira como ela conseguia combinar a vida doméstica com a profissional.

A filha era o produto bem-sucedido da filosofia da rainha e do príncipe Philip de "nade ou afunde". Eles esperavam que os filhos montassem os próprios escritórios administrativos, escolhessem organizações de caridade que refletissem seus interesses e, talvez o mais importante, usassem o próprio julgamento para escolher com quem dividiriam a vida. Segundo comentou um ex-secretário particular, "eles receberam a mensagem de que deviam superar sozinhos as dificuldades e seguir em frente".[35] Como o casal real se ausentava com intensa frequência, essa fora uma política nascida tanto da necessidade quanto da crença; e gerou resultados mistos, principalmente com Charles, o filho mais velho e herdeiro do trono.

Embora o frio estilo parental da rainha e do príncipe Philip tenha funcionado com a princesa Anne, a filha não carregava nem as responsabilidades nem as expectativas de ser a primeira na linha de sucessão. Charles teve uma jornada muito mais pública e tortuosa, particularmente na escolha da sua consorte, na qual o nascimento e o histórico familiar foram tão importantes quanto o interesse romântico.

Não foram poucos os membros da corte a observar (dado o histórico da família) que, se a rainha tivesse aplicado na escolha das noivas reais a mesma diligência que demonstrou na criação de seus cavalos, a Casa de Windsor não seria essa bagunça — particularmente se tratando da futura soberana. Ao contrário da rainha Vitória, que determinou quando e com quem os filhos se casariam, a rainha e o príncipe consorte deram à própria prole liberdade quase integral.

Não que a interferência parental fosse uma maneira segura de garantir o sucesso conjugal dos filhos. Quando o falecido Edward VIII (então príncipe de Gales) apaixonou-se por Lady Rosemary Leveson-Gower, filha de uma notória família aristocrática, o rei George V e a rainha Mary, pai e mãe do príncipe, disseram que ela não era adequada devido ao histórico de transtornos mentais em sua família. Se Edward tivesse recebido permissão para se casar com ela, o curso da Casa de Windsor teria sido muito diferente.

A desprendida abordagem de Elizabeth e Philip deu abertura para que outras pessoas, em particular o dinasticamente ambicioso Lord Louis Mountbatten, se sentissem no direito de interferir na tórrida vida amorosa do príncipe Charles. Em uma carta ao primogênito da rainha escrita logo depois das bodas da princesa Anne, o lorde o aconselhou a "aproveitar a vida de solteiro" antes de se casar com uma mulher intocada.[36] É óbvio que a virgem que ele tinha em mente era membro de sua família: sua neta Amanda Knatchbull, nove anos mais nova que o príncipe.

UMA QUESTÃO FAMILIAR 207

Se a rainha e o príncipe Philip evitavam interferir na vida amorosa do filho mais velho, Mountbatten não demonstrou tal hesitação. Ele encorajou Charles a se unir a Amanda e sua família durante as férias, e o príncipe passou fins de semana com ela em Broadlands, a sede da família Mountbatten, assim como em Balmoral e Sandringham. Como eles eram primos em segundo grau, o tímido romance quase não foi notado. Amanda fazia parte da aristocrática mobília familiar que cercava o príncipe. De qualquer modo, a mídia estava muito mais interessada nas jovens glamourosas que o acompanhavam a eventos públicos e privados. Finalmente, seu comportamento como Casanova real se tornou tão óbvio que o príncipe Philip, e não a rainha, escreveu uma nota de censura ao filho por "desfilar" com as amantes abertamente.[37]

Quaisquer que tenham sido as tentativas públicas e privadas de encontrar uma consorte, o coração do príncipe pertencia a uma mulher casada e mãe de dois filhos: Camilla Parker Bowles, cujo marido era major de um regimento doméstico, o Blues and Royals. Charles a namorara antes que ela se casasse, mas Camilla permaneceu sendo quem ocupava o coração e os pensamentos dele.

O contínuo assédio de Charles a uma mulher casada ofendeu muitos colegas oficiais. Após discretas conversas entre o palácio e o regimento, superiores protocolarmente informaram à rainha que o Blues and Royals estava "descontente" com o herdeiro do trono por ele estar dormindo com a mulher de um dos oficiais do regimento.[38] A monarca não fez comentários — ou mesmo conversou com o filho a respeito de tal comportamento. De acordo com os membros da corte, tal confronto iria totalmente contra o caráter dela.

A rainha preferia passar uma hora ocupada com as caixas vermelhas (seu porto seguro) a tratar de uma questão familiar tão íntima. No fim, ela informou que a Sra. Parker Bowles não seria convidada para qualquer evento real, e isso incluía a festa do trigésimo aniversário de Charles no Palácio de Buckingham. A rainha-mãe fez o mesmo.

Para sermos justos, a rainha tinha certeza de que a Sra. Parker Bowles era apenas uma distração temporária. Ela e o príncipe Philip achavam que o principal foco romântico da vida do filho era Amanda Knatchbull, uma jovem que eles conheciam e de quem gostavam. Já o tio Dick Mountbatten, ávido para consolidar as conexões reais da família, fornecia à rainha atualizações regulares sobre o progresso do relacionamento entre a neta e o futuro rei. Seu zelo para concretizar o matrimônio incluiu uma campanha para que ele e a neta acompanhassem o príncipe em uma viagem planejada de duas semanas à Índia no início da década de 1980. Tanto a rainha quanto o príncipe consorte expressaram dúvidas quanto ao plano: Philip acreditava que o tio roubaria os holofotes de seu filho, ao passo que Elizabeth estava preocupada com Amanda. A mera presença da garota inflamaria as já desvairadas especulações da mídia sobre um possível noivado. Se o relacionamento chegasse ao fim, Amanda seria publicamente humilhada. O pai da jovem, John Brabourne, pensava o mesmo.

Foi o casal, entretanto, quem resolveu a questão. Posteriormente naquele fatídico verão europeu de 1979, Charles pediu a mão de Amanda em casamento. Ela recusou e, diplomaticamente, explicou que, embora eles fossem — e continuariam sendo — grandes amigos, a vida com a realeza não era para ela.

A questão parou por aí, ao menos por algum tempo. Todo mundo esperava que o incansável Dickie tentasse reviver o romance. Tragicamente, não era para ser. Era agosto, e ele e a família passavam férias no Castelo de Classiebawn, a casa de verão na costa oeste da Irlanda. Uma bomba plantada pelo Exército Republicano Irlandês explodiu o barco pesqueiro da família, matando quatro das sete pessoas a bordo. A filha e o genro de Mountbatten, Patricia e John Brabourne, além do filho de 14 anos, Timothy, ficaram seriamente feridos. Dickie e mais o irmão gêmeo de Timothy, Nicholas, a mãe idosa de John, Doreen, e um garoto local chamado Paul Maxwell morreram.

A rainha estava em Balmoral quando soube da horrível notícia. Os Brabourne estavam entre seus amigos mais próximos. Ela fora dama de honra no casamento da amiga de infância Patricia. O marido dela, John, fora quem orientara o tremendamente bem-sucedido documentário *Royal Family*. Com a morte de Mountbatten, a rainha perdeu um elo vivo com o pai e sua geração de nobres. Ela o conhecera por toda a vida. Ele fora o conselheiro e o intrometido oficial da família. Um ex-membro da corte descreveu o relacionamento entre os dois nos seguintes termos: "Para a rainha, ele era o tio Dickie e ela gostava muito dele, mas às vezes desejava que calasse a boca. Certa vez, ela disse 'Sempre digo sim, sim, sim para Dickie, mas não dou ouvidos a ele'."[39] O príncipe Charles ficou devastado. "Perdi alguém infinitamente especial em minha vida", escreveu ele posteriormente.[40] O tio tinha sido seu amigo, mentor, benfeitor e pai substituto, e então ele se fora.

Assim como acontecera durante o divórcio de Margaret, os primeiros pensamentos da rainha foram em relação às crianças. Quando ela soube que a amiga de toda a vida Patricia Brabourne estava confinada a uma cama de hospital enquanto se recuperava dos ferimentos, convidou Timothy Knatchbull, então com 14 anos, e a irmã dele, Amanda, para ficar em Balmoral. Tempos depois, Timothy ainda se lembrava da forma calorosa pela qual a rainha os recebeu. Ele se lembrou da sensação de uma "mãe pata reunindo seus filhotes perdidos… Sua atitude habitual era de amor e cuidado… envolvendo-nos numa espécie de clima maternal".[41]

Esse, então, era o lado humano da soberana: a matriarca que acolhe e conforta a família.

9

E então veio Diana

A rainha primava pelo trabalho duro, pela prudência e pela sobriedade. Ela pesava cerca de 50kg, comia pouco e gostava das delícias britânicas: cordeiro galês, salmão escocês, carne de caça de Sandringham e manteiga fresca de Windsor. O excesso jamais estava no cardápio — fosse para ela mesma, fosse para a monarquia.

Ela explicou a rigorosa dieta a que se submetia ao então presidente norte-americano, Jimmy Carter, quando ele visitou o Palácio de Buckingham em maio de 1977: "Ela disse que a circunferência de sua cintura tinha de ser acompanhada e mantida muito cuidadosamente, porque ela precisava vestir sete túnicas diferentes ao longo do ano, e não podia se dar ao luxo de mexer nelas, precisando usar o mesmo número por alguns anos."[1]

É óbvio que a rainha, uma das mulheres mais ricas do mundo, quis dizer que não podia despender o tempo e o empenho necessários para fazer com que os elaborados trajes fossem alterados todos os anos.

Não eram somente as roupas de gala que faziam com que ela cuidasse do peso. Como monarca mais viajada da história, Elizabeth sabia que o planejamento das viagens que fazia era feito com antecedência de meses, às vezes anos. Ela podia tirar medidas para vestidos que só seriam usados muitos meses depois. Daí a cuidadosa dieta para evitar alterações desnecessárias. Seu guarda-roupa era uma metáfora para seu reinado — constante, imutável e previsível —, e o mesmo se dava com sua rotina diária, que mantinha a aconchegante familiaridade de um sapato usado — calçado que seria amaciado por uma funcionária de sua equipe antes de ela usá-lo.

Às oito horas da manhã, a criada pessoal trazia a bandeja com uma xícara de chá Earl Grey. A banheira era preparada com a água à altura de 18 centímetros e temperatura de 72°F (22,2°C) — um termômetro era utilizado para alcançar o marco desejado. Enquanto isso, as roupas que ela vestiria eram separadas, a cabeleireira a aguardava e o gaiteiro de foles pessoal tocava sob a janela às nove horas em ponto.[2] Então o dia da rainha continuava: um modesto desjejum de cereal e uma reunião às dez horas com seu secretário particular para discutir questões de Estado e cuidar da correspondência, em especial cartas e memorandos depositados nas famosas caixas vermelhas. Mesmo posteriormente em seu reinado, quando a maioria das pessoas de mesma idade que a dela já estava aposentada, a rainha se ocupava com os assuntos da nação. Eles podiam incluir a recepção ou a despedida de um embaixador, uma investidura ou um almoço com líderes de organizações comerciais e de caridade.

Se estava de folga, ela se servia de um almoço leve, dedicava tempo para caminhar com os cães e tomava o chá das cinco com membros da equipe ou familiares, momento em que ouvia as últimas notícias sobre as atividades daqueles que a cercavam. "Uma boa fofoca é um tônico maravilhoso", disse ela certa vez.[3] Elizabeth era mantida atualizada sobre todos os "escândalos" por um grupo fiel liderado por sua estilista Bobo MacDonald. Nessa época, a princesa Diana era uma visitante regular, e frequentemente levava William e Harry para ver a "Gan Gan" (como as crianças chamavam a *grandma*, ou avó).

Às seis horas da noite, a bandeja de drinques era trazida e, às 8h15, servia-se o jantar. Essa regularidade significava que todo mundo sabia o que fazer, do criado de libré ao chef. Havia poucas surpresas, se alguma ousasse surgir.

A rainha Vitória teria se surpreendido se voltasse do túmulo para descobrir que pouco mudara desde a época em que ocupara o trono. Ainda havia a cerimônia da Ordem da Jarreteira, a abertura do Parlamento, a recepção para o corpo diplomático, o Natal em Sandringham, a Páscoa em Windsor e as muito esperadas férias familiares em Balmoral, a propriedade de mais de vinte mil hectares que contorna o rio Dee nas Terras Altas escocesas. Aquele talvez fosse o último reino, o lugar onde a rainha era monarca de tudo o que conseguia ver. Na sede escocesa, os ritmos e as rotinas permaneciam inalterados — com exceção do guarda-roupa. A rainha sempre gostara da familiaridade do lugar, grata por poder dormir na mesma cama por seis semanas seguidas enquanto gozava do que chamava de "hibernação". Era um lugar onde ela se sentia segura e relaxada, cercada por seus amados cães e cavalos. Os hóspedes usualmente eram amigos de longa data ou familiares dela ou de Philip, próximos o bastante para chamá-la de Lilibet. Eram pessoas que conheciam os gestos e códigos e tinham consciência de que deviam tratá-la como rainha, fossem parentes, fossem amigos. Até mesmo sua equipe era formada por antigos funcionários de Balmoral, que sabiam quando se manter distantes e quando se aproximar. Como a torrente de caixas vermelhas diminuía para um gotejar, a rainha passava os dias cavalgando, circulando pela propriedade, supervisionando reformas ou observando as estrelas no céu noturno. Era um lugar no qual ela sempre fora capaz de se comunicar com Deus por meio da natureza.

Os visitantes frequentemente ficavam surpresos com a quantidade de coisas que a rainha fazia por conta própria, de alimentar os cães e cavalos a escová-los. Esse foi um traço notado logo cedo por seu primeiro professor de montaria, Horace Smith. Ele lembrou: "O progresso da princesa Elizabeth foi muito acima da média. Ela era muito conscienciosa e estava bastante ansiosa para melhorar sua técnica. Seu padrão de montaria, considerando-se as poucas aulas que teve, rapidamente se tornou muito elevado."[4] Durante a maior parte da vida, ela se ateve a uma rotina familiar durante as visitas a Balmoral. Pela manhã, lidava com os assuntos de Estado juntamente com seu secretário particular e às 10h30 saía para cavalgar. A montaria escolhida já dera uma volta com o cavalariço, gastando a agitação e a energia acumuladas. Em seguida, a rainha podia se juntar ao grupo de caça para um piquenique na hora do almoço, antes de sair para uma caminhada. Depois do chá da tarde, ela se vestia para o jantar — já era a quarta troca de roupa do dia. Os jantares eram formais, as damas usavam vestidos longos e os homens trajavam smoking ou kilt (espécie de saia escocesa). Ao fim da refeição, o gaiteiro real dava uma volta em torno da mesa enquanto tocava.

As gaitas não eram apenas espetáculo. A rainha ouvia a música com atenção e apreciava a arte. Durante um jantar na medieval Holyroodhouse, sua residência oficial na Escócia, ela pediu a um convidado regular, Eric Milligan, ex-lorde prefeito de Edimburgo, que ouvisse a gaita e dissesse se conseguia perceber qualquer nota fora do tom. Milligan não percebeu. A rainha ficou discretamente exultante, e explicou que seu gaiteiro perdera um dedo durante uma explosão no Iraque e se oferecera para renunciar ao cargo se não conseguisse alcançar as notas corretas.[5] Ela não quis ouvir falar do assunto e insistiu para que ele continuasse tocando. A fé que possuía no gaiteiro era justificada.

Essa decisão provavelmente foi um alívio para ele, pois a estadia em Balmoral fazia a equipe que acompanhava a família real sentir como se não estivesse trabalhando, ainda que estivesse desempenhando as funções pelas quais era responsável. Os deveres eram leves e havia muito tempo livre; além disso, eles gozavam de contato frequente e informal com a família real, sem que grande parte dos agregados do palácio — essencialmente, a gerência — estivesse presente. Eles faziam todo tipo de jogos e pegadinhas inocentes, às vezes envolvendo membros mais jovens da família real. Uma noite foi devotada a um pretenso julgamento, com juiz, jurados e testemunhas, sendo o príncipe Andrew uma delas, que só terminou de madrugada. Outra história lendária envolveu um criado de libré bêbado que foi cuidadosamente carregado até a sala de jantar real e deixado em sua cama de solteiro. Quando a rainha e o príncipe Philip desceram para o café da manhã — já avisados sobre o convidado indesejado —, agiram com uma pretensa indiferença que aumentou a diversão geral.[6]

O Baile Ghillies [auxiliares de caça e pesca] é o muito esperado clímax das férias escocesas da família real. Ele une a realeza e seus funcionários em jovial informalidade, boas maneiras e tradição. Na época da rainha

E ENTÃO VEIO DIANA

Vitória, os bailes eram ocasiões de bebedeiras, nos quais havia sempre criados de porre caindo pelos cantos do salão e a diminuta soberana sendo convidada para dançar por ghillies trajando o tradicional kilt enquanto as gaitas soavam madrugada adentro.

Posteriormente, a rainha passou a escolher seu parceiro de dança, o que deixava nervosos aqueles que não haviam praticado os passos. De forma maliciosa, muitas vezes ela tinha como alvo os que eram conhecidos por não dominar a arte da dança — seus guarda-costas da Scotland Yard eram os favoritos. Se fosse um novato, ela pedia que o líder da banda diminuísse o ritmo. Elizabeth levava muito a sério as danças escocesas. Em certa ocasião, a soberana estava discutindo uma nova dança e, para surpresa dos que a acompanhavam, tirou os sapatos e, somente de meias, moveu os pés a fim de ficar na posição correta.

Os piqueniques eram outro ritual social com armadilhas para os incautos. Na maioria das noites, a rainha, sua família e os convidados organizavam um em uma das cabanas de caça da propriedade. Não eram refeições improvisadas, com ovos cozidos e cobertores espalhados pela grama, mas ocasiões grandiosas. Reconhecendo a natureza elaborada dos convescotes dos Windsor, a princesa Margaret certa vez comentou: "Não é possível fazer um piquenique sem um mordomo."[7] A comida e a louça chegavam de Land Rover, em uma cozinha móvel projetada por Philip. Cada conjunto de pratos e talheres tinha um lugar especial, e a rainha supervisionava cuidadosamente todo o evento.

Anne Tennant, conhecida como Lady Glenconner, foi dama de companhia da princesa Margaret e muitas vezes esteve presente nesses eventos. A mulher gostava de contar a história sobre a vez em que ela e o marido, Colin, haviam começado a limpar a bagunça depois do piquenique, recolhendo e lavando os pratos sujos na cozinha móvel, quando a princesa Anne perguntou, muito seriamente, o que eles estavam fazendo. Segundo a princesa, se eles não guardassem as coisas no lugar certo "a rainha ficará furiosa com vocês".[8]

Ai! Até mesmo ela — uma das seis donzelas que carregaram o manto de Elizabeth no dia da coroação, criada em Holkham Hall e estrela de um programa de entrevistas — admitiu que ficou com as mãos molhadas de suor com a ideia de Sua Majestade ficar "furiosa". Esse era um assustador traço da família real: em um minuto, eles estavam brincando e no seguinte, furiosos e altivos. Lógico que a princesa Margaret era a pior, mas todos eles tinham a habilidade de mudar de humor em questão de segundos. Uma maneira certa de ter um vislumbre da fúria dos Windsor, em conversas com os príncipes Charles e William ou qualquer outro membro da família, era referir-se à rainha como "sua mãe" ou "sua avó". Isso era íntimo e desrespeitoso demais.

Como Lady Glenconner fora muitas vezes a Balmoral e participara de numerosos churrascos ao longo dos anos, pode ter havido um elemento de exagero nas descrições que fizera da reação tanto da princesa Anne quanto da rainha a fim de apimentar a história. No entanto, é certo que a monarca gostava de cuidar por conta própria da arrumação dos utensílios de jantar no Land Rover especialmente adaptado para isso.[9] Essa obsessiva atenção aos detalhes faz lembrar as histórias sobre sua infância, quando Elizabeth alinhava os sapatos várias vezes antes de ir se deitar.

No entanto, era incomum que a rainha ficasse "furiosa". Sua resposta ao *faux pas* ou aos problemas internos do palácio era muito mais contida e equilibrada. Ela aprendera, desde cedo, que o peso de uma censura real podia fazer até mesmo o mais sólido coração fraquejar. Quando o pai, George VI, estava no meio de um dos rangeres, as explosões descontroladas de raiva dele, os membros da corte costumavam empalidecer e tremer.

Um olhar severo, uma sobrancelha arqueada ou um questionador "Você tem certeza?" tendiam a ser o léxico real de reprovação. A rainha era tão contida que quando, muito ocasionalmente, perdia o controle, os presentes no momento se lembravam da ocasião para sempre.

E ENTÃO VEIO DIANA

Foi em uma de suas caminhadas pela propriedade escocesa, em meados de agosto de 1979, que a rainha conheceu Lady Diana Spencer. Elizabeth sentiu-se um tanto perplexa por ter apenas uma vaga lembrança dela, mas por fim associou a terceira filha do conde Spencer, um de seus cavalariços nos primeiros anos de reinado, a uma pessoa que fazia parte de Sandringham.

Diana crescera na propriedade de oito mil hectares em Park House, Norfolk; quando criança, ela fora convidada a brincar com Andrew e Edward e, durante os feriados de fim de ano, a assistir filmes. Caso fosse mencionada, Diana era descrita como amiguinha de brincadeiras e, posteriormente, possível namorada do príncipe Andrew, cuja idade era quase a mesma.

Durante a conversa, a cativante e ruborizada jovem de 18 anos explicou que estava hospedada juntamente com a irmã recém-casada, Jane, e o cunhado, o vice-secretário particular da rainha, Robert Fellowes. Ela descreveu Balmoral como sendo "mágico", sentimento que agradou à rainha. No encontro seguinte, a soberana encontrou Diana em Balmoral em circunstâncias diferentes. Dessa vez, ela era convidada do príncipe Charles. Todos na propriedade sabiam o que isso significava. Ela estava passando pelo coloquialmente conhecido teste de Balmoral, para determinar se era adequada ao papel de noiva real. Será que ela adivinharia o elusivo código de campo dos Windsor ou, ao menos, estava disposta a aprender? Mulheres mais velhas e experientes haviam tentado e fracassado. Algumas desistiram antes mesmo de tentar. Uma das namoradas do príncipe Charles, a herdeira escocesa Anna "Whiplash" [Chicotada] Wallace, assim conhecida por seu temperamento incandescente, recusara-se a participar, dizendo ao namorado real que a ideia de ir para a sede da família Windsor era "tediosa demais".

Para outras, o possível compromisso conjugal implícito no convite para se juntar à família real em Balmoral era demais. Lady Jane Wellesley, filha de um amigo da rainha, o duque de Wellington, recuara diante da ideia de sacrificar a própria vida no altar da monarquia. "Vocês honestamente acreditam que eu quero ser rainha?", perguntou ela certa vez ao ser acuada por jornalistas.[10]

A aposta favorita fora Amanda Knatchbull, a neta de Mountbatten, que recebera um cheque em branco do ambicioso patriarca a fim de melhorar seu guarda-roupa. Amanda, assim como uma longa lista de jovens damas adequadas, decidiu que uma vida de sacrifícios pela Casa de Windsor não era sua missão de vida.

Outras, como Sabrina Guinness, aceitaram o convite para ir a Balmoral, mas falharam em decifrar o código de campo dos Windsor. Ela se viu em um mundo intimidador, mesmo que sua lista de acompanhantes anteriores incluísse Jack Nicholson, Mick Jagger e David Bowie. Quando se reuniu com a família real para drinques, ela se dirigiu para uma cadeira de encosto alto somente para ouvir da rainha: "Não sente aí. Essa é a poltrona da rainha Vitória."[11] Ela jamais recuperou o equilíbrio depois de ouvir a reprimenda da chefe de Estado. Em uma ocasião diferente, outro membro da família real disse algo similar para uma amiga da então Lady Diana Spencer e, de acordo com outras fontes, o mesmo aconteceu com Tony Blair quando ele e a esposa, Cherie, chegaram para o tradicional fim de semana do primeiro-ministro.

Essa rotina passa a sensação de uma antiga brincadeira familiar, o equivalente, entre os Windsor, de embaraçosamente se sentar sobre uma almofada de pum ou escorregar em uma casca de banana. O senso de humor deles era teutônico, no sentido de rir do infortúnio alheio, ou *schadenfreude*. Os membros mais jovens da família real, principalmente o príncipe Andrew, faziam parte da academia de humor pastelão. É uma espécie de bullying, já que o alvo da piada, a menos que seja um amigo muito próximo, não sabe como reagir — devolver o golpe ou simplesmente aceitá-lo. Em um ruidoso piquenique na praia durante um cruzeiro, os membros da família real e seus convidados, com exceção da rainha, jogaram pedacinhos de cocô de pássaro uns nos outros, uma divertida brincadeira que chegou ao fim quando todos, novamente com exceção da soberana, foram jogados no mar.

E ENTÃO VEIO DIANA   219

Em contraste, o humor de Elizabeth era mais seco, assim como seu martíni. Ela e o marido sorriam um para o outro de modo conspirador quando as coisas davam errado em uma viagem real — exemplo clássico fora a visita à Califórnia em 1983.

A ironia não intencional sempre divertiu a rainha. Circula certa história, possivelmente ilegítima, que, durante uma visita real a uma cidade costeira, o prefeito, resplandecente em seu colar de librê, orgulhosamente mostrou a ela armários de madeira que exibiam tesouros locais na câmara do Conselho. Em um deles, havia um esplêndido colar adornado com ouro e pedras preciosas. Quando a rainha pediu por mais detalhes da peça, o prefeito respondeu que era um colar único, somente usado em ocasiões muito especiais.[12] Ela precisou de todo o autocontrole herdado da rainha Mary para não cair na gargalhada.

Dada a plena consciência de como aqueles que não eram membros do círculo íntimo familiar podiam reagir à sua presença, a reprimenda à namorada de Charles por se sentar na poltrona da rainha Vitória foi extraordinariamente dura. A rainha Elizabeth tinha a merecida reputação de ser uma anfitriã cuidadosa e atenciosa: ela inspecionava as acomodações antes da chegada dos convidados e selecionava flores e livros específicos do gosto de cada um — que seriam deixados nos respectivos quartos. Durante o coquetel que antecedia o jantar, ela costumava ser a mais relaxada, solícita e bem-humorada entre os presentes, como da vez que se envolveu na conversa de Margaret e o autor de mistérios Denys Rhodes. A caçula perguntou a ele como estava se saindo com seu último livro. "Está quase terminado, mas preciso desesperadamente de um título", respondeu ele. Nesse ponto, uma voz se fez ouvir atrás de Rhodes, dizendo alegremente: "Não sei por que razão eu lhe daria um." Era a rainha, muito orgulhosa de sua tirada.[13] Então por que ela constrangeu a namorada de Charles, Sabrina Guinness? A explicação mais inócua é que foi um reflexo social, algo que ela dissera tantas vezes ao longo dos anos que imaginava que todo mundo sabia o que esperar. Ou talvez tenha sido um lapso inesperado de uma mulher constantemente sintonizada com a sensibilidade alheia.

Como ela desaprovava a namorada cosmopolita de Charles, envolvida com amantes do mundo do rock and roll, é possível que essa tenha sido uma maneira de expressar o que sentia.

Felizmente, Diana não recebeu o tratamento relacionado à situação da poltrona da rainha Vitória. Durante a fatídica visita de setembro de 1980, a rainha expressou satisfação com a escolha do primogênito. Os Spencer eram conhecidos da família real e, na verdade, Charles namorara a irmã mais velha de Diana, Sarah, anos antes. Lady Diana Spencer era jovial, animada e participativa. Mesmo quando caiu em um lodaçal durante uma longa caminhada, ela saiu rindo. Além disso, era dona de um senso de humor seco muito parecido com o da rainha. Diana conhecia os costumes, se encaixava bem no ambiente e, para alívio do príncipe Philip, não era uma estranha. "Ela é uma de nós", escreveu a rainha a uma amiga. "Gosto muito das três garotas Spencer."[14] Essa não foi toda a história: Diana me disse, anos depois, que antes de chegar a Balmoral, ela estava "aterrorizada" e "se cagando de medo" de tanto nervoso.

Essa, porém, não foi a impressão que ela causou nos outros convidados, que admiraram sua astúcia quando ela acompanhou o príncipe Charles a uma pescaria à margem do rio Dee. Todo verão, fotógrafos patrulhavam a estrada A93, no lado público do rio, esperando por um vislumbre de Charles e sua acompanhante da vez. O premiado fotógrafo Ken Lennox, que fotografava a família real em Deeside havia décadas, viu o príncipe e notou que havia uma garota por perto. Quando ele se posicionou para tirar uma foto, a jovem dama em questão o viu e caminhou lentamente ao longo da margem, saindo de vista. Quando Lennox a localizou novamente, ela estava atrás de uma árvore, usando um espelho de bolsa para observá-lo. Nesse curioso jogo de gato e rato, Diana provou não ser uma presa comum.

Contudo, quando ele descobriu o nome dela, a caçada começou, e o jornal *The Sun* publicou a manchete "ELE ESTÁ APAIXONADO DE NOVO". Dias depois, não havia homem, mulher ou criança na Grã-Bretanha que não soubesse que Lady Diana Spencer era uma educada e bastante tímida professora de jardim de infância, cujo pai era o oitavo conde de Spencer e cuja casa era Althorp Hall, em Northamptonshire.

Finalmente, a filha de um conde. A rainha-mãe ficou maravilhada, ainda mais porque a avó de Diana, Ruth (ou Lady Fermoy), foi uma de suas damas de companhia. A rainha e o príncipe Philip também achavam que Diana cumpria todos os requisitos que consideravam essenciais: branca, anglo-saxã, protestante, aristocrática e livre de um passado de escândalos. Seu tio, Lord Fermoy, trombeteava que ela nunca tivera um amante. Eles também esperavam que o namoro pusesse fim ao perigoso envolvimento do filho com Camilla Parker Bowles.

Tudo parecia correr bem com o mais recente relacionamento de Charles. Embora Diana estivesse empolgada, membros de sua família recomendaram cautela. A avó, a já citada Lady Ruth Fermoy, articulou preocupações: "Você precisa entender que o senso de humor e o estilo de vida deles são muito diferentes dos nossos, e não acho que sejam adequados para você."[15] Era uma maneira diplomática de dizer que ela tinha dúvidas sobre a adequação da neta como esposa e consorte de Charles, mas também um aviso de que, embora ela fosse membro da aristocracia, ainda assim existia uma divisão social e cultural entre a realeza e as classes superiores.

Também havia a presença eminente da Sra. Parker Bowles, fonte de preocupação tanto para Diana quanto para a rainha. Em novembro de 1980, Bob Edwards, editor do *Sunday Mirror*, publicou uma matéria na qual sugeria que Lady Diana encontrara secretamente o príncipe Charles a bordo do trem real em Holt, Wiltshire. Seguindo instruções pessoais da monarca, o palácio desmentiu a matéria e exigiu uma retratação. Edwards recusou, citando uma "fonte impecável".[16] Diana sabia que não estivera a bordo do trem real, mas tinha uma excelente ideia de quem seria a mulher: a Sra. Parker Bowles. A venda começava a cair de seus olhos. Sem que a rainha e a corte soubessem, uma nova e calamitosa narrativa estava se desenrolando.

Durante aquele febril feriado de Natal e Ano-Novo em Sandringham, o influxo de mídia nacional e internacional foi tal que a própria rainha se sentiu acuada. Ela não podia sequer cavalgar sem ser fotografada. A situação era tão frustrante que, em certo momento, ela explodiu, gritando para os fotógrafos que fossem embora. Era uma amostra da impotência e raiva que a rainha sentia pelo fato de estar tendo o feriado atrapalhado de maneira irregular. A causa do desconforto da rainha era a inocente presença de Lady Diana Spencer — novamente a convite de Sua Majestade. Posteriormente, ela me disse: "A rainha estava farta." O príncipe de Gales, por sua vez, estava indeciso e confuso sobre o próprio futuro romântico. Isso não era nada novo. Suas evasivas românticas em relação a Camilla Shand, então Parker Bowles, eram fonte de profundo pesar.

Enquanto pensava sobre os passos seguintes, o círculo de amigos de Charles analisava a adequação de Diana. O endosso dificilmente era entusiástico. A princesa Anne achava que a terceira filha de Spencer era uma "garota boba"[17] — talvez em retaliação pelo fato de o irmão chamar o marido dela de "Fog" —, ao passo que o neto de Mountbatten, Norton Romsey, e a esposa, Penny, acreditavam que Diana estava mais apaixonada pela posição na realeza que pelo homem.

Anos depois, enquanto eu pesquisava para escrever a biografia da falecida princesa, *Diana: Sua verdadeira história* — escrita com total participação e entusiástico apoio dela —, perguntei à própria e à sua melhor amiga, Carolyn Bartholomew, exatamente esta pergunta: a posição ou o homem? Ambas, respondendo em momentos diferentes, disseram sem hesitação: "O homem." Embora Diana tivesse certeza do amor que sentia por Charles, ele estava inseguro. Tratava-se de um compromisso descomunal.

A rainha era mais pragmática. Ela achava que a natureza solidária e positiva e o entusiasmo juvenil de Diana seriam o complemento ideal para seu melancólico e frequentemente inconsolável filho. A jovem professora de jardim de infância seria uma companheira e auxiliar perfeita. Ao mesmo tempo, depois do encontro com hordas de repórteres desgrenhados e desarrumados no próprio quintal, a rainha simpatizava com a situação de Diana. Toda vez que a princesa saía de seu apartamento compartilhado em Coleherne Court, era seguida por um exército de fotógrafos. Ao contrário do filho, a rainha não aceitava que isso continuasse por muito tempo. Era prejudicial para a reputação tanto da Coroa quanto de Lady Diana. Em parte, a situação tinha sido criada pelo próprio príncipe Charles, que sugerira, durante uma entrevista, que 30 anos era uma boa idade para se casar. Assim que celebrou a fatídica data de aniversário, sua solteirice parecia estar com os dias contados: sem que ele nem sequer olhasse para uma mulher, ela era considerada a futura rainha. Durante o cerco a Sandringham, a rainha conversara com o príncipe Philip e ele, como de hábito, lidara com a questão escrevendo uma carta. Isso não era incomum, pois todas as crianças reais recebiam cartas de algum tipo do "Pa". Era uma maneira tradicional de a família abordar assuntos delicados ou emocionais. No que considerou uma carta empática e compreensiva, o pai de Charles destacou os problemas enfrentados por ambos os lados. O relacionamento já fora longe demais. O príncipe de Gales devia ou botar um fim àquela relação, pelo bem da reputação de uma garota inocente, ou pedi-la em casamento. Em resumo, bastava de hesitação. Depois do desastre que foi o casamento entre Charles e Diana, o príncipe diria posteriormente a amigos que o pai o forçara a se casar; a carta fora um ultimato. Entretanto, nem mesmo seu círculo de amigos interpretou as coisas dessa maneira. Eles sentiam que Philip simplesmente lhe pedira que tomasse uma decisão. Charles, acostumado à natureza bombástica do pai, lera as supostas entrelinhas e concluíra que ele, falando também em nome da rainha, queria que o filho se casasse.

No fim das contas, a carta teve o efeito desejado de levar o primogênito à ação. Charles retornou de uma temporada de esqui e pediu a Diana que fosse até o Castelo de Windsor, pois ele tinha uma coisa importante a dizer. Eles se encontraram no berçário, um cômodo vazio e nada especial, havia basicamente um carpete verde gasto e antigas fotografias de família cobrindo as paredes de mesma cor. Nada similar aos elementos de um romance de conto de fadas. Não havia nem mesmo uma rosa ou vela à vista. Até mesmo o brusco príncipe Philip se saíra melhor, fazendo o pedido em Balmoral, "ao lado de um lago muito apreciado, com nuvens brancas no céu e pássaros cantando".[18]

Diana chegou ao Castelo de Windsor por volta das cinco horas da tarde do dia 6 de fevereiro de 1981 para ser pedida em casamento pelo príncipe Charles. Ela contou a história: "Eu ri. Me lembro de pensar que era uma piada, então respondi 'Sim, claro' e ri. Ele estava terrivelmente sério. E perguntou: 'Você se dá conta de que um dia será rainha?'. E uma voz interior me disse: *Você não será rainha, mas terá um papel difícil.* Então pensei *Ok* e respondi que sim. Eu falei: 'Eu te amo tanto, tanto.' Ele disse: 'O que quer que amor signifique.' Foi isso que ele disse."[19] Então ele telefonou para a rainha.

"O que quer que amor signifique": palavras que voltariam para assombrá-lo, especialmente porque ele repetiu quase exatamente a mesma frase durante uma entrevista sobre o noivado, concedida em 24 de fevereiro de 1981 no gramado do Palácio de Buckingham. Ele disse: "O que quer que amar signifique." Sua ambivalência era enervante para a futura princesa.

De uma janela nos andares superiores, a rainha observou o casal e a imprensa sem ser notada. Foi um momento de discreto triunfo. Depois de tantos anos de prevaricação, o filho finalmente escolhera uma garota com pedigree, personalidade e popularidade para apoiar e cuidar do futuro rei. Finalmente, o reino parecia seguro.

Naquele momento de triunfo, porém, forças sombrias planejavam assassinar a chefe de Estado. O sucesso do atentado a bomba contra Lord Mountbatten 18 meses antes encorajara o IRA a escolher um alvo mais ambicioso.

Dessa vez, era a rainha quem estava na mira. Enquanto os preparativos para o casamento do ano estavam a todo o vapor no palácio, o IRA punha em andamento os próprios planos letais. Em 9 de maio, somente 11 semanas antes do casamento, a rainha deveria inaugurar a refinaria de petróleo Sullom Voe, nas ilhas Shetland, um local tão ao norte que sua

E ENTÃO VEIO DIANA　　　225

localização é equidistante da Noruega e da Grã-Bretanha. Empregando mais de seis mil funcionários e tendo custado £1,2 bilhão (US$6,5 bilhões em 2021, levando em conta a correção dos valores inflacionários), a planta, que levara seis anos para ficar pronta, era um dos maiores projetos de construção civil da Europa.[20]

Sem o conhecimento da petrolífera BP, sua controladora, ao menos um dos funcionários era membro do IRA. Quando chegou a hora de a rainha inaugurar a refinaria, as tensões do outro lado do oceano, na Irlanda do Norte, estavam no auge. Bobby Sands, um dos mais controversos membros do IRA encarcerado na prisão de segurança máxima de Maze, morrera dia 5 de maio por conta de uma greve de fome que fazia há quase dois meses. Isso provocou violentos tumultos em áreas nacionalistas e intensificou os ataques do Exército Republicano Irlandês.

Enquanto a violência crescia na Irlanda do Norte, nas ilhas Shetland a unidade do IRA na Sullom Voe recebeu um pacote da Irlanda. Ele continha três quilos de gelatina explosiva e um timer para 12 dias. Uma segunda bomba deveria ter chegado, mas ficou retida nos correios. O agente do IRA, temendo que ela tivesse sido interceptada pelos serviços de segurança, implantou a bomba em uma estação de energia, ligou o timer e fugiu para a Irlanda.

Quando a banda começou a tocar o hino nacional e a rainha se preparava para iniciar seu discurso, houve uma explosão na estação de energia a 450 metros de distância, a maior parte do barulho sendo mascarada pela banda. Felizmente, a bomba detonara apenas parcialmente, e a BP foi capaz de alegar que a pequena explosão fora somente uma falha elétrica. Se o serviço postal irlandês tivesse sido mais eficiente, sábado, 9 de maio, teria sido um dia de infâmia — especialmente para a rainha, que fora acompanhada pelo príncipe Philip e pelo rei Olav V da Noruega.

Dada a confusão acerca da "não explosão", o incidente recebeu pouca atenção, para fúria do IRA, que se sentiu obrigado a publicar duas declarações reivindicando a autoria do ataque. A segunda declaração dizia: "Se tivéssemos conseguido colocar a bomba de sábado perto o suficiente da rainha britânica, ela agora estaria morta."[21] Tais alegações foram eclipsadas pela tentativa de assassinato do papa João Paulo II mais tarde naquele mês e pela feliz notícia de que a rainha se tornara avó pela segunda vez em 15 de maio, dia do nascimento de Zara Phillips, filha da princesa Anne e do capitão Mark Phillips.

Apenas um mês depois, a rainha sofreu outro ataque, dessa vez enquanto o mundo assistia. Ela cavalgava pela avenida The Mall em seu cavalo canadense de 19 anos Burmese durante a cerimônia anual Trooping the Colour quando seis tiros foram ouvidos entre a multidão. A arma fora disparada por Marcus Sarjeant, então com 17 anos, rapidamente derrubado por dois guardas, um policial e um voluntário da St. John Ambulance. Em meio à agitação, a rainha, que avistara Sarjeant um segundo antes de ele atirar, mostrou-se a personificação da calma. Anos de experiência equestre lhe permitiram acalmar seu assustado cavalo, que se alarmara mais com os cavaleiros da Household Cavalry se aproximando do que com os tiros; posteriormente, descobriu-se serem balas de festim de uma arma usada para sinalizar aos atletas o início das competições esportivas.

A rainha, montada à amazona — ou seja, de lado na sela —, deu continuidade à cerimônia, sorrindo para a multidão e ocasionalmente dando tapinhas em Burmese com a mão esquerda. Lady Diana Spencer, que comparecia a sua primeira Trooping the Colour como noiva de Charles, lembrou que todo mundo em torno da rainha ficou maravilhado com o sangue-frio demonstrado por ela. A monarca não parecia ter sido abalada pela experiência que acabara de enfrentar, nem mesmo por um segundo, ignorando com graciosidade o perigo da situação. O príncipe Charles comentou posteriormente que a mãe era "feita de material resistente".[22] Era preciso muito para afetar seu equilíbrio.

Havia também um senso de fatalidade no comportamento da soberana. Ao contrário de outros chefes de Estado, ela sempre determinara que queria o mínimo de segurança. A presença de seu segurança pessoal era discreta e reservada. Somente anos depois da coroação, por exemplo, ela aceitou a necessidade de batedores da polícia pararem o trânsito, pois não queria ser inconveniente com os outros motoristas. O príncipe Philip dava total apoio à esposa, já que ele próprio tinha pouco tempo e paciência para viver em bolhas seguras. Havia também um traço de obstinação no temperamento de Elizabeth. Ela era a rainha e decidia, por exemplo, se queria ou não usar um capacete de equitação enquanto cavalgava. Mesmo aos 90 anos, a monarca insistia em usar apenas um lenço Hermès como proteção.[23] Os defensores da segurança ficavam preocupados, mas a soberana não queria estragar o penteado caso precisasse fazer uma aparição pública depois de sua cavalgada matutina.

Assim que o noivado foi anunciado, a rainha fez de tudo para que Diana se sentisse acolhida. Ela encarregou vários membros da corte, especialmente sua dama de companhia Susan Hussey e o vice-secretário particular de Charles, Oliver Everett, de ensinar a ela os meandros da nova posição. Quando Charles se ausentava em viagens ultramarinas, a rainha colocava a futura princesa sob sua proteção. Ela a hospedava no quarto de hóspedes principal do Castelo de Windsor, e as duas frequentemente jantavam juntas e caminhavam com os cães no terreno da propriedade. Diana sofria de bulimia nervosa, um distúrbio alimentar que inclui compulsão seguida de indução do vômito. Embora os costureiros de seu vestido de noiva, David e Elizabeth Emanuel, e os amigos mais próximos, como Carolyn Bartholomew, notassem a rápida perda de peso, a rainha parecia não ter se dado conta dos sinais de alerta. Na época, havia muita ignorância em relação aos distúrbios alimentares, e é pouco provável que a rainha ao menos soubesse da existência da condição. Mesmo que tivesse notado a perda de peso de Diana, ela instintivamente a atribuiria ao nervosismo sentido por muitas noivas, principalmente aquelas cujo casamento seria transmitido ao vivo em escala global. A rainha reservava tempo em meio às ocupações como chefe de Estado para, como disse um ex-membro da corte, "paparicar Diana".[24] Nos dias que antecederam o casamento, a princesa ficou hospedada no Palácio de Buckingham, uma vez que a rainha frequentemente convidava a futura nora para almoçar ou jantar. Diana, porém, criava desculpas para evitar estar na companhia dela. A princesa não queria alertar a rainha para sua condição. A monarca achava esse comportamento confuso, mas o atribuía ao nervosismo. Diana, por sua vez, via a rainha como amigável, mas intimidadora. "Eu mantinha minhas questões para mim mesma. Não batia na porta dela para pedir conselhos porque já sabia as respostas",[25] lembrou ela.

Nas semanas antecedentes ao casamento, Diana frequentemente visitava as cozinhas para alguns minutos de conversa, descalça e vestindo jeans e suéter. Ela ajudava a lavar a louça e, em certa ocasião, passou manteiga na torrada de um criado de libré. Suas excursões irritaram vários chefs, os quais achavam que ela estava espionando. Finalmente, com todo o tato, a rainha pediu que a princesa pusesse fim às visitas, pois perturbavam o equilíbrio entre realeza e criadagem. O que ela não percebeu foi que Diana visitava as cozinhas para comer compulsivamente pacotes de cereal com creme. Em seguida, vomitava.

Na época, a rainha estava total e entusiasticamente empenhada no casamento do filho. Ela não somente pagou £28 mil (US$135 mil em 2021, levando em conta a correção dos valores inflacionários) pelo anel de noivado de Diana — uma safira oval rodeada de diamantes —, como também financiou o opulento baile de casamento no Palácio de Buckingham, cuja longa lista de convidados incluiu a primeira-dama norte-americana Lady Nancy Reagan e todos os monarcas europeus. O esplêndido e extravagante evento foi um triunfo pessoal para a rainha. Aquela certamente foi uma noite memorável, embora o baile tenha ocorrido em contraste com o nível de desemprego cada vez mais alto, os tumultos nas áreas pobres de Londres e Liverpool e um governo, liderado pela primeira-ministra Margaret Thatcher que pregava e praticava austeridade e impostos baixos. Ela teve uma audiência semanal com a rainha durante 11 anos, mas, embora mutuamente cordiais, as duas nunca foram próximas. O biógrafo oficial de Thatcher, Charles Moore, descreveu a

E ENTÃO VEIO DIANA

primeira-ministra como "nervosa demais" durante as audiências para que elas fossem produtivas.[26]

Embora esse contraste entre as duas realidades da Grã-Bretanha fosse notável — particularmente para as equipes de reportagem estrangeiras —, no dia do casamento, 21 de julho de 1981, o foco estava no vestido de Diana, munido de uma cauda recorde de quase oito metros; na romântica alegação feita pelo arcebispo de Canterbury, Dr. Robert Runcie, de que "disso são feitos os contos de fadas"; e na entusiasmada multidão que se reunira para assistir ao desfile de carruagens entre a Catedral de St. Paul e o Palácio de Buckingham.[27] Foi apenas posteriormente que o líder da Igreja da Inglaterra admitiu que tivera dúvidas, acreditando que o casal não combinava e o casamento não duraria. Do lado de dentro da catedral, outras pessoas estavam igualmente preocupadas com os alicerces do matrimônio, inclusive a noiva. Uma das memórias mais duradouras da princesa foi ver Camilla Parker Bowles, vestida com um traje cinza e chapéu combinando, e torcer para que o relacionamento entre ela e Charles tivesse terminado. Esse sentimento encontrava eco na rainha, que tentara abordar o assunto com o filho, apenas para ouvir do príncipe de Gales, de acordo com um rumor registrado no diário do historiador Hugo Vickers: "Meu casamento e minha vida sexual não têm relação entre si."[28]

Apesar de todas as dúvidas, tudo parecia bem quando eles retornaram a Balmoral depois da lua de mel no Mediterrâneo a bordo do iate real *Britannia*. O casal estava saudável, bronzeado e muito sorridente ao saudar a família e os funcionários, que formaram uma guarda de honra ao longo da entrada do castelo. "Foi uma tarde gloriosa", lembrou um membro da equipe. "Demos vivas e batemos palmas, e tudo parecia alegre e cintilante."[29]

Era uma ilusão, e a verdade sobre a lua de mel emergiria posteriormente em insinuações e sussurros. A princesa, sofrendo de uma combinação de exaustão, bulimia e ciúme, preocupava-se com o fato de o coração do marido ainda pertencer a outra mulher. Quando fotografias de Camilla caíram do diário de Charles, além do fato de ele ter usado abotoaduras com dois "C" entremeados — um presente da Sra. Parker Bowles —, foi anunciado o prelúdio de uma briga furiosa.

Eles foram só sorrisos durante a foto para a imprensa às margens do rio Dee. A princesa, em resposta a uma pergunta sobre a vida de casada, disse que "recomendava enfaticamente".[30] Durante a prolongada estadia no castelo, o casal fazia caminhadas junto ou Charles pegava seu cavalete e suas tintas enquanto a princesa praticava bordado. Em outras ocasiões, ele lia para a princesa as obras do amigo, o filósofo sul-africano Laurens van der Post, ou as de Carl Jung. Para incrementar essa cena de romântica tranquilidade, o príncipe enviava bilhetinhos carinhosos e cartas de amor para a esposa.

Diana, porém, não estava feliz. Ela achava seu novo status e a dinâmica familiar difíceis de aceitar. Foi somente anos depois que a princesa expressou verdadeiramente o que sentia. Ela me disse: "Todos os convidados de Balmoral me encaravam o tempo todo e me tratavam como se eu fosse feita de vidro. Para mim, eu era apenas Diana; a única diferença era que agora as pessoas me chamavam de 'madame' ou 'Sua Alteza Real' e faziam reverências."[31]

A princesa de Gales se sentia uma forasteira, já que o marido sempre acatava as decisões da rainha ou da rainha-mãe, em vez de levar as necessidades da esposa em consideração. Um sinal inicial de que nem tudo estava bem no conto de fadas era o fato de Diana ficar no quarto, em vez de participar dos piqueniques e churrascos com o restante da família. A resoluta decisão da princesa de não fazer parte dos eventos familiares irritava a rainha, não somente por causa da descortesia a ela como anfitriã, como também porque isso prejudicava a administração do castelo, já que significava alterar os turnos dos funcionários a fim de que alguém estivesse disponível para atender Diana.

Margaret foi a socorro de Diana, sugerindo à rainha que a princesa estava encontrando dificuldades para se ajustar ao papel e merecia certa paciência. "Deixe-a fazer o que quiser", disse Margaret. "Deixe-a em paz e ela ficará bem."[32]

E ENTÃO VEIO DIANA   231

Contudo, as questões que ela enfrentava envolviam muito mais que certa paciência. Ela foi tomada pelo que posteriormente chamou de "período sombrio" de sua vida. Diana estava consumida pelo ciúme, justificado ou não, por Charles e Camilla; sua bulimia estava descontrolada; e ela sofria drásticas variações de humor. Tampouco ajudava o fato de aquela ser uma das mais tempestuosas férias que a família já passara em Balmoral. Diana concordou em procurar ajuda profissional. Um médico foi chamado de Londres e, após uma consulta confidencial, concluiu que ela precisava de tempo e espaço para se ajustar às drásticas mudanças em sua vida. A princesa chegara a uma conclusão similar. Medicamentos foram prescritos, mas ela se recusou a tomá-los. Em vez disso, Diana e Charles mudaram-se da grande mansão para Craigowan, uma pequena cabana de caça na propriedade. Ela hospedou amigos, entre eles a ex-colega de apartamento Carolyn Bartholomew. No fim de outubro, Diana anunciou que esperava o primeiro filho. A rainha e o restante da família ficaram maravilhados, e à felicidade se misturava a esperança de que a maternidade pusesse fim às "pequenas dificuldades locais" da princesa.

10

Casamentos sob o microscópio

Todo mundo, a começar pela própria rainha, foi pego de surpresa pelo intenso e contínuo interesse pela princesa de Gales. A soberana e seus conselheiros achavam que, quando a excitação do casamento se dissipasse, a princesa ficaria em segundo plano e o príncipe Charles retomaria a posição de destaque sob os holofotes reais. No entanto, isso não aconteceu. Editores de jornais e revistas se surpreenderam com a reação do público à última adição à família real. Não importava quão inconsistente fosse a matéria ou quão granulosa fosse a fotografia da futura rainha: Diana era um sucesso, passando a ser vista como a galinha dos ovos de ouro do mercado editorial. Como ela resumiu, "um minuto eu era ninguém; no minuto seguinte, era a princesa de Gales, mãe, brinquedinho da mídia, membro dessa família, você pode escolher qual achar melhor. Era coisa demais para uma única pessoa".[1]

As consequências foram funestas. Diana, sofrendo de bulimia e enjoo matinal, viu-se seguida todas as vezes que saía de Balmoral, do Palácio de Kensington ou de Highgrove. Sair para fazer compras ou ir à academia era uma desagradável corrida de obstáculos conforme ela abria caminho por entre os muitos fotógrafos que a perseguiam.

Por instinto e convenção, a rainha evitava interferir no casamento dos filhos. No entanto, diante do julgamento diário da imprensa enfrentado pela princesa grávida, a rainha sentiu que podia cuidar desse problema em particular. Ela tendia a concordar com a nora, que enfatizava precisar de "tempo e espaço" para digerir seu novo papel real. O secretário de imprensa da rainha, Michael Shea, foi orientado a organizar um coquetel para os editores de jornais, emissoras de televisão e agências de notícias. Somente Kelvin MacKenzie, editor do *Sun*, o mais agressivo dos tabloides, recusou o convite para a reunião pouco antes do Natal.

Shea disse aos editores reunidos que Diana estava "cada vez mais aflita" com o fato de não poder sair pela porta da frente sem ser seguida por fotógrafos.[2] Ele pediu moderação, e a rainha, em uma incomum demonstração de apoio e preocupação com a nora, compareceu ao coquetel e conversou com vários grupos de editores para reforçar a mensagem.

Dificilmente o encontro foi de mútua apreciação. Barry Askew, editor do hoje extinto *News of the World*, disse à rainha que, se a princesa queria privacidade, ela devia enviar um funcionário para comprar doces, em vez de ir por conta própria. A rainha respondeu secamente: "Essa foi a mais esnobe observação que já ouvi, Sr. Askew."[3]

A ironia da situação — a rainha, que raramente fazia compras por conta própria, criticando os comentários insensíveis do editor de domingo — perdeu-se na condenação geral e entusiasmada do infeliz Askew, que pouco tempo depois foi demitido.

Em questão de semanas, o apelo pessoal da rainha à imprensa foi esquecido. Em fevereiro de 1982, dois tabloides, o *Sun* e o *Daily Star*, publicaram fotografias de Diana, então grávida de cinco meses, correndo pela praia de biquíni na ilha de Windermere, no Caribe, onde ela e o marido passavam férias de verão. O casal real ficou lívido, ao passo que a rainha descreveu a intrusão como "um dos dias mais sombrios da história do jornalismo britânico".[4] A lua de mel entre a família real e a mídia definitivamente chegara ao fim. Embora ambos os jornais fingissem contrição, o fato era que as fotografias da princesa, especialmente de biquíni, vendiam que nem água. A rainha e seus conselheiros estavam em conflito direto com as imutáveis leis do mercado.

Felizmente, a sempre ávida imprensa não soubera do drama real que ocorria sob o teto da rainha. A cada dia, ficava mais nítido que o casamento do príncipe e da princesa de Gales, futuros rei e rainha, não estava

CASAMENTOS SOB O MICROSCÓPIO

funcionando. Um lacrimoso confronto entre os dois em Sandringham, em janeiro de 1982, semanas antes de eles partirem para as férias de verão, expôs a crescente clivagem do casal.

Eles tiveram uma briga furiosa sobre Charles e seu comportamento indiferente em relação à jovem esposa. O que aconteceu em seguida chocou a rainha e todos os presentes. Diana, de acordo com o próprio relato, jogou-se das escadarias da ala norte, que levavam aos aposentos da rainha-mãe. Embora ela chorasse, Charles a acusou de estar fingindo e saiu para cavalgar. Enquanto a princesa estava caída ao pé da escada, a rainha foi uma das primeiras a chegar. Diana posteriormente me disse: "A rainha chegou, absolutamente horrorizada, tremendo — ela estava muito amedrontada."[5] O medo da monarca era de que Diana sofresse um aborto.

Outros presentes descreveram um encontro menos dramático. Eles lembram que Diana pareceu tropeçar ao descer a escada e caiu, terminando perto das tigelas de comida dos corgis que a rainha-mãe estava reabastecendo ao pé da escadaria. A rainha e outros membros da família foram alertados sobre o incidente por um pajem. Diana se recompôs, dizendo estar perfeitamente bem e se desculpou pela confusão. Como precaução, a princesa foi examinada por um médico, o qual confirmou que tudo estava bem com ela e o bebê.

Mesmo que a rainha tivesse confiado na palavra da princesa — segundo a descrição desses outros presentes —, e ela tenha tropeçado, em vez de ter se jogado escada abaixo, a indiferença de Charles e o comportamento emocional de Diana eram motivo de preocupação. A rainha estava em uma situação difícil: não podia forçar o casal a se amar, ou mesmo a se gostar. Ela já havia tentado fazer isso durante o calamitoso casamento da irmã, a princesa Margaret, com Tony Snowdon. E aquele fora o primeiro divórcio da família real desde Henrique VIII. A diferença maior era que o matrimônio dos Snowdon começara a ter problemas depois de alguns anos, não alguns meses. A tática da rainha em relação ao filho e à nora foi ser paciente e demonstrar compreensão. O casamento deles não podia terminar no tribunal de divórcios.

Em março de 1982, a chegada de um grupo de sucateiros argentinos à isolada e inóspita ilha britânica da Geórgia do Sul, no Atlântico Sul, pôs fim a essas preocupações — ao menos por algum tempo. Ostensivamente, eles teriam ido até lá para demolir a velha estação baleeira, embora fontes diplomáticas suspeitassem de que se tratava de um grupo de provocação enviado pela junta militar que governava a Argentina, que há muito reivindicava domínio sobre esse território remoto e sobre as ilhas Malvinas, alguns quilômetros a oeste do país. A questão se agravou rapidamente, e as ilhas, guardadas por um pequeno contingente de fuzileiros reais, foram invadidas pelas forças argentinas. A então primeira-ministra Margaret Thatcher jurou retomar a colônia e formou uma força-tarefa para reafirmar o domínio britânico.

A armada naval rapidamente reunida incluía o subtenente príncipe Andrew, que era piloto de helicóptero da Marinha Real a bordo do porta-aviões HMS *Invincible*. Na quinta-feira, 1º de abril, Thatcher foi até o Castelo de Windsor a fim de avisar à rainha sobre o potencial conflito no Atlântico Sul e a intenção do governo de defender o território britânico. Quando a questão de Andrew e seu respectivo papel no conflito foi citada, a rainha, falando em nome do filho e do marido (que servira ativamente durante a Segunda Guerra Mundial), insistiu que o príncipe fosse tratado como qualquer outro oficial.

De acordo com um relato, Andrew ameaçou pedir baixa se o *Invincible* partisse sem ele. Logo depois dessa minicúpula, o Palácio de Buckingham publicou uma declaração da rainha: "O príncipe Andrew é um oficial de serviço e não há dúvidas de que deve ir." Em 5 de abril, ele e os colegas oficiais partiram para um futuro incerto e perigoso no Atlântico Sul.

O que ele, a rainha e a Sra. Thatcher não sabiam na época era que a junta argentina considerava a captura ou morte do príncipe Andrew e o afundamento do *Invincible* como principal objetivo de guerra. Durante

CASAMENTOS SOB O MICROSCÓPIO

uma reunião dos chefes de estado-maior argentinos em Buenos Aires, o almirante Jorge Anaya explicara aos colegas: "Será fácil vencer essa guerra. Tudo o que precisamos fazer é afundar um navio, o *Invincible*, e a Grã-Bretanha irá desmoronar." O plano dele era fazer um ousado ataque aéreo e concentrar toda a força aérea argentina no porta-aviões britânico.[6]

O papel do príncipe Andrew já era inerentemente perigoso. Além de sua unidade, o Esquadrão Aéreo 820, ter como missão busca e resgate, reconhecimento de submarinos e fornecimento aéreo, o helicóptero Sea King, no qual ele voava, fora designado como chamariz para mísseis. A força aérea argentina estava armada com mísseis Exocet franceses, e a teoria era que, quando um deles fosse lançado contra o *Invincible*, o helicóptero o atrairia para longe do navio. Quando o míssil seguisse o helicóptero, o piloto alcançaria altitudes acima da capacidade que o Exocet teria de alcançá-lo, o que faria com que o projétil voasse sob a aeronave, incólume, antes de cair na água. Ao menos, essa era a teoria. Na realidade, o Sea King seria o sacrifício que salvaria o porta-aviões. A tarefa era tão aterrorizante que, anos depois, quando deu uma entrevista à BBC sobre sua amizade com o pedófilo condenado Jeffrey Epstein, o príncipe Andrew admitiu que o fluxo de adrenalina que sofrera quando estava em confronto nas Malvinas o deixara incapaz de transpirar.

O "assustador" incidente que causou essa condição ocorreu em 25 de maio, durante o muito alardeado ataque ao HMS *Invincible*. Em vez de atingir o porta-aviões, os mísseis terminaram afundando o *Atlantic Conveyor*, navio de carga de quase 212 metros, causando a morte da tripulação de 12 pessoas.

Em Buenos Aires, a junta alegou falsamente que havia afundado o *Invincible* e publicou fotografias alteradas para a mídia mundial. Como quaisquer pai e mãe, a rainha e o marido estavam preocupados com o filho, especialmente conhecendo a posição precária da força-tarefa.

No dia seguinte, 26 de maio de 1982, durante a inauguração do gigantesco reservatório Kielder Water em Northumberland, a rainha disse à multidão: "Antes de começar, gostaria de dizer que nossos pensamentos estão com aqueles no Atlântico Sul, e nossas preces são pelo sucesso e seguro retorno de cada um para casa e para seus entes queridos."[7] Dias depois, a rainha novamente ficou abalada com as alegações argentinas de que o filho dela fora ferido, estava em mãos inimigas e o *Invincible* ardia em chamas. Até mesmo a princesa Anne fez uma rara visita à igreja local em Gloucestershire para se juntar às orações pelo bem-estar dos homens lutando no Atlântico Sul.

A força-tarefa britânica finalmente prevaleceu e, depois da rendição argentina em 14 de junho, Andrew aproveitou a oportunidade para visitar a capital das ilhas, Porto Stanley, onde conversou com a mãe, "surpresa" com o telefonema, utilizando um dos poucos telefones que funcionavam via satélite.[8]

Ele ficou mais dois meses embarcado e, durante esse tempo, foi rebaixado para terceiro na fila de sucessão depois que a cunhada deu à luz o príncipe William, em 21 de junho. A rainha foi uma das primeiras pessoas a conhecer o bebê, durante uma visita no Hospital de St. Mary, no centro de Londres. "Graças a Deus ele não herdou as orelhas do pai", disse jocosamente.[9] As orelhas de Charles eram tão proeminentes que não somente eram ridicularizadas pela mídia, como o príncipe considerara uma otoplastia.

Em um verão verdadeiramente significativo, os cartunistas se esforçaram para retratar um episódio da vida da rainha que foi tanto cômico quanto bizarro. No início da manhã de 9 de julho, Michael Fagan, um cidadão desempregado que possuía problemas mentais, invadiu o Palácio de Buckingham e, após uma série de acasos, conseguiu chegar ao quarto da rainha. A monarca, que acordara assustada, telefonou duas vezes para a polícia pedindo ajuda. Em um esforço para acalmar o invasor, ela ouviu atentamente enquanto ele descrevia os problemas conjugais e financeiros que estava enfrentando. Era a rainha se comportando não como líder, mas como mãe.

Aquela era a segunda vez que Fagan invadia o palácio sem ser detectado, e, no mínimo, sua incursão demonstrou a inadequação dos sistemas de

CASAMENTOS SOB O MICROSCÓPIO   239

segurança do lugar. Na segunda ocasião, ele queria especificamente ver a rainha — que, em sua mente, era um símbolo materno idealizado —, para que ela o ajudasse a solucionar a confusão na qual estava envolvido. Posteriormente, ele me disse: "Eu queria que ela fosse a mulher com quem eu pudesse me comunicar, que entenderia a mim e as minhas aspirações cotidianas. Eu queria que ela me conhecesse. Essa mulher é o pináculo de nossa sociedade, o auge de nossos sonhos. Somos animais tribais, e a rainha é a chefe da tribo. Eu queria falar com nossa chefe."[10]

A soberana tinha consciência de seu status mítico e certa vez dissera aceitar ser vista como arquétipo, um conceito desenvolvido pelo psicólogo Carl Jung no qual a sociedade projeta os próprios sonhos de maternidade, justiça e liderança na figura da monarca.

Durante sua busca autoimposta, Fagan caminhou de sua casa em Islington, no norte de Londres, até o perímetro do Palácio de Buckingham.

Ele escalou o muro com facilidade, entrou por uma janela aberta e, em pouco tempo, encontrou-se no Salão do Trono. Afortunadamente, ele pressionou sem querer um mecanismo oculto no rodameio de uma parede, abrindo uma porta secreta que levava aos aposentos privados da rainha.

A boa sorte continuou. Normalmente, um policial estaria sentado em frente ao quarto da rainha, mas seu turno terminara e o criado de libré da soberana, Paul Whybrew, acabara de sair com os corgis reais para a caminhada matinal. Em uma chance em um milhão, a rainha estava sozinha e desprotegida. Depois de abrir a porta silenciosamente, Fagan estava no quarto dela. Ele se escondeu atrás das cortinas e analisou a pessoa na cama, inicialmente achando que alguém tão pequeno só poderia ser uma criança. A fim de ver melhor a figura ali deitada, o invasor abriu as cortinas. A luz do sol que invadiu o quarto acordou a rainha, que, em vez de se deparar com a criada, viu-se diante de Fagan, descalço, vestindo jeans e camiseta, segurando um cinzeiro quebrado que cortara seu dedão.

Ela apertou o botão de alarme e então, de acordo com o relatório oficial do comissário-adjunto Dellow, da Scotland Yard, fez o primeiro de dois chamados para que a telefonista do palácio enviasse a polícia até seu quarto. Enquanto a rainha esperava, ela reagiu de acordo com o manual, permanecendo calma e controlada enquanto conversava polidamente com o intruso. Ela ouviu os problemas de Fagan e falou sobre os próprios filhos, comentando que o príncipe Charles era mais ou menos da idade dele.

Seis minutos depois, a rainha fez outro chamado, perguntando friamente por que não houvera resposta ao primeiro. Então usou o pretexto de Fagan desejar um cigarro para chamar a criada Elizabeth Andrew até seu quarto. Quando viu Fagan sentado na beira da cama da soberana, a espantada criada pronunciou a frase imortalizada: "Puta merda, madame. O que ele está fazendo aqui?"[11] Após o incidente, o acentuado sotaque do norte inglês da criada se tornou parte do repertório cômico da rainha.

A versão de Fagan, que variou com o tempo, é diferente. De acordo com ele, não houve conversa. Em vez disso, a rainha pegou o telefone branco, pediu ajuda e então gritou "Vá embora, vá embora", antes de pular da cama e sair correndo do quarto. O confronto terminou em segundos, e Fagan foi deixado sozinho e chorando na cama vazia. Alguns minutos depois, ele foi empurrado até uma despensa por Paul Whybrew, que acabara de retornar da caminhada com os cães.

Ele se lembra de ouvir a rainha ordenar: "Dê uma bebida a esse homem." O criado de libré, pasmado com a calma da rainha, conduziu o passivo Fagan ao vestíbulo dos pajens e o serviu de uma dose de uísque.

Enquanto seguia as ordens da rainha, ele a ouviu gritando ao telefone, questionando por que a polícia ainda não havia chegado. "Jamais ouvi a rainha tão furiosa", disse ele posteriormente aos colegas.[12]

O inquérito subsequente revelou todo um catálogo de falhas: de câmeras externas e outros mecanismos de detecção desativados no perímetro do palácio ao policial de plantão se dando ao luxo de trocar de uniforme antes de atender ao chamado da monarca.

A rainha ficou igualmente irritada com o fato de um assunto doméstico se tornar alvo de grande interesse público e com a falha de segurança que permitira que Fagan chegasse ao quarto. "Ela precisa de um abraço, Philip", disse o *Daily Mirror* enquanto a nação discutia alegremente sobre

CASAMENTOS SOB O MICROSCÓPIO

os quartos separados da rainha e do príncipe consorte.[13] A realidade era que o casal real dividia a mesma cama, mas, por azar, o príncipe Philip dormira no próprio quarto antes de sair muito cedo para exercitar seus cavalos.

Ele ficou furioso com a incompetência da polícia e elogiou a bravura da esposa. Ela ignorou os aplausos e disse a amigos que todo o acontecimento fora surreal demais para ser levado a sério. Houve outras consequências infelizes. Michael Rauch, um garoto de programa, leu sobre o incidente Fagan e decidiu ir até a redação do jornal *The Sun* e contou sobre seu caso com o guarda-costas da rainha, o comandante Michael Trestrail. O oficial, apelidado de Aquarius porque carregava a água mineral da rainha, imediatamente pediu demissão.[14]

Foi uma época profundamente estressante. Alguns dias depois, não somente morreu Lord Rupert Nevill, amigo de infância da rainha e secretário particular do príncipe Philip, como o IRA plantou bombas em Hyde Park e em um coreto em Regent's Park, matando e ferindo soldados e cavalos dos regimentos de cavalaria Blues and Royals e Green Jackets. A explosão inicial matou quatro soldados do Blues and Royals e feriu outros 23. Sete montarias morreram imediatamente ou tiveram de ser sacrificadas no local. Um dos cavalos, Sefton, sobreviveu à cirurgia de oito horas para remover pregos e outros estilhaços de seu corpo ensanguentado. A segunda bomba, escondida em um coreto no qual músicos do regimento Green Jackets se apresentavam, matou sete pessoas e feriu mais de cinquenta. Naquela noite, a rainha foi ouvida repetindo "Os pobres cavalos, meus pobres soldados" enquanto absorvia o horror daquele dia.[15]

Embora ela fingisse fazer pouco caso do incidente com Fagan, aquela foi, de acordo com amigos, uma época estressante e desconcertante que abalou o famoso equilíbrio da rainha por meses. "Ela disse que conhecia tantas pessoas malucas que uma a mais não fazia diferença", lembrou a amiga Margaret Rhodes; ela acreditava que a soberana projetava uma atitude corajosa para esconder o choque.[16] Seus instintos se provaram corretos quando a monarca, sentindo-se sobrecarregada, decidiu, pela primeira vez na vida, que precisava de aconselhamento médico. Ela pediu a Betty Parsons, a pragmática doula que lhe ensinara exercícios respiratórios antes do nascimento do príncipe Edward, que fosse até o palácio para ajudá-la a recobrar a paz de espírito.[17] O mantra de Parsons era simples, mas efetivo: relaxe os ombros, expire lentamente, faça uma pausa e por fim inspire. Então repita. A tranquilizadora repetição, que se tornou uma espécie de meditação, ajudou a restaurar a muito necessária calma no coração da monarca.

Ela recuperou ainda mais o equilíbrio quando, em 21 de julho, o príncipe Andrew retornou a Portsmouth a bordo do HMS *Invincible*. O príncipe desceu a prancha saltitando, havia uma rosa vermelha entre os dentes, a fim de abraçar o pai e a mãe, nitidamente maravilhados — assim como muitas outras famílias — pelo fato de o filho ter voltado para casa são e salvo. Andrew foi celebrado como herói de guerra e se tornou um dos solteiros mais cobiçados do mundo.

Durante a licença do filho, a rainha alegremente concedeu permissão para que ele e um grupo de amigos, entre os quais a atriz Kathleen "Koo" Stark, a quem ele namorava discretamente fazia algum tempo, ficassem no refúgio da princesa Margaret, no topo de uma falésia, na minúscula ilha de Mustique, um paraíso tropical no mar das Caraíbas. Por coincidência, um repórter fotográfico e a namorada estavam no mesmo voo da British Airways para Barbados que o grupo real. Ele descobriu que Andrew e Koo viajavam juntos sob os nomes de Sr. e Sra. Cambridge. Na época, ninguém tinha certeza se o príncipe tinha ou não se casado em segredo com a atriz norte-americana. Quando posteriormente se descobriu que Koo trabalhara em um tépido filme erótico de rito de passagem chamado *Emily*, houve desaprovação global, orquestrada não somente pelos jornais, como também pelos legisladores britânicos, horrorizados com o fato de a rainha permitir que o filho se casasse com uma "atriz de pornô soft" — uma descrição ultrajantemente falsa.[18]

A histeria da mídia internacional para tirar a primeira foto dos pombinhos juntos no paraíso foi tanta que o fotógrafo de um tabloide norte-

CASAMENTOS SOB O MICROSCÓPIO 243

-americano pensou em contratar um submarino e fotografar o casal pelo periscópio. As manchetes sugerindo que a rainha estava "furiosa" com a escolha de Andrew estavam muito longe de serem legítimas. Ela conhecera Koo antes de convidá-la para se hospedar em Balmoral e, como Diana e outros membros da família, a considerara polida, brilhante e capaz de manter conversas interessantes. O único comentário que fizera quando o romance se tornara público foi: "Eu gostaria que eles se referissem a vocês como Kathleen e Andrew." À própria maneira, a rainha, que sabia que Kathleen era boa para seu filho, tentou modificar a narrativa sobre o casal. Ela demonstrou apoio à escolha do filho quando, de acordo com Kathleen, convidou o casal para um piquenique no qual eles poderiam ser fotografados pelos paparazzi. Ela lembrou: "Sua Majestade fez questão de abrir o jornal *News of the World* [manchete da primeira página: "RAINHA EXPULSA KOO"]. Suas ações foram nítidas enquanto ela servia o chá."[19] Em 1983, a rainha deu outro passo incomum quando foi aos tribunais e aceitou um acordo extrajudicial sobre as alegações dos jornais de que a namorada de Andrew se hospedava com frequência no Palácio de Buckingham.

Talvez inevitavelmente, o casal se afastou, embora os dois tenham permanecido amigos.

Entretanto, apesar da escolha infeliz em termos de carreira no cinema, é provável que Kathleen Stark pudesse ter sido a primeira atriz norte-americana a se casar com um membro da família real, em vez de Meghan Markle.

Nesse meio-tempo, a única filha da rainha enfrentava as próprias questões conjugais. A publicação oficial das fotografias da princesa Anne e do capitão Mark Phillips para celebrar o 34º aniversário dele foi encarada pelos bem-informados como mais uma tentativa de alterar as percepções em relação ao casal real. Eles viviam cercados pelos rumores sobre a situação de seu casamento, especialmente depois que os tabloides afirmaram que o guarda-costas de Anne, Peter Cross, fora removido do grupo de proteção real e transferido para a guarda uniformizada depois de agir de modo "familiar demais" com a filha da rainha. Mesmo depois de afastado dos deveres reais, Cross e Anne mantiveram contato por telefone ou em refúgios onde se encontravam. Ela usava o código Sra. Wallis, presumivelmente uma referência a Wallis Simpson, quando telefonava. Até que ponto a rainha sabia sobre o comportamento de Anne é questão de debate. Como casos extraconjugais usualmente são conduzidos em segredo, é pouco provável que a princesa tenha feito confidências à mãe. A rainha, porém, podia estar ciente do fato, mais problemático e preocupante, de que o casamento da filha estava em crise.

Igualmente preocupante era a cada vez mais intensa narrativa negativa sobre Diana nos tabloides. Não mais considerada a princesa dos contos de fadas, ela foi acusada de ser "um demônio" e "um monstro" pelo influente colunista de fofocas Nigel Dempster, e a responsável por uma onda de demissões no palácio — entre elas, as do guarda-costas, do valete e do secretário particular de Charles. A princesa, magoada com as críticas, disse a jornalistas durante um evento público: "Eu não demito pessoas."[20]

A rainha demonstrou confiança na nora e concordou com o pedido, recusado por seu secretário particular, Sir Philip Moore, e pelo príncipe Charles, de representar a família e a monarquia no funeral da princesa Grace de Mônaco, que morrera em um acidente de carro em setembro de 1982.

O comportamento modesto e digno de Diana durante o emotivo funeral convenceu a rainha de que sua política de discreta compreensão e apoio à princesa de Gales rendia dividendos. O ponto de virada foi a altamente bem-sucedida viagem de seis semanas do casal real à Austrália e à Nova Zelândia em abril e maio de 1983. A extenuante viagem — o casal fez mais de cinquenta voos — demonstrou para a rainha que Diana tinha resistência e brilho para fazer das visitas um sucesso.

Contudo, um monstro de olhos verdes se escondia sob a superfície. No auge da viagem, o príncipe Charles ficou cada vez mais enciumado com a popularidade da esposa. Durante as interações com o público, a multidão resmungava se Charles ia para seu lado da rua, dando vivas apenas quando

CASAMENTOS SOB O MICROSCÓPIO 245

Diana se aproximava para apertar mãos. Embora ele falasse com leveza sobre o assunto em seus discursos, em caráter privado isso o aborrecia. Era outra indicação do crescente afastamento entre os dois. Essas nuvens tempestuosas deram passagem a um raio de sol quando Diana descobriu que estava grávida do segundo filho. Uma nova vida, um novo início, era sempre fonte de prazer para a rainha, dando-lhe uma sensação de história sendo criada. O príncipe Harry nasceu em 15 de setembro de 1984 e, com sua chegada, a rainha esperava que os graves problemas conjugais entre Charles e Diana ficassem para trás.

Ela convidou Andrew, um passional fotógrafo amador, para fotografar seu sexagésimo aniversário, e o resultado foi uma mãe relaxada e sorridente, de braços cruzados e vestindo um *twinset*. Ela era muito mais matriarca que monarca.

Para celebrar esse marco pessoal, selos postais foram impressos, documentos laudatórios foram editados e um curto musical foi encomendado pelo príncipe Edward. O ponto alto foi o evento de gala na Royal Opera House, onde Frederick Ashton coreografou um balé de oito minutos, *Nursery Suite*, que retratava a infância feliz da rainha e da irmã. A princesa Margaret, conhecendo o caráter da pragmática irmã mais velha, avisou que ele não devia tornar a obra extravagante demais. O curto balé foi um sucesso; a rainha, a mãe e a irmã terminaram "chorando rios", como escreveu Margaret, após assistir ao afetuoso retrato, com memórias felizes suscitadas pelas músicas daquela época.[21]

De fato, ao contrário da crença popular, a rainha não era imune às lágrimas. Uma semana depois, em 29 de abril, a princesa de Gales descreveu o espanto que sentiu ao ver a rainha chorando ao lado do túmulo da duquesa de Windsor, uma mulher que ela encontrara poucas vezes e mal conhecera. A princesa concluiu que foi a morte de uma figura um tanto trágica, que passara os últimos anos de vida acamada, o que dera origem à emoção da monarca. As lágrimas talvez fossem de rememoração e arrependimento. Aquele breve rompante emocional foi suficiente para chocar Diana, que posteriormente disse à escritora Ingrid Seward: "Estávamos eu, Charles e a rainha ao lado do túmulo, e quando ela começou a chorar pensei: *Não consigo acreditar que isso está acontecendo!*"

Diana acrescentou que a rainha fora "incrivelmente gentil" com a duquesa em seus últimos anos de vida, particularmente pagando as contas da mulher.[22] Depois daquele dia, a princesa jamais voltou a ver a rainha chorar novamente, fosse em caráter público, fosse em privado.

Entretanto, ela pode ter tido vontade de derramar lágrimas de alegria algumas semanas depois, em um ensolarado dia de julho de 1986, quando, no dia do casamento de Andrew, viu o sorridente príncipe esperar que a noiva, Sarah Ferguson, duquesa de York, a partir de então Sua Alteza Real, caminhasse até o altar da Abadia de Westminster. O matrimônio era fonte de satisfação tanto para a rainha quanto para o príncipe Philip. Depois que o romance com Koo Stark terminara, Andrew ganhara a reputação de príncipe playboy. Uma das namoradas casuais do príncipe vendera a história de proezas sexuais tarde da noite sob uma palmeira em uma praia do Caribe. As revelações da mulher haviam coincidido com a venda, por parte do amante detetive da princesa Anne, Peter Cross, da própria relação com a princesa para um tabloide de domingo em setembro de 1985. A rainha e o príncipe Philip pouco puderam fazer sobre as alegações do detetive, com exceção de esperar que a tempestade passasse; no caso de Andrew, eles agiram rapidamente. Algumas severas palavras de censura de Philip parecem ter dado conta do recado. Desde então, o príncipe passara a namorar o "tipo certo" de garota. Sarah definitivamente se enquadrava nessa categoria. Filha do major Ronald Ferguson, instrutor de polo do príncipe Charles, Sarah era um rosto familiar nos círculos reais. Ruiva e cheia de sardas, ela era exuberante, enérgica e gostava de rir. Durante a semana das corridas em Ascot, a jovem foi convidada a se hospedar no Castelo de Windsor pela amiga, a princesa de Gales. Durante um almoço, Sarah e Andrew se interessaram um pelo outro, e o príncipe ficou oferecendo a ela profiteroles de chocolate, por mais que Sarah afirmasse estar de dieta. Como ele posteriormente lembrou, "tinha que começar de algum lugar".[23]

CASAMENTOS SOB O MICROSCÓPIO

Embora tivesse namorado antes, e possuísse um "passado", ninguém na família real parecia particularmente preocupado. Ela, sem sombra de dúvida, era um deles. A rainha-mãe gostou dela de imediato. "Ela é tão inglesa", comentou. Em uma carta à rainha, datada de 10 de abril, ela cumprimentou a futura noiva por quão bem se encaixara durante o feriado de Páscoa em Windsor. "Ela é alegre e parece tão grata e feliz por fazer parte de uma família unida. Além disso, é devotada ao querido Andrew. Parece muito promissor, o que é um conforto."[24] Não dita, mas compreendida, estava a implicação de que a união não seria sem esperança, como a de certos membros da família — a saber, o príncipe e a princesa de Gales. Em 1986, eles já levavam vidas separadas: Charles voltara para a Sra. Parker Bowles e ele e Diana haviam desistido depois de terem "tentado", como ele posteriormente declararia durante o horário nobre da televisão.[25] Diana encontrou conforto nos braços de seu guarda-costas, Barry Mannakee, e depois com James Hewitt, capitão do Exército. Durante a cerimônia de casamento, Diana parecia estranhamente distraída. Isso se devia ao fato de que a princesa acabara de saber que, em função das queixas de outro oficial, Mannakee fora removido de sua equipe de segurança.

A rainha esperava que a alegre, animada e infinitamente otimista Fergie ajudasse Diana a se livrar do humor sombrio e se unir ao restante do clã. A duquesa dirigia charretes com o príncipe Philip — que a descreveu como uma "grande aquisição" — e regularmente cavalgava e almoçava no Palácio de Buckingham com a rainha.[26] Ela fazia um grande contraste se comparada a Diana.

A chegada de Fergie de fato marcou uma mudança no comportamento da princesa de Gales, embora não uma que fosse bem-vinda pela rainha. Para a despedida de solteiro de Andrew, Diana, Fergie e várias amigas se vestiram de policiais e tentaram "prender" o príncipe na casa onde acontecia a festa. Quando isso não deu certo, elas terminaram no clube noturno Annabel para rodadas de mimosa (um coquetel à base de champanhe e suco de laranja). Um cliente perguntou a Diana se ela queria outra bebida, ao que ela respondeu: "Eu não bebo em serviço."[27] Evidentemente ela bebia, pois havia um copo em frente a ela. Quando a história chegou à rainha, ela ficou profundamente irritada com o fato de a futura monarca da Inglaterra estar desfilando por Londres vestida de policial, o que, tecnicamente, era um delito. Quando ela conversou com a princesa, Diana se defendeu argumentando que tudo não passava de diversão.

Ela explicou que não tivera intenção de aviltar nem a rainha nem a monarquia. Não querendo um confronto, a soberana aceitou a explicação inócua. Contudo, as tolices continuaram. Fergie e Diana cutucaram a amiga Lulu Blacker no traseiro com suas sombrinhas em Ascot, brincaram de se empurrar durante uma fotografia em uma pista de esqui — sendo repreendidas pelo príncipe Charles — e dançaram cancã durante um jantar no Castelo de Windsor. Diana também foi criticada por vestir calças de couro vermelho em um show de David Bowie.

O mundo deu voz a sua desaprovação. "Frivolidade demais", reclamou o *Daily Express*, ao passo que outros acusaram as duas mulheres de se comportarem como atrizes de novelas.[28] A duquesa de York era especialmente criticada por seu estilo de gosto duvidoso, pelas festas regadas a champanhe que promovia em suas acomodações no Palácio de Buckingham (seu grande deleite com a vida real era organizar esses eventos regularmente) e pelo descarado parasitismo. Não demorou muito para que ela fosse chamada de "*Freebie* Fergie" [Fergie Aproveitadora] e descrita como "vulgar" pelos frequentadores do palácio. A maré começava a virar.

Ironicamente, o acontecimento que desencadeou uma tempestade de críticas e marcou a drástica mudança nas atitudes do público em relação à rainha e à família real foi organizado pelo filho mais novo da soberana, o príncipe Edward. Recém-formado em Cambridge, ele se alistou nos fuzileiros navais, mas, depois de alguns meses, percebeu ter feito a escolha errada. Para grande desapontamento da rainha, do príncipe Philip e da rainha-mãe, Edward pediu desligamento do corpo de infantaria da Marinha. Como durante seu tempo de faculdade ele gostara de atuar, decidiu deixar sua marca no mundo do teatro.

CASAMENTOS SOB O MICROSCÓPIO

Em meados de 1987, antes de embarcar em sua nova carreira, Edward começou a organizar um programa de TV chamado *It's a Royal Knockout* [É um nocaute real], com o objetivo de arrecadar fundos para quatro organizações de caridade. Ele convocou três outros membros da família real: o duque e a duquesa de York e a princesa Anne, que se uniram ao príncipe como capitães de quatro equipes de celebridades, que incluíam os atores John Travolta e o eterno *Superman* Christopher Reeve, além da estrela do rock Meat Loaf. O plano era que as quatro equipes, elegantemente vestidas com trajes da era Tudor, competissem em uma série de jogos pastelão.[29] Embora a intenção fosse inocente, o príncipe Charles achou que essa mistura entre pantomima e monarquia era um desastre iminente. Ele se recusou a participar e proibiu a mulher de se envolver. Inicialmente, Diana se ressentiu; posteriormente, porém, teve motivos para agradecer ao marido por impedi-la de passar vergonha.

Charles falou com a mãe e a aconselhou a não dar permissão ao caçula para continuar com o programa. Quando a rainha foi abordada, estava munida dos mesmos instintos de seu primogênito. Ela foi apoiada por sua equipe administrativa, a qual acreditava que o programa, gravado em junho de 1987, exporia a família real ao ridículo.

Edward solicitou uma reunião com a mãe e a combinação do entusiasmo juvenil com a ênfase na contribuição filantrópica conseguiu fazê-la mudar de opinião. Os filhos da rainha e os respectivos consortes sabiam que falar pessoalmente com a monarca costumava superar o peso da opinião dos membros da corte. Um exemplo foi quando Diana a procurou diretamente, ignorando a opinião do marido e do conselheiro particular da rainha, a fim de pedir permissão para comparecer ao funeral da princesa Grace de Mônaco. (Quando Meghan e Harry planejaram sair do mundo monárquico, outros membros da família real e da corte se esforçaram para garantir que o príncipe não concretizasse a planejada reunião pessoal com a rainha em Sandringham, ela própria inclusa, consciente de que tinha "um fraco" por seus familiares.)

Ao menos dessa vez, os instintos do príncipe Charles se provaram acurados. A reação ao programa foi totalmente negativa, tendo sido considerado comédia pueril que aviltava a família real. A rainha-mãe ficou tão furiosa que convocou Andrew, Edward e Anne e lhes passou um sermão, acusando-os de, em uma única noite, destruírem a reputação da monarquia que ela e o falecido rei haviam passado a vida toda construindo. A reação da rainha foi mais branda: embora o programa tivesse sido criado por razões altruístas, ela concordou que a família real fora transformada em uma novela.

A autoanálise foi acompanhada por uma mudança geral na atitude da mídia e do público: passaram a achar que os membros mais jovens da família real eram frívolos e irrelevantes, pouco fazendo para justificar a generosidade dos contribuintes em uma época de desemprego em massa e crescente divisão social. A decisão da rainha de gastar US$5 milhões com o duque e a duquesa de York na construção de Sunninghill Park (uma grande casa estilo rancho chamada de "Southyork", em alusão ao programa televisivo *Dallas*) parecia sugerir que ela não estava ciente do humor de seu povo. Mesmo que houvesse muitas casas menores e mais apropriadas pertencentes à Coroa que serviriam para o casal real, a rainha cedera novamente, a generosidade superando o bom senso. Como comentou um membro da corte, "a rainha é disciplinada com as próprias questões econômicas, mas muito extravagante com os filhos, demonstrando grande indulgência financeira".[30]

O comportamento imaturo dos membros mais jovens da família real permitiu que os críticos se voltassem contra a rainha, tendo o primeiro ataque coincidido com o casamento de Andrew e Sarah. Pouco antes do grande dia, o *Sunday Times* informou aos leitores que a rainha considerava o estilo de governo da Sra. Thatcher "indiferente, agressivo e desagregador".[31] Pela primeira vez, um artigo, citando fontes anônimas, tratava do elefante constitucional na sala: a rainha, por instinto e treinamento, era conciliatória e aberta ao compromisso, e por isso estava alarmada com o estilo contencioso da primeira-ministra, que deliberadamente não

CASAMENTOS SOB O MICROSCÓPIO 251

cedia a greves (em particular as ocorridas na indústria do carvão), a fim de enfraquecer os sindicatos. Durante seu mandato, o Norte sofrera e o Sul prosperara. Na linguagem política da época, a rainha era "mole" e a Sra. Thatcher era "dura". O que quer que a soberana pudesse pensar das políticas governamentais, não cabia a ela articular opiniões, de uma maneira ou de outra. Isso era um tabu constitucional e, durante 34 anos, ela fora, como diria sua mãe, "uma ostra" no que dizia respeito às próprias posições políticas. Teve início a caçada pela "fonte anônima", que se revelou ser o secretário de imprensa da rainha, Michael Shea. Ele negou veementemente ter feito tal declaração que lhe fora atribuída, mas o dano estava feito e, alguns meses depois, ele deixou o cargo. O episódio abalou o até então sereno relacionamento entre a rainha e a primeira-ministra. A preocupação foi tanta, de ambos os lados, que a soberana telefonou para a chefe de governo a fim de se desculpar pelo constrangimento causado pelo episódio. A Sra. Thatcher, por sua vez, temia que a matéria afetasse o apoio que recebia entre as bases; outros políticos, igualmente "duros" de serem persuadidos, sentiam que uma monarca com viés político era uma monarca dispensável.

O comportamento do príncipe consorte não ajudava. Alguns meses depois, em outubro de 1986, a rainha e o príncipe Philip voaram para a China rumo à primeira visita oficial ao país. Durante a viagem, o príncipe enfiou os pés pelas mãos ao dizer a um grupo de estudantes que todos na comitiva real ficariam "de olhos puxados" se permanecessem na China por muito mais tempo. O comentário improvisado foi evidentemente racista e um insulto aos anfitriões, que escolheram ignorar a questão. A imprensa britânica, entretanto, não fez o mesmo, e, utilizando um trocadilho infame com *wall* [muralha], intitulou o marido da rainha de "The Great Wally of China" [algo como "O Grande Tolo da China", em referência à Grande Muralha].[32] Essa permaneceria sendo considerada a pior de suas gafes até 2021, ano de falecimento do príncipe.

Em meio a esse autoinfligido bombardeio em massa de manchetes negativas, um membro da família conseguiu se esquivar da repercussão.

A princesa Diana foi perdoada por todas as tolices inspiradas por Fergie ao apertar, sem luvas, a mão de um paciente com aids no Hospital Middlesex, em Londres, em abril de 1987. Em uma época na qual a doença era chamada de "peste gay", sem cura à vista, o comportamento da princesa ganhou aprovação em nível mundial e ocupou as manchetes internacionais.

Quando se soube que a rainha e seus conselheiros haviam recomendado cautela, a corajosa atitude de Diana foi colocada como contraponto positivo à tolice autoindulgente dos outros membros da família real, um ponto de vista que se tornou mais pronunciado após a transmissão do programa *It's a Royal Knockout*. O consenso emergente era de que Diana era diferente e se importava com as pessoas ditas comuns.

A narrativa de uma família desconectada das realidades modernas foi amplificada no fim da década de 1980, após uma série de tragédias: o naufrágio da balsa MS *Herald of Free Enterprise* minutos depois de partir do porto belga de Zeebrugge (193 mortos), em março de 1987; a explosão da plataforma de petróleo Piper Alpha no mar do Norte (167 mortos), em julho de 1988; e a queda do voo 103 da Pan Am na cidade escocesa de Lockerbie, causada pela explosão de uma bomba a bordo (270 mortos, a bordo e em terra), em dezembro do mesmo ano. Depois do atentado, a rainha enviou Andrew como seu representante até o local da queda, na fronteira entre a Inglaterra e a Escócia. Os comentários insensíveis que ele fez, sugerindo que os passageiros norte-americanos haviam sofrido mais que os moradores escoceses que morreram em terra, atingidos pelos destroços do avião, provocou renovados pedidos de que a rainha fosse pessoalmente aos locais de tragédia no futuro. Parecia que pouca coisa mudara desde o desastre de 1966 em Aberfan. Posteriormente, ela admitiu para seu secretário particular, Robert Fellowes, que deveria ter aceitado o conselho dele e ido até lá.[33]

Na cerimônia realizada em memória das vítimas de Lockerbie, ninguém pôde deixar de notar que não havia sequer um membro real representando a rainha. "Onde está a realeza?", perguntou o jornal *The Sun*, estampando fotografias da família real cavalgando, esquiando e tomando banho de sol.

CASAMENTOS SOB O MICROSCÓPIO

Essa imagem negativa se fundiu ao debate sobre a introdução do *poll tax*, um imposto *per capita* cobrado aos cidadãos, independentemente da renda do contribuinte. Como taxava indivíduos e não propriedades, a medida afetava desproporcionalmente os mais pobres, ao mesmo tempo que oferecia considerável economia aos mais ricos. A introdução do novo imposto provocou uma onda generalizada de tumultos e efetivamente pôs fim à carreira da primeira-ministra Thatcher. Durante essa época de rebuliço social, revelou-se que o mordomo do príncipe Charles pagava tanto imposto quanto ele, ao passo que o príncipe economizava milhares de dólares na taxação de suas propriedades. O mesmo se dava com outros membros da família real. Além disso, relatou-se que, durante o período de arrocho econômico nacional, nenhuma taxa recaiu sobre a renda pessoal da rainha.

O editorial de Andrew Neil no *Sunday Times* argumentava que chegara a hora de a rainha pagar impostos e os membros não produtivos da família real serem removidos da Lista Civil.[34]

Elizabeth não somente foi criticada por seus privilégios fiscais, como também cometeu erros no mundo das corridas de cavalos, no qual sempre tivera reputação impecável, gozando de respeito e admiração ímpares. A saga começou em 1982, quando a rainha, aceitando o conselho de seu administrador de corridas, Lord Carnarvon, comprou os estábulos de West Ilsley com o montante proveniente da venda de sua égua Height of Fashion para o sheik Hamdan al Maktoum, da família real de Dubai.

Um dos treinadores a usar o estábulo era o altamente respeitado major Dick Hern, que trabalhava para a rainha desde 1966. Ele vivia em uma casa nas proximidades, também comprada pela monarca. Em 1984, após um acidente de caça, o major ficou confinado a uma cadeira de rodas, mas continuou treinando e desenvolvendo vencedores notáveis. Quatro anos depois, foi submetido a uma cirurgia cardíaca de peito aberto. O major ainda se recuperava no hospital quando, em agosto de 1988, Lord Carnarvon lhe disse que ele tinha duas semanas para desocupar o estábulo e a casa onde morava. O mundo das corridas ficou horrorizado com o tratamento dado a uma figura tão popular. A preocupação era tanta que o prestigiado treinador Ian Balding saiu à procura do secretário particular da rainha, Robert Fellowes — na ocasião, de férias nas Bahamas —, e disse a ele que, a menos que a monarca revisasse o arranjo com Hern, ela corria o risco de ter seus cavalos vaiados na baia dos campeões. O que mais chocou a comunidade das corridas foi o fato de, aparentemente, a soberana ter aprovado o tratamento dirigido ao leal treinador. "A rainha fez algo que eu julgava impossível", comentou Woodrow Wyattum, político de direita e amigo íntimo da rainha-mãe. "Ela transformou o Jockey Club e o mundo das corridas em republicanos."[35]

A situação revelou uma inesperada tendência da rainha: a de prontamente aceitar os conselhos daqueles em quem confiava sem questioná-los — nesse caso, seu administrador de corridas, agora sétimo conde de Carnarvon. A questão foi finalmente resolvida para satisfação geral: Elizabeth permitiu que Hern permanecesse na casa e usasse os estábulos de West Ilsley. Mais irritante para a rainha, como criadora de cavalos de corrida, foi o fato de um cavalo treinado por Hern, Nashwan, galopar para uma vitória de cinco corpos (medida utilizada para definir a "reserva" de vantagem que o competidor possuía ao terminar a prova), em junho de 1989, no Derby de Epsom — a única grande competição que ela jamais venceu.

Essas questões deixaram de ser importantes quando, em 2 de agosto de 1990, o Iraque invadiu o Kuwait; cinco meses depois, teve início a Guerra do Golfo. Antes que as tropas aliadas partissem para a batalha, a rainha fez seu primeiro discurso televisionado para toda a nação. As palavras da soberana foram sutis e sóbrias, torcendo pela rápida resolução do conflito e perda mínima de vidas. Como contraponto ao discurso da monarca, os jornais continuaram a se concentrar no comportamento egoísta de outros membros da família real.

"O país está em guerra, embora ninguém fosse acreditar nisso diante do comportamento de alguns membros do clã de Sua Majestade",[36] disse o editorial do *Sunday Times*.

O jornal citou a duquesa de York esquiando, o príncipe de Gales caçando faisões, o duque de York jogando golfe e Lord Linley, sobrinho da rainha, em um clube noturno em uma ilha caribenha, usando batom vermelho e posando ao lado de outros homens vestidos de mulher. Mesmo que depois tenha se descoberto que a fotografia fora tirada muito antes da Guerra do Golfo, o dano estava feito.

O especialista em realeza Harold Brooks-Baker, diretor da Burke's Peerage (editora especializada na genealogia da nobreza britânica), disse que a guerra só serviu para cristalizar o que descreveu como o crescente ressentimento público com o comportamento de certos membros da família real.[37]

A rainha, irritada com as acusações de que a família não apoiava as tropas britânicas, autorizou a publicação de uma declaração em seu nome: "Todos os membros da família real apoiam totalmente as forças britânicas." A isso se seguiu um longo inventário das visitas e de eventos reais organizados em nome dos militares e das respectivas famílias.[38]

Estava mais que na hora de retomar o controle da narrativa e demonstrar a importância da monarquia para a vida nacional. A rainha e sua família podiam apoiar as forças militares, mas um futuro membro da Casa de Windsor pensava diferente. A 9.600 quilômetros dali, em um subúrbio de Los Angeles, uma garota de 9 anos liderou uma manifestação escolar contra a Guerra do Golfo. Os cartazes e faixas da menina foram enquadrados nas transmissões da estação de notícias local, a KTLA. A garota de sardas no rosto liderando a manifestação não era outra senão Rachel Meghan Markle.

11

Annus horribilis

Na noite de 6 de fevereiro de 1992 — o quadragésimo aniversário de ascensão da rainha ao trono —, as empresas de água e eletricidade da Grã-Bretanha registraram um aumento histórico e alarmante do consumo. Reservas de emergência foram acionadas para atender à demanda. A razão para isso foi a transmissão de um notável documentário ao fim do qual os telespectadores prepararam chá ou usaram o banheiro. Cerca de trinta milhões de pessoas — metade da população — ligou a televisão para assistir a um ano da vida da mais famosa anciã e avó do planeta, Sua Majestade, a rainha Elizabeth II. Como Eddie Mirzoeff, diretor de *Elizabeth R*, observou: "Em uma época na qual a soberana era bastante ignorada, havia necessidade de lembrar à nação quem ela era."[1]

Durante anos, ela fora eclipsada pelos filhos, cujas palhaçadas televisivas haviam feito pouco para enaltecer a Coroa. O documentário foi diferente. Mirzoeff, que passara um ano e meio filmando a monarca em banquetes de Estado, com os netos em Balmoral, reunindo-se com líderes mundiais e até mesmo apostando em cavalos, garantiu que a rainha fosse a estrela do show. Philip fez somente uma breve aparição e os filhos foram mantidos fora de cena, ao contrário do primeiro documentário sobre a monarquia, *Royal Family*, transmitido em 1969.

Mirzoeff se concentrou no status da rainha como chefe de Estado, cargo que ocupou durante toda a vida. Era uma posição única e solitária, que tantos retratistas — particularmente o italiano Pietro Annigoni — já haviam tentado capturar. Embora fosse magra e baixinha, ela exalava majestade. Funcionários recobram encontros nos quais a monarca encarnava "a presença". Entretanto, uma presença com senso de humor — característica que Mirzoeff capturou durante o Derby. No dia da corrida, o espectador teve um vislumbre da figura quase infantil, irônica e muito bem-informada por trás da máscara da monarca. Ela foi vista assistindo a corridas de cavalos na televisão do camarote e então correndo até o balcão quando os cavalos se aproximaram da linha de chegada. E gritando, empolgada: "É meu cavalo! [...] Venci o placê!" O prêmio foi de £16 (cerca de US$20) e, a despeito de ser uma das mulheres mais ricas do mundo, ela ficou genuinamente alegre. Ao embolsar o dinheiro, deu um sorriso cúmplice na direção da câmera.

Posteriormente, ela disse a Mirzoeff que o documentário fora "a única coisa boa" daquele ano. Na narração do filme, a rainha forneceu uma pista não intencional sobre a crise que se aproximava quando refletiu sobre a dificuldade experimentada pelos membros mais jovens da família real para se acostumar a uma instituição cujo esteio é a tradição e a continuidade.

No entanto, "dificuldade" não chegava nem perto. Nos meses anteriores à transmissão, ela tivera de lidar com uma verdadeira rebelião. Os primeiros sinais haviam surgido durante as férias em Balmoral, em agosto de 1991, quando tanto Diana quanto Fergie pareciam frustradas e ansiosas. Havia uma selvageria no comportamento das duas que não passou despercebida. Certa noite, elas pegaram o Daimler da rainha-mãe e um veículo de tração nas quatro rodas e apostaram corrida nas estradas rurais da região.

Em outra ocasião, correram de quadriciclo pelo campo de golfe, abrindo sulcos no gramado. Era uma manifestação do caos e da infelicidade na vida de ambas.

Na época, Diana e Fergie discutiram abandonar os respectivos casamentos e a família real ao mesmo tempo. Durante as reuniões familiares, elas conversavam com a rainha, separadamente, sobre os problemas conjugais que estavam enfrentando. E agiam quase como uma equipe de luta, alternando-se no cerco à monarca. "A rainha passou a temer aquele tipo de conversa", observou um ex-criado, "A maior preocupação dela eram os netos."[2]

Além das conversas com a rainha, elas se consultaram com um pequeno exército de astrólogos e videntes, buscando orientação sobre quais decisões tomar em seguida. Diana disse à princesa Anne que Fergie estava tão desiludida com a vida matrimonial que aquela provavelmente seria a última vez que ela ia a Balmoral como membro da família real. Sua previsão se provou precisa.

De qualquer modo, Fergie patinava sobre gelo fino. Ela iniciara um caso com Steve Wyatt, o filho adotivo de um magnata texano do petróleo, enquanto estava grávida de cinco meses da segunda filha, a princesa Eugenie. Na época, ela convidara o Dr. Ramzi Salman, chefe de marketing da estatal iraquiana de petróleo, para uma visita particular ao Palácio de Buckingham, logo antes da primeira Guerra do Golfo. Lá, ele jantara com a duquesa e seu amante Steve Wyatt, cuja família continuava a manter laços comerciais com o regime do ditador iraquiano Saddam Hussein.

Quando a rainha e seus conselheiros souberam desse imprudente comportamento, Fergie foi convocada ao escritório do secretário particular da monarca, Sir Robert Fellowes, para uma censura formal. "Você abusou da bondade de Sua Majestade", disse, enfatizando que ele e os colegas falavam em nome da soberana. No domingo seguinte, Fergie conversou com a rainha no Castelo de Windsor e questionou o motivo da bronca.[3] Em vez de confrontar a nora sobre tal comportamento, a monarca fingiu ignorância, minando a autoridade de seus oficiais em futuros confrontos. A inabilidade de enfrentar membros da família mesmo quando estavam nitidamente errados era uma característica que enfurecia os oficiais da rainha — e também o próprio marido dela. Philip sempre sabia quando a esposa estava evitando uma cena desagradável: ela simplesmente saía com os cães para passear.

Até mesmo o príncipe consorte perdeu o fôlego diante do comportamento da família Ferguson. O amante de Fergie, Steve Wyatt, traiu a duquesa ao iniciar um romance com a executiva e jogadora de polo

Lesley Player, que também fora amante do pai de Fergie, o major Ronald Ferguson. Ele pedira demissão do cargo de instrutor de polo do príncipe Charles ao ser fotografado saindo de uma casa de massagens de reputação duvidosa em Marylebone, no centro de Londres. Logo em seguida, Fergie apareceu de caso novo, dessa vez com o amigo e conselheiro financeiro de Wyatt, John Bryan.

Embora o casamento de Fergie estivesse nitidamente destinado ao fracasso, ela se consolava com a ideia de que a amiga, a princesa de Gales, também deixaria a família real. A princesa, entretanto, tinha outras intenções.

Sem que a duquesa soubesse, Diana trabalhava secretamente em uma biografia de si mesma reveladora. Ela discutia abertamente seu distúrbio alimentar, as tentativas não muito sérias de suicídio — que, na verdade, eram desesperados pedidos de ajuda — e o longo relacionamento do marido com a Sra. Parker Bowles. Nessa época, seu caso com o capitão do Exército James Hewitt, que servia na Guerra do Golfo, também estava chegando ao fim.

Mesmo enquanto estava envolvida na biografia, intitulada *Diana: Sua verdadeira história*, ela não se privou de conversar com a rainha sobre seu casamento. Embora mantivesse silêncio sobre o livro, a princesa falou com a monarca várias vezes sobre o comportamento de Charles. Traumatizada pelo amargo divórcio do pai e da mãe — durante o qual o pai, conde Spencer, conquistou a custódia dos quatro filhos —, Diana tinha um medo mórbido de levar a culpa pelo colapso do próprio casamento. Idealmente, ela queria que a rainha ficasse do seu lado e condenasse a infidelidade do filho. Contudo — é óbvio —, isso exigiria que a conduta da própria princesa fosse ignorada.

A relação entre a rainha e Diana era de um incompreensível respeito. Embora reconhecesse a popularidade da nora e a capacidade dela de acolher fisicamente o público — uma qualidade que não fazia parte do DNA da própria Elizabeth —, a soberana considerava as lágrimas e os escândalos da princesa difíceis de compreender. Diana, por sua vez,

ANNUS HORRIBILIS

admirava e respeitava o incansável estoicismo da rainha, uma característica ausente no temperamento da princesa de Gales. Em um dia muito quente de julho no ano de 1991, antes de uma festa no jardim do Palácio de Buckingham, por exemplo, uma amiga sugeriu que Diana levasse um leque para se refrescar. Ela não aceitou a sugestão. Diana sabia que a rainha estaria presente e, independentemente da onda de calor que fosse enfrentar, usaria meias finas, luvas e uma grande bolsa, afirmando a imagem de diligente autocontrole que representava. "A rainha dedicou sua vida à Grã-Bretanha", disse ela à amiga Simone Simmons.[4]

O que Diana aprendeu nessas conversas frequentemente improdutivas foi que a rainha acreditava que a bulimia fora a *causa*, e não um *sintoma*, do afastamento do filho. Ao mesmo tempo, ela acreditava que o primogênito parecia não saber o que queria da vida e, às vezes, apresentava um comportamento estranho e errático. Não passou despercebido a ela o fato de que Charles estava tão infeliz e frustrado com o casamento quanto a esposa.[5] Não havia respostas fáceis para essa difícil questão, e a rainha se viu reduzida a oferecer clichês a uma Diana em lágrimas.

O quadragésimo aniversário do reinado de Elizabeth não foi feliz. Longe disso. Em janeiro de 1992, Fergie e Andrew finalmente conseguiram marcar uma reunião com a rainha para discutir o fracasso do casamento de cinco anos deles. Embora fosse reconhecidamente o filho favorito da monarca, o príncipe levou três semanas para conseguir uma reunião. E não foi uma ocasião alegre. O casal tentou explicar como as coisas acabaram dando errado e eles haviam decepcionado a rainha. Fergie confessou que o próprio comportamento não fora adequado a uma duquesa do reino. Ao menos dessa vez, a culpa não podia ser inteiramente creditada ao sistema real. Durante o casamento, Andrew, na posição de oficial naval, passava somente oitenta dias por ano em terra firme. No restante do tempo, Fergie ficava sozinha; Andrew não estava por perto para aconselhá-la e guiá-la enquanto ela cometia um erro atrás do outro. A duquesa, por sua vez, sentia não ter recebido o merecido apoio dos membros da corte, embora a própria ganância, combinada à recém-elevada posição, tivessem, como dissera seu pai, "subido à cabeça. Ela não leu o livro de regras direito".[6]

A rainha, embora relutante, deu um sermão no casal e os convenceu a esperar mais seis meses. Eles concordaram — em parte, confessou Fergie, porque nunca a tinham visto tão triste.

A esperança de reconciliação nutrida pela monarca foi destruída semanas depois, quando um maço de fotografias tiradas em 1990, nas quais a duquesa estava de férias no Mediterrâneo com o amante Steve Wyatt e as filhas, foi roubado de um apartamento no centro de Londres e chegou à primeira página dos tabloides. Em março de 1992, advogados de divórcio foram chamados e logo Fergie estava efetivamente banida dos círculos reais. Como disse o correspondente de tribunais da BBC Paul Reynolds "todos se mostram hostis em relação a Fergie". Um ex-secretário particular a descreveu como "vulgar, vulgar, vulgar", e o príncipe Philip determinou enfaticamente que nunca mais queria estar no mesmo lugar que ela.[7] Segundo Ingrid Seward, amiga de Fergie, mais de um quarto de século se passaria antes que os dois se encontrassem novamente, em outubro de 2008, no casamento da filha mais nova dela, a princesa Eugenie, com Jack Brookbank. Esse foi o prelúdio para um relacionamento melhor entre o duque e a duquesa.

Enquanto Fergie e Andrew lutavam para resolver seu futuro, Diana e Charles voavam para a Índia em fevereiro para uma visita oficial, que acabou por expor a desconexão entre os dois. Esse descompasso atingiu o ápice quando Diana se sentou sozinha em frente ao Taj Mahal, o templo dedicado ao amor, enquanto o marido estava em uma conferência de negócios. Depois de uma partida de polo, quando Charles recebeu o troféu da esposa e se aproximou para beijá-la, Diana deliberadamente virou o rosto à medida que ele aproximou os lábios da face dela, e o futuro rei acabou por beijar sua orelha. A rainha, que ainda estava em Sandringham, assistiu com preocupação à cena transmitida globalmente.

A rainha logo se tornaria a relutante mediadora entre as partes em conflito. Em março daquele ano, o pai de Diana, conde Spencer, mor-

ANNUS HORRIBILIS

reu inesperadamente enquanto ela, Charles e os meninos esquiavam na Áustria. Quando soube da morte do pai, a princesa se recusou a retornar para a Grã-Bretanha com o marido, afirmando que queria ter o direito de estar de luto sem precisar sustentar uma farsa hipócrita. O clima na estação de esqui de Lech era tão gélido que Charles pediu ao guarda--costas da esposa, o inspetor Ken Wharfe, que a convencesse a voltar à Inglaterra na companhia do marido. Inicialmente, Diana recusou. Ela só cedeu depois de um telefonema do Castelo de Windsor durante o qual a rainha insistiu para que o casal se mostrasse unido.

Como Diana previra, o retorno conjunto foi somente pelo bem das aparências. Quando o casal aterrissou em Londres, Charles foi para Highgrove enquanto Diana foi deixada sozinha no Palácio de Kensington para lamentar a morte do pai.

A rainha recebeu mais notícias ruins quando, logo após o funeral do conde Spencer, o palácio anunciou o divórcio da princesa Anne e do capitão Mark Phillips, um casamento de quase 19 anos. Em circunstâncias normais, o divórcio teria ocupado as primeiras páginas, mas todos os olhos estavam voltados para o príncipe e a princesa de Gales. O estopim do conflito entre o casal se deu em 14 de junho de 1992, data de publicação da biografia *Diana: Sua verdadeira história*. O mais chocante era a descrição do mundo da realeza, no qual a temperatura emocional era fria e a paisagem social, ameaçadora. Quando a primeira parte do livro foi publicada no *Sunday Times* com a manchete "DIANA LEVADA A CINCO TENTATIVAS DE SUICÍDIO PELA 'INDIFERENÇA' DE CHARLES", a resposta foi explosiva.

As críticas ao livro — vindas de todos os setores da sociedade — foram severas e incessantes, e o arcebispo de Canterbury, o presidente da Comissão de Queixas contra a Mídia, vários membros trabalhistas e conservadores do Parlamento e editores de jornais se uniram na condenação. Livrarias e supermercados diversos baniram o livro. No entanto, a princesa de Gales se recusou a assinar a declaração, a ser publicada pelo Palácio de Buckingham em nome dela e do marido, denunciando o livro como impreciso e distorcido.

Embora os amigos de Charles fossem instruídos a se manter em silêncio, a rainha e o príncipe Philip não podiam fazer o mesmo. Um dia antes da publicação da primeira parte do livro pelo *Sunday Times*, o príncipe Charles se encontrou com a mãe no Castelo de Windsor para discutir a possibilidade de divórcio. Ele já conversara com o proeminente advogado Lord Goodman, possuidor de uma excelente reputação como conciliador, a fim de explorar as ramificações legais e constitucionais do divórcio real.

No domingo em que foi publicada a primeira parte de *Diana: Sua verdadeira história*, a rainha foi a convidada de honra de uma partida de polo no Grande Parque de Windsor, e o príncipe Charles era um dos jogadores. A decisão do futuro rei de convidar Andrew e Camilla Parker Bowles para o camarote real enquanto a nação digeria as implicações do miserável casamento do príncipe e da princesa de Gales foi encarada por Diana e seus apoiadores como um ato de censura pública à princesa.

Por uma questão de prudência, o então primeiro-ministro, John Major, foi informado sobre a crise conjugal, assim como o lorde chanceler James Mackay e o arcebispo de Canterbury, George Carey. O humor geral indicava que as chances de resolução do impasse entre o casal real não eram boas.

A rainha não esperava uma exposição pública tão detalhada, embora estivesse dolorosamente a par do conflito conjugal já fazia algum tempo. Enquanto o palácio buscava uma estratégia adequada, externamente tudo continuava como sempre. Diana ficou ao lado da rainha no balcão do Palácio de Buckingham para a saudação de aniversário e se juntou à família real no Castelo de Windsor para a semana de Ascot.

Nos bastidores, a rainha e seus auxiliares tentavam gerenciar a infeliz situação. O secretário particular da soberana, Robert Fellowes, perguntou à princesa, à queima-roupa, se ela cooperara com o livro. Ela o olhou nos olhos e mentiu descaradamente: "Não." Tempos depois, ele descobriu que Diana estivera envolvida; Fellowes ofereceu sua demissão, mas a rainha se recusou a aceitá-la.

ANNUS HORRIBILIS

Em vez disso, ela e Philip marcaram uma reunião com o príncipe e a princesa no Castelo de Windsor. Durante a conversa, Diana ficou alarmada quando o príncipe Philip mencionou a existência de uma gravação na qual ela discutia a publicação do livro em partes, uma afirmação que a confundiu, já que ela não se envolvera nas negociações com o *Sunday Times*. Embora os assistentes do duque de Edimburgo pudessem ter fornecido informações incorretas, para Diana isso confirmava a antiga suspeita de que seus telefonemas eram regularmente monitorados por forças de segurança obscuras.

O ponto central durante a difícil e tumultuada reunião foi a insistência da rainha e do príncipe Philip para que Charles e Diana dessem outra chance ao casamento e fizessem um esforço sincero para resolver as diferenças. De acordo com o relato da princesa, o desejo deles conflitava com a decisão tomada por ela e pelo príncipe Charles, que concordavam que a separação amigável era o único caminho prático a se seguir. Diana ficou horrorizada quando o marido permaneceu em silêncio e concordou com a proposta da mãe. A preocupação da rainha Elizabeth e do príncipe Philip era tanta que eles sugeriram uma data para uma segunda reunião. Para imensa irritação de ambos, Diana não compareceu.

Mesmo assim, Philip continuou a conversa por correspondência, enviando à princesa uma série de cartas persuasivas, contundentes, conciliatórias, pedindo que ela olhasse para o próprio comportamento e admitisse que tanto ela quanto Charles haviam errado. O duque as assinava: "Afetuosamente, Pa." Embora modestamente admitisse não ser um conselheiro conjugal profissional, ele pediu que a princesa pensasse com cuidado sobre seu casamento e as implicações para ela mesma, os filhos, o marido e a monarquia.

Em um bilhete muito franco, ele insinuou que a rainha partilhava a mesma visão que ele sobre a Sra. Parker Bowles: "Não consigo imaginar ninguém, em sã consciência, abandonando você para ficar com Camilla. Nem sequer consideramos tal perspectiva."[8] E essa foi a visão popular durante muitos anos.

Em um lúgubre verão repleto de calamidades seguidas umas das outras, Fergie foi a próxima na linha de fogo. "A ruiva está com problemas", escreveu Diana a um amigo.[9] Era agosto de 1992, e os "problemas" eram paparazzi com câmeras de longo alcance que haviam fotografado a duquesa de York de topless tendo os dedos dos pés sugados por seu "conselheiro financeiro" John Bryan à beira de uma piscina no sul da França, na presença das filhas. Por acaso, Fergie, agora formalmente separada do príncipe Andrew, estava em Balmoral para discutir os acordos de guarda e visitação das filhas no dia em que a matéria foi publicada na primeira página de diversos veículos de comunicação.

Quando ela desceu para o café da manhã, o restante da família real examinava zelosamente o artigo do tabloide. Foi um momento de excruciante constrangimento, mesmo para os padrões dela. Como lembrou Fergie em sua autobiografia: "Seria preciso dizer que o mingau de aveia estava ficando frio enquanto os adultos, boquiabertos e de olhos arregalados, liam o *Daily Mirror* e os outros tabloides [...] Fui exposta pelo que realmente era. Inútil. Inadequada. Uma desgraça nacional."[10] Havia pouco senso de ironia em sua descrição final.

A rainha ficou furiosa e convocou Fergie ao seu escritório. Segundo o ponto de vista da monarca, mesmo que a desgraçada duquesa de York estivesse então separada de Andrew, ela ainda ostentava um título monárquico e era chamada de Sua Alteza Real. Seu comportamento a expôs ao ridículo e a monarquia, ao desprezo. A rainha se mostrou fria, gélida ao listar as transgressões e os danos que Fergie causara à instituição à qual ela devotara a vida. Ela também ficou muito perturbada pelo filho, que, de acordo com uma fonte próxima a ela, fora transformado em "corno aos olhos do mundo inteiro".[11] Fergie posteriormente lembrou: "A raiva dela me feriu profundamente."[12]

O acúmulo quase semanal de escândalos familiares perturbou severamente a calma habitual da rainha. Um hóspede de Balmoral durante esse período infeliz contou como ela estava "grisalha, pálida e completamente sem brilho. A aparência dela era horrível".[13] Como estímulo um tanto incomum, ela, o príncipe Philip e seu guarda-caças saíram para caçar, se valendo de furões para capturar coelhos e ratos na propriedade. Ela partiu sorrindo, em um breve intervalo do incessante fluxo de más notícias.

Em uma espécie de pingue-pongue emocional, três dias depois foi a vez de Diana enfrentar as consequências infelizes das próprias ações. Em agosto de 1992, foi divulgada uma gravação de um telefonema entre a princesa e James Gilbey, seu antigo admirador. Nos primórdios desses dispositivos que mais pareciam tijolos, operadores de rádio amador conseguiam ouvir as conversas alheias e, se quisessem, gravá-las. O maior medo de Diana, as escutas telefônicas, provara-se verdadeiro e a gravação parecia confirmar a suspeita de que estava sendo perseguida por seus inimigos. Os constrangedores 23 minutos de conversa com Gilbey foram gravados na véspera do Ano-Novo de 1989, mas foram divulgados apenas três anos depois, em um período delicado do casamento entre o príncipe e a princesa de Gales. Durante a conversa de fim de noite, Gilbey afetuosamente chamara Diana de *Squidgy* [Molenga], o que fez com que o escândalo fosse conhecido como Squidgygate. Diana ainda criticara o príncipe Charles, a duquesa de York e a rainha-mãe. Ela dissera a Gilbey que o marido tinha transformado a vida dela em uma "verdadeira tortura". E ainda reclamara por não ser adequadamente apreciada pela família real por todo o trabalho que havia feito até então em nome da monarquia.

Embora não fosse tão humilhante quanto as fotos de Fergie, a gravação do Squidgygate comprometia seriamente a futura rainha. Os comentários sobre membros da família real foram insensatos, mas, para muitos, entre eles a própria princesa, a principal conclusão foi que a gravação, aparentemente realizada por um operador de rádio amador, fora apresentada ao público naquele momento a fim de enfraquecer a posição de Diana nas futuras negociações com a família real, já que a separação e o divórcio eram discutidos abertamente. Muitos consideraram a gravação uma armadilha — tanto que Stella Rimington, então chefe do MI5 (o serviço secreto britânico), foi forçada a negar oficialmente seu envolvimento.

A RAINHA

Durante aquele verão febril, a rainha convocou Harry Herbert, filho do conde de Carnarvon, seu administrador de corridas, a Balmoral. Tanto Diana quanto a rainha nutriam afeto e confiança por ele, e a soberana queria a opinião honesta de um amigo sobre em que pé se encontrava o casamento da nora. Enquanto eles observavam o "belo" cenário de colinas e urzes, Herbert explicou a Sua Majestade que aquela era uma época ruim para Diana. "A luz se apagara", lembrou ele. "A rainha quis conversar comigo porque estava muito preocupada. Foi uma discussão triste, um momento triste, pois aconteceu em uma conjuntura em que tudo ia mal."[14]

A rainha entendeu ainda melhor quão ruim estava a situação quando a princesa se recusou a acompanhar o marido à primeira visita real à Coreia do Sul. Ela se mostrou indiferente a todas as súplicas, mesmo quando percebeu que sua ausência criaria um furor midiático. Em Balmoral, a rainha implorou para que Diana mudasse de ideia. Inicialmente, a princesa permaneceu impassível, um sinal da decrescente autoridade de Elizabeth sobre a nora, já que uma ordem real da soberana não mais inspirava obediência. Foi somente depois de uma campanha conjunta da rainha e do príncipe Charles que Diana, enfim, concordou em ir.

Não havia motivos para a princesa ter se preocupado. A viagem foi um desastre desde o momento em que o casal real aterrissou, ambos mal sendo capazes de sorrir ou demonstrar qualquer entusiasmo. "Perdemos essa", disse em voz alta o oficial de imprensa do palácio, Dickie Arbiter, ao observar a distante linguagem corporal do casal enquanto descia as escadas da aeronave.[15]

Eles foram apelidados de "Os Desalentados" pela mídia, inevitavelmente focada no casamento real em desintegração, em vez de no propósito da viagem de intensificar os elos comerciais e culturais entre os dois países.

Durante esse tumultuado período, a monarquia enfrentou uma crise existencial. As pesquisas de opinião revelaram a insatisfação geral do público em relação à instituição. Numerosas personalidades da Igreja criticaram a família real por não fornecer um exemplo saudável de vida familiar. A "interessante" noção de "família no trono" de Walter Bagehot já não parecia tão atraente.

ANNUS HORRIBILIS 269

Por volta dessa época, o advogado financeiro da rainha, Sir Matthew Farrer, negociava com o gabinete do primeiro-ministro a proposta secreta de a monarca pagar impostos sobre sua renda privada. Isso era considerado o mínimo para conter o excesso de criticismo.

Em meio a tudo isso, o príncipe Philip visitou a Argentina para tratar de assuntos oficiais. Enquanto ele estava ausente, a rainha sofreu a maior catástrofe física de seu reinado. Em 20 de novembro de 1992 — coincidentemente o dia do 45º aniversário de casamento do casal —, o Castelo de Windsor pegou fogo. O inferno começou quando uma luminária em curto pôs fogo em uma cortina. Rapidamente as chamas engolfaram o St. George's Hall e a capela privada da rainha. O incêndio podia ser visto a quilômetros, e foram necessários duzentos homens e 35 caminhões do corpo de bombeiros para controlá-lo.

Foi devastador. Sempre pragmática, a rainha comentou posteriormente que ninguém se ferira, a maior parte dos preciosos artefatos já havia sido removida para uma reforma elétrica e fora uma noite sem vento, o que impedira as chamas de se espalharem ainda mais rapidamente.

Outro golpe de sorte foi o príncipe Andrew estar por perto para se encarregar da remoção das pinturas, antiguidades e outras obras de arte. Os funcionários do palácio formaram uma corrente humana para removê-las em segurança.

A rainha, vestida com um casaco impermeável verde e chapéu combinando, visitou as ruínas fumegantes e ficou profundamente devastada e chocada para além das palavras — e das lágrimas. O castelo, um ícone da história britânica, também fora sua casa durante a maior parte da vida. Ela foi para Royal Lodge e passou o fim de semana com a mãe e a irmã, quase inconsolável. "O simbolismo do incêndio no Castelo de Windsor não passou despercebido por ninguém da família", lembrou Diana.

Quatro dias depois, muito resfriada, mas com o marido ao lado, a rainha discursou no Guildhall em Londres para celebrar o 45º aniversário de casamento dela e de Philip. Quase sem voz e tossindo muito, a soberana lembrou tristemente os acontecimentos daquele ano. "O ano de 1992 não será um ano para o qual olharei para trás e lembrarei com puro prazer. Nas palavras de um de meus mais complacentes correspondentes, ele se revelou um *annus horribilis* [ano horrível]." Ou, como o jornal *Sun*, um dos maiores perseguidores da rainha, traduziu: "Um ano de cu."

Ela acrescentou que qualquer instituição deve esperar críticas, mas esperava que fossem feitas com "um toque de graça, gentileza, bom humor e compreensão". Seu desejo, entretanto, não encontrou muita adesão. A proposta inicial de que os contribuintes pagassem pela restauração do castelo, um monumento nacional, foi furiosamente recusada pela mídia e pelo público. Seguiu-se um rancoroso debate sobre quem seria responsável pela conta. Muitos legisladores e parte da mídia insistiram que a rainha pagasse, mesmo que, legalmente, o Castelo de Windsor fosse propriedade de toda a nação.

Em resposta, a rainha, chocada com a atitude hostil do público, concordou, pela primeira vez, em abrir partes do Palácio de Buckingham para visitação, e a receita arrecadada com os ingressos foi usada na restauração de Windsor. O montante cobriu cerca de 70% da reforma. Além disso, ela doou £2 milhões (US$2,7 milhões) da própria fortuna para custear a nova decoração.

Para infelicidade da rainha, o debate sobre quem pagaria pela reparação do Castelo de Windsor ocorreu juntamente com o anúncio, feito pelo primeiro-ministro em 26 de novembro, de que a monarca e o príncipe de Gales passariam a ter a própria renda taxada e a Lista Civil — como era intitulada a contribuição feita pelos cidadãos regidos pela monarquia britânica para manter a monarquia e todas as pompas reais — seria reduzida.

Dado o humor temperamental do público naquele momento, muitos argumentaram que a rainha fora forçada a essa posição. Eles acreditavam que o ocorrido se devia ao ultraje no episódio do incêndio no Castelo de Windsor, em vez de ser o resultado de meses de discussões internas sobre essa nova realidade, como foi o caso. "A rainha pagará impostos, e isso é uma vitória para o poder do povo", gabou-se o jornal *The Sun*.[16]

ANNUS HORRIBILIS

Em meio à atmosfera republicana do momento, estava nítido que a rainha não teria paz independentemente do que fizesse. O convite feito por ela para que uma empresa de contabilidade traçasse estratégias de economia nos trâmites da monarquia — ela aceitou mais de duzentas recomendações sem fazer qualquer objeção — foi encarado como uma tentativa posta em prática tarde demais. A própria sugestão irônica da monarca de que aqueles que estivessem sob seu teto não mais colocassem pingos no "i" nem cruzassem o "t" a fim de economizar tinta não foi recebida da mesma forma hilariante que ocorrera em ocasiões anteriores.

A rainha tinha poucos motivos para sorrir. O telefonema de um príncipe Charles furioso encerrou o ano com chave de ouro. Ele organizara uma caçada com amigos em Sandringham. William e Harry deveriam se unir ao grupo. Diana não somente se recusou a ir, como também insistira em levar os meninos para o Castelo de Windsor. Para o príncipe, essa foi a gota d'água, e ele explicou sua exasperação à rainha. Novamente, como era de costume, a monarca aconselhou paciência. Contudo, Charles chegara ao limite. Em uma explosão de temperamento pouco característica da personalidade do príncipe, ele gritou "Você não entende que ela é louca, louca, louca" e bateu o telefone.[17] Todo mundo, até mesmo a rainha, estava pronto para aceitar que a separação — solução que Diana defendia há meses — era a única saída para o casal em conflito. Em 25 de novembro, cinco dias depois do incêndio, o príncipe e a princesa de Gales se reuniram no Palácio de Kensington para confirmar a decisão e definir a custódia dos filhos, entre outras questões, antes de informar familiares e advogados.

Somente duas semanas depois, em 9 de dezembro, o primeiro-ministro, John Major, se levantou na Câmara dos Comuns e anunciou "com pesar" a separação entre Charles e Diana, acrescentando que o processo seria amigável e sem implicações constitucionais. Entretanto, o discurso cuidadosamente fraseado arrancou arquejos confusos dos legisladores quando incluiu a afirmação de que "não há razão para a princesa de Gales não ser coroada rainha no momento oportuno". Isso não fazia sentido.

Como parlamentares e comentaristas rapidamente indicaram, a separação era o prelúdio de um divórcio. Além disso, uma princesa divorciada não podia ser rainha da Inglaterra. A ideia de uma coroação na qual um rei e uma rainha divorciados, ou mesmo separados, estariam sentados lado a lado era grotesca.

Em sessenta anos, a família real — e a sociedade — percorrera um círculo completo. Edward VIII, na posição de líder da Igreja da Inglaterra, abdicara em 1936 a fim de se casar com a duplamente divorciada norte-americana Wallis Simpson. Dessa vez, o que parecia era que não haveria problema que um príncipe de Gales divorciado ascendesse ao trono. De acordo com uma amiga, a rainha "não sabia o que fazer", perguntando-se em voz alta quando a família e a instituição que era sua força vital teriam algum descanso. Um clérigo que conhecia a soberana fazia anos comentou sobre o humor dela durante esse período difícil: "Ela sentia que as coisas estavam lhe escapando do alcance, tantas coisas horríveis acontecendo ao mesmo tempo, e quando aquilo teria fim? De certa forma, ela sentia que estava perdendo o controle. Era o peso cumulativo de todos aqueles desastres pessoais."[18] A equipe do palácio também notou que a modesta ingestão de álcool da soberana — um dry martíni à noite — aumentara.

O período anterior ao Natal, tradicionalmente uma época alegre, trouxe pouco alívio. Dias depois do anúncio da separação, Diana marcou uma reunião com a rainha no Palácio de Buckingham. Quando entrou na suíte da sogra, começou a chorar e afirmou que todos estavam contra ela. "A rainha não sabia o que fazer", lembrou uma dama de companhia, "Ela sempre odiara esse tipo de confronto emocional e, francamente, nunca precisara lidar com isso antes, e não o fez desde então."[19]

Durante a conversa de uma hora, pontuada por lágrimas, a rainha garantiu a Diana que, independentemente do que acontecesse, a custódia de seus dois filhos jamais seria ameaçada. Esse foi um grande alívio para a princesa, que se preocupava com a questão desde muito antes da separação.

Em meados do ano seguinte, William e Harry estavam no colégio interno quando um novo escândalo envolvendo o pai e a mãe explodiu.

ANNUS HORRIBILIS 273

Dessa vez, era Charles quem estava na mira da mídia. "E isso quando achávamos que as coisas não podiam piorar", comentou, exausta, a rainha.[20] Novamente, foi uma ligação durante a madrugada, gravada de forma ilegal por operadores de rádio amador, que causou o constrangimento real. As intituladas fitas de Camillagate, nas quais o príncipe e a amante, a Sra. Parker Bowles, mantinham uma conversa amorosa, vieram à tona em janeiro de 1993. Datadas de 1989, uma das conversas do casal exibia o príncipe Charles fazendo comentários de mau gosto sobre o desejo de ser um absorvente interno no interior da amante, algo que Diana descreveu como "doentio".[21]

Para os ouvintes, ficou evidente que Charles e Camilla mantinham um apaixonado relacionamento havia muito tempo, justificando integralmente as suspeitas de Diana. Se esse já não era o pensamento antes, a maioria das pessoas concluiu que Diana era de fato o membro prejudicado do casal. Em paralelo à taxa de popularidade do príncipe, que despencava de maneira vertiginosa, alguns políticos e líderes da Igreja declararam publicamente que Charles não estava apto a se tornar rei. Surgiram pedidos para que a Coroa pulasse uma geração e tornasse o príncipe William o herdeiro do trono.

Embora a rainha se opusesse resolutamente a qualquer mudança nas regras de sucessão, o clamor não cessou nas décadas seguintes. Pelos próximos anos, a "guerra dos Gales" consumiria a mídia e perturbaria a rainha e o restante da família real. Todo mundo andava na ponta dos pés perto de Diana, temendo que a imprevisível princesa, considerada descontrolada, prejudicasse ainda mais a já claudicante instituição. A rainha tentou manter a nora por perto — mesmo contra os conselhos da mãe e da irmã —, esperando que, em algum momento, ela e Charles pudessem se reconciliar. Durante esse delicado período, a esperança de reconciliação esteve sempre presente.

O desesperado desejo de resolução positiva foi um eco do comportamento da rainha durante as convulsões conjugais entre a princesa Margaret e Lord Snowdon. Muito depois de o casal ter aceitado que o relacionamento estava morto e enterrado, a rainha se recusava a se desapegar do cadáver, esperando que algo surgisse e o fizesse ressuscitar.

Sua política era reflexo de sua personalidade. A indisposição da rainha de aceitar o inevitável prolongava desnecessariamente as questões difíceis, especialmente as que envolviam a família. Às vezes, dar tempo ao tempo era suficiente. Ela fizera isso quando Margaret se apaixonara pelo divorciado capitão de grupo Peter Townsend em uma época na qual o divórcio não era aceitável nem para o Estado nem para a Igreja da Inglaterra. A postergação a havia ajudado a solucionar a constrangedora questão.

A situação do príncipe e da princesa de Gales foi muito diferente, e o gotejar de amargura e raiva vazando para a mídia corroeu lentamente o respeito pela monarquia. A rainha, no entanto, agarrava-se às palavras do primeiro-ministro, John Major, que afirmara na Câmara dos Comuns que o casal não tinha planos de se divorciar. Desde que essa política se mantivesse, ainda podia haver luz no fim do túnel, tão às escuras.

A rainha sempre ouvia as queixas da princesa, preocupada com seu bem-estar, muito depois de outros membros da família real terem desistido de fazer o mesmo. Ela recebia mensagens por meio de seu secretário particular, Sir Robert Fellowes, cuja esposa, Jane, era irmã mais velha de Diana, ou telefonava para ela no Palácio de Kensington para saber se a nora estava bem.

Em abril de 1983, a rainha convidou a princesa de Gales para um banquete de Estado no Palácio de Buckingham em homenagem a Mário Soares, presidente de Portugal. Ela fez o convite sem comunicar os outros membros da família real, entre eles Charles. Todos ficaram furiosos, mas a soberana tinha esperança de que houvesse trégua na cada vez mais amarga guerra dos Gales. Afinal, a princesa separada continuava a desempenhar deveres reais e até mesmo fazia visitas ultramarinas em nome da monarquia.

Ela convidou a princesa para passar o Natal de 1993 em Sandringham, época em que Diana e Charles já estavam oficialmente separados havia um ano. A princesa passou a noite e foi à igreja na companhia dos filhos e de outros membros da família real, mas partiu antes do almoço do dia 25.

ANNUS HORRIBILIS

Os criados comentaram que a atmosfera do lugar ficou mais leve depois que ela foi embora.

Novamente, a rainha insistiu em convidar Diana — a quem o restante da família chamava de "mal entre nós" — para a celebração do Dia D, em junho de 1994.[22] Antes do evento, a princesa estava ansiosa e nervosa, perguntando a seu secretário particular, Patrick Jephson, de que forma ele achava que a família a receberia. Ironicamente, não foi a hostilidade da família real que a fez decidir se afastar por algum tempo dos deveres reais, mas o comportamento dos tabloides.

Em novembro de 1993, um jornal dominical publicou fotografias da princesa se exercitando em uma academia particular. O dono da academia, Bryce Taylor, instalara câmeras nos equipamentos a fim de fotografar a princesa durante o treino matinal. Diana ficou chocada e a rainha, horrorizada. "Ah, meu Deus, não", foi a resposta da monarca ao receber os jornais de domingo durante o café da manhã no Castelo de Windsor.[23] Como resultado dessa intrusão, Diana decidiu se afastar momentaneamente da vida pública, pronunciando o discurso que ficou conhecido como "Tempo e espaço", em 3 de dezembro de 1993, na sede do Fundo Headway para Danos Cerebrais.

Ela anunciou que a injustificável invasão de privacidade a forçara a recuar e a reconsiderar o papel público que desempenhava. Embora tenha agradecido à rainha e ao duque de Edimburgo pela gentileza e pelo apoio, o nome do marido foi conspicuamente omitido. Nos meses seguintes, Diana se manteve discreta.

Por mais que se preocupasse com o príncipe e a princesa, o foco da rainha também estava em William e Harry. Ela sempre liberava a agenda se houvesse a possibilidade de Diana levá-los ao Palácio de Buckingham ou ao Castelo de Windsor para o chá da tarde.

O secretário particular de Diana, Patrick Jephson, observou: "A princesa sempre usava essas oportunidades para expressar sua lealdade e garantir que não desejava prejudicar nem a instituição nem o marido, que seria quem herdaria a posição de líder."[24] As promessas de lealdade de Diana eram recebidas com ceticismo tanto pela rainha quanto por seu secretário particular, embora eles mantivessem a cautelosa colaboração.

A princesa de Gales, por sua vez, dotada de certa ingenuidade, continuava a enxergar na rainha a figura de árbitra da separação entre ela e Charles. Diana ficou frustrada quando a sogra não interveio para encerrar o relacionamento entre o primogênito e Camilla Parker Bowles. A rainha e a rainha-mãe haviam demonstrado desaprovação em relação ao prolongado caso extraconjugal ao se recusarem a convidar a Sra. Parker Bowles para qualquer evento na corte. Entretanto, para Diana, isso não era suficiente. "Minha sogra sempre me apoiou, mas é difícil fazer com que ela tome uma decisão", comentou, com diplomacia.[25] Essencialmente, ela estava à espera, preparada para permanecer nos bastidores até que o marido tomasse a iniciativa e pedisse o divórcio. A princesa achava que, como fora Charles quem a pedira em casamento, também deveria ser ele o responsável por iniciar os procedimentos para pôr fim ao matrimônio. Ela deixou evidente sua posição para a rainha, na esperança de que a soberana forçasse o filho a seguir na direção do divórcio.

Depois de dar o discurso "Tempo e espaço", Diana aguardou nervosamente o lançamento da biografia autorizada e do documentário de televisão sobre a vida e a carreira do marido, que havia levado dois anos para ser concluído. Da mesma forma estava a rainha. Embora as relações entre soberana e herdeiro fossem historicamente encaradas como difíceis — entre a rainha Vitória e o príncipe de Gales, posteriormente Edward VII, por exemplo —, na época eles caminhavam para o confronto aberto. A rainha e seus conselheiros sentiam que a decisão de Charles, encorajada por seu secretário particular, Richard Aylard, de trabalhar com o apresentador Jonathan Dimbleby em uma biografia "contando tudo" era um grande equívoco. A estratégia do príncipe de lavar a roupa suja em público ao confessar o adultério cometido com a Sra. Parker Bowles foi encarada com horror pelo palácio.

Charles e alguns de seus apoiadores argumentavam que apenas conseguiriam deixar essa questão para trás se tratassem de abordá-la diretamen-

ANNUS HORRIBILIS

te. Essa opinião, porém, não foi de modo algum unânime. Camilla Parker Bowles não somente acreditava que fazer isso seria um grande erro, como também apresentou a constatação ao amante. Essa foi uma questão sobre a qual tanto a ainda esposa quanto a amante compartilhavam a mesma opinião. Diana também acreditava que o documentário prejudicaria a reputação de Charles. Ambas se provaram corretas. O resultado, *Charles: The Private Man, the Public Role* [Charles: O homem privado, a persona pública], foi exibido em 29 de junho de 1994, mesma noite em que Diana foi convidada para uma festa de verão na Serpentine Gallery. A princesa chegou em um provocante vestido preto de Christina Stambolian que ficaria eternamente conhecido como "o vestido da vingança", pois eclipsou a confissão de Charles no horário nobre da TV. Embora focasse os sucessos do príncipe de Gales, o documentário foi definido, na mente do público, pela difícil admissão de adultério. Quando Dimbleby perguntou "Você tentou ser fiel e honrado em relação a sua esposa quando fez os votos matrimoniais?", o príncipe respondeu: "Sim. Até que o casamento estivesse irremediavelmente destruído, nós tentamos tudo."[26]

Nem o perfil televisivo nem a confissão foram bem aceitos, fosse pelos habitantes do Palácio de Buckingham, fosse pelo público. Dickie Arbiter, ex-secretário de imprensa da rainha, comentou: "O programa foi uma sucessão de lamúrias, um terrível gol contra que afetou as relações não somente entre o príncipe e a princesa, como também entre o Palácio de St. James e o Palácio de Buckingham."[27] Quer dizer, entre a rainha e o herdeiro do trono.

Se o documentário dividiu as opiniões, a biografia autorizada foi, de várias maneiras, muito pior. Além de conceder permissão aos amigos e funcionários para falar livremente, o príncipe ainda permitiu que Dimbleby tivesse acesso a documentos oficiais.

Quando essas informações chegaram à rainha, os documentos foram recuperados e as partes do livro baseadas em informações confidenciais de Estado foram removidas.

A soberana ainda conduziu uma ação de retaguarda para salvar o filho dele mesmo — e impedir que o príncipe prejudicasse a monarquia. Ela pouco pôde fazer quanto à data de publicação da primeira parte do livro nos jornais, que coincidiu precisamente com a visita histórica da monarca à Rússia, a primeira de um soberano britânico.

Charles estava fazendo com a rainha exatamente a mesma coisa da qual reclamava em relação a Diana: eclipsando o trabalho dela com seu comportamento.

Esse conflito diário e indelicado se tornou insignificante quando o conteúdo da biografia veio a público. Dimbleby, com aprovação do príncipe Charles, disse que ele sofria em razão da falta de apreço e afeto do pai e da mãe. Elizabeth era distante e Philip, um valentão. Assim, a razão para o fracasso do matrimônio entre o príncipe e a princesa de Gales fora forjada no cadinho da infância de Charles, durante a qual ele teve tudo o que desejava, com exceção do amor de seus progenitores. Em outras palavras, o colapso do casamento não era culpa de Charles. A responsabilidade foi atribuída à rainha e ao príncipe consorte. Isso, evidentemente, tirou o foco do relacionamento de longo prazo entre o herdeiro do trono e a Sra. Parker Bowles.

A rainha ficou desapontada com a maneira como Charles reatara com Camilla em meio ao tumulto do próprio casamento. Ela achava que seu primogênito estava escolhendo a saída mais fácil. Além disso, o príncipe transformara-se em refém do destino ao afirmar que a presença de Camilla na vida dele era "inegociável".[28]

A ausência de duas palavras permeia a história recente da família real: *muito bem*. Durante a breve permanência no seio da família real, Meghan Markle revelou jamais ter sido elogiada por algum membro da monarquia. O mesmo acontecera com Diana. Charles teria feito qualquer coisa para ouvir essas palavras da mãe. Contudo, isso jamais aconteceu. Como comentou um amigo do círculo do príncipe de Gales: "Ele não entende que a mãe dele não carrega nenhum gene maternal."[29]

Outros amigos repetiram o refrão: "Charles está absolutamente desesperado pela aprovação da mãe e sabe que nunca a obterá. Ele é o tipo errado de pessoa para ela: carente, vulnerável, emotivo, complicado e egocêntrico demais."[30]

A tragédia da criação de Charles foi que ele repetiu o comportamento do pai em relação aos próprios filhos. O príncipe Harry explicou isso durante uma entrevista para a TV: "Quando eu era criança, meu pai costumava dizer: 'Bem, foi assim para mim, então vai ser assim para você.'" Harry discordava dessa filosofia: "Isso não faz o menor sentido. Só porque você sofreu, não significa que seus filhos também precisam passar pela mesma coisa. Na verdade, é o oposto."[31]

Se o príncipe Charles esperava empatia dos irmãos e da irmã após a publicação da biografia, ficou profundamente decepcionado. Os três ficaram furiosos com a descrição injusta e parcial feita do pai e da mãe, e disseram isso ao irmão. Eles conservavam memórias muito diferentes da infância e nutriam saudade dos momentos em que o pai lera ou inventara histórias na hora de dormir, nadara com eles na piscina do palácio e os ensinara a caçar, pescar e cavalgar. Segundo o ponto de vista de cada um dos três, Charles estava agindo como se *a própria* verdade sobre a infância fosse um fato consumado, e não aquela de que os irmãos e irmã se lembravam ou do real acontecimento das coisas em si.

Inevitavelmente, a rainha, dado seu papel único como mãe, chefe de Estado, líder da Commonwealth e chefe da Casa de Windsor, tinha que racionar seu tempo, especialmente durante os primeiros anos de vida de Charles. No entanto, pode-se argumentar que ela delegou muito da criação do filho mais velho ao marido, cujo comportamento direto e brusco não combinava com o espírito sensível do primogênito.

A rainha e o marido não tiveram direito de resposta. Por instinto e treinamento, confissões públicas eram anátemas para eles. "Fizemos nosso melhor", foi tudo o que o príncipe Philip afirmou quando questionado pelo biógrafo Gyles Brandreth sobre a criação que ele e Elizabeth haviam dado aos filhos e à filha.[32] O casal real aceitou calado a crítica do primogênito, mas não fizeram o mesmo quando a princesa de Gales decidiu ir a público. Finalmente, a rainha foi levada à ação sobre uma questão que paralisava a monarquia fazia anos: o fim do casamento do herdeiro da Coroa.

Em novembro de 1995, Diana foi entrevistada pelo programa da BBC *Panorama*, no qual falou francamente sobre seus amores e sua vida. Maquiada com um intenso lápis de olho preto ao redor dos olhos que lhe dava um ar assombrado, ela abordou seu distúrbio alimentar, o casamento fracassado, a depressão e o adultério do marido. Nada pareceu ficar de fora: Diana falou sobre o amante James Hewitt, a crença de que Charles não estava "à altura" de ser rei e o desejo de ser "rainha" do coração do povo. A princesa de Gales reservou o comentário mais devastador para a rival, Camilla Parker Bowles. Quando o entrevistador, Martin Bashir, perguntou sobre o papel de Camilla no casamento, ela respondeu docemente: "Bem, havia três de nós nesse casamento, então estava meio lotado."

Ela gravou a devastadora entrevista em um domingo tranquilo no Palácio de Kensington. A única exigência de Diana foi que pudesse contar à rainha antes que a BBC anunciasse o programa. Quando ela conversou com o secretário particular da soberana, Robert Fellowes, ele perguntou, inocentemente, se a entrevista fora para a popular organização humanitária Children in Need. Quando a princesa de Gales respondeu que iria ao ar pelo intransigentemente direto e honesto — ainda mais quando se tratava de revelar fatos intragáveis — programa de atualidades *Panorama*, ele empalideceu. A resposta de Fellowes, "Ah", disse tudo. A despeito das súplicas de seu secretário particular, seu advogado e outros em seu círculo cada vez mais restrito, Diana se recusou a divulgar o conteúdo da entrevista.

Quando foi exibida, a confissão televisiva foi um tanto chocante e, no que dizia respeito à família real, imperdoável.

Da perspectiva da rainha e de outros membros da família real, especialmente a princesa Margaret, Diana cruzara uma linha ao falar sobre o desejo de ser "rainha do coração do povo" e articular as dúvidas que tinha em relação à adequação do príncipe Charles na posição de rei. Ela dissera ao repórter Martin Bashir: "Como conheço o caráter dele, acredito que o cargo máximo, como o chamo, traria enormes limitações às quais não sei se ele conseguiria se adaptar."

ANNUS HORRIBILIS 281

Na época, a entrevista foi encarada como a devastadora resposta à entrevista do príncipe Charles a Dimbleby, um movimento fatal na disputa cada vez mais grave entre os dois que finalmente exigiu da rainha uma ação decisiva. Diana, aos olhos de muitos, fora longe demais. O comportamento da princesa de Gales foi julgado como indesculpável, uma vez que ela havia tanto questionado o direito de Charles ao trono quanto desafiado a soberana. Havia somente uma rainha, e ela servia diligentemente à nação havia mais de quarenta anos.

Quando a monarca finalmente assistiu ao programa, ficou desesperada e o príncipe consorte, furioso. Algo precisava ser feito, não somente pelo bem da monarquia, como também dos netos.

A rainha, que desde o início havia sido a favor da paz, tornou-se a partir de então determinada a pôr fim àquele casamento. Ela conversou com o primeiro-ministro, o arcebispo de Canterbury e o historiador Lord Blake, conselheiro de questões constitucionais do palácio. "A presente situação, na qual eles parecem estar aplicando a lei do olho por olho, realmente se tornou quase intolerável", advertiu o historiador.[33]

Depois que a rainha tomou uma decisão, as coisas progrediram rapidamente. Em 18 de dezembro, Diana recebeu uma nota manuscrita, entregue no Palácio de Kensington por um mensageiro uniformizado do Castelo de Windsor. Era, comentou Diana pesarosamente, a primeira carta que recebia da sogra. Em determinado trecho, a monarca anunciava: "Conversei com o arcebispo de Canterbury, com o primeiro-ministro e, é óbvio, com Charles, e decidimos que o divórcio é a melhor opção para vocês."[34]

Em curto período de tempo, a princesa de Gales recebeu outra carta, dessa vez do príncipe Charles, na qual ele solicitava o divórcio. Iniciando a carta com "Querida Diana", o príncipe descrevia o fracasso do relacionamento como "uma tragédia nacional e pessoal".[35] Ela imediatamente enviou ambas as cartas para seu advogado, Anthony Julius, e escreveu ao marido e à sogra dizendo que precisava de tempo para refletir e considerar suas opções.

O timing da carta histórica da rainha refletia uma genuína sensação de crise e a exasperação sentida pelo casal real e os membros da corte. Também expunha o fracasso da política de tergiversação e conciliação da rainha, que servira meramente para prolongar o conflito conjugal até o momento em que foram causados danos permanentes à Coroa. Como observou a historiadora real Sarah Bradford, "o divórcio de Gales foi indubitavelmente o acontecimento mais prejudicial desde a abdicação. Ele colocou em questão a realidade da monarquia e os atributos pessoais da rainha como mãe e como monarca".[36] Mesmo em meio a essa crise pessoal, a rainha convidou Diana para passar o Natal com a família em Sandringham. A princesa recusou, dizendo a amigos que "iria em meu BMW e voltaria em um caixão".[37] Em vez disso, ela optou por passar o Natal sozinha no Palácio de Kensington, antes de voar para o Caribe.

A decisão da princesa de recusar o convite da soberana, normalmente interpretado como uma ordem, marcou o ponto mais baixo do relacionamento entre as duas. Foi uma afronta incomensurável.

Daquele momento em diante, a disponibilidade da rainha para atender aos telefonemas da nora ou convidá-la para o chá da tarde mudou: já não era algo perene. Além disso, as conversas entre elas eram necessariamente mais calculadas que antes, pois era a rainha quem estava interessada nas negociações do divórcio.

As discussões com o príncipe Charles focavam o acordo financeiro, ao passo que a rainha se preocupava com o futuro título de nobreza de Diana, a permanência dela no Palácio de Kensington e a custódia dos meninos. Durante uma reunião no Palácio de Buckingham em fevereiro de 1996, a monarca garantiu novamente a Diana a guarda de William e Harry e disse que era "altamente improvável" que Charles se casasse com Camilla Parker Bowles.

O futuro título de nobreza de Diana, porém, se tornou motivo de disputa. Relatou-se que ela decidira ser conhecida como Diana, princesa de Gales, e disse a amigos que concordara em desistir da denominação Sua Alteza Real.

ANNUS HORRIBILIS

A rainha interveio, deixando evidente que as "decisões" de Diana eram meras solicitações e que ela não fora pressionada a desistir da denominação SAR. "Não é verdade que a rainha e o príncipe tenham lhe pedido que fizesse isso", disse um porta-voz oficial do palácio.[38] Ela podia ter desistido da denominação — o que implicava futuramente ter de fazer mesuras para outros membros da família real —, mas se tornara uma mulher muito rica, com um acordo de cerca de £17 milhões (US$20,5 milhões). Quanto ao título, o príncipe William lhe disse: "Não se preocupe, mamãe, vou devolvê-lo a você quando me tornar rei."[39]

Nos meses que se seguiram ao divórcio, a ausência de uma denominação real pareceu ampliar, em vez de reduzir, a popularidade de Diana. A princesa passou a ser associada a uma figura de mulher humanitária, forte, independente e glamourosa, traços que desenvolvera desde a separação. Diana era rotineiramente cortejada por personalidades como os ex-secretários de Estado norte-americanos Henry Kissinger e Colin Powell e a apresentadora de TV Barbara Walters. Ela tornara-se uma estrela global, e suas causas e preocupações eclipsavam as da Casa de Windsor. A rainha era grata por a monarquia ter sobrevivido porque assim o público quisera, e tinha plena consciência disso depois de algumas batalhas contundentes nos últimos anos. Estava na hora, então, de reagrupar.

12

Flores, bandeiras e coragem

De volta de um passeio nas colinas, William e Harry brincavam com a prima Zara Phillips no Castelo de Balmoral durante as férias anuais de verão europeu, em agosto de 1997, quando o telefone tocou. Era Diana, mãe dos meninos, que acabara de aterrissar em Paris. Ela voltaria a Londres no dia seguinte e queria falar com os filhos. Harry estava envolvido demais na brincadeira para ficar batendo papo. A conversa foi curta e entrecortada, a princesa sofrendo a frustração de toda mãe quando os filhos deixam evidente que prefeririam estar fazendo outra coisa. "Realmente não me lembro do que eu disse. Tudo de que me lembro é, você sabe, de me arrepender pelo resto da vida por aquele telefonema ter sido tão curto",[1] comentou Harry anos depois.

Foi mais fácil com William, já que ele queria abordar com a mãe um assunto que o preocupava: a sessão de fotos organizada para marcar seu terceiro ano em Eton, o exclusivo colégio particular fundado no século XV. Harry repetira de ano na escola preparatória Ludgrove e William sentia que a sessão ofuscaria o irmão. Diana prometeu discutir o assunto com o pai deles quando estivesse de volta no dia seguinte.

Diana passara os últimos dias em um idílico cruzeiro na companhia do namorado, Dodi Fayed, navegando pelo Mediterrâneo a bordo do *Jonikal* — o iate do controverso empresário Mohamed Al-Fayed, pai de Dodi Fayed —, por isso, Diana queria muito ver os filhos. O casal voara da Sardenha para Paris em um jato particular. Depois de aterrissarem, eles passaram brevemente pela Villa Windsor, a antiga residência do duque e da duquesa de Windsor no Bois de Boulogne, e então inspecionaram o apartamento de Dodi antes de seguirem para o Ritz, onde planejavam passar a noite. Durante a jornada, eles foram cercados por fotógrafos em motocicletas, que tentavam desesperadamente fotografar o casal. Mais tarde naquela noite, os paparazzi ainda esperavam na entrada do Ritz quando, em uma mudança de planos, Dodi, Diana e seus guarda-costas saíram pelos fundos do hotel e rumaram para o apartamento dele. Cinco minutos depois, o Mercedes alugado se chocou contra o 13º pilar do túnel Place de l'Alma sob o rio Sena, matando Dodi e o motorista Henri Paul instantaneamente. Diana e seu guarda-costas, Trevor Rees-Jones, ficaram seriamente feridos.

∾

À uma hora da madrugada de 31 de agosto, o vice-secretário particular da rainha, Robin Janvrin, hospedado na propriedade de Balmoral, foi acordado por um telefonema do embaixador britânico em Paris, Sir Michael Jay, informando sobre o acidente. Janvrin ficou confuso. Ele nem sequer sabia que Diana estava em Paris. Contudo, imediatamente se vestiu e indicou à equipe do "casarão" que acordasse a rainha e outros membros da família real. Quando ele chegou ao castelo, todos ainda estavam acordando, e o clima era de espanto e confusão. A rainha perguntou: "O que ela aprontou agora?"

Em uma rara demonstração de afeto, mãe e filho se consolaram mutuamente, talvez pressentindo que a situação seria emocionalmente crítica. A rainha pediu um bule de chá, mas nem sequer se serviu da bebida; ela, o príncipe Philip e o príncipe Charles ficaram dando voltas sobre o carpete xadrez do corredor, perguntando-se o que fazer. Os relatos iniciais sugeriam que Diana simplesmente quebrara o braço e se afastara caminhando do local do acidente. A resposta inicial da rainha foi extraordinária: "Alguém deve ter sabotado os freios."[2]

FLORES, BANDEIRAS E CORAGEM

A enigmática reação da monarca chocou e confundiu a equipe, que raramente a ouvia utilizar tal linguagem coloquial. Eles interpretaram as palavras da soberana, tão incongruentes com o caráter dela, como indicação de quão abalada estava.

Outro ponto de vista era o de que ela se referia não a Diana, mas à possibilidade de que um dos muitos inimigos de Mohamed Al-Fayed tivesse planejado um atentado contra seu filho, Dodi, e Diana tivesse sido somente dano colateral. Esquemas sinistros, intrigas assassinas e conspirações a sangue-frio: tudo parecia possível nas difíceis horas que antecederam o amanhecer.

Enquanto os minutos se arrastavam, as notícias se tornavam cada vez piores. A mais recente foi a de que os paramédicos lutavam para manter a princesa viva. Naquele momento, ela estava ligada ao respirador artificial, e, além da pressão arterial estar muito baixa, Diana já sofrera uma séria parada cardíaca. Enquanto o príncipe Charles providenciava um voo para a França a fim de estar ao lado da ex-mulher, o embaixador Sir Michael Jay repassou a terrível notícia de que Diana estava morta.

A notícia fez irromper de uma vez o turbilhão de emoções que o príncipe de Gales estava contendo durante todo o tempo. Ele chorou, perguntando repetidamente: "O que fizemos para merecer isso?" Seu primeiro instinto foi acreditar que o público o culparia pela tragédia, uma hipótese que se provou extraordinariamente precisa.

Ele discutiu a questão por bastante tempo com Camilla, que estava na casa dela em Wiltshire, e com seu assistente em Londres, Mark Bolland. Charles temia que o mundo enlouquecesse com a notícia e isso pudesse destruir a monarquia.[3] Foi uma medida de seu caráter e sua posição, dividido entre o dever e o interesse próprio, que os temores que tinha em relação ao futuro da monarquia tenham se fundido à preocupação e ao pesar pelos filhos, que haviam acabado de perder a mãe.

Enquanto as equipes da rainha e do príncipe de Gales tentavam decidir qual seria a resposta oficial à morte de Diana, a monarca sensatamente ordenou que rádios e aparelhos de TV fossem removidos dos quartos dos meninos. Ela queria que os príncipes soubessem da notícia pelo pai. William e Harry foram e continuariam a ser sua prioridade.

A rainha também estivera em Balmoral quando Mountbatten fora assassinado. Após o choque e a descrença iniciais, a família real e seus conselheiros sabiam que havia um roteiro a ser seguido em relação aos preparativos para o funeral. O tio Dickie planejara meticulosamente o próprio enterro, inclusive quais seriam suas últimas medalhas e insígnias. Diana, por sua vez, era uma descontente princesa de Gales que renunciara voluntariamente à denominação formal de Sua Alteza Real durante as negociações do divórcio, portanto, todos estavam adentrando território desconhecido — até mesmo a rainha.

Embora Diana fosse mãe do futuro rei e de seu irmão, desde o divórcio não era, tecnicamente, membro da família real. Ela não somente passava grande parte do tempo nos Estados Unidos, como também não comparecia às reuniões familiares havia anos. A última vez em que a rainha estivera com a ex-nora fora durante a confirmação — o equivalente à crisma no ritual católico — de William em março, cinco meses antes.

A família Spencer expressou nitidamente o desejo de que o funeral fosse privado, seguido por uma cerimônia religiosa.

"Quando telefonei, havia genuína incerteza sobre se [o funeral] seria público ou privado. Se fosse privado, não haveria necessidade de orientação sobre o que fazer",[4] disse um ex-membro da corte que estava fora do país.

Já as decisões sobre o funeral do namorado de Diana, Dodi Fayed, foram rápidas e diretas. O empresário foi enterrado durante uma cerimônia privada no cemitério muçulmano de Woking, no sul de Londres, horas depois de o corpo chegar de Paris. Contudo, ao contrário de Dodi, Diana era uma personalidade internacionalmente reconhecida, algo que os principais conselheiros da rainha — incluindo o então primeiro-ministro, Tony Blair — foram rápidos em reconhecer.

O primeiro-ministro, que estava em sua base eleitoral de Sedgefield, no norte da Inglaterra, compreendeu imediatamente as implicações globais. Ele disse a seu secretário de imprensa, Alastair Campbell: "Isso provocará um luto mundial nunca visto antes."[5] Após discussões entre os Spencer, o Palácio de Buckingham e Downing Street, a família aceitou que um funeral privado seria inapropriado para uma figura tão amada pelo público.

O secretário particular da rainha, Sir Robert Fellowes, teve papel decisivo na escolha de como seria o funeral de Diana. Como era casado com a irmã da princesa de Gales, Jane, ele conseguiu fazer com que a família Spencer aceitasse uma despedida mais majestosa e pública para ela.

Em Balmoral, Charles se preparava para dar a trágica notícia aos filhos. Às 7h15 da manhã, ele acordou seu primogênito, então com 15 anos, e contou a devastadora história. "Eu sabia que algo estava errado", lembrou William posteriormente. "Eu acordei várias vezes durante aquela noite."[6] Charles explicou que precisava voar até Paris e que eles ficariam com o avô e a avó em Balmoral. "Graças a Deus estamos todos juntos", foi a resposta imediata da rainha-mãe. "Podemos cuidar deles."[7] Ela estava, de acordo com um membro da corte, "impassível". Como o restante da família, a matriarca tentou lidar com a tragédia apegando-se à rotina. Felizmente, o filho da princesa Anne, Peter Phillips, e a babá oficial dos meninos, Tiggy Legge-Bourke, estavam hospedados no castelo e podiam manter os jovens príncipes ocupados.

Antes de a rainha sair para ir à igreja, ela conversou com o primeiro-ministro. A essa altura, a família já fizera uma breve declaração, dizendo: "A rainha e o príncipe de Gales estão profundamente chocados e perturbados com a terrível notícia."[8] Quando conversou com Blair, ela deixou nítido que não haveria outra declaração, mas que não se oporia se ele fizesse um tributo público naquela manhã.

Posteriormente, ele lembrou: "A maior preocupação dela era com o impacto sobre os meninos, e obviamente estava triste por causa de Diana e temendo pela própria monarquia, pois sempre teve um forte instinto em relação à opinião pública e seu efeito. Naquela primeira conversa, concordamos em nos manter atentos a ela."[9] O político trabalhista era primeiro-ministro fazia somente quatro meses, e agora pisava em terreno social traiçoeiro e essencialmente desconhecido — a saber, as tensões entre os Spencer e os Windsor e entre o príncipe de Gales e a rainha. Em um emocionado tributo na manhã de domingo, Blair capturou o choque e a confusão nacionais provocados pela perda precoce de uma figura tão radiante. Em uma frase reveladora, ele disse: "Ela era a princesa do povo, e é assim que permanecerá em nosso coração e nossa memória, para sempre."

Embora suas palavras fossem bem-intencionadas, a expressão "princesa do povo" não seria bem recebida em certos círculos. Ao assistir ao tributo, o arcebispo Carey sentiu que a iconografia alternativa de Diana seria comparada negativamente à da família real. E foi o que aconteceu. Como ele lembrou, "aqueles temores em breve se realizariam. Pareceu haver cada vez mais histeria, alimentada pelo foco da mídia naquela pessoa bela, mas essencialmente comum".[10] Os observadores políticos acreditavam que a rainha não recebera muito bem a expressão do ministro, levando a certo grau de tensão que terminou por se dissipar quase inteiramente no decorrer da semana.

Na época, o príncipe Harry, então com 12 anos, ficou confuso. Ele e o irmão mais velho haviam comparecido à missa de domingo em Crathie por sugestão da rainha, mas não houvera menção à morte da mãe nem nas preces nem no sermão. Em vez disso, o ministro visitante, reverendo Adrian Varwell, ativera-se ao sermão que já havia preparado sobre a mudança para uma nova casa e brincou sobre o comediante escocês Billy Connolly. Não admira que Harry tenha perguntado: "É verdade que mamãe morreu?"[11] Embora o reverendo Robert Sloan tenha explicado posteriormente que não fizera menção a Diana para não perturbar ainda mais os garotos, sua decisão reforçou a narrativa emergente de que a família real se mostrava fria ou mesmo indiferente à morte da princesa.

Certamente nem todos os membros da família real sentiram tanto a morte de Diana quanto outros. A princesa Margaret se enfurecera quando Diana fora ao programa de TV *Panorama*, questionara a capacidade de Charles como futuro rei e falara sobre a ambição de ser "rainha do coração do povo". Margaret não somente considerara essas palavras uma traição ao príncipe de Gales, como, no que lhe dizia respeito, só havia

FLORES, BANDEIRAS E CORAGEM

uma rainha — a irmã dela. Desde então, ela cortara relações com Diana e exigira que os filhos, David e Sarah, também a ignorassem. Como resultado, Margaret ficou profundamente irritada quando foi obrigada a permanecer de luto em Balmoral em vez de voar para a Toscana, onde esperava passar suas férias anuais sob o sol.

Embora se queixasse da "confusão" criada por Diana, Margaret, assim como a irmã, estava preocupada com o impacto que a morte da princesa teria sobre William e Harry. "É terrível perder a mãe nessa idade, ainda mais com o aniversário de Harry daqui a apenas alguns dias", disse ela.[12]

Assim como Harry e William, milhões de pessoas em todo o mundo não conseguiram acreditar na morte de Diana. Foi somente ao avistar o British Aerospace 146 da família real com o caixão da princesa a bordo se aproximando do aeroporto de Northolt, no oeste de Londres, que a enormidade de sua perda começou a ser compreendida. O caixão, coberto com o estandarte real da princesa, foi carregado em silêncio por seis oficiais da RAF, observados pelo primeiro-ministro e outros dignitários governamentais e militares presentes na pista. Se a família Spencer ainda precisava ser convencida de que uma cerimônia privada seria totalmente inadequada, o trajeto até o centro de Londres pela A40 foi a prova final. Milhares de pessoas, algumas soluçando abertamente, foram para a estrada ou observaram de pontes e outros pontos estratégicos enquanto o cortejo passava. O corpo foi levado primeiro para uma funerária no oeste de Londres e, em seguida, para a Capela Real do Palácio de St. James, onde ela foi velada.

A dimensão do luto surpreendeu a todos, e não somente a família real em seu refúgio escocês. No início daquela fatídica manhã de domingo, o motorista da princesa Margaret, Dave Griffin, estava no Palácio de Kensington discutindo o trágico acontecimento com o policial de plantão. O oficial previra que um punhado de ramalhetes seria levado até lá pelo público, sem compreender que a mulher que ele vira passar por aquele portão deixara uma marca indelével na psique global. No fim da tarde, o palácio estava encoberto por uma avalanche de flores, poemas, fotografias e velas acesas.

Como Carey previra, as iconografias contrastantes entre Diana e a família real entraram em jogo, a simpatia, acessibilidade e normalidade da princesa percebidas contrastando com a fria, indiferente e altiva Casa de Windsor, cujos membros usavam o dever e a tradição como escudo.

Nos dias que se seguiram, a Grã-Bretanha sucumbiu ao poder das flores, o perfume de incontáveis ramalhetes provando o amor e respeito que as pessoas sentiam por uma mulher que acreditavam ter sido desprezada pelo *establishment*. Milhares de pessoas, a maioria das quais jamais encontrara a princesa, foram ao Palácio de Kensington prestar homenagem.

Em uma torrente espontânea de emoções, elas expressaram luto, pesar, culpa e arrependimento. Estranhos se abraçaram e se consolaram mutuamente. Outros rezaram. Alguns lamentaram Diana com mais intensidade e emoção do que haviam um dia lamentado os próprios familiares mortos.

Além da missa em Crathie, que abalara o público pela ausência de uma homilia em homenagem a Diana, o ressentimento cresceu porque o palácio parecia mais interessado em manter o protocolo do que em consolar a população enlutada. Inicialmente, a polícia não permitira que o público colocasse flores em frente aos palácios reais, e aqueles que desejavam prestar uma homenagem escrita tinham que esperar horas na fila para assinar um dos livros de condolências. O fato de o mastro em Buckingham estar sem bandeira — tradicionalmente, apenas o estandarte real é hasteado, e somente quando a soberana está no palácio — logo se tornou motivo de indignação: a ausência de uma bandeira, fosse no topo, fosse a meio-mastro, foi encarada como símbolo da invisibilidade da família real.

O jornal *The Sun* foi tipicamente direto: "Onde está a rainha quando o país precisa dela? Está a 885 quilômetros de Londres, o epicentro do luto da nação."

FLORES, BANDEIRAS E CORAGEM

Havia uma amarga ironia nessa crítica à rainha. No passado, ela fora acusada de colocar o dever acima da maternidade, particularmente durante a infância do príncipe Charles e da princesa Anne. Dessa vez, ela estava sendo atacada por colocar a compaixão e a preocupação com os netos acima da obrigação para com a nação. Em Balmoral, a prioridade da soberana era manter William e Harry ocupados, assim como fizera em 1979, quando demonstrara "incessante cuidado"[13] por Timothy Knatchbull enquanto ele se recuperava do assassinato de Mountbatten. O príncipe Philip era uma presença constante, reconfortando e consolando, como ao fazer com que os meninos ajudassem a preparar a comida dos churrascos. A princesa Anne levou Harry para explorar a fauna e a flora de Balmoral, enquanto seus filhos, Peter e Zara, saíram com os primos para andar de quadriciclo, cavalgar, pescar e caçar.

Entre infinitas reuniões, o pai abria antigos álbuns de família para levá-los a uma viagem por antigas memórias. Harry também encontrou conforto nos braços de Tiggy Legge-Bourke, a mulher a quem chamava de "segunda mãe".[14]

Durante aquela fatídica semana, William e Harry tentaram valentemente absorver a coragem e o estoicismo da família: "Eu repetia para mim mesmo que minha mãe não ia querer que eu ficasse aborrecido ou triste. Ela não gostaria de me ver daquela maneira. Também me mantive ocupado — o que pode ser bom ou ruim, mas permite que você supere o choque inicial",[15] lembrou William anos depois.

Se tivessem retornado ao Palácio de Kensington, eles ficariam entediados e seriam submetidos a ouvir o choro e os lamentos em frente aos portões. "Felizmente, houve privacidade para lamentar e organizar nossas ideias. Tivemos esse espaço, longe de todos", continuou William. "Não fazíamos ideia de que a reação à morte dela seria tão intensa."[16]

Em relação ao planejamento do funeral de Diana, a equipe administrativa da rainha, oficiais do gabinete do primeiro-ministro e representantes da família Spencer haviam trabalhado até de madrugada para criar uma cerimônia destinada a celebrar um ser humano único. Na manhã de segunda-feira, os principais oficiais da rainha — Fellowes, Janvrin e Lord Chamberlain, conde de Airlie — apresentaram a ela o que consideravam ser uma celebração apropriada da vida de Diana. Trabalhando, como disse Airlie, de modo inédito, já que não havia precedentes, a ideia era criar um funeral que misturasse antigo e moderno, tradicional e inovador.

O caixão seria conduzido em uma carruagem puxada a cavalo, cercada por 12 oficiais da Guarda de Gales. A procissão militar padrão seria substituída por quinhentos voluntários das organizações humanitárias financiadas por Diana.[17] Airlie argumentou: "Era importante trazer partes do público que normalmente não eram convidados para a abadia; as pessoas com quem Diana convivera." Todo mundo aguardou ansiosamente pelo veredito da soberana. Felizmente, a rainha concordou com a proposta e deixou evidente que a família real não devia ser mantida distante desse grande evento. "Ela ficou muito feliz com a ideia dos voluntários", lembrou o membro da corte Malcom Ross.[18] O secretário de imprensa de Blair, Alastair Campbell, ficou impressionado com a flexibilidade e a criatividade da rainha, além da disposição para correr riscos — adjetivos dificilmente associados à chefe de Estado.

Ela se recusou a ceder em relação a algumas coisas — em particular, o desejo da família de manter luto privado na Escócia. Também objetou à demanda do conde Spencer de que Diana fosse enterrada em Althorp, propriedade dos Spencer, e não em Frogmore (onde estão sepultados o duque e a duquesa de Windsor).

A discordância entre a Casa de Spencer e a Casa de Windsor continuou durante a semana, como lembrou o arcebispo de Canterbury: "Enviei para o deão de Westminster um esboço das orações que pretendia fazer durante a cerimônia, a fim de que aqueles diretamente envolvidos na missa pudessem dar opiniões e tecer comentários. Fiquei surpreso quando recebi a resposta, que revelava intensa amargura. Soube que os Spencer não queriam menções à família real durante a prece e, em retaliação, o Palácio de Buckingham insistia para que houvesse uma prece separada em nome da família real e para que as palavras 'princesa do povo' fossem

FLORES, BANDEIRAS E CORAGEM   295

retiradas. Embora isso tenha me entristecido, eu considerava essencial que as preces fossem impecáveis, pelo bem de todos. Foi uma época de excepcional perplexidade, e a tensão afetava todo mundo."[19] O arcebispo também ficou preocupado porque o conde Spencer fora convidado a fazer o discurso fúnebre, ao passo que, tradicionalmente, somente membros do clero falavam durante os funerais. Embora tenha contatado o irmão de Diana e pedido a ele que não se esquecesse da mensagem cristã de esperança e vida eterna, ele teve a impressão de que o conde tinha ideias diferentes sobre o que dizer.

Outro conflito, porém, era potencialmente muito mais prejudicial que aquele entre os Windsor e os Spencer: a discordância entre os palácios de St. James e Buckingham — ou, mais especificamente, entre os conselheiros da rainha e os do príncipe Charles. De início, os porta-vozes do príncipe tentaram retratá-lo como decisivo e democrático, ao passo que os da rainha vacilavam, postergavam e se escondiam por trás dos precedentes e da tradição.

Nessa enganosa narrativa, Elizabeth era retratada como a responsável por proibir o uso de uma aeronave da frota real para transportar o corpo de Diana para casa. A raiva gerada por essa intransigência fora tanta que seu vice-secretário particular, Robin Janvrin, teria dito à rainha: "A senhora quer que ela volte para casa em uma van da Harrods?" (A loja de departamentos Harrods pertencia à época ao pai de Dodi Al-Fayed, namorado da princesa.) Novamente, a ideia original era que Diana permanecesse em um mortuário público em Fulham, no oeste de Londres, mas Charles, por iniciativa própria, teria revogado essa ordem.

Na realidade, tanto a rainha quanto seu secretário particular, Sir Robert Fellowes, haviam concordado desde o início que um avião fosse enviado a Paris, que Diana fosse velada na Capela Real e que houvesse um funeral cerimonial completo.

Como um oficial presente durante aquela semana lembrou, "uma das coisas mais perigosas que ocorreu durante aqueles tensos dias foi que os dois palácios estavam em conflito aberto".[20] Em resumo, o lado de Charles estava preparado para sacrificar qualquer um a fim de protegê-lo — e isso incluía a rainha e outros membros da família real. Esse conflito continuou muito depois do funeral de Diana.

Assim como a bandeira — ou ausência dela — no Palácio de Buckingham, a questão sobre William e Harry caminharem atrás do cortejo fúnebre foi a que mais suscitou brigas. O conde Spencer disse que ele deveria ser o único a fazer isso, ao passo que os representantes da família real indicaram que, tradicionalmente, todos os familiares do sexo masculino acompanham o caixão. Essa discordância só foi resolvida na noite anterior ao funeral. Os meninos se tornaram uma espécie de peteca entre as diferentes partes envolvidas.

Como disse um assistente do primeiro-ministro: "Houve um momento incrível no qual acreditávamos estar no viva-voz somente com Janvrin, e de repente ouvimos a voz do príncipe Philip explodir na caixa de som. O lado Spencer estava dizendo qual seria o papel das crianças, e Philip subitamente trovejou 'Parem de tentar nos dizer o que fazer com os meninos! Vocês falam como se eles fossem mercadorias, não têm ideia do que eles estão enfrentando!' Foi maravilhoso. A voz dele estava cheia de emoção, era realmente a voz de um avô." Mais tarde naquela semana, o duque novamente deu uma contribuição improvisada: "Nossa preocupação no momento é William. Ele correu para as colinas e não conseguimos encontrá-lo. Essa é a única coisa que nos preocupa no momento."[21]

Vinte anos depois, William tentou explicar seus confusos sentimentos durante aquela semana terrível: "Não há nada parecido no mundo. Realmente não há. É como se um terremoto tivesse acabado de abalar a sua casa, sua vida e tudo o mais. A mente fica completamente dividida. E levei algum tempo para realmente entender o que acontecera."[22] Na época, ele encontrou consolo na avó, que "entendia algumas das questões mais complexas sobre perder um ente querido".[23]

Enquanto os meninos buscavam apoio na família e a realeza e seus assessores tentavam organizar um funeral único para uma pessoa única, nas ruas de Londres o clima se tornara genuinamente desagradável.

FLORES, BANDEIRAS E CORAGEM

Os alvos iniciais foram o tabloide, o qual contratara os paparazzi que, aparentemente, haviam perseguido Diana até a morte, e, em seguida, a família real, não somente pela resposta lenta e apagada à tragédia, como também pela indiferença a Diana ainda em vida.

Conforme a multidão crescia em torno dos palácios a uma taxa de seis mil pessoas por hora, o gabinete do primeiro-ministro temia que isso levasse a uma onda de tumultos. O tempo de espera para assinar em um dos livros de condolências já alcançava a marca de dez horas. Ainda não havia bandeira. *Onde está a rainha?*, perguntavam as pessoas enlutadas na avenida The Mall. "ONDE ESTÁ NOSSA RAINHA?", repetiam os tabloides. "MOSTRE-NOS QUE SE IMPORTA", exigiam histericamente as manchetes em letras garrafais. Mesmo assim, a rainha se recusava a ceder e retornar à capital.

Em vão, os membros da corte tentaram convencer a rainha e o príncipe Philip a reconhecer que a situação era cada vez mais precária e retornar à capital. Tony Blair, sentindo que as coisas fugiam genuinamente do controle, telefonou para o príncipe Charles e deixou evidente que a maré da opinião pública não podia ser "revertida, revista ou ignorada".[24] No fim, a aliança entre o príncipe de Gales, o primeiro-ministro e os conselheiros reais conseguiu, durante uma teleconferência, persuadir a rainha da magnitude da situação. Quando ela se convenceu de que a inércia seria prejudicial à monarquia, tudo mudou. A soberana concordou em retornar a Londres um dia antes, saudar a multidão na frente do palácio, discursar e, pela primeira vez na história, permitir que a bandeira do Reino Unido ficasse a meio-mastro no Palácio de Buckingham.

Naquela última noite em Balmoral, o príncipe Philip sugeriu que a família fosse à missa em Crathie Kirk. Dessa vez, Diana foi mencionada nas preces pela família. No caminho de volta para o castelo, os meninos foram fotografados olhando para os montes de flores e lendo os bilhetes em homenagem a Diana em frente ao portão.[25]

Na atmosfera altamente carregada, o retorno da rainha de Balmoral e a decisão de transmitir seu tributo a Diana do Palácio de Buckingham imediatamente ajudaram a sanar o deslocamento entre a monarca e o povo. O primeiro-ministro a aconselhou a demonstrar vulnerabilidade. Ele disse: "Realmente sinto muito pela senhora. Não pode haver nada mais miserável que se sentir como a senhora se sente e ter seus motivos questionados."[26]

Na tarde de sexta-feira, após chegarem da Escócia, a rainha e o príncipe Philip finalmente fizeram o muito esperado aparecimento em meio à multidão enlutada. Uma momentânea expressão de ansiedade passou pelo rosto dela, traindo sua incerteza quanto à reação popular. "Temíamos que a rainha fosse vaiada ao descer do carro",[27] disse um ex-membro da corte. Assim que ela surgiu, a tensa atmosfera evaporou e a multidão a aplaudiu de modo espontâneo, porém polido. Quando uma menina de 11 anos lhe entregou um buquê de rosas vermelhas, a rainha perguntou: "Você quer que eu as coloque com as outras?" A menina respondeu: "Não, Vossa Majestade, elas são para a senhora."[28]

De volta ao palácio, a rainha e o marido passaram muito tempo conversando sobre o ânimo popular. O casal real mal conseguia assimilar o que estava acontecendo. Era como estar vivendo em outro mundo. Um assessor explicou: "Em Balmoral, ela não entendera. Era impossível entender sem estar presente. Todos os comentários, as pessoas chorando e se abraçando — toda a nação parecia ter enlouquecido. A rainha e o príncipe Philip ficaram totalmente perdidos."[29]

Eles teriam entendido melhor o humor nacional se estivessem em Londres, no Palácio de Buckingham ou no Castelo de Windsor, quando se deu a tragédia. Por sorte ou azar, dependendo do ponto de vista, estavam em Balmoral, que é remota e bela, mas verdadeiramente uma dobra temporal. Eles tampouco compreenderam, a exemplo de muitos outros, o impacto da morte de Diana na psique nacional. "O mundo não sabe como reagir", escreveu o comentarista Gyles Brandreth na época.[30] Para o público, que observara atentamente a trajetória ascendente de Diana, a imprevisibilidade de sua morte era difícil de aceitar. Foi um fim injusto para tudo o que acontecera antes em vida. A rainha e a família real não

FLORES, BANDEIRAS E CORAGEM

viam o que o público via. Eles lamentavam a perda de alguém que conheciam, de uma pessoa imperfeita, não de um ícone santificado. Anos depois, Harry falou sobre a própria confusão. Ele ouvira pessoas soluçando pela morte da mãe enquanto ele mesmo não conseguia. Charles sentiu a mesma perplexidade: "Eu me sentia um estrangeiro em meu próprio país."[31]

Na época, a rainha preparava o segundo discurso especial televisionado de seu reinado — o primeiro fora em fevereiro de 1991, antes da primeira Guerra do Golfo. "Ela sabia que era algo que precisava fazer", lembrou um conselheiro.[32] O discurso foi esboçado por seu secretário particular e então discutido entre a rainha, o príncipe Philip e outros membros da corte antes de ser enviado ao primeiro-ministro para aprovação final. Quando Blair e Campbell leram o esboço, um deles sugeriu que a soberana falasse não somente como rainha, mas também como avó. Foi uma sacada de gênio.

Ela concordou em ser transmitida ao vivo da Sala de Jantar Chinesa, em frente a uma grande janela com vista para a avenida The Mall, tomada por flores e por pessoas enlutadas.[33]

O discurso de três minutos e nove segundos foi o mais efetivo de seu reinado. A descomplicada autenticidade, a leitura límpida e o respeito pela princesa falecida causaram imediata "dissipação da hostilidade contra os Windsor".[34]

Ela falou da descrença, da incompreensão e do sentimento de perda: "Todos fomos tomados por essas emoções nos últimos dias. Falo agora como rainha e avó, do fundo do meu coração. Primeiro, quero prestar minha homenagem a Diana. Ela foi um ser humano excepcional e talentoso. Em tempos bons e ruins, ela jamais perdeu a capacidade de sorrir e de rir e inspirar as pessoas com sua simpatia e gentileza. Eu a admirava e respeitava, por sua energia e compromisso com os outros e, especialmente, por sua devoção aos filhos."

Reconhecendo sutilmente as críticas que ela e a família haviam recebido, a rainha continuou: "Acredito que há lições a ser aprendidas com sua vida e com a extraordinária e comovente reação a sua morte."[35]

300   A RAINHA

Ela demorara para mudar de direção quando ficou evidente que não estava alinhada com a nação e, embora William e Harry fossem o foco da família e de suas preocupações, nada a teria impedido de gravar uma mensagem similar em Balmoral dias antes. Isso teria interrompido as críticas à família real e à monarquia.

Seu discurso, embora com vários dias de atraso, atendeu a esse objetivo. George Carey observou que a fala "demonstrou compaixão e entendimento e contribuiu muito para silenciar os críticos e elucidar os mal-entendidos que haviam se desenvolvido".[36] O apoio ao republicanismo caiu após o discurso.

Durante o jantar daquela noite, uma última pergunta precisava ser respondida: William e Harry seguiriam a tradição real e caminhariam atrás do caixão da mãe? Embora a decisão final tenha sido deixada para os príncipes, foi a intervenção do avô, o príncipe Philip, que, no fim, se provou decisiva. "Se eu for, vocês irão comigo?", perguntou ele.[37] Quando William concordou, Harry fez o mesmo. "Os meninos eram muito próximos dos avós e os adoravam", disse o secretário de imprensa Dickie Arbiter. "De modo significativo, eles participaram da procissão pelo avô, não pelo pai ou pelo tio."[38] Também havia o temor de que, se somente o príncipe Charles e Charles Spencer participassem do momento, o futuro rei, que recebera inúmeras cartas ameaçadoras durante a semana, fosse vaiado ou fisicamente atacado pelas pessoas na multidão que o culpavam pela morte de Diana.

No dia do funeral, a rainha e a família se reuniram em frente ao Palácio de Buckingham. Quando o cortejo passou, a monarca inclinou a cabeça em uma breve reverência, reconhecendo a própria Diana, e também, talvez, o papel da princesa como símbolo da mudança de valores na Grã-Bretanha moderna.

Enquanto a rainha e outros membros da família real curvavam a cabeça em sinal de respeito, a princesa Margaret permaneceu de cabeça erguida e costas eretas, parecendo querer estar em outro lugar. Estranhamente, enquanto aguardavam a chegada do cortejo, ela importunara a rainha sobre a reforma nos lavatórios do Palácio de Kensington.[39] O momento simbolizou a distância entre as duas ex-vizinhas reais.[40]

Paradoxalmente, foi o fato de os meninos exibirem as tradicionais virtudes reais de estoicismo e coragem em meio a um mar de lágrimas que forneceu tanta ressonância emocional ao funeral. Eles aderiram impecavelmente à máxima da princesa Alice, condessa de Athlone: "Quando se é uma persona pública, deve-se manter o luto algo privado." O príncipe Philip reconfortou os netos durante a longa caminhada, apontando marcos históricos e explicando a origem de cada um.[41]

Uma audiência mundial de 2,5 bilhões de pessoas assistiu a Tony Blair citar a Bíblia e às irmãs de Diana, Jane e Sarah, lerem poemas na Abadia de Westminster, enquanto Elton John fazia uma emotiva interpretação de seu sucesso "Candle in the Wind", dedicada à princesa falecida.

Foi Charles Spencer quem desafiou de forma pública a família real e a mídia, implicitamente censurando a primeira por retirar da princesa a denominação Sua Alteza Real e pela maneira fria como criava os filhos dela. "Diana não precisou de título real para continuar gerando seu tipo particular de mágica", disse ele. O conde prometeu a William e Harry que os Spencer, a "família de sangue", daria continuidade à maneira imaginativa como Diana conduzira a criação de ambos, "a fim de que a alma deles não seja simplesmente imersa no dever e na tradição, mas possa cantar abertamente, como ela planejou". Em seguida, destacou a maneira como a mídia tentara "derrubá-la". Quando ele terminou, elogiando "a única, complexa, extraordinária e insubstituível Diana, cuja beleza, tanto interna quanto externa, jamais se extinguirá de nossa mente", houve aplausos da multidão em frente às portas abertas da abadia. No interior, instantes depois, a congregação, incluindo William e Harry, também aplaudiu. Contudo, não ficou evidente se o aplauso foi em reconhecimento da avaliação que o conde fizera da irmã, da mídia ou da família real.

A rainha continuou olhando para a frente, impassível, assim como o marido. O príncipe Charles ficou tão furioso que precisou ser impedido de fazer uma declaração pública. Como o jornalista Dickie Arbiter lembrou:

"O clima na família real era de muita raiva em relação ao que ele dissera, e os membros da corte estavam apopléticos, profundamente chocados."[42] A rainha achava que o irmão de Diana deveria ter falado mais sobre as evidentes qualidades cristãs da princesa, o que também fora enfatizado pelo arcebispo de Canterbury antes da missa. Na opinião dela, foi uma oportunidade perdida.

A família real retornou a Balmoral depois do funeral e do enterro de Diana em Althorp. No dia seguinte, exatamente uma semana após a tragédia, Tony e Cherie Blair voaram rumo à casa da rainha na Escócia para o tradicional fim de semana do primeiro-ministro, dessa vez abreviado. Tony Blair falou com a rainha, durante a audiência privada, sobre as possíveis lições a ser aprendidas com a morte de Diana. Segundo ele, a monarca estava "refletindo, considerando e se ajustando".[43] Antes de partir para as adiadas férias na Itália, a princesa Margaret enviou à irmã mais velha uma nota de agradecimento "por gentilmente ter organizado tudo após o acidente e tornado a vida tolerável para os dois pobres garotos. Você esteve sempre lá, no comando, ouvindo a opinião de todos e tomando decisões sobre todas as questões. Você foi maravilhosa".[44]

Depois daquela semana tão excruciante, a rainha se sentiu grata pela lealdade e pelo apoio da irmã, que a conhecia tão intimamente. Criada para não demonstrar emoção em público, Margaret, assim como Elizabeth, considerava chorar e lamentar atos difíceis de compreender.

Em outra carta privada, dessa vez em resposta a uma confidente íntima, Lady Henriette Abel Smith, a rainha comentou os pontos negativos e positivos que haviam emergido da semana do funeral. Em uma parte datilografada da carta, ela escrevera: "Foi terrivelmente triste, e ela foi uma perda muito grande para o país. Mas a reação pública a sua morte e à cerimônia na abadia parecem ter unido os povos em todo o mundo de maneira bastante inspiradora. William e Harry foram muito corajosos, e estou muito orgulhosa deles."

Em sua caligrafia, continuou: "Acho que sua carta foi a primeira que abri — as emoções ainda estão em turbilhão, mas passamos por uma experiência muito ruim!"[45]

FLORES, BANDEIRAS E CORAGEM 303

A rainha ascendera ao trono havia mais de 45 anos, mas depois da morte de Diana parecia que ela, ou melhor, a monarquia, estava em período probatório. Elizabeth enfrentara seu povo e, com imensa maioria, o povo vencera.

Embora o mantra do Palácio de Buckingham fosse o de que lições haviam sido aprendidas, uma nação cética observava com desconfiança — e esperava para decidir. Reconhecia-se que a ligação entre a soberana e a sociedade durante a tumultuada semana do funeral precisaria de algum tempo para voltar aos eixos, embora as pesquisas de opinião indicassem firmemente que as pessoas não queriam a transição para uma república. Elas apenas desejavam uma monarquia modernizada, sintonizada com uma Grã-Bretanha multicultural. Para uma mulher educada nos precedentes e na tradição, sempre regida pela silenciosa pergunta *O que meu pai teria feito?*, qualquer reforma deveria ser sensata e incremental. A rainha, quando sob ameaça, também se mostrava obstinada. Na época em que Lord Altrincham defendera o fim da apresentação de debutantes no Palácio de Buckingham, a rainha postergara a decisão durante um ano, a fim de não dar ao lorde radical a satisfação de poder dizer *Eu avisei*.

E a nação estava mudando. O novo primeiro-ministro, o trabalhista Tony Blair, elogiara a rainha, chamando-a de "o melhor da Grã-Bretanha" durante um almoço para celebrar o quinquagésimo aniversário de casamento dela e de Philip, em novembro de 1997, quando estava prestes a supervisionar a reforma do cenário político, com maior participação europeia, devolução de poderes à Escócia, a Gales e à Irlanda do Norte, eleição do prefeito e da Assembleia de Londres e integração com as leis europeias. O crescente movimento pela devolução da Escócia era real, e a amada Commonwealth da rainha havia perdido importância política — a nação estava evoluindo, e não de uma maneira que necessariamente favorecia a monarquia.

Entre pedidos por uma "monarquia do povo" para espelhar a obra da "princesa do povo", a rainha ajustou gradualmente sua persona pública, frequentemente seguindo os conselhos de analistas de opinião, diplomatas bem conectados e especialistas em mídia. O príncipe Philip ficou especialmente interessado no novo website da monarquia, www.royal.uk, ao passo que o Way Ahead Group, grupo familiar que incluía os membros mais importantes da família real e seus conselheiros, foi projetado para alertar sobre possíveis problemas e criar uma rota segura para a monarquia no futuro.

2

Embora a rainha tenha afirmado que não usaria "truques publicitários" — ou seja, não interpretaria uma personagem para as câmeras nem seguiria a visão prevalente —, as hordas da mídia cresceram com a chegada de correspondentes buscando sinais do "efeito Diana". Será que a monarca realmente aprendera as lições fornecidas pela vida de Diana e alterara o próprio tom e estilo de acordo com elas? Os presságios pareciam positivos.

Quando a rainha visitava uma escola, ela agora se sentava com as crianças, em vez de ficar em pé ao lado do diretor. Em um McDonald's em Ellesmere Port, em 1998, ela se permitiu ser fotografada em meio aos empolgados funcionários e, durante a visita de 1999 à propriedade Craigdale, em Glasgow, tomou chá com biscoitos de chocolate no impecável bangalô da aposentada Susan McCarron.

Durante uma viagem à Malásia em setembro de 1998, ela autografou uma bola do Manchester United para os fãs e até mesmo permitiu que vislumbres de humor brilhassem em seu normalmente impassível semblante. Como na ocasião em que um gol da Inglaterra foi anulado durante uma partida da Copa do Mundo contra a Argentina: ela ergueu os braços em sinal de desgosto com a decisão e falou: "Não achamos graça." Em mais um aceno ao igualitarismo, a monarca pegou o trem de ida e volta para King's Lynn, em Norfolk, para desfrutar as férias de fim de ano em Sandringham. Não foram poucos os passageiros que expressaram um chocado deleite ao passar pelo vagão de primeira classe e avistar a rainha olhando pela janela.

FLORES, BANDEIRAS E CORAGEM

Como observou o *Sunday Telegraph*: "Não estamos vendo uma nova rainha. O que estamos notando gradualmente é a mesma rainha refletindo as mudanças da sociedade a sua volta."[46]

Ainda graças a Diana, a bandeira do Reino Unido passou a ser rotineiramente hasteada mesmo em residências reais em que a rainha não estivesse. O mastro vazio que causara tanta preocupação durante a semana do funeral já não existia. "A princesa era muito boa em captar problemas, e tivemos que aprender com ela. Diana sabia como se manter à frente dos tópicos que preocupavam o público. Esse era um de seus pontos fortes e uma lição que podia ser aprendida",[47] refletiu um oficial do palácio.

Em dezembro de 1997, o iate real *Britannia* — a casa de campo flutuante e o refúgio seguro em visitas ultramarinas — foi desativado no porto de Portsmouth depois de quarenta anos de bons serviços. A rainha relutou em se despedir do iate que abrigava tantas memórias felizes de sua família, especialmente o cruzeiro anual pelas Ilhas Ocidentais escocesas. Antes da cerimônia formal, a rainha e a família fizeram uma última e prolongada inspeção do iate. Foi uma emotiva despedida privada, a rainha sendo vista secando o rosto antes de se retirar para o almoço na imponente sala de jantar. Posteriormente, durante uma cerimônia pública no deque, a rainha e a princesa Anne, que também estava abalada, ouviram tristemente enquanto a banda dos fuzileiros reais tocava a altamente evocativa "Highland Cathedral" durante a despedida final. Logo se espalharam comentários em vários veículos midiáticos de que elas não haviam derramado uma lágrima sequer pela princesa de Gales, mas choravam por causa de uma peça flutuante de metal.

O iate foi esvaziado de todos os objetos reais, até mesmo uma presa de narval e pinturas a óleo de autoria do príncipe Philip, antes de ser enviado para o porto de Leith, na Escócia, onde hoje é uma popular atração turística. A maioria dos artefatos foi posteriormente reinstalada.

No Palácio de Kensington, uma operação similar se desenrolava por meio da família Spencer. Tudo no apartamento de Diana foi retirado — uma maneira de impedir que caçadores de troféus vendessem memorabilia da princesa. O mordomo Paul Burrell reclamou que a mãe de Diana, Frances Shand Kydd, chegara a ponto de destruir o mata-borrão da mesa da filha.

Em questão de meses, todos os traços da existência de Diana foram removidos de sua antiga casa real.

13

Dois casamentos e dois funerais

Diana tinha partido, mas não fora esquecida; por sua vez, Camilla Parker Bowles, então divorciada, estava sempre presente, e o príncipe Charles determinara que ela não iria a lugar algum.

A obstinada atitude do herdeiro do trono colocou os palácios de St. James e Buckingham em rota de colisão. O príncipe já estabelecera as fundações para a continuada presença de Camilla em sua vida: em público, ao dizer, no documentário de 1994, que ela era, e continuaria a ser, uma boa amiga; e no privado, dando a ela — mesmo que discretamente — o papel de amante e senhora do palácio rural de Highgrove, em Gloucestershire.

Isso incomodou a rainha, cujo desejo era de que Camilla desaparecesse — tanto antes quanto depois da morte de Diana. Seus principais oficiais, a começar pelo secretário particular dela, Sir Robert Fellowes, estavam totalmente de acordo. Eles sentiam que o desejo de satisfação pessoal do príncipe podia colocar a monarquia em risco.

Como comentou a biógrafa de Camilla, Penny Junor, "não era nada pessoal. Ela sempre gostara muito de Camilla durante todos os anos em que fora casada com Andrew Parker Bowles, mas fora ela a responsável, voluntariamente ou não, por todos os desastres ocorridos com o príncipe Charles desde o casamento dele".[1]

A rainha tinha razão em pensar que Charles não passara tempo suficiente tentando fazer com que seu casamento com Diana desse certo antes de retornar à reconfortante presença de Camilla. Por mais difícil que a princesa de Gales fosse — e a rainha conhecia bem o comportamento imprevisível da nora —, ela merecia mais que os quatro ou cinco anos que ele devotara à vida de casado antes de se afastar. A pergunta sem resposta era, então, se Charles e Diana teriam permanecido casados se Camilla não estivesse em cena.

Entre os presentes na festa oficial de 50 anos de Charles, realizada no Palácio de Buckingham, poucos teriam sido capazes de sentir a tensão familiar no ar. Estimados 850 convidados, incluindo o então primeiro-ministro, Tony Blair, e a ex-primeira-ministra Margaret Thatcher, brindaram as realizações e a vida do herdeiro do trono na presença da rainha e do príncipe Philip. A monarca elogiou o filho por sua "diligência, compaixão e liderança".[2] Tudo parecia muito amigável e descontraído. O príncipe Charles chamou a rainha de "mamãe", uma descrição que sempre causava divertimento — tanto que ele a usava frequentemente.

Por trás dos sorrisos em público, as relações entre a "mamãe" e o "querido filho" não poderiam ser piores. O primeiro problema era a ressonante ausência da companheira de Charles, Camilla Parker Bowles, que fora deliberadamente excluída da lista de convidados organizada pela rainha. O segundo era um documentário da emissora britânica ITV, exibido no dia do aniversário do príncipe de Gales, que tinha as digitais de seu charmoso, porém cruel, vice-secretário particular, Mark Bolland. Um "oficial veterano" informara aos produtores de TV que Charles queria uma monarquia reduzida e ficaria "secretamente deliciado se a rainha abdicasse".[3] Ao ser confrontado pela monarca, Charles se desculpou e disse que a história não era verdadeira. Entretanto, esse não foi, de modo algum, o fim da questão. Um documentário rival da BBC, que também citava um oficial anônimo, enfatizou que Charles estava irritado com a soberana por não se afastar de seus deveres oficiais e permitir que ele os assumisse. Para tornar as coisas ainda mais constrangedoras, um dos assessores de Elizabeth esteve em contato anonimamente com o programa da BBC e comentou sobre a atitude dela em relação a Camilla. "A rainha não se encontrou nem se encontrará formalmente com Camilla. Elas jamais sequer comparecerão ao mesmo

DOIS CASAMENTOS E DOIS FUNERAIS

evento social."⁴ Na verdade, ela já não aparecia na lista de convidados da rainha ou da rainha-mãe havia mais ou menos 15 anos.

Havia uma razão similar por trás da recusa da rainha de receber o namorado da princesa Margaret, Roddy Llewellyn, que surgira quando ela ainda era casada, embora muito infeliz. No tribunal da opinião pública, Roddy, injustamente ou não, era encarado como o catalizador que implodira o casamento e levara ao primeiro divórcio real desde Henrique VIII. Em uma situação comparável, ao menos no que dizia respeito à rainha e ao secretário particular dela, a continuada associação entre Charles e a Sra. Parker Bowles estava prejudicando a monarquia. O público — de novo, injustamente ou não — acreditava que a amante do herdeiro, como um terceiro membro do casamento de Gales, precipitara o divórcio do casal.

Embora Camilla tivesse sido excluída da lista de convidados do Palácio de Buckingham, ela esteve presente no aniversário de Charles, no dia 14 de novembro de 1998, em Highgrove, onde ela e o príncipe ofereceram uma festa para 250 convidados, entre eles atores, políticos e comediantes. A rainha e o príncipe Philip recusaram o convite, assim como os três irmãos de Charles. A princesa Margaret, porém, compareceu, juntamente com vários membros reais de toda a Europa. Enquanto Charles e Camilla recebiam os convidados, ficou evidente para todos que eles estavam e permaneceriam juntos.

O guru de relações públicas e então vice-secretário particular de Charles, Mark Bolland, recebeu a espinhosa missão de tornar Camilla aceitável para a rainha e o público britânico. Se isso significasse pisar nos calos de alguém para melhorar a imagem do príncipe de Gales, que fosse — mesmo que esses calos estivessem em pés calçando Anello & Davides, os fabricantes dos sapatos da rainha.

Ele e outros apoiadores do príncipe Charles estavam conscientes de que a atitude "ame-a, mas deixe-a" da rainha e de Sir Robert Fellowes não era universalmente aceita por todos os conselheiros, os quais sentiam que uma espécie de gesto de paz deveria ser estendido ao casal. O mundo mudara desde que o divórcio tinha entrado no vocabulário da família por meio da abdicação do rei Edward VIII e da renúncia da princesa Margaret ao amante, o capitão de grupo Peter Townsend.

O arcebispo de Canterbury, George Carey, e a esposa, Eileen, haviam se encontrado com Camilla várias vezes, em caráter privado, e ele reconhecera quão profundamente afetuoso era o relacionamento entre ela e o príncipe Charles. "Encontros subsequentes não nos deram razão para deixar de acreditar que o futuro dela está irrevogavelmente ligado ao dele", lembrou ele.[5]

Embora o príncipe Charles não tivesse pressa de se casar de novo, aquela situação não podia continuar indefinidamente. A rainha gozava de excelente saúde, mas era melhor não provocar o destino. Um rei vivendo com a amante divorciada não encontraria aprovação entre clérigos, fiéis e aqueles que ainda defendiam Diana. A estratégia, portanto, era criar um caminho que permitisse a Charles se casar com Camilla sem que a união fosse interpretada como prejudicial à monarquia. A perspectiva de uma "rainha Camilla" ainda estava distante no futuro.

Bolland percebeu que a reabilitação de Camilla seria muito mais rápida se ela fosse reconhecida positivamente pelos filhos de Diana. Eles eram os representantes vivos da princesa, seus mais fervorosos defensores. Se fossem capazes de aceitar Camilla, por que o mesmo não poderia se dar com o público britânico, que, de acordo com as pesquisas de opinião, opunha-se somente por ligeira maioria à ideia de ela se tornar rainha?

Em um dia ensolarado de junho de 1998, Camilla estava prestes a descobrir. William chegou inesperadamente à Casa York, perto do Palácio de St. James, e ela estava presente. Camilla se ofereceu para ir embora, mas Charles insistiu em que ela cumprimentasse o filho mais velho. Eles foram formalmente apresentados e conversaram em particular por cerca de meia hora. O encontro correu bem, apesar de, em seguida, Camilla anunciar que precisava de um gim-tônica para se acalmar.

Os homens da rainha não seriam tão facilmente conquistados. Logo depois que o príncipe William foi apresentado a Camilla, o vice-secretário particular da rainha, Sir Robin Janvrin, também se viu por acaso no mesmo

DOIS CASAMENTOS E DOIS FUNERAIS

local que ela. Charles, que interpretou a sucessão de situações uma maré de sorte, pediu que seu secretário particular, Stephen Lamport, organizasse outro encontro, dessa vez entre Camilla e Sir Robin. Janvrin recusou, justificando que primeiramente precisaria pedir autorização à monarca. Algum tempo depois, quando Sir Robert Fellowes se aposentou, a rainha autorizou Janvrin, agora seu secretário particular, a se encontrar com a Sra. Parker Bowles em caráter privado e aferir a temperatura constitucional.[6]

A temperatura do lado de fora do hotel Ritz, no centro de Londres, era gélida em 28 de janeiro de 1999, mas Charles continuava sua campanha para fazer com que o público simpatizasse mais com Camilla. Naquela noite, Charles e sua companheira foram convidados para a celebração do quinquagésimo aniversário da irmã dela, Annabel Elliot, no hotel. Eles chegaram separadamente, mas partiram juntos, o caminho até a limusine iluminado por dezenas de flashes. A sessão não oficial de fotos foi organizada por Mark Bolland, a quem William e Harry agora chamavam de *Lord Blackadder* [Lord Víbora Negra], em referência ao personagem desonesto de uma comédia na TV.

Essa foi a primeira de uma série de ações públicas cuidadosamente planejadas para apresentar Camilla à nação. Nos meses seguintes, o casal apareceu na plateia de algumas peças no West End, do Royal Shakespeare Theatre em Stratford-upon-Avon e de um concerto de piano clássico, assim como nos campos de caça de East Yorkshire. Havia sinais de degelo no Palácio de Buckingham. Em janeiro de 1999, foi anunciado o noivado do príncipe Edward com a executiva de relações públicas Sophie Rhys-Jones. Durante o noivado de seis meses, o casal, contando com o consentimento da rainha, ocupou um quarto conjugado com porta comunicante no Palácio de Buckingham. Os tempos realmente estavam mudando.

Em maio de 2000, a presença de Camilla na Assembleia Geral da Igreja da Escócia, em Edimburgo, onde o príncipe de Gales fez o discurso de abertura, foi mais uma indicação de sua aceitação. Durante o jantar daquela noite, Camilla disse a Janis Milligan, esposa do prefeito de Edimburgo, Eric, que aquele fora um grande momento para ela. Ninguém deixou de notar que a Igreja da Escócia, considerada mais liberal que a Igreja da Inglaterra, estivera disposta a casar a divorciada princesa Anne e seu segundo marido, o comandante Tim Laurence.

Finalmente, em 3 de junho de 2000, Camilla esteve diante da rainha pela primeira vez desde 1992. Quando a soberana aceitou o convite do filho para comparecer a um churrasco em Highgrove a fim de celebrar o sexagésimo aniversário do exilado rei Constantino II da Grécia (padrinho do príncipe William e primo de Charles), ela estava totalmente ciente das consequências. Elizabeth estava reconhecendo — se é que já não tivesse aceitado — a presença da companheira de Charles na corte. Ela sorriu, Camilla fez uma mesura e as duas conversaram brevemente antes de voltarem às respectivas mesas.

Camilla passara a ser chamada de "companheira" do príncipe, mas ainda não havia lugar para ela nos eventos formais da realeza. Em um grande baile de gala no Castelo de Windsor em junho de 2000, o primeiro desde o devastador incêndio, a monarca foi a anfitriã de uma festa que celebrou o centésimo aniversário da rainha-mãe, o septuagésimo aniversário da irmã, o quinquagésimo aniversário da filha, o quadragésimo aniversário do príncipe Andrew e a maioridade do príncipe William. Camilla não foi convidada. Contudo, com a opinião pública se mostrando mais favorável, a rainha corria o risco de parecer fora de sintonia com seus súditos. Até mesmo membros da família, sobretudo os da geração mais jovem, achavam que Camilla devia ser formalmente reconhecida.

Mesmo assim, ela esteve notavelmente ausente das celebrações do centésimo aniversário da rainha-mãe, durante as quais o príncipe Charles, seu amado neto, a acompanhou na carruagem durante a Parada da Guarda em julho, diante de uma animada multidão. A aceitação ocorreu lentamente. Em fevereiro de 2001, tanto o príncipe Charles quanto o príncipe William compareceram ao décimo aniversário da Comissão de Queixas contra a Mídia em Somerset House. Quando Camilla chegou acompanhada do primogênito de Diana, as damas e os cavalheiros da mídia foram convidados a concluir que, se ela fora publicamente aceita por William, o defensor

DOIS CASAMENTOS E DOIS FUNERAIS 313

mais fervoroso da mãe, todo mundo devia seguir o exemplo. A rainha-mãe não pensava assim, e não convidou Camilla para as celebrações de seu 101º aniversário. Sophie, então condessa de Wessex depois de seu casamento com o caçula da rainha, inadvertidamente indicara o humor prevalente na corte alguns meses antes, quando fora pega em uma armadilha midiática do notório Fake Sheik, um repórter de tabloide que fingia ser um árabe rico. Durante a conversa secretamente gravada, a condessa dissera que Charles e Camilla estavam "no topo da lista dos impopulares", que só se casariam após a morte da "velha dama" — ou seja, a rainha-mãe.[7]

Acontecimentos terríveis em Nova York, em Washington e na Pensilvânia eclipsaram todos os pensamentos sobre a "rainha Camilla" quando terroristas da Al-Qaeda levaram a cabo as atrocidades do 11 de Setembro. A rainha, que estava em Balmoral, agiu depressa. Suas decisões ágeis e precisas fizeram um grande contraste com a paralisia que afetara a família real depois da morte de Diana. Ela concordou que a bandeira do Reino Unido fosse hasteada a meio-mastro no Palácio de Buckingham e se preparou para voar a Londres e comparecer a uma cerimônia especial na Catedral de St. Paul em homenagem aos mortos, que incluíam 67 britânicos. A rainha também aprovou a sugestão de que, durante a troca da guarda seguinte, a banda da Coldstream Guard, a tropa de infantaria de elite do Exército britânico, tocasse "Star Spangled Banner", o hino nacional estadunidense.

Os minutos altamente emotivos fizeram chorar muitas das pessoas reunidas em frente aos portões do Palácio de Buckingham. Na mensagem de condolências da soberana, lida pelo embaixador britânico durante a cerimônia memorial em Nova York, a ressonante frase "O luto é o preço que pagamos pelo amor", de autoria de seu secretário particular, Sir Robin Janvrin, tornou-se muito popular.[8]

A rainha sentiu a tragédia ainda mais profundamente porque o grande amigo e administrador de corridas Henry "Porchie" Carnarvon morreu de um ataque cardíaco no mesmo dia. Ele estava assistindo às notícias sobre os ataques ao World Trade Center no 11 de Setembro quando teve um infarto fulminante. A morte do amigo foi ainda mais devastadora por ser tão súbita e inesperada. Porchie e a rainha eram amigos desde a guerra e, em determinado momento, ele fora considerado um possível parceiro romântico. Para além da família imediata, Carnarvon era um dos únicos a ser transferido diretamente para o ramal da rainha pelos telefonistas do Palácio de Buckingham. Ele sempre tinha notícias sobre os estábulos e fofocas do mundo equestre. A morte repentina não foi um golpe somente para a rainha, mas também para o mundo das corridas. Além de lamentar a perda do grande amigo, a monarca estava preocupada com duas das mulheres que ela mais amava.

Tanto a saúde da rainha-mãe quanto a de Margaret se deterioravam, a ponto de ambas serem transportadas de helicóptero para as festas de 2001 em Sandringham. Ambas estavam confinadas a cadeiras de rodas: a rainha-mãe quebrara o quadril durante uma queda e Margaret tivera vários derrames, o que a deixara quase cega. Embora a rainha encorajasse a irmã a tentar caminhar, em vez de depender da cadeira de rodas, as animadas recomendações não surtiam efeito. Na maior parte do tempo, Margaret ficava no quarto ouvindo rádio, uma triste casca da mulher vibrante e glamourosa que frequentara clubes noturnos e brilhantes capas de revista. A rainha tentou encorajar a irmã a passar tempo com a família, mas ela estava "com uma aparência tão terrível" que preferiu recusar as investidas de Elizabeth. Foi um pequeno triunfo quando sua dama de companhia, Lady Glenconner, conseguiu convencê-la a provar uma tortinha de geleia. Em certo momento, Margaret se queixou para uma criada: "Se pelo menos eu fosse um cão, poderia ser sacrificada."[9]

Em 8 de fevereiro de 2002, Margaret sofreu outro derrame e foi a óbito no início da manhã seguinte, no Hospital King Edward VII, tendo os filhos ao lado. "Nós quatro" eram então apenas "Nós dois", a rainha tendo perdido outro membro do quarteto familiar no qual era capaz de confiar totalmente. Sua travessa irmã mais nova se provara uma conselheira leal e diligente que partilhava com ela um instintivo laço sanguíneo e muitas experiências em comum. E então ela partira.

DOIS CASAMENTOS E DOIS FUNERAIS 315

A missa foi realizada na Capela de St. George, em Windsor. A rainha-mãe foi transportada de helicóptero e acompanhou o funeral em uma cadeira de rodas. Depois da missa, enquanto o corpo era velado na capela, Elizabeth I, com grande dificuldade, ficou de pé em uma última e triste homenagem à filha. A rainha também parecia esmagada pelo peso da morte da irmã com a qual falava ao telefone quase todos os dias. Quando o caixão foi colocado no carro funerário, a monarca agarrou a mão da sobrinha Sarah Chatto com uma das mãos e secou uma lágrima com a outra.

O caixão foi levado ao Crematório Slough e as cinzas jazem enterradas na Capela Memorial do Rei George VI, na Capela de St. George, ao lado do pai — como ela sempre desejara.

Houve pouco descanso para a rainha. Como aquele era o ano de seu jubileu de ouro, ela viajava muito. Depois de se despedirem de Margaret, Elizabeth e Philip voaram para uma visita oficial a Nova Zelândia, Austrália e Jamaica. Durante a viagem de duas semanas, a rainha telefonou para a mãe todos os dias e, assim que chegou ao aeroporto de Heathrow, foi imediatamente ao Royal Lodge para checar o estado dela; ela descobriu que a rainha-mãe ainda recebia visitas, comia pouco, bebia champanhe e telefonava para amigos e conhecidos em um gesto de longo e último adeus.

Alguns dias depois, a rainha cavalgava no Grande Parque de Windsor quando seu cavalariço recebeu pelo rádio a notícia de que o estado da rainha-mãe se deteriorava rapidamente. A soberana partiu na hora para Royal Lodge, onde encontrou a mãe de olhos fechados, sentada em uma cadeira, sua estilista e uma enfermeira ao lado.

Entre as idas e vindas da equipe médica, o cônego John Ovenden, pároco da Capela Real, chegou. Ele segurou a mão da rainha-mãe e recitou um lamento das Terras Altas escocesas. Posteriormente, ela foi colocada na cama. A seu lado estavam a rainha, os filhos de Margaret, David Linley e Sarah Chatto, e Lady Margaret Rhodes, que sempre fora considerada a terceira filha da rainha-mãe. O cônego Ovenden retornou mais tarde naquele dia e fez uma prece comovente: "Agora deixe sua serva partir em paz."

Ela morreu às 3h15 da tarde de 30 de março de 2002. "Todos tínhamos lágrimas nos olhos e, até hoje, não consigo ouvir aquela frase sem ter vontade de chorar", lembrou Margaret Rhodes.[10]

A morte da rainha-mãe foi o sinal para o início da Operação Ponte Tay, os arranjos funerários da rainha-mãe. Na sexta-feira, 5 de abril, estimados 250 milhões de pessoas foram para as ruas observar o caixão de carvalho de Elizabeth Angela Marguerite Bowes-Lyon ser levado do Palácio de St. James até Westminster Hall, onde o corpo foi velado. Sobre o caixão, ao lado de seu estandarte real e de sua coroa, havia uma guirlanda com os dizeres "EM AMOROSA MEMÓRIA, LILIBET". Quando a rainha passou de carro a caminho do Palácio de Buckingham, a multidão irrompeu em aplausos espontâneos, um gesto que a comoveu profundamente. O biógrafo oficial da rainha-mãe, William Shawcross, lembrou: "Ela ficou visivelmente comovida e disse para um de seus acompanhantes que aquela fora uma das ocasiões mais tocantes que já vivenciara."[11]

Em seu terceiro discurso especial à nação, a rainha refletiu sobre a experiência e agradeceu "a gentileza e o respeito" recebidos que haviam lhe dado grande conforto. "Minha mãe teria entendido, pois a simpatia e o afeto das pessoas por toda parte inspiravam sua determinação, sua dedicação e seu entusiasmo pela vida."[12] Posteriormente, ela disse a amigos que, se precisasse falar também sobre a morte da irmã, teria perdido a compostura. No dia seguinte, 9 de abril de 2002, o caixão da rainha-mãe foi colocado em uma carruagem e seguiu para o local do funeral, a Abadia de Westminster. Após o fim da missa, o corpo foi levado até a Capela de St. George e depositado ao lado do corpo do marido, George VI. O "nós quatro" se reduzira a "apenas eu".

A rainha-mãe foi enterrada com toda a pompa e dignidade, e os presságios pareciam auspiciosos para o jubileu de ouro da rainha. Quaisquer dúvidas de que aquela seria uma impressionante celebração nacional desapareceram durante a viagem de 14 semanas da monarca pelo país.

DOIS CASAMENTOS E DOIS FUNERAIS

O entusiasmo era contagiante. Mulheres eram vistas saindo dos salões de beleza, com os cabelos ainda enrolados em bobes, para ter um vislumbre da rainha. Em certo momento, ela bateu no teto de vidro da limusine e, aparentemente, pediu que o motorista desacelerasse a fim de que pudesse apreciar a atmosfera entusiasmada por mais tempo.[13]

Em meados de junho de 2002, depois de uma semana de festas e procissões, o ponto alto das celebrações foi o show de rock realizado no Palácio de Buckingham. O guitarrista Brian May abriu o show do teto do palácio, com uma interpretação icônica de "Deus salve a rainha". A aristocracia do pop, que contava com nomes como Paul McCartney, Elton John, Annie Lennox e Ray Davies, tocou para a maior plateia — estimada em mais de um milhão de pessoas — desde o Live Aid, o concerto multiestelar organizado a fim de arrecadar fundos para o combate à fome na Etiópia, em 1985. Quando foi apresentado à rainha, Ozzie Osborne ficou tão nervoso que a chamou de "Veneranda, Vossa Santidade".

O príncipe Charles recebeu os vivas mais entusiasmados ao iniciar o discurso de homenagem dizendo "Vossa Majestade... Mamãe". Ele a elogiou por personificar a continuidade na vida de toda a nação. "A senhora tem sido um farol de tradição e estabilidade em meio a profundas e às vezes perigosas mudanças."[14]

No primeiro grande evento desde a morte da rainha-mãe, Camilla finalmente foi incluída no grupo real, sentada na fileira atrás dos príncipes William e Harry. Ela cantou baixinho "You Can't Hurry Love" juntamente com Phil Collins, uma canção que, como observou a colunista Caitlin Moran, deve ter sido um grande consolo para ela ao longo dos anos.[15] Ao fim do show, Camilla uniu-se à rainha e ao restante da família em um jantar comemorativo no hotel Ritz.

Mais importante foi a decisão da Igreja da Inglaterra, em julho, de permitir que, em circunstâncias excepcionais, pessoas divorciadas se casassem uma segunda vez no religioso mesmo que o primeiro cônjuge ainda estivesse vivo. As realidades domésticas modernas, combinadas a uma maior tolerância, estavam modificando a realidade na qual divórcios e segundos casamentos deixavam de ser tabu. Os beneficiários pareciam ser o príncipe de Gales e sua companheira.

Também houve grande mudança no comportamento da rainha. Aqueles que a conheciam há algum tempo notaram como ela parecia mais relaxada, receptiva e à vontade, agora que já não precisava se preocupar com o que a mãe diria ou pensaria. Elizabeth era então a matriarca da família, livre para trilhar o próprio caminho. O historiador Hugo Vickers observou: "Não há dúvida de que, depois da morte da rainha-mãe, a rainha floresceu."[16]

Também houve paz entre os vários palácios reais depois da partida daqueles que haviam polarizado as opiniões na corte. Com a morte da rainha-mãe, o príncipe de Gales assumira Clarence House, sua casa em Londres, e Birkhall, na Escócia.

Para a casa londrina, Charles contratou o designer de interiores Robert Kime — que reformara Highgrove — para decorar os quartos para Camilla e as acomodações de hóspedes para o pai dela, Bruce Shand. Estava evidente que ele pretendia morar com a companheira.

A reforma ainda estava em curso na nova casa do príncipe de Gales quando o fantasma de Diana retornou para assombrar a família real. Dessa vez, a rainha estava no centro do palco, envolvida em um litígio de alta visibilidade no célebre tribunal Old Bailey, em Londres, contra Paul Burrell, antigo mordomo de Diana, acusado de roubar bens pertencentes à princesa, aos filhos dela e a Charles. Eles incluíam fotografias e cartas assinadas, roupas de grife e outros itens pessoais. Quando fora preso dois anos antes, ele insistira que só pegara os bens, avaliados em £6 milhões (US$7,8 milhões), para mantê-los seguros. Burrell finalmente foi condenado por roubo em agosto de 2001.

Depois de dias de apresentação de evidências no famoso Tribunal Número 1, houve uma reviravolta extraordinária que desafiou até mesmo a imaginação dos roteiristas de Hollywood. Pouco antes de Burrell testemunhar, o julgamento foi suspenso. Entra em cena a rainha. Era 25 de outubro de 2002, e ela estava, juntamente com os príncipes Philip e

DOIS CASAMENTOS E DOIS FUNERAIS

Charles, a caminho da cerimônia na Catedral de St. Paul em memória das vítimas das explosões de Bali, atentado que deixara muitos mortos e feridos. Os três discutiam o caso de Burrell quando a rainha se lembrara de uma longa audiência com o ex-mordomo cinco anos antes, no qual ele afirmara estar guardando alguns documentos de Diana. Ela não considerara o fato relevante, pois os documentos constituíam somente uma pequena parte dos bens supostamente roubados.

Essa revelação prejudicou fatalmente o argumento da acusação de que Burrell jamais informara a ninguém ter bens de Diana sob sua guarda. Agora parecia que ele, afinal, havia feito isso.

Quando a rainha foi questionada pelo novo secretário particular do príncipe Charles, Sir Michael Peat, ela confirmou que Burrell separara alguns papéis de Diana porque temia que a mãe dela, Frances Shand Kydd, rasgasse documentos relacionados à vida e ao legado da filha.

Embora a intervenção da rainha tenha intensificado a natureza surreal do caso, igualmente bizarro foi o fato, dois anos depois de ter sido preso, de Paul Burrell jamais ter mencionado a seus advogados essa conversa com a rainha, muito embora o ponto forte da acusação contra ele fosse o fato de ele jamais ter confidenciado a ninguém que pegara bens pertencentes a Diana.

Em 1º de novembro, o julgamento foi suspenso e todas as acusações foram anuladas. Ao sair do tribunal em aliviado triunfo, Burrell disse à multidão: "A rainha intercedeu por mim."[17] Os analistas imediatamente afirmaram que o julgamento fora suspenso pouco antes de ele testemunhar a fim de garantir seu silêncio. Durante o depoimento, esperava-se que ele revelasse detalhes potencialmente embaraçosos sobre a princesa, o príncipe Charles e o lado sombrio da monarquia. Como a família real tivera diversas oportunidades de solucionar a questão antes do julgamento, essas alegações pareceram exageradas.

Mais intrigante foi a afirmação de Burrell de que conversara por noventa minutos com a rainha, na suíte privada dela, discutindo tudo, da personalidade de Diana ao relacionamento da princesa com Dodi Fayed, e também as preocupações de Burrell sobre o comportamento da família Spencer ao destruir pertences da princesa.

Durante essa longa conversa, a rainha teria feito um aviso melodramático: "Tenha cuidado, Paul. Ninguém foi tão próximo de um membro da família real quanto você. Há poderes em ação neste país sobre os quais nada sabemos. Você entende?"[18] E então encerrara a conversa dizendo: "Preciso levar os cães para passear."

Posteriormente, Burrell disse ao *Daily Mirror*: "Ela fez questão que eu entendesse que ela falava mortalmente sério. Eu não fazia ideia de sobre quem ela estava falando. Poderia estar se referindo a muitas coisas. Mas claramente estava me avisando para permanecer vigilante."[19]

Embora Burrell não tenha explicado que "poderes" poderiam representar uma ameaça para ele, sua história combinava com as suspeitas de Diana com relação à segurança pessoal dela. Diversas vezes os cômodos da princesa haviam sido submetidos a varredura eletrônica por desejo dela mesma. Embora a rainha não fosse tão desconfiada, no início da década de 1990 também ficara insegura com o fluxo de gravações ilícitas de conversas privadas de membros da família.

Um ano depois, em outubro de 2003, Burrell teve o momento de glória quando publicou a própria biografia, *A Royal Duty* [Um dever real], que revisitava a turbulenta vida de Diana, a princesa de Gales, e seu relacionamento com a família real. Uma das questões mais contenciosas foi a publicação de uma carta do príncipe Philip na qual falava sobre o caso entre o príncipe Charles e a Sra. Parker Bowles. Ele escrevera: "Charles foi tolo em arriscar tudo com Camilla, sendo um homem ocupando a posição que ele ocupa. Jamais sonhamos que ele pudesse deixar você para ficar com ela. Não consigo imaginar ninguém, em sã consciência, abandonando você para ficar com Camilla, nem sequer consideramos tal perspectiva."[20]

Escrita na década anterior, a carta demonstrava nitidamente as objeções da rainha à escolha de parceira do filho e as dificuldades que Camilla enfrentara para ser aceita pela família real.

DOIS CASAMENTOS E DOIS FUNERAIS

O status de Camilla continuou a causar constrangimento e ofensa, e os membros da sociedade continuavam seguindo os sinais da rainha. O casamento entre Lady Tamara Grosvenor e Edward van Cutsem, filho do amigo de Charles e proeminente católico Hugh van Cutsem, em 2004, marcou o ponto de virada. Foi o casamento do ano, e contava com uma lista de convidados que incluía a rainha e o príncipe Philip, assim como o príncipe Charles (padrinho de Edward van Cutsem) e Camilla Parker Bowles. Conforme o grande dia se aproximava, a mãe do noivo, Emilie van Cutsem, informou a Camilla, amiga sua, sobre alguns arranjos da cerimônia: a fim de não ofender a rainha, a acompanhante de Charles fora posicionada em um banco separado do parceiro, que estaria nas fileiras da frente, juntamente com outros membros da família real. Além disso, Camilla seria obrigada a viajar separada do príncipe Charles.[21]

O príncipe ficou furioso com o que interpretou como esnobismo e informou que não compareceria ao casamento. Em vez disso, ele visitou seu regimento, o Black Watch, enquanto Camilla passara o dia em casa, sem dúvida se perguntando quanto tempo aquele estado de incerteza social duraria. Não muito.

A etiqueta social em eventos como casamentos não era a única coisa a ser considerada, posto que havia sérias questões constitucionais a se levar em conta. Não se tratava somente de eles se tornarem marido e esposa, mas também virem a ser rei e rainha. Qual seria o status de Camilla se Charles sucedesse a mãe e ainda não houvesse um matrimônio oficializado?

O príncipe Charles queria se casar na igreja, mas o novo arcebispo de Canterbury, o Dr. Rowan Williams, era contra. Ele sentia que um casamento religioso ofenderia muitos sacerdotes e fiéis anglicanos. Em vez disso, chegou-se a um consenso: eles poderiam se casar em uma cerimônia civil, seguida por orações e bênçãos em uma igreja.

Quando a questão ecumênica foi resolvida, foi preciso pedir permissão à rainha, de acordo com a Lei de Casamentos Reais de 1772. Charles recebeu a bênção da mãe e dos próprios filhos em Sandringham, durante o Natal. Finalmente, durante o Ano-Novo em Birkhall, em um cenário mais maduro que o quarto de brinquedos em Windsor no qual ele fizera o pedido a Lady Diana Spencer, o príncipe de Gales se ajoelhou e pediu Camilla em casamento. Ele deu a ela um anel de diamantes art déco que herdara da rainha-mãe.

Foi quase o fim de uma longa e incerta caminhada, então com a perspectiva de um futuro feliz.

Depois de anunciar publicamente o noivado em fevereiro, eles se casaram no sábado, 9 de abril de 2005, em uma cerimônia civil no Guildhall, em Windsor. Quando o grande dia chegou, Camilla estava tão nervosa que foram necessárias quatro amigas para fazê-la sair da cama e vestir o traje idealizado pelo luxuoso ateliê Anna Valentine.

Devidamente vestida, ela foi para o Guildhall de Windsor, onde ocorreria a cerimônia. Quando Camilla emergiu do Rolls-Royce marrom da rainha, parecia pensativa, temendo ser vaiada por alguém na multidão.

Contudo, o povo estava a seu favor, aplaudindo quando ela e o príncipe Charles entraram no Guildhall, onde, na presença de familiares e amigos próximos, trocaram votos e anéis de ouro de Gales. O príncipe William e o filho de Camilla, Tom Parker Bowles, configuraram como testemunhas.

A rainha não compareceu, embora seus netos e outros membros da família estivessem lá. Como líder da Igreja da Inglaterra, ela não comparecia a cerimônias civis. Embora alguns tenham interpretado a decisão como desdenhosa, a monarca se baseou na prática de colocar o dever acima de quaisquer sentimentos familiares. Ela não queria criar um precedente que pudesse comprometer sua posição como governadora suprema da Igreja da Inglaterra. A soberana compareceu à cerimônia de consagração na Capela de St. George, conduzida pelo arcebispo de Canterbury, o Dr. Rowan Williams. Como gesto adicional de boa vontade, ela organizou e pagou pela recepção.

O grupo selecionado foi muito tranquilo e relaxado e, depois da cerimônia de consagração, rumou para a histórica Câmara de Waterloo, onde ocorreria a celebração para setecentos convidados. Em um discurso hábil e espirituoso, a rainha, cujo cavalo disputava a Grand National de Aintree naquele dia, disse à barulhenta multidão que tinha dois anúncios a fazer. O primeiro era que Hedgehunter vencera a National e o segundo,

DOIS CASAMENTOS E DOIS FUNERAIS 323

que ela estava maravilhada em receber o filho e sua esposa no "camarote dos vencedores".

"Eles superaram Becher's Brook e The Chair [dois saltos famosos na corrida Grand National] e todo tipo de obstáculo terrível. Eles venceram. Estou muito orgulhosa e desejo a eles tudo de bom. Meu filho está em casa, firme, com a mulher que ama."[22] Embora pudesse ter adotado o título de princesa de Gales, em deferência à memória de Diana, Camilla recebeu o título de duquesa da Cornualha e a denominação Sua Alteza Real.

No fim da tarde, o Bentley de Charles, enfeitado com cartazes de "RECÉM-CASADOS", partiu para a lua de mel em Birkhall, ao fim de um dia histórico que finalmente encerrava uma questão que abalava o reinado de Elizabeth havia mais de uma década.

∿

Foi um momento de pura alegria e celebração. Serpentinas vermelhas, brancas e azuis eram lançadas sobre a alegre multidão reunida em Trafalgar Square enquanto a equipe de exibição aérea dos Red Arrows voava alto, deixando um triunfal rastro de vapor nas mesmas cores. Até mesmo o primeiro-ministro, Tony Blair, admitiu ter ensaiado uma dança da vitória. Após anos de planejamento, apresentações e muita pressão, Londres fora escolhida para sediar os Jogos Olímpicos pela primeira vez desde 1948. No dia seguinte, o júbilo se transformou em horror quando, em 7 de julho de 2005, quatro homens-bomba cometeram ataques suicidas pela cidade, três no metrô e um em um ônibus, deixando 52 mortos e centenas de feridos.

A rainha reagiu rapidamente. No dia seguinte, ela visitou o Royal London Hospital em Whitechapel e conversou com as equipes de resgate, as enfermeiras e alguns dos feridos. Então fez um discurso "incomumente direto" no cenário informal da cantina do hospital, onde elogiou os habitantes de Londres por terem retomado calmamente a rotina diária.[23]

"Atrocidades como essa simplesmente reforçam nosso sentimento de coletividade, nossa humanidade e nossa confiança no Estado de direito. Essa é a objetiva mensagem de todos nós." Ela se referiu novamente ao ultraje durante a comemoração do sexagésimo aniversário do fim da Segunda Guerra Mundial. Como fizera durante a atrocidade anterior que fora o 11 de Setembro, a monarca ordenou que a bandeira no Palácio de Buckingham permanecesse a meio-mastro. Em momentos de crise nacional, a rainha era agora muito mais proativa do que no início de seu reinado. Sem a mãe por perto para lembrá-la de precedentes e tradições, Elizabeth se baseava muito mais no próprio julgamento. No passado, ela tivera o hábito de ficar em posição de coadjuvante diante das calamidades, em especial depois do desastre de Aberfan. Agora ela estava muito mais disposta a adotar o papel de avó da nação, aquela que consola o país em momentos de calamidade nacional. A rainha nitidamente se sentia à vontade na posição de matriarca real.

Ao se aproximar de seu octogésimo aniversário, Elizabeth parecia mais jovem, mais relaxada e muito mais elegante. "Ela chegou a um estágio da vida no qual tem completa confiança em quem é", disse Stewart Parvin, designer da monarca. "A rainha se olha no espelho e gosta do que vê. Ela tem uma autoconfiança que transcende a beleza — essa é sua qualidade mais fascinante."[24] Filha de um doqueiro de Liverpool, a designer de alta-costura Angela Kelly foi amplamente responsável pela transformação ao encorajar a cautelosa soberana a correr riscos.

Valeu a pena o risco. A rainha passou de um lugar na lista de malvestidas para a posição de uma das Mulheres Mais Glamourosas da revista *Vogue*, ao lado da supermodelo Naomi Campbell, da icônica Twiggy e da atriz Helen Mirren, que a interpretou no filme *A rainha*.

Elegância discreta e atenção aos detalhes foram a receita do sucesso tardio da rainha no mundo da moda. Quando ela concordou, depois de alguma hesitação, em vestir um traje monocromático preto e branco para uma visita à Casa Branca em 2007 a fim de se reunir com o presidente

DOIS CASAMENTOS E DOIS FUNERAIS · 325

Bush, o impressionante conjunto, desenhado por Angela Kelly e Alison Pordum, recebeu muitos elogios.

Kelly se juntara à equipe da rainha como estilista assistente em 1994, mas jamais pôde ocupar o lugar de Bobo MacDonald, que fora criada da família real durante a infância e, posteriormente, assumiu o papel de estilista da rainha. Com o passar dos anos, porém, Kelly e a soberana formaram laços estreitos. "Nós poderíamos ser irmãs", disse a ela certa vez a rainha.[25] Foi um comentário notavelmente espontâneo e íntimo, mesmo que feito a uma funcionária que a servia fazia muito tempo.

Quem as viu juntas diz que Angela jamais era servil; ela fazia a rainha rir e, talvez o mais importante, preenchia muitos momentos solitários, as horas de espera da vida da soberana. Ela chegava com soluções, e não com problemas. Quando, por exemplo, a monarca se esqueceu de comprar um presente de aniversário para o filho mais velho, foi Angela quem se ofereceu para fazer isso. Sua influência era tanta que, antes da longa viagem para a Austrália a fim de abrir os Jogos da Commonwealth em março de 2006, a soberana aceitou o conselho de descansar por 36 horas. De modo incomum, Elizabeth deu a Angela permissão para escrever dois livros sobre a própria vida como estilista real e até mesmo posou para as fotografias exclusivas que os ilustravam. Como regra geral, aqueles que trabalhavam para a família real eram legalmente obrigados a jurar um voto de silêncio sobre as relações que tinham com a monarquia. Isso era um sinal da confiança da rainha tanto na mulher que escolhera para guardar suas joias quanto em sua crescente reputação no mundo da moda.

A confluência entre o octogésimo aniversário da rainha e o 85º aniversário do príncipe Philip em 2006 levou a especulações de que o casal escolheria esse momento para anunciar a abdicação da monarca ou a aposentadoria de ambos. Amiga de Elizabeth de toda uma vida, Margaret Rhodes rapidamente desmentiu os rumores. "Quando fez seus votos de coroação, tantos anos atrás, ela prometeu servir ao país tivesse uma vida curta, tivesse uma vida longa. Como sabemos, ela tem se provado muito longa, saudável e produtiva. Essa não é uma responsabilidade da qual ela abrirá mão — se de fato isso acontecer algum dia — com tranquilidade. Estou certa de que jamais abdicará."[26] A rainha, se valendo de sua sutileza característica, endossou a ressonante declaração da amiga quando se permitiu ser fotografada cavalgando com o cavalariço Terry Pendry no Grande Parque de Windsor. Ela passara a cavalgar pôneis Fell menores e, a despeito da idade avançada, recusava-se resolutamente a usar capacete de equitação. Como se brincava no palácio, a única coisa que ainda separava o príncipe Charles de seu destino era uma echarpe Hermès.

A rainha era um retrato de saúde quando comparada a dois outros históricos monarcas octogenários, o rei George III e a rainha Vitória, ambos fisicamente frágeis em seus 80 anos. Ela fez comentários carregados de sutileza sobre a própria idade durante um almoço comemorativo, quando roubou uma fala de Groucho Marx: "Qualquer um pode ficar velho, basta viver por tempo suficiente."[27] No mesmo espírito, a rainha recusou o convite para ser Oldie of the Year [Velhota do Ano] na revista dedicada à terceira idade *Oldie*, com o seguinte argumento: "Você é tão velho quanto sente ser."[28]

Em uma homenagem transmitida pela TV, o príncipe Charles lembrou como ela costumava estar usando a coroa quando o colocava na cama à noite, a fim de se habituar ao peso. Ele elogiou a natureza resoluta da mãe, afirmando que ela era "um exemplo de serviço, dever e devoção em um mundo de mudanças e ocasional desorientação".[29]

Com a aproximação das bodas de diamante, os que conheciam o príncipe Philip havia algum tempo comentaram que a idade o abrandara. O marido da rainha fora um homem difícil, mas os amigos notaram que ele envelhecera "de modo suave". Ainda dotado de uma mente afiada e uma postura ereta, o príncipe consorte parecia mais solidário e próximo da rainha que no passado. Philip sempre se comportara de modo intensamente protetor, era sempre ele quem "quebrava o gelo" durante as conversas para garantir que Elizabeth se sentisse à vontade. Nas infindáveis recepções a que compareciam, o casal real formava uma dupla efetiva, o

DOIS CASAMENTOS E DOIS FUNERAIS

duque de Edimburgo confiante de que conseguiria obter uma reação — normalmente risos — segundos após conhecer qualquer um do público. Ele permanecia provocativo e desafiador, e o que alguns consideravam grosseria era frequentemente sua maneira de testar o temperamento de alguém.

Ela ainda lhe dizia para "calar a boca" se ele exagerasse, ao passo que ele zombava dela por usar os cães para fugir de discussões sérias. Apesar do temperamento irascível do marido, a rainha confiava muito no julgamento dele, particularmente em questões familiares. Como Lady Penn, viúva de Sir Eric, ex-administrador da rainha, observou: "Eles sempre se apoiaram. Como você acha que ela conseguiu lidar tão incrivelmente bem com tempos tão difíceis? Eles são bons amigos, e esse é o segredo. A rainha teve que enfrentar muita coisa, e o fato de ter se saído tão maravilhosamente bem se deve, em grande parte, a ele."[30]

Mesmo após tantos anos de matrimônio, ainda havia faíscas entre eles, certo brilho no olhar. Como uma ex-dama de companhia comentou: "Um dia desses eu os vi se provocando e dando risadinhas, e pensei em quão afortunados são por terem um ao outro. Eles sempre foram diferentes — ele é perspicaz, decidido, ousado, e ela é cautelosa e demora para tomar decisões — e nem sempre gostam das mesmas coisas, mas combinam perfeitamente."[31] A apresentadora de TV britânica Carol Vorderman, durante um jantar privado com o casal, sentiu uma química familiar, lembrando como eles "flertaram um com o outro e riram o tempo todo".[32]

Juntamente com a fé e a família, o relacionamento com o duque de Edimburgo era o elemento central da vida da rainha. Em suma, o príncipe Philip era o único homem do mundo a tratá-la como ser humano normal, uma qualidade que ela valorizava. Muito adequadamente, eles passaram o sexagésimo aniversário de casamento em Malta, a ilha que haviam chamado de lar quando ainda eram recém-casados.

Então na posição de avós e bisavós, Elizabeth e Philip gozavam de um relacionamento próximo com seus jovens descendentes: eles se reuniam para o chá da tarde ou para se sentar no sofá e assistir a *Mickey Mouse* e outros desenhos da Disney. A central telefônica do palácio sabia que as ligações dos jovens deveriam ser encaminhadas para a rainha, independentemente de onde ela estivesse no mundo.

Embora a soberana prestasse especial atenção a Harry desde que ele perdera a mãe tão jovem, ela monitorava cuidadosamente o desenvolvimento e o bem-estar de seu futuro herdeiro, o príncipe William. O relacionamento entre os dois desabrochou quando ele estudava em Eton, a uma curta caminhada do Castelo de Windsor. Todo domingo, ele almoçava ou tomava o chá da tarde com a rainha e o príncipe Philip. Quando terminavam de comer, o duque se afastava discretamente para que os dois pudessem conversar com mais privacidade. Entre bate-papos sobre o colégio, esses encontros eram uma ocasião para que a rainha pudesse explicar ao pensativo neto adolescente a necessidade de proteger o direito inato à monarquia que ele possuía.

Como comentou certa vez uma amiga da soberana, Lady Elizabeth Anson: "A rainha passou muito tempo com William. Eles eram excepcionalmente próximos, e ela foi uma maravilhosa mentora para ele ao longo dos anos."[33] A conduta atenciosa da monarca lembrava a maneira pela qual o próprio pai, George VI, gradualmente a introduzira na "empresa" da família.

Ela e o duque de Edimburgo sempre garantiam que as respectivas agendas estivessem livres para que pudessem acompanhar de perto os principais marcos da vida de William. Eles estavam presentes na Universidade de St. Andrews, na costa nordeste da Escócia, em 23 de junho de 2005, quando, durante a formatura, William foi apresentado como segundo melhor da classe de Geografia. Sua namorada, Catherine Middleton, obteve a mesma posição na turma de História da Arte. Embora ela, o pai e a mãe tivessem sido apresentados à rainha e ao príncipe Philip, poucos habitantes do Palácio de Buckingham esperavam que o romance durasse depois da faculdade.

Catherine frustrou os críticos e permaneceu presente, a ponto de a rainha convidá-la e a William para um jantar discreto no Castelo de

DOIS CASAMENTOS E DOIS FUNERAIS

Windsor. Dessa vez, ela não deixaria ao acaso qualquer coisa que fosse. A soberana demonstrou particular interesse pela jovem que, um dia, poderia se tornar rainha consorte. E o clima foi quase inteiramente favorável. Uma dama de companhia concedeu aprovação. Ela relatou: "A rainha gosta genuinamente de Kate Middleton. Ela vê em Kate uma jovem que não tem interesse em ser da realeza e ama William pelo que ele é. A rainha se sente muito positiva em relação ao casal. Ela acha que os dois jovens serão capazes de capturar a afeição do povo."[34]

A histeria acerca da possibilidade de anúncio do noivado durante o 25º aniversário de Catherine, em janeiro de 2007, era tanta que ela foi perseguida pelos paparazzi ao sair de seu carro perto da empresa de roupas em que trabalhava. Um furioso príncipe William, atônito com o fato de os paparazzi nada terem aprendido com a morte precoce de sua mãe, fez uma declaração condenando a perseguição. O incidente foi um ponto de virada. William estava tão preocupado com a possibilidade de Catherine não entender realmente no que estava se envolvendo que, em abril de 2007, terminou o relacionamento.

Posteriormente, ele explicou: "Eu queria dar a ela uma chance de ver como as coisas eram e recuar, se precisasse, antes que ficassem muito sérias. Estou tentando aprender com o passado. Eu só queria dar a ela a melhor chance de se acostumar e ver o que acontece do outro lado."[35]

Após o muito divulgado término, Catherine simplesmente continuou sorrindo e se divertindo. Não demorou muito para que William percebesse o erro que cometera e reatasse o romance. Dessa vez, para valer. A rainha os observava com atenção, mas também com benevolência, convidando Kate para a cerimônia em que William foi sagrado cavaleiro real da Ordem da Jarreteira na Capela de St. George. Além disso, sugeriu que ela se afiliasse a uma organização de caridade. Kate entendeu o recado, envolvendo-se na arrecadação de fundos para a Starlight Children's Foundation, fundação em prol de crianças seriamente doentes e em estado terminal.

Quando William recebeu treinamento como piloto de busca e resgate na estação Valley, em Anglesey, uma ilha na costa noroeste de Gales, a rainha concedeu aprovação para que Catherine morasse com ele em um chalé alugado. O namoro foi muito diferente do que havia sido o do príncipe e da princesa de Gales. Charles passara somente algumas semanas cortejando Lady Diana Spencer antes de pedi-la em casamento. William foi muito mais circunspecto. Ele seguiu o conselho da mãe, de se casar "com sua melhor amiga", e passou vários anos com Catherine antes de pedi-la em casamento durante uma pescaria no Quênia. O anúncio do noivado foi feito em 16 de novembro de 2010, e logo depois William telefonou para a rainha e pediu conselhos.

Durante a primeira reunião com oficiais do palácio, William recebeu uma lista com 777 sugestões de convidados para a cerimônia do casamento. O príncipe jamais ouvira falar da maioria, quem dirá conhecer. William e Kate queriam organizar o casamento à própria maneira. Notavelmente, ele recorreu à avó para pedir conselhos, em vez de ao pai. A rainha sugeriu ao neto ignorar a lista que recebera e começar uma nova primeiramente com as pessoas com as quais ele e Catherine realmente queriam partilhar o grande dia. E então trabalhar a partir daí.

O dia do casamento, em 29 de abril de 2011, foi uma esplêndida confluência de pompa, fausto e intimidade familiar. Catherine estava radiante em seu vestido de cetim e renda desenhado por Sarah Burton, diretora criativa da grife de Alexander McQueen; William parecia nervoso enquanto observava a noiva adentrar a Abadia de Westminster. A partida do casal em um Aston Martin antigo para Clarence House depois do aparecimento no balcão do Palácio de Buckingham foi uma brilhante cena teatral.

A rainha estava muito animada no dia, "praticamente dando pulinhos de alegria" e exultante com a maneira como o público respondera aos recém-casados.[36] Parecia que, aos olhos da soberana, o futuro da família real, sua família, estava garantido. A monarquia era novamente admirada e apreciada pelo público. O príncipe Edward refletiu sobre a resposta dela algum tempo depois: "A rainha ficou surpresa com a maneira como o público abraçou William e Catherine. Não acho que minha mãe jamais tenha esperado essa resposta das pessoas ou achado que elas dariam tanto

DOIS CASAMENTOS E DOIS FUNERAIS

apoio à família quanto fizeram durante o casamento. Foi maravilhoso. Minha mãe realmente se importa com o povo britânico e seu bem-estar. Foi maravilhoso encontrar esse apoio generoso e sincero."[37]

A atmosfera de tranquilidade, porém, raramente se mantinha sobre a Casa de Windsor. O período de preparação para o casamento eclipsara uma constrangedora questão familiar. O príncipe Andrew estivera sob intenso escrutínio em função de sua posição como representante especial de comércio e investimentos. Havia preocupações com os custos das extensas viagens que ele fazia e com as pessoas às quais estava associado, entre eles o filho do ditador líbio general Muammar Al-Gaddafi e uma figura descrita como um contrabandista de armas. O mais prejudicial era o estreito vínculo de longa data entre o príncipe e o milionário e criminoso sexual nova-iorquino Jeffrey Epstein. Muito embora Epstein tivesse sido condenado em 2008 por aliciamento de menores, em 2010, após sua soltura, Andrew fora fotografado com ele no Central Park de Nova York.

Por mais que a rainha fosse indulgente com o segundo filho, tanto financeira quanto emocionalmente, o criticismo midiático e político foi incessante. E aumentou quando se soube que Fergie, a duquesa de York, aceitara um empréstimo do criminoso sexual. Após uma difícil conversa de uma hora com a rainha, Andrew pediu demissão do cargo de enviado comercial. O gesto, afirmou o corresponde real da BBC, Peter Hunt, fora "inevitável". Era um exemplo clássico de um membro estúpido da realeza sendo presa da generosidade de amigos cuja fortuna era de proveniência incerta.

William e Catherine pouco souberam do ameaçador escândalo enquanto desfrutavam a lua de mel em uma ilha no arquipélago de Seychelles, no oceano Índico. O príncipe William dedicou tempo no computador tentando saber mais sobre uma visita que deixara a rainha, veterana de dezenas de viagens reais, muito empolgada. Pela primeira vez desde 1911, quando George V visitara Dublin, então ainda parte do Império Britânico, um monarca reinante colocaria os pés em solo irlandês.

A longa história de animosidade, resistência e revolução entre as duas ilhas tornara uma visita real impensável — até aquele momento. Depois de meses de negociação, irlandeses e britânicos concordaram com uma agenda que enfatizava a paz e a reconciliação, um elemento-chave do acordo de Belfast.

Como disse o príncipe William ao escritor Robert Hardman: "Ela estava muito empolgada com a viagem e realmente queria ir. Foi muito fofo."[38] No momento em que a soberana desceu da aeronave trajando vestido, casaco e chapéu verde-esmeralda, os irlandeses sorriam, felizes com o elogio feito à nação irlandesa por meio da palheta de cores que a monarca escolhera para compor o visual.

Durante a visita de Estado de quatro dias, a rainha e o príncipe Philip visitaram a Biblioteca Trinity College em Dublin — onde viram o Livro de Kells, um dos livros mais antigos do mundo —, colocaram uma guirlanda no Jardim da Memória dedicado aos que haviam morrido nos conflitos pela libertação da Grã-Bretanha e visitaram três haras — onde observaram um quartilho (cerca de 570ml) de cerveja Guinness ser cuidadosamente servido. Durante o banquete, a rainha iniciou seu discurso em gaélico, recebendo calorosos aplausos da então presidente, McAleese, e de outros dignitários.

Em um discurso cuidadoso e sensível, a rainha reconheceu os "tristes e lamentáveis" erros do problemático relacionamento entre a Grã-Bretanha e a Irlanda, referindo-se "à tristeza, à turbulência e às perdas" do passado. "Todos desejamos que algumas coisas tivessem ocorrido de maneira diferente ou simplesmente não tivessem acontecido."[39] O então primeiro-ministro britânico, David Cameron, descreveu a visita como uma "virada no jogo"[40] anunciadora de uma nova era nas relações anglo-irlandesas. A viagem oficial ajudou a consolidar o processo de paz entre os povos da Irlanda e da Irlanda do Norte. A rainha continuou a fazer sua parte. Três anos depois, em junho de 2014, ela visitou Belfast, onde apertou a mão de Martin McGuinness, vice-primeiro-ministro da Irlanda do Norte e ex-membro do grupo terrorista IRA. Foi uma das ações mais simbólicas do reinado de Elizabeth. O aperto de mão foi visto como gesto de perdão e reconciliação com um homem cuja organização terrorista matara

DOIS CASAMENTOS E DOIS FUNERAIS

Lord Mountbatten e outros. O gesto simples demonstrou quão longe o processo de paz avançara.

Havia governança constitucional ocorrendo muito mais perto de casa. Conforme se aproximava o jubileu de diamante do reinado da rainha, ela concordou com reformas extensas e há muito necessárias na sucessão real. Durante a reunião de líderes da Commonwealth em Perth, na Austrália Ocidental, em outubro de 2011, o primeiro-ministro britânico, David Cameron, apresentou a proposta, unanimemente aceita, de modificar a lei a fim de que primogênitas tivessem direito a se tornar rainhas. Isso significava que, se o primeiro filho de William e Catherine fosse uma menina, ela seria soberana. Na verdade, o primeiro foi um menino, o príncipe George.

Os líderes concordaram — também por unanimidade — em revisar o Decreto de Estabelecimento de 1701, que discriminava as mulheres. Da mesma forma concordaram em revogar a Lei de Casamentos Reais de 1772, o que derrubou a proibição de um monarca se casar com uma católica romana e removeu a necessidade de permissão do soberano para se casar para todos na linha de sucessão, com exceção dos seis primeiros. Essas mudanças foram incorporadas à Lei de Sucessão da Coroa de 2013.

Essas alterações constitucionais não somente levaram a Casa de Windsor para o século XXI, como também coincidiram com uma mudança radical no financiamento da monarquia. A antiquíssima Lista Civil foi substituí-da pelo Fundo Soberano: a monarquia passou a ser subsidiada por uma porcentagem dos lucros da Crown Estate, a corporação independente que pertence ao soberano, mas não é propriedade privada da monarquia. Essas muito necessárias reformas efetivamente criaram uma página constitucional em branco para o herdeiro imediato da rainha, o príncipe Charles.

Havia alguns anos ele defendia firmemente uma monarquia ágil e reduzida. Durante as celebrações do jubileu de diamante em junho de 2012, a futura direção da monarquia esteve evidentemente em exibição. Quando a rainha e o príncipe Philip ficaram lado a lado no deque da luxuosamente decorada barca real, a *Spirit of Chartwell*, para passar em revista uma formidável flotilha de mil barcos no rio Tâmisa, no centro de Londres, a eles se juntaram somente o duque e a duquesa de Cambridge, o duque e a duquesa da Cornualha e o príncipe Harry. Os outros membros da família real — os príncipes Andrew e Edward e a princesa Anne — foram designados para outros barcos.

Também ficou evidente que Camilla, a duquesa da Cornualha, que durante tanto tempo fora tratada como uma intrusa, mantinha relações tranquilas e cordiais com a rainha e os demais membros da família real. Quando passaram pelo Teatro Nacional, a rainha tocou o braço da nora e apontou para Joey, o cavalo cenográfico da peça *Cavalo de Guerra*, de Michael Morpurgo, que empinara o corpo em saudação. A monarca era fã da produção: ela assistiu à peça original em Londres e organizou uma exibição especial no Castelo de Windsor para membros da família e para o diretor Steven Spielberg.

A única casualidade do festival de quatro horas, que ocorreu em um dia de chuva e vento de junho, foi o príncipe Philip, que subsequentemente precisou ser hospitalizado em razão de uma infecção na bexiga. Ele nunca se recuperou totalmente. E ainda perdeu as espetaculares três horas de queima de fogos em frente ao Palácio de Buckingham, onde acontecia apresentações de Elton John, Paul McCartney, Kylie Minogue, entre outros. Em um momento simbólico, a banda Madness tocou o sucesso "Our House" diretamente do teto do palácio enquanto um inteligente show de luzes transformava a fachada em um prédio de apartamentos de baixa renda.

Em um comovente discurso em homenagem à mãe, o príncipe Charles falou da maneira altruísta como ela cumpria com o dever e "nos deixa orgulhosos de sermos britânicos". O *grand finale* da celebração foi o reaparecimento, no balcão do Palácio de Buckingham, dos Sete Magníficos (com exceção do príncipe Philip). O sinal era nítido: a sucessão estava assegurada.

"Um dia incrível, absolutamente maravilhoso",[41] disse a rainha para o filho mais velho enquanto eles observavam o espetáculo aéreo da equipe de exibição dos Red Arrows e de caças da Segunda Guerra Mundial. A experiência, disse ela em um curto discurso de agradecimento, fora "um exercício de humildade".[42] As festividades do jubileu marcaram não somente os magníficos sessenta anos da rainha no trono, como também o início de uma nova era para a família real.

14

Boa noite, Sr. Bond

Em uma noite quente de verão, a rainha, então com 86 anos, deu a si mesma permissão para surpreender e entusiasmar uma audiência mundial ávida para assistir à cerimônia de abertura dos Jogos Olímpicos de 2012.

"Sua Majestade", trajando um vestido pêssego e pérolas, saltou de um helicóptero — a bandeira do Reino Unido estampando o paraquedas iluminado contra o céu noturno enquanto ela pousava com segurança — em algum lugar fora do palco central. Na cena seguinte, trajando o vestido e o fascinator das mesmas cores, a rainha caminhou até o pódio do recém-construído estádio olímpico no leste de Londres para abrir formalmente os jogos.

Muitos entre os milhões de espectadores genuinamente acreditaram que a rainha fizera a mais ousada e perigosa entrada de seu reinado. O ex-secretário da Saúde Jeremy Hunt contou a ela posteriormente que um turista japonês dissera ser maravilhoso que a rainha estivesse envolvida nas Olimpíadas de maneira tão ousada, já que, no Japão, o imperador jamais saltaria de um avião.[1]

No início, alguns no Palácio de Buckingham acharam que a rainha jamais concordaria em se tornar a mais famosa "garota Bond" de todos os tempos e usar a expressão imortalizada "Boa noite, Sr. Bond".

Contudo, quanto mais longo era seu reinado, mais a rainha parecia disposta a se arriscar. O diretor irlandês Danny Boyle, que recebera a assustadora tarefa de coreografar a abertura da cerimônia olímpica, perguntara-se se ela aceitaria correr certos riscos com ele.

Alguns meses antes, ele tivera a ideia de usar a rainha em um curta-metragem promocional logo antes da abertura oficial dos jogos. Ela seria resgatada de alguma ameaça invisível pelo próprio 007. Em seguida, James Bond, de smoking preto, iria ao Palácio de Buckingham e a escoltaria até o helicóptero, no qual "a rainha" voaria sobre e sob vários pontos turísticos e de referência londrinos, como a Tower Bridge e as câmaras do Parlamento, antes de saltar dramaticamente no céu noturno.

Será que Sua Majestade aprovaria a ideia? Inicialmente, Boyle apresentou o esquema a Lord Coe, o chefe do Comitê Organizador dos Jogos Olímpicos de Londres 2012, que, por sua vez, conversou com a princesa Anne. De maneira casual e habitual, ela simplesmente perguntou: "Por que você não fala com ela?"[2]

Dias depois, Boyle estava no Palácio de Buckingham descrevendo o cenário para o vice-secretário particular e para a estilista da rainha, Edward Young e Angela Kelly, respectivamente. Kelly adorou a ideia e rumou escadaria acima para falar com a soberana.

A rainha aprovou a ideia imediatamente, com uma condição: ela diria a icônica — e muito parodiada — frase "Boa noite, Sr. Bond" enquanto o ator Daniel Craig, protagonista da franquia 007, aguardava de pé, em posição de atenção, ao passo que ela terminava de ler e assinar um documento, sentada à sua mesa em seu aposento. A rainha, os corgis e o pajem, seguidos pelo comandante Bond, caminhariam até o helicóptero, e a cena final seria o icônico salto de paraquedas trajando o vestido pêssego.

O filme não somente foi um dos pontos altos daqueles memoráveis jogos olímpicos, como também revelou um lado ousado e quase travesso da personalidade da rainha, que era entrevisto de tempos em tempos. Ela disse à estilista Angela Kelly, naquele mesmo ano, que desde jovem sempre tivera um desejo secreto. Quando era criança, os mais velhos, especialmente a rainha Mary, insistiam para que ela mantivesse as mãos fora dos bolsos. Para garantir, os bolsos de todas as suas roupas eram costurados.

Durante anos, Elizabeth quisera realizar o sonho infantil de ser fotografada informalmente, com as mãos nos bolsos. No entanto, a rainha-mãe e seus conselheiros haviam sugerido que isso não era apropriado para uma soberana. Na época, como em tantas outras situações, ela cedera aos argumentos.

Não mais. Kelly chamou o fotógrafo Barry Jeffery, que fotografou a rainha enquanto ela imitava as poses de uma modelo profissional — alternando entre as mãos dentro e fora dos bolsos de seu vestido branco.

Durante anos, as fotografias permaneceram privadas. De acordo com Kelly, oficiais da Coleção Real argumentaram que fotografias informais da rainha poderiam reduzir a imagem de opulência e potestade que se tinha da monarquia e, consequentemente, não eram adequadas para o público.[3] Alguns anos depois, todo o conjunto foi publicado — e o céu não caiu sobre a instituição.

Embora o protocolo antiquado e a conduta adequada sempre estivessem presentes na vida da rainha, ocasionalmente ela exibia flashes de uma mulher muito diferente, como da vez em que conversou com o presidente Barack Obama e a primeira-dama, Michelle Obama, durante a recepção no Palácio de Buckingham em 2009.

Parecia um encontro rotineiro, até que a rainha passou o braço pela cintura de Michelle Obama, que, com 1,80m, era muito mais alta que a diminuta monarca. A primeira-dama, por sua vez, colocou o braço sobre os ombros da rainha e disse: "Realmente adorei nosso encontro."[4] Posteriormente, Michelle Obama explicou que elas haviam trocado confidências sobre seus pés doloridos.

Como a imagem tradicional de Elizabeth era a de alguém que desencorajava intimidade — a soberana segurava sua bolsa extragrande na frente do corpo como se fosse um escudo —, essa demonstração de amigável familiaridade foi espantosa. No passado, uma quantidade massiva de jornais havia sido impressa desaprovando quando um anfitrião tocava as costas da rainha para guiá-la pela multidão.

A disposição da monarca para correr riscos foi recompensada quando, em abril de 2013, a Academia Britânica de Filme e Televisão concedeu à rainha um Bafta honorário pela "sensacional" participação na cerimônia de abertura dos Jogos Olímpicos e pelo apoio ao mundo da arte e do entretenimento. O ator Kenneth Branagh, responsável pela entrega do prêmio à rainha, brincou dizendo que vários de seus colegas tinham ficado tão impressionados com o desempenho da soberana que separaram alguns roteiros para ela, caso houvesse o desejo de atuar novamente.

A atriz Helen Mirren, que interpretou Elizabeth II no filme *A rainha*, de Peter Morgan, reprisava seu papel real na nova peça do mesmo diretor, *The Audience* [A audiência], no West End de Londres, e por isso não compareceu à premiação realizada no Castelo de Windsor. Sua interpretação da rainha como mulher imperiosa, pragmática e dotada de um humor seco e irônico foi tão realista que, quando o príncipe William entregou a ela o prêmio Fellowship Bafta por sua longa e brilhante carreira, ele a descreveu como "atriz britânica extremamente talentosa que eu provavelmente deveria chamar de vovó".

Mirren, por sua vez, admitiu que, depois de interpretar a monarca tanto nas telas quanto no palco, recebeu uma "aula de constrangimento" ao tomar chá com a rainha e o príncipe Philip no Palácio de Buckingham. A única coisa que fez na ocasião foi balbuciar. "Eu só conseguia pensar *É a rainha, é a rainha!*",[5] lembrou a atriz.

Em uma adorável inversão de papéis, Mirren admitiu que se sentira ainda mais fascinada ao conhecer pessoalmente a mulher que interpretara com tanto sucesso. "Fico sempre genuinamente impressionada com a aura, o brilho, a presença dela. Isso nunca deixa de me surpreender."[6]

O fato de tantos atores, inclusive vencedores do Oscar, ficarem reduzidos a dizer coisas sem sentido por tamanha estupefação de estar na "presença" dela ajuda a explicar o longo amor da rainha por cavalos e corridas. Como a romancista Jilly Cooper observou: "Um cavalo não sabe que ela é rainha e a trata como qualquer outro ser humano. Ela precisa conquistar o amor e o respeito deles, em vez de recebê-los automaticamente. Isso deve ser libertador."[7]

Mais que um passatempo, criar cavalos de corrida era uma fuga dos infinitos problemas que passavam por sua mesa. Era positivamente relaxante

BOA NOITE, SR. BOND

dedicar alguns minutos à leitura das reconfortantes colunas do *Racing Post* ou discutindo leilões e conversando sobre cavalos, a personalidade e os pedigrees diversos com criadores especializados. Os cavalos eram parte de um mundo que representava uma enriquecedora alternativa ao cotidiano monárquico e um lugar em que ela se sentia verdadeiramente em casa.

Assim, embora tenha ficado satisfeita com o Bafta honorário, não havia como não perceber a empolgação no rosto da rainha dois meses depois, em junho de 2013, quando ela e seu administrador de corridas, John Warren, torciam por Estimate na Gold Cup, em Ascot. A vitória do cavalo real tornou Elizabeth a primeira monarca reinante a receber o prêmio nos 207 anos de história da competição. A paixão de toda a vida lhe rendera a maior vitória desde 1977. Por isso, não foi surpresa para a comunidade equestre quando, em 2021, ela se tornou a primeira "colaboradora especial" a fazer parte do Hall da Fama da British Champions Series da Qatar Racing and Qatar Bloodstock.[8]

A rainha celebrou outro marco em 9 de setembro de 2015, ao superar o recorde da rainha Vitória de 63 anos e 216 dias no trono britânico. Elizabeth se tornou a mulher a ter o reinado mais longo da história do mundo — no ranking geral ela fica apenas atrás do rei francês Luís XIV. Como de praxe, ela tratou o momento histórico como qualquer outro dia, inaugurando a nova ferrovia na Escócia. Seu longo reinado foi uma faca de dois gumes, como observou sua filha, a princesa Anne: "As pessoas tendem a esquecer que ela só se tornou a monarca de reinado mais longo porque o pai morrera muito jovem. Para ela, o marco é agridoce, e ela gostaria de não ter batido esse recorde."[9]

Embora o príncipe Philip falasse em se aposentar aos 90 anos, ele estava ao lado da esposa nesse momento histórico. Em novembro de 2015, uma visita de três dias a Malta, onde o casal real havia passado grande parte dos primeiros anos de casados, reavivou memórias felizes. A rainha estava na ilha como presidente da Reunião de Chefes de Governo da Commonwealth e, embora ela e o príncipe Philip já não fizessem voos de longa distância, a viagem de três horas fora considerada aceitável.

Foi realmente uma viagem no tempo para a rainha, o príncipe Philip e aqueles que os conheciam desde a década de 1940. Durante um passeio pela ilha, o casal dedicou um tempo para visitar o campo de polo onde Philip e Dickie Mountbatten costumavam jogar. Lá, a rainha viu Elizabeth Pulé, filha de sua ex-governanta Jessie Grech, em meio à multidão. Outro rosto familiar foi o de Freddie Mizzi, clarinetista da Banda Jimmy Dowling, que costumava tocar suas canções favoritas do musical *Oklahoma* para Elizabeth no Phoenicia Hotel.

Quando disse à multidão que passara alguns dos anos mais felizes de sua vida na ilha, a rainha não estava exagerando. Ela genuinamente se lembrava daqueles que haviam trabalhado para ela e se mantinha informada sobre os eventos do lugar por meio da leitura regular do *Times of Malta*.

A rainha sempre se interessava por aqueles que trabalhavam com ou para ela, apreciando a companhia de cada um. No Palácio de Buckingham, no Parlamento, em Balmoral, Sandringham e na Commonwealth, ela gostava de se manter informada. Como o ex-prefeito de Edimburgo Eric Milligan observou, "ela sabe o que está acontecendo e cuida das pessoas que cuidaram dela".[10]

O extenso conhecimento da monarca em relação à cena social também impressionava o príncipe Andrew. "A rede de inteligência dela — quem fez o quê, o que aconteceu, quem está doente, quem morreu, quem teve bebê — é extraordinária. Como ela fica sabendo é um mistério."[11]

É óbvio que a própria família era a que mais a interessava, como ela demonstrou durante seu nonagésimo aniversário. A legendária retratista norte-americana Annie Leibovitz foi convidada a fazer um retrato de família com a rainha, o príncipe Philip, os dois netos mais novos e todos os bisnetos no Castelo de Windsor, assim como capturar imagens da monarca com seus corgis e dorgis. Dessa vez, ela deixou a mão esquerda resolutamente enfiada no bolso do cardigã.

Como os cavalos, os bisnetos não ficavam desconcertados na presença da soberana — embora tivessem percebido com quem estavam lidando

BOA NOITE, SR. BOND

343

conforme alcançaram certa idade. Elton John viu a rainha em ação durante uma festa, na qual ela pediu que o filho da princesa Margaret, David Linley, fosse dar uma olhada na irmã, Sarah, que se sentira mal e se retirara para o quarto. Quando ele tentou se livrar da tarefa, a rainha distribuiu tapas no rosto dele de brincadeira, dizendo: "Não [SLAP] discuta [SLAP] comigo, [SLAP] eu [SLAP] sou [SLAP] A RAINHA!" Quando notou os olhos fixos de Elton John nessa cena familiar, a monarca deu uma piscadela e se afastou.[12]

Durante a infância e a adolescência, William, Harry e os outros netos viam a rainha como uma figura sábia, às vezes um pouco distante, mas sempre pronta a ajudar ou dar conselhos. Aos olhos deles, ela era pragmática e inspirava respeito, jamais tratando-os com luvas de pelica. William lembrou o dia no qual recebera "a mais dura e severa repreensão" da rainha depois que ele e Peter Phillips haviam feito com que Zara, que dirigia um kart, batesse em um poste durante uma brincadeira em Balmoral.[13] A rainha, usando kilt, fora a primeira a sair da casa para socorrer a chocada adolescente e censurar os garotos.

É óbvio que cavalgar, mais que correr de kart, é uma atividade que une as gerações da família real. A própria rainha ganhara o primeiro pônei Shetland quando tinha apenas 4 anos, ao passo que tanto a princesa Anne quanto a filha Zara competiram nas Olimpíadas em categorias equestres. Seguindo os passos do avô, a filha do príncipe Edward, Lady Louise Windsor, participava de corridas de carruagem. Em ocasiões mais tranquilas, as princesas Beatrice e Eugenie colhiam framboesas com a avó para a geleia do chá da tarde.

Como disse o duque de York: "Ela tem sido uma avó fantástica para Beatrice e Eugenie e provavelmente se diverte mais em ser avó que em ser mãe, até certo ponto. Está sempre interessada e preocupada com o que as garotas estão fazendo."[14]

O nascimento do primogênito do duque e da duquesa de Cambridge, o príncipe George, em julho de 2013 e a chegada da princesa Charlotte, em maio de 2015, asseguraram a estabilidade da dinastia, uma tarefa do papel de monarca geralmente pouco mencionada, mas crucial. "A rainha viu continuidade com William, Catherine, George e Charlotte. Isso mudou sua vida",[15] disse a amiga da monarca Lady Elizabeth Anson.

Enquanto a nação celebrava o nonagésimo aniversário da soberana, o travesso príncipe Harry conseguiu se infiltrar em sua sala de estar do Castelo de Windsor e convencê-la a participar de um filme para divulgar o Invictus Games — um evento multiesportivo internacional para militares feridos física e psicologicamente em combate —, dos quais ele era fundador e patrono.

A rainha tinha um fraco genuíno por Harry, o neto que sempre conseguia furar a fila para conversar com ela — para grande frustração dos oficiais reais. Dessa vez, em um vídeo que viralizou, Harry aparece em cena convencendo a aniversariante a ver em seu telefone a mensagem gravada pelo presidente Barack Obama e pela primeira-dama, Michelle Obama, para a abertura dos jogos que ocorreriam na Flórida em maio de 2016.

Michelle Obama, com ar severo, desafia Harry, referindo-se à rivalidade entre as Forças Armadas dos Estados Unidos e as da Grã-Bretanha, já que militares de diversos países feridos em combate participariam dos jogos.

"Cuidado com o que você deseja", intervém o presidente, apontando com o dedo enquanto uma equipe de militares com ar de gracejo é mostrada ao fundo, antes de um deles dizer "Bum!". A rainha sorri e diz: "Ah, sério, por favor." Então um Harry ruborizado olha para a câmera, abre a mão como quem larga um microfone no chão e diz: "Bum!"[16]

Por baixo da leveza da avó e dos confetes jogados pelas edições comemorativas dos jornais por mais um marco da rainha, havia uma crescente sensação de transição. E Harry queria fazer parte dessa mudança.

No verão seguinte, em 2017, o príncipe Harry disse à escritora Angela Levin que estava ansioso para "prosseguir" com a reforma da monarquia. "Estamos envolvidos na modernização da monarquia britânica. Não fazemos isso por nós mesmos, mas para o bem de nosso povo."[17]

Um lembrete de por que a monarquia ainda era importante se deu nos dias que se seguiram ao terrível incêndio na Grenfell Tower, no oeste de Londres, em 14 de junho de 2017, que contabilizou 72 mortos e centenas de desabrigados. A rainha e o príncipe William visitaram os sobreviventes e os socorristas, a monarca sendo uma presença atenta e reconfortante durante a calamidade nacional.

"A rainha olhou para mim. Havia compaixão em seu olhar, foi zeloso e sincero", concluiu uma sobrevivente depois de narrar sua tragédia pessoal em um encontro cara a cara com a rainha.[18] Ali estava em ação a avó de todo o país, levando conforto e reconhecendo perdas.

Elizabeth sempre afirmara, a despeito de anos de especulação, que reinaria enquanto tivesse saúde e forças. Como dissera ao arcebispo de Canterbury, George Carey, quando ele se aposentara, "isso é algo que não posso fazer. Eu vou até o fim".[19]

Isso não impediu a reflexão e a ação em relação à inevitável mudança de reinado. Seu secretário particular, Sir Christopher Geidt, obteve um segundo título de cavaleiro em janeiro de 2014 por idealizar esse trabalho. A menção honrosa dizia: "Pela nova abordagem das questões constitucionais [...] e pela preparação para a transição entre reinados."[20]

Em paralelo, havia outros acontecimentos se desenrolando. Em 2016, a rainha elevara Camilla a membro do Conselho Privado, o principal corpo consultivo da soberana. Isso significava que a duquesa consorte poderia estar presente durante o conselho de ascensão a fim de ouvir a proclamação do novo soberano.

O príncipe de Gales, por sua vez, recebia rotineiramente as caixas vermelhas, apenas para leitura, a fim de estar informado sobre as políticas governamentais. Embora alguns acreditassem que a rainha estava tão vivaz e enérgica quanto durante a meia-idade, a verdade era que ela estava desacelerando e passava muito mais tempo no Castelo de Windsor do que no Palácio de Buckingham.

Elizabeth não cogitava abdicar, mas sabia que estava na hora de o marido, cinco anos mais velho, se aposentar. A visão, a audição e a memória de Philip estavam falhando, a ponto de somente sua legendária teimosia mantê-lo de pé. Em maio de 2017, ele informou à família das intenções e, em agosto, fez a última aparição no átrio do Palácio de Buckingham como capitão dos fuzileiros reais.

O príncipe Philip fez por merecer o descanso. Durante sua carreira real, ele apertara centenas de milhares de mãos; fizera milhares de discursos sobre ciência, meio ambiente e religião; e, desde 1952, comparecera a 22.219 eventos por conta própria.

Durante uma recepção da Ordem de Mérito no Palácio de St. James logo depois do anúncio, o matemático Michael Atiyah, então com 88 anos, disse ao príncipe: "Lamento saber que você vai se aposentar." De maneira tipicamente irreverente, o duque brincou: "Já não consigo ficar de pé por muito tempo."*21

Ele foi para Wood Farm, a espaçosa embora modestamente mobiliada cabana na propriedade Sandringham. O patriarca de 96 anos passava os dias lendo, pintando aquarelas, escrevendo cartas e cozinhando para amigos e familiares — ele gostava de preparar as receitas dos programas de culinária aos quais assistia na TV. Um velho amigo comentou: "Ele está feliz por poder ler e fazer o que quer, sem que um cavalariço lhe diga que ele precisa estar em outro lugar e fotógrafos o sigam por toda parte."22

A mudança se deu com a bênção da rainha, embora ela tenha reconhecido que eles passariam a se ver menos. O casal se falava por telefone diariamente e Elizabeth passou a visitar Sandringham com mais frequência. Inicialmente, ela ficou alarmada quando Philip se envolveu em um acidente de carro em janeiro de 2019, mas ficou feliz quando ele foi obrigado a parar de dirigir. Ela achava que o marido sempre dirigira rápido demais — motivo para décadas de conflito e palavras ásperas entre os dois.

---

* A brincadeira do príncipe Philip se perde na tradução. No original, o matemático fala "I'm sorry to hear you're standing down", utilizando o termo "standing down" para se referir à aposentadoria do príncipe consorte. O termo admite muitos significados, como o de fazer referência a se sentar, e é por esse motivo que Philip se vale do termo "stand up" para fazer sua evidente brincadeira sobre ficar de pé. [*N. do E.*]

BOA NOITE, SR. BOND 347

Depois de o executor da família se aposentar, o secretário particular da rainha, Sir Christopher Geidt, sugeriu algumas mudanças na monarquia.

Ele defendeu uma política de centralização da estrutura da monarquia, a fim de que o Palácio de Buckingham tomasse a iniciativa e fosse seguido e apoiado por Clarence House, a casa londrina do príncipe Charles, e pelo Palácio de Kensington, lar dos príncipes William e Harry. Sua proposta de comando e controle não foi bem aceita pelos príncipes, que queriam autonomia para agir, em vez de serem obrigados a seguir o Palácio de Buckingham. Cada empresa, ou melhor, domicílio, queria controlar as próprias operações, enfraquecendo a autoridade do centro. Charles, William, Andrew e Harry favoreciam um sistema colegiado, rejeitando decisivamente o plano Geidt de centralização. Embora já planejasse se aposentar, Lord Geidt, no cargo fazia dez anos, decidiu antecipar sua partida a fim de não entrar em conflito com os filhos da rainha. "Esse pacífico golpe palaciano de verão significa que agora o príncipe Charles pode exercer mais controle sobre a direção da monarquia", comentou o correspondente real da BBC Peter Hunt.[23]

Parte do argumento apresentado pelos príncipes reais era de que o príncipe Charles, e não a rainha, devia ser responsável por moldar a monarquia. Houve relatos não confirmados de que o príncipe de Gales queria que o Palácio de Buckingham fosse aberto para visitantes o ano inteiro, enquanto o novo rei viveria em um apartamento no palácio, similar ao apartamento do primeiro-ministro no segundo andar do número 10 da Downing Street. Sua casa principal seria Highgrove, em West Country, e William e Catherine se mudariam do Palácio de Kensington para o Castelo de Windsor. O Castelo de Balmoral seria transformado em museu, embora o príncipe Charles fosse reter o uso de Birkhall Lodge.

As consequências desse conflito de poder nos bastidores não foram imediatamente aparentes, mas estava nítido que a autoridade da rainha fora diluída. Os príncipes passaram a ter mais liberdade para dar forma à própria visão da monarquia. A autoridade institucional da monarca diminuíra, mas ela ainda recebia considerável respeito, para não dizer reverência, da família e dos funcionários.

Havia tensão entre os domicílios, como também cooperação, principalmente no que dizia respeito à amada Commonwealth, que a rainha apoiara e promovera durante todo seu reinado. Durante uma reunião dos chefes de governo da organização em Londres, em 2018, a rainha falou de seu "sincero desejo" de que, algum dia, o príncipe de Gales levasse adiante o importante trabalho iniciado pelo avô em 1949.[24] Antes do encerramento da conferência, todos concordaram em aceitar a recomendação real de que Charles fosse o próximo líder da Commonwealth. Foi um sucesso bem-vindo para a Casa de Windsor.

A diversidade de raças, credos e cores, que era a pedra fundamental da organização, se refletiu na própria família real com a calorosa acolhida dada à namorada do príncipe Harry, Meghan Markle, uma atriz norte-americana divorciada e birracial. Durante os preparativos para o casamento em maio de 2018, Meghan atenciosamente reconheceu quanto a Commonwealth era importante para a rainha ao incorporar as flores nacionais das 53 nações em seu véu. Foi um gesto muito apreciado pela soberana, assim como a decisão dela de ser batizada na Igreja da Inglaterra, antes do matrimônio. Ao ver Meghan, oriunda de outro país e de outra etnia e cultura, entrar na Capela de St. George, em Windsor, a rainha estava testemunhando a história sendo feita. Imediatamente, o casamento fez com que a monarquia parecesse mais relevante e inclusiva em um mundo em constante mutação.

No entanto, a breve jornada do casal pelo cerne da instituição testaria a paciência da rainha, exporia sua indulgência em relação aos netos e poria à prova os elos familiares.

Inicialmente, tudo parecia bem. Algumas semanas depois do casamento, a rainha convidou Meghan para viajar no trem real com destino a Cheshire, no noroeste da Inglaterra. Durante a viagem, a soberana presenteou a nora com um belo colar de pérolas e brincos combinando. "Eu simplesmente adorei estar na companhia dela", disse Meghan após a viagem, comparando a persona calorosa e acolhedora da rainha com a da própria avó, Jeanette.[25] Para garantir que Meghan fosse adequadamente informada sobre futuros eventos, a rainha designou para o escritório da nora sua experiente vice-secretária particular, Samantha Cohen, incumbida de explicar o funcionamento da monarquia e da Commonwealth. A monarca nomeou Harry embaixador da juventude da organização e, meses depois, Meghan se tornou patrona da Associação das Universidades da Commonwealth. Essas nomeações deram ao casal um papel internacional e deixaram a cena doméstica livre para os futuros rei e rainha, o príncipe William e a duquesa Kate. Parecia uma estratégia astuta, especialmente porque Harry mostrou-se determinado a desempenhar um papel muito diferente do desempenhado pelo irmão, uma mentalidade que os colocou em caminhos conflitantes.

Um artigo publicado pelo venerável *Times* de Londres em novembro de 2018, logo depois de Meghan e Harry retornarem de uma bem-sucedida viagem à Australásia, revelou detalhes íntimos sobre o relacionamento entre o príncipe e a soberana. O assunto girava em torno da tiara, guardada a sete chaves nos cofres do Palácio de Buckingham, que a rainha emprestara a Meghan para as bodas do neto. Segundo a matéria, antes do casamento Harry ficara furioso porque a tiara não estivera imediatamente disponível para um teste de penteado com o cabeleireiro de Meghan, Serge Normant, que viajara de Nova York especialmente para a tarefa. A estilista da rainha, a formidável Angela Kelly, que também era guardiã da coleção privada de joias da monarca, justificara a demora dizendo que certos protocolos de segurança tinham que ser seguidos a fim de acessar a inestimável peça. Harry não aceitara a explicação e dissera à equipe: "O que Meghan quer, Meghan consegue."[26] No fim, ele falara com a soberana, que concordara em disponibilizar a tiara para o teste de penteado. Embora o foco da imprensa fosse o suposto comportamento de *prima donna* de Meghan, o fato mais revelador do artigo sobre "a briga da tiara" foi o de Harry ignorar uma confiável assessora real e convencer a rainha a fazer sua vontade.

Em uma organização na qual podiam ser necessárias semanas de espera para conseguir uma reunião com a rainha, essa facilidade de acesso era notável. A família vinha em primeiro lugar. Isso era tanto um ponto forte quanto uma fraqueza. Como observou um assessor, "é preciso lembrar que isso é uma família e uma corte, não uma corporação"[27] — uma família na qual, no fim das contas, o que importava era a posição, não a popularidade.

Meghan se uniu à instituição em uma época de mudanças graduais, mas mesmo assim sísmicas, que ocorrem inevitavelmente quando a coroa passa da geração vigente para a seguinte. Por mais populares que fossem, Meghan e Harry escorregariam do totem real com o passar do tempo, assim como acontecera com o príncipe Andrew, que, de segundo na linha de sucessão, tornara-se membro do elenco secundário.

O casal real queria um futuro alternativo que acabou por colocá-lo em conflito direto com a ordem existente.

As discordâncias domésticas — particularmente entre Harry e William — se tornaram cada vez mais pronunciadas, e o tema da rainha para 2019, respeito mútuo e conciliação, pareceu apropriado tanto para sua família quanto para uma Grã-Bretanha que ainda lambia as feridas depois da turbulenta votação que selaria o Brexit, sua saída da União Europeia.

A conciliação foi um tema ao qual a rainha retornou com frequência: em um discurso no Instituto das Mulheres, durante a visita do então presidente estadunidense, Donald Trump, e na cerimônia pelo vigésimo aniversário do Parlamento escocês. Ela achava que era sua responsabilidade tentar acalmar as paixões políticas e reconfortar uma nação que se voltara contra si mesma.

A sabedoria e o julgamento da rainha eram necessários também em casa. Desde que "sua força e seu esteio", o príncipe Philip, se aposentara, a monarca acompanhava o príncipe Andrew fazer o que podia para ocupar o vácuo deixado pelo pai. Ele a acompanhava à igreja aos domingos e se certificava de que as filhas, Beatrice e Eugenie, mantivessem contato com a avó.

Aos olhos da soberana, o segundo filho demonstrara coragem e liderança em tempos de crise, especialmente durante a Guerra das Malvinas e o incêndio em Windsor. Embora carregasse uma reputação de arrogante, a lealdade de Andrew à rainha era inquestionável. Ela apreciava esse contínuo apoio, mesmo que às vezes a atitude do príncipe fosse simplista. Durante a semana do funeral de Diana, por exemplo, quando os ânimos se tornaram acalorados em Balmoral com as discussões de sobre como lidar com a crise, Andrew dissera a uma sala cheia de conselheiros do palácio: "A rainha é a rainha. Vocês não podem falar com ela assim",[28] o que significava que a opinião dela devia ser aceita sem questionamentos.

Ele se tornara uma presença acolhedora e reconfortante, distraindo a rainha da guerra entre os netos, mas seus problemas logo dominaram a agenda real. Por mais que tentasse, Andrew não conseguia se livrar da associação com o banqueiro e predador sexual condenado Jeffrey Epstein. As coisas pioraram muito quando, em agosto de 2019, depois de ser acusado de outros crimes sexuais por várias mulheres, Epstein cometeu suicídio em sua cela na prisão de Manhattan.

Uma das mais proeminentes e persistentes acusadoras do príncipe Andrew fora Virginia Roberts Giuffre, que afirmara ter 17 anos quando Epstein a forçara a ter relações sexuais com os amigos dele, incluindo Andrew. Ela disse ter feito sexo com o príncipe em três ocasiões. Como prova do relacionamento, Virginia publicou uma fotografia que mostrava um sorridente Andrew com o braço em torno da cintura dela na casa de Ghislaine Maxwell, no centro de Londres.

Embora o duque negasse ter mantido qualquer tipo de contato sexual com Giuffre, as manchetes negativas continuaram. Em novembro de 2019, depois de conversar com seus advogados e sua secretária particular, Amanda Thirsk, Andrew decidiu dar uma longa entrevista à apresentadora do programa *Newsnight*, da BBC, Emily Maitlis. Quando a equipe da emissora foi ao palácio fazer a proposta final, Andrew afirmou que precisava de "aprovação de cima", ou seja, da própria rainha.[29] A decisão final, no entanto, seria da soberana e do príncipe Charles, ambos nervosos com as possíveis consequências. A rainha sabia, por experiências passadas — especialmente a confissão de adultério do príncipe Charles em horário nobre e a entrevista de Diana ao programa *Panorama* —, que a realeza não se saía bem na TV. No entanto, depois de conversas internas, a monarca e o príncipe Charles autorizaram a entrevista.

Emily Maitlis promoveu um verdadeiro interrogatório de uma hora, e, ao fim, Andrew considerou que a conversa, ocorrida em um salão de baile do Palácio de Buckingham, correra bem e disse à rainha: "Missão cumprida." Ele achou que a entrevista fora um sucesso tão grande que, depois da gravação, convidou a equipe do *Newsnight* para um passeio pelo palácio.

Uma enxurrada de críticas levou por água abaixo essa impressão. A entrevista foi um desastre: "Acidente televisivo" foi uma das descrições mais gentis.[30] O príncipe não parecera lamentar o relacionamento que tinha com Epstein nem expressara qualquer compaixão pelas vítimas do financista condenado, mesmo tendo tido muitas oportunidades para isso. Diz-se que a rainha ficou horrorizada, pois também estava na linha de fogo por ter permitido que Andrew desse uma entrevista que não somente destruíra a própria reputação, como também prejudicara a posição da monarquia. "A CALAMITOSA ENTREVISTA DO PRÍNCIPE ANDREW SUGERE QUE A RAINHA ESTÁ PERDENDO O CONTROLE SOBRE A 'FIRMA'", disse a manchete do jornal do *establishment*, *The Times*.[31]

A idade avançada da soberana, a ausência do príncipe Philip, o "executor" da família, e o amor dela por Andrew foram as razões sugeridas para o fiasco. No entanto, o fato de o príncipe não ser capaz de explicar sua continuada amizade com o pedófilo milionário ou a fotografia com a mão na cintura de Giuffre depois de ter afirmado que não se lembrava de tê-la conhecido se provou fatal. Além disso, as respostas animadas e o comportamento não contrito do príncipe sugeriam um homem totalmente fora de sintonia com a geração #MeToo — movimento contra o assédio e a agressão sexual.

Dias depois da transmissão da entrevista em novembro, colegas do príncipe nas organizações humanitárias, faculdades e empresas começaram a se afastar, e o príncipe se tornou o primeiro membro do núcleo familiar da monarquia britânica em toda a história a ser obrigado a se afastar dos deveres reais. Ele tomou a decisão depois das conversas que teve com a rainha e o príncipe Charles — que foi consultado durante uma viagem à Nova Zelândia — sobre a crise vigente.

Quanto à rainha, ela foi forçada a escolher entre as demandas da família e a instituição a que servia. A histórica declaração de Andrew anunciando o afastamento dos deveres reais foi divulgada minutos antes de a rainha chegar a Chatham House para conceder a seu amigo, o naturalista Sir David Attenborough, um prêmio internacional pelo trabalho de expor para o mundo a poluição dos oceanos causada pelo plástico.

O comportamento da rainha não sugeria coisa alguma além de prazer por honrar o velho amigo. Ela sorriu abertamente e, ao assinar o livro de visitantes, perguntou qual era a data. Era 20 de novembro de 2019, data do 72º aniversário de casamento da soberana. "Eu sabia", brincou ela, impassível.[32] Nenhum dos presentes sequer desconfiou que, apenas alguns minutos antes, ela removera Andrew das primeiras fileiras da família.

A monarca demonstrou que permanecia implacável quando necessário, a fim de proteger a instituição pela qual sacrificara a vida. Andrew era um problema, e ela e o primogênito agiram rapidamente para exorcizá-lo do domínio público. Ele então tinha o restante da vida para refletir sobre a própria tolice. Embora lamentasse publicamente a "associação infeliz" com Epstein e expressasse "profunda compaixão" pelas vítimas, era tarde demais. (As coisas só pioraram para o duque em desgraça quando a amiga Ghislaine Maxwell, depois de um mês de julgamento, em dezembro de 2021, foi considerada culpada de tráfico sexual. Em janeiro de 2022, foi negada a petição de Andrew para anular a ação que Virginia Giuffre movera contra ele. Dias depois, com "assentimento e aprovação" da rainha, ele perdeu patrocínios reais e títulos militares. Finalmente, Andrew chegou a um acordo com Giuffre fora dos tribunais, deixando muitas perguntas sem respostas.)[33]

Dias depois de administrar a tolice do segundo filho, a rainha mergulhou em outra crise: enquanto o príncipe Andrew estava desesperado para manter os títulos e ficara devastado com o abrupto rebaixamento, o príncipe Harry deixou abundantemente nítido que gostaria de se demitir da "firma" da família. Ele sempre relutara em cumprir deveres reais. Desde a morte de Diana, o príncipe considerava os aparecimentos públicos angustiantes, e suava de nervoso diante dos flashes das câmeras. Harry teria preferido continuar no Exército, em vez de lidar com o público durante os eventos reais. O problema é que ele nascera para isso, e o público via no caçula traços da muito amada e saudosa mãe, a princesa de Gales. Como disse o correspondente real da BBC Jonny Dymond: "Observar o príncipe Harry é ver um homem que ganha vida com as multidões, com o amor recebido delas, com aqueles que precisam dele. Contudo, é ver também alguém inteiramente infeliz. Um homem que quer desesperadamente se afastar das câmeras, dos observadores, dos estranhos que o olham, filmam e exploram."[34] Por sugestão do irmão, Harry fizera terapia para tentar lidar com a situação. A rainha se mantinha de olho, tanto quanto a agenda permitia, e ele era sempre bem-vindo para conversar com ela.

A chegada de Meghan Markle na vida de Harry suscitou dúvidas em algumas pessoas, entre elas o príncipe William, enquanto outros esperavam que ela fosse um refúgio para o príncipe. A história não estava do lado deles, como evidenciado pela abdicação de Edward VIII a fim de poder se casar com a duas vezes divorciada norte-americana Wallis Simpson.

Embora a relação entre o casal e a realeza tenha começado de modo brilhante, em breve a vida monárquica começou a decepcioná-los e eles traçaram um caminho que corria paralelamente ao da família real. Os Windsor e seus oficiais sabiam desde maio de 2019 dos planos de Harry e Meghan de viver tanto nos Estados Unidos quanto na Grã-Bretanha, serem financeiramente independentes e se concentrar na própria missão humanitária. Era aparente já havia alguns meses que Harry e Meghan estavam infelizes com as incessantes críticas da mídia e com o que consideravam ser uma falta de apoio da instituição. O príncipe Harry conversara com a rainha e com o pai sobre se afastar dos deveres reais e ganhar dinheiro de maneira privada, a fim de não precisar do Fundo Soberano ou de dividendos do ducado da Cornualha, a propriedade do príncipe Charles, a fim de subsidiar o próprio estilo de vida. Como cidadãos privados, eles não seriam perseguidos pela mídia e continuariam a servir à monarquia, embora de forma limitada.

A reação inicial da rainha à ideia foi a de que seria impossível ficar metade dentro e metade fora da família real, isso seria como estar ligeiramente grávida.

O casal, que passou o Natal em uma mansão canadense emprestada, observou os sinais de fumaça subindo das chaminés do Palácio de Buckingham e percebeu que a mensagem não os incluía. Primeiramente veio a publicação da fotografia oficial, tirada no Palácio de Buckingham, da monarca reinante e dos três príncipes — Charles, William e George — na linha direta de sucessão. Era somente a segunda vez que a soberana atual e os futuros soberanos eram fotografados juntos.

Então, quando a rainha fez seu discurso de Natal, não havia fotografias de Harry, Meghan e Archie Harrison Mountbatten-Windsor, seu mais novo bisneto, em meio às de outros membros da família na mesa de trabalho dela. O príncipe Harry, que sempre fora notoriamente sensível, interpretou a ausência de modo conspiratório: eles já não faziam parte da família real.

Tudo isso entrou na equação cujo resultado seria os planos do casal para o futuro. Em 8 de janeiro de 2020, Harry e Meghan anunciaram, logo depois de notificar a rainha, o príncipe Charles e o príncipe William, que se afastariam dos deveres reais e dividiriam o tempo entre a Grã-Bretanha e a América do Norte.

A declaração oficial do casal, publicada contra a vontade da rainha, dizia, entre outras coisas: "Após muitos meses de reflexão e discussões internas, escolhemos fazer uma transição, cumprindo um papel novo e mais progressista no interior da instituição. Pretendemos nos afastar da posição de membros 'seniores' da família real e trabalhar para nos tornar financeiramente independentes, embora continuemos a apoiar integralmente Sua Majestade, a rainha." Eles pretendiam "colaborar" com a monarca e o restante da família. A escolha de palavras demonstrou nitidamente quão frágil se tornara a posição da soberana. A ideia de um membro menor da família real "colaborando" com a chefe de Estado em posição de igualdade chocou historiadores, oficiais reais e analistas. A família real era uma hierarquia, não uma república entre iguais.

A declaração de independência do casal, ocorrida 244 anos depois da norte-americana, foi recebida com descrença pelo restante da família real e de seus oficiais. Uma nova frente na guerra dos Windsor estava prestes a surgir. Embora o príncipe Philip estivesse cada vez mais incapacitado, sua resposta indignada e perplexa resumiu os sentimentos de muitos, dentro e fora da família: "Que raio de brincadeira é essa?"[35] A ideia de um membro da família real optando por abdicar da realeza e não reconhecer a autoridade inquestionável da soberana era simplesmente incompreensível, em especial para o homem que sacrificara a vida inteira para apoiá-la e defender a monarquia.

A monarca concordou com uma reunião em Sandringham, alguns dias depois, entre ela, Charles, William, Harry e seus conselheiros. Os oficiais receberam ordens de trabalhar "rapidamente".[36] Dessa vez, ela não queria deixar que a questão se arrastasse, como fizera com a separação da princesa Margaret e com a danosa guerra dos Gales que tivera início quando Charles e Diana se separaram, em dezembro de 1992. Também não houve qualquer manobra de avestruz — ou seja, o hábito da rainha de evitar as realidades desagradáveis.

Desde o início, ficou evidente que ela buscava uma solução que acomodasse os desejos dos Sussex, mas mantivesse a integridade da monarquia, particularmente em relação às finanças. A ideia de Meghan e Harry monetizarem a própria marca real, Sussex Royal, por exemplo, foi um fracasso. Subsequentemente, no entanto, eles negociaram como particulares, surpreendendo a família e o mundo como um todo ao fechar acordos multimilionários com Netflix, Spotify e outros veículos midiáticos.

Em uma mensagem amigável e calorosa depois da conversa, a rainha disse: "Eu e minha família apoiamos inteiramente o desejo de Harry e Meghan de terem uma nova vida como uma jovem família. Embora preferíssemos que eles trabalhassem em tempo integral nos deveres reais, respeitamos e entendemos o desejo de uma vida mais independente, enquanto ainda permanecem como parte valiosa de minha família."

Estava nítido, desde o início das negociações, que Harry e Meghan teriam que abrir mão dos privilégios reais em nome da liberdade. Depois de muita conversa, o casal concordou em pagar pela reforma de Frogmore Cottage — a casa para a qual eles haviam se mudado depois do casamento —, cuidar da própria segurança e desistir da marca Sussex Royal. Harry teve de abdicar dos cargos militares honorários, especialmente a posição como capitão geral dos fuzileiros reais, a qual ocupava desde 2017.

Em 18 de janeiro, somente dez dias após o anúncio do afastamento de Meghan e Harry, o caminho estava definido, mapeado e acordado. Embora Charles e William sem dúvida tivessem contribuído para a solução da questão, no fim foi a rainha quem publicou a declaração sobre a partida do neto com a esposa.

Ela publicamente havia dito que desejava uma vida feliz ao jovem casal, mas nem todos foram tão generosos. O constrangimento e a tensão entre o quarteto já chamado de Fab Four, em referência aos Beatles, foram exibidos publicamente durante a cerimônia religiosa televisionada do Dia da Commonwealth, realizada na Abadia de Westminster em 9 de março de 2020. Os irmãos mal se falaram. Logo depois, Meghan e Harry rumaram para o Canadá, mantendo-se fora de vista em uma mansão à beira d'água na ilha de Vancouver.

Eles tinham uma arma secreta para quando concretizassem a grande escapada. Seis meses depois do casamento, em dezembro de 2018, Harry discutira secretamente, em um hotel londrino, uma entrevista dele e Meghan com a rainha das apresentadoras, Oprah Winfrey, uma das convidadas da cerimônia matrimonial. Quando foram para o Canadá, o acordo com a mídia já estava fechado.

Então, a pandemia de coronavírus se tornou o assunto do momento e as coisas nunca mais foram as mesmas. Somente dois dias depois da cerimônia do Dia da Commonwealth, a Organização Mundial da Saúde (OMS) anunciou formalmente o estado de pandemia, e o governo respondeu fechando escolas e lojas e proibindo eventos públicos, além de desencorajar quaisquer viagens não essenciais. Semanas depois, a nação estava em lockdown e o drama real foi esquecido em meio a uma luta de vida ou morte que não era vivenciada pelos britânicos desde a Segunda Guerra Mundial.

Antes que houvesse uma vacina efetiva, o espantoso número de mortos em razão da covid-19 na capital do país foi maior que durante a pior semana de Blitz em 1940, quando bombardeiros nazistas haviam despejado morte e destruição sobre Londres, matando mais de quatro mil pessoas em apenas uma semana. Médicos, enfermeiros e outros trabalhadores do Serviço Nacional de Saúde na linha de frente do combate à doença — alguns dos quais deram a própria vida pela causa — foram comparados aos heroicos pilotos de Spitfire que haviam frustrado a invasão nazista. Toda quinta-feira, às oito horas da noite, a nação demonstrava apreço indo para as ruas e aplaudindo as equipes do Sistema Nacional de Saúde e outros profissionais da área.

Para a rainha, que vivera a Blitz, aquele era o momento de lembrar à nação do que ela era feita. Enquanto o filho e herdeiro, isolado em Birkhall, na Escócia, sofria com a doença, o primeiro-ministro Boris Johnson, internado no Hospital St. Thomas, no centro de Londres, lutava pela vida na UTI. A rainha discursou a uma nação profundamente ansiosa e nervosa, mas, ao mesmo tempo, unida contra um inimigo comum.

Embora estivesse no outono de seu reinado, a rainha estava perfeitamente posicionada para discursar à nação com empatia e conhecimento de causa. O discurso foi feito na noite de domingo de 5 de abril de 2020 e durou apenas quatro minutos, mas o impacto foi duradouro. A monarca evocou o estoicismo e a discreta coragem dos britânicos em tempos de guerra e da habilidade de enfrentar calamidades mortais com um sorriso. Muitos dos 23,3 milhões de espectadores de seu quinto discurso não festivo em 68 anos de reinado admitiram ter ficado com um nó na garganta e lágrimas nos olhos quando ela ecoou as famosas palavras da cantora favorita dos tempos de guerra, Dame Vera Lynn: "Nós nos veremos novamente."

A rainha, que escrevera o evocativo discurso juntamente com seu secretário particular, Sir Edward Young, começou dizendo: "Falo a vocês em um momento que sei ser cada vez mais desafiador. Um momento de perturbação da vida de nosso país que trouxe pesar para alguns, dificuldades financeiras para muitos e imensas mudanças no cotidiano de todos."

Depois de agradecer aos trabalhadores da linha de frente, ela continuou: "Espero que, em anos futuros, sejamos capazes de nos orgulhar da maneira como respondemos a esse desafio. E aqueles que virão depois de nós dirão que os britânicos de nossa geração foram tão fortes quanto os de qualquer outra. Que os atributos da autodisciplina, da discreta e bem-humorada determinação e da camaradagem ainda caracterizam este país. O orgulho de quem somos não é parte de nosso passado — ele define nosso presente e nosso futuro."

Ela terminou com uma nota de encorajadora positividade: "Devemos nos confortar sabendo que, embora ainda tenhamos muito a suportar, dias melhores virão; estaremos com nossos amigos e nossa família de novo; nós nos veremos novamente."

Foi um discurso de esperança, consolo, inspiração — e férrea determinação. A longa experiência da rainha com crises e dramas deu a suas palavras uma ressonância e autoridade que não ocorreria com uma voz mais jovem. Ela era a pessoa certa, com o discurso certo, na hora certa. Naquele momento, a rainha era verdadeiramente a avó da nação.

Dali em diante, ela e o príncipe Philip, que retornara de Sandringham, passaram os dias no interior de uma bolha protetora no Castelo de Windsor. Embora dispusessem de uma equipe de 22 pessoas, os dois passaram mais tempo juntos que em qualquer outra época desde o início do casamento.

A pandemia testou a engenhosidade de todos — até mesmo a da rainha e de sua família. Durante toda a vida, ela estivera acostumada a acenar e apertar mãos. Como gostava de dizer, "preciso ser vista para que acreditem em mim".[37] Já não era assim. A monarca e o restante da família real tiveram que se adaptar a um mundo de videochamadas e conversas através do computador ou da tela da TV. Esse era o novo normal. A soberana se manteve em contato com seus súditos através do próprio meio ao qual já se opusera: a televisão. Além do discurso "Nós nos veremos novamente", ela usou a televisão para transmitir sua mensagem de Páscoa e comemorar o 75º aniversário do Dia da Vitória na Europa.

Na Páscoa, a monarca pediu esperança e luz para um mundo mergulhado em sombras. "Sabemos que o coronavírus não nos vencerá. Por mais sombria que seja a morte — particularmente para os enlutados —, a luz e a vida são maiores. Que a chama viva da esperança de Páscoa seja nosso guia constante enquanto enfrentamos o futuro."

Ela falou afetuosamente sobre o Dia da Vitória na Europa enquanto a nação, ainda em lockdown, lembrava aqueles que haviam entregado a própria vida pela causa da liberdade: "É difícil não podermos comemorar esse aniversário especial da maneira como gostaríamos. Em vez disso, nos lembraremos de nosso lar e como chegar até ele. Nossas ruas, porém, não estão vazias, elas estão cheias do amor e do cuidado que temos uns pelos outros. E, quando olho para nosso país e vejo o que estamos dispostos a fazer para nos proteger e apoiar mutuamente, digo com orgulho que ainda somos uma nação que aqueles bravos soldados, marinheiros e aviadores reconheceriam e admirariam."

Seu neto, o príncipe Harry, endurecido pelo combate no Afeganistão, tinha outra batalha pela frente, relacionada ao que considerava o tratamento injusto dado a ele e a Meghan pela família real e seus oficiais. Depois de muitas conversas tensas com membros da família e funcionários, ele concluiu que nunca poderia ter suas queixas ouvidas se elas continuassem restritas ao círculo privado. Esperando nos bastidores estava Oprah Winfrey, ávida para discutir a vida do casal. Dessa vez, a conversa de uma hora, transmitida em março de 2021, correspondeu às expectativas. Foi uma bomba: o casal acusou a família real de racismo, indiferença e insensibilidade à doença mental, ao isolamento e ao "aprisionamento" de Meghan. Muitas das alegações, como a de que haviam se casado formalmente três dias antes da cerimônia televisionada, mais adiante se provaram falsas ou exageradas. Foi doloroso para a rainha, que demonstrara contínua boa-fé em seu apoio a Harry tanto antes quanto depois do casamento. Ela, como uma amiga de Diana comentou, ficou "decepcionada" com o comportamento do neto. Sua resposta formal foi clássica — equilibrada e amorosa, mas firme —, ao passo que a frase "algumas memórias podem diferir" disse muito sobre a exatidão das lembranças de Meghan e Harry. A decisão de investigar as alegações de racismo em caráter privado indicou a direção que a rainha tomaria.

Novamente, a televisão se provou uma amiga das horas felizes, maravilhosa para os espetáculos reais, mas altamente prejudicial para a monarquia quando um membro da família se valia do microfone.

A covid-19, porém, dificultou tudo. Como Mountbatten, o príncipe Philip planejara meticulosamente o próprio funeral, decidindo até mesmo a cor do Land Rover que carregaria o caixão. Quando ele morreu, em 9 de abril de 2021, semanas antes de seu centésimo aniversário, os elaborados planos do príncipe consorte tiveram que ser severamente simplificados.

A morte de Philip foi descrita como "suave e pacífica", embora tenha deixado, de acordo com o príncipe Andrew, "um grande vazio" na vida da rainha.[38] A esposa do príncipe Edward, Sophie, disse que foi como se "alguém o tivesse pegado pela mão e o levado embora".[39] Em razão da covid-19, o velório, realizado na Capela de St. George, no Castelo de Windsor, foi uma celebração limitada da vida do príncipe consorte. Somente trinta membros da família puderam participar da cerimônia, na qual a rainha, uma solitária e diminuta figura de preto, ficou sentada à parte para a despedida final. "Ver Sua Majestade sozinha foi muito comovente",[40] disse a condessa de Wessex. A cerimônia foi rápida e direta, assim como fora o próprio homem. "Ande logo com isso", teria dito ele. A

362 A RAINHA

rainha seguiu os desejos do marido e retornou aos deveres reais somente duas semanas depois da morte dele. Após o funeral, ela se manteve fleumática e pensativa, mas jamais foi deixada sozinha. Membros da família real, particularmente Sophie Wessex, eram visitantes regulares do Castelo de Windsor. A chegada de Lilibet "Lili" Diana Mountbatten-Windsor, filha de Meghan e Harry, em 4 de junho foi uma adição bem-vinda ao clã, demonstrando novamente que na morte também há vida, sobretudo uma que carregava aquele que fora o apelido de infância da rainha. Nos primeiros momentos, ela teve de se contentar em ver a bebê através das imagens via Zoom.

Em contraste, as confiáveis e leais damas de companhia da rainha eram presença constante. Na jornada para se despedir do príncipe Philip, foi Lady Susan Hussey, que conhecia a monarca desde 1960, quem a acompanhou à Capela de St. George no Bentley real. Suas damas de companhia não eram somente auxiliares não remuneradas, mas amigas genuínas que também haviam perdido familiares. A rainha se provou notavelmente estoica e, de acordo com Sophie, a condessa de Wessex, ela "sempre pensava nos outros antes de em si mesma".[41]

O mesmo comentário fora feito muitos anos antes, em tom de espanto, pelo brusco secretário particular do rei, Alan Lascelles, durante a famosa viagem à África do Sul em 1947.[42] Ele estava habituado a ver os membros da família real pensarem em si mesmos antes dos outros. Elizabeth Alexandra Mary Windsor, porém, não era assim.

Ela chegara à maioridade durante a guerra, testemunhando em primeira mão as muitas faces da bravura. Durante aqueles sombrios dias de dificuldades e sacrifícios, sua firme fé cristã iluminara o caminho. Além disso, a discreta convicção de Elizabeth a sustentara durante os muitos desafios que enfrentara, mesmo ainda tão jovem.

As memórias da rainha do Dia da Vitória na Europa, dançando com estranhos na multidão, permaneceram com ela durante toda a vida, assim como os dias vivendo como a esposa de um marinheiro em

Malta, a esperança e a expectativa de uma vida normal se estendendo diante de si.

Normal era a palavra que ela adotara. A vida da monarca era unicamente privilegiada, mas restrita de forma singular, sempre do lado de dentro olhando para fora. Ela nunca permitira que o coração governasse a mente, mas, por ironia, os assuntos do coração definiram seu reinado. O protocolo e a tradição eram sua rede de segurança — e, às vezes, se provaram sua ruína, particularmente depois da morte de Diana, a princesa de Gales.

O instinto inicial de Elizabeth era se recolher e recuar, embora, mais tarde na vida, ela fosse muito mais espontânea, relaxada e disposta a se mostrar informal, com uma espirituosidade tão seca quanto seu dry martíni noturno. Quanto mais velha ela ficava, maior era a capacidade de surpreender.

Ela suportava quantidades excessivas tanto de elogios quanto de críticas, embora fosse uma conciliadora nata, adepta do caminho do meio, apóstola da tolerância. Ela era sábia, astuta e, à própria maneira, por baixo da fachada impassível, bastante compassiva.

Embora também tivesse problemas de saúde, ela deixou nítido que queria continuar trabalhando normalmente. A perspectiva de, em 2022, tornar-se a primeira monarca a celebrar o jubileu de platina — que celebrava os setenta anos de reinado — era inegavelmente atraente. Durante o fim de semana do septuagésimo aniversário de ascensão ao trono, em 6 de fevereiro de 2022, a rainha publicou uma declaração oficial na qual expressava "sincero desejo" de que Camilla fosse coroada rainha consorte quando o príncipe Charles se tornasse rei. Foi a indicação mais pública do desejo de Sua Majestade de assegurar uma transição suave, ordeira e sem controvérsias.

A rainha Vitória conquistara o título de avó da Europa, ao passo que a rainha Elizabeth II se tornou a avó do Reino Unido e da Commonwealth. Conquistando o feito de ter o reinado mais longo da história do reino, a monarca se devotou aos seus, ao seu povo e à família mais ampla de nações. Em meio aos muitos choques e surpresas que permearam o reinado recordista, ela defendeu o serviço e a dedicação, pacientemente observando os acontecimentos, frequentemente com brilho no olhar. Elizabeth II foi uma presença constante em tempos bons e ruins, pronta para celebrar ou se condoer, e sua vida refletiu a jornada da ilha da Grã-Bretanha na guerra e na paz. Muito amada e imensamente popular, ela provavelmente entrará para a história como a maior rainha inglesa de todos os tempos.

EPÍLOGO

Embora tivesse sido a estrela do show por mais tempo que qualquer pessoa possa se lembrar, nos últimos meses a rainha gradualmente abrira mão do papel principal e se tornara uma coadjuvante muito amada. Isso deu aos outros membros do elenco Windsor, notadamente seu primogênito e herdeiro, o príncipe Charles, e seu neto, o príncipe William, uma chance de brilhar no palco principal.

A decisão da soberana de não comparecer a importantes ocasiões reais — frequentemente no último minuto — deveu-se principalmente, como declarou o palácio, a "episódicos contratempos de mobilidade" que a impediam de ficar em pé por muito tempo. Em fevereiro de 2022, ela também sofreu de sintomas leves de covid-19, o que a obrigou a cancelar diversos compromissos públicos e privados. Os frequentes problemas de saúde da rainha deram ao mundo a chance de ter uma noção de qual seria a forma e a composição da monarquia em um futuro não tão distante.

Embora tenha sido anunciado antecipadamente que a rainha não estaria presente à festa anual nos jardins do Palácio de Buckingham, houve genuína preocupação quando, pela primeira vez no longo reinado, ela decidiu, por questões de saúde, não comparecer à tradicional abertura do Parlamento em maio de 2022. Em seu lugar, a monarca enviou o príncipe Charles para testemunhar a antiga cerimônia, um dever-chave do soberano enquanto chefe de Estado.

A decisão envolveu muito mais que pedir ao filho que a substituísse de última hora. Um importante procedimento constitucional e legal conhecido como cartas-patente foi evocado a fim de que Charles pudesse ler o discurso oficial da rainha, o qual traçava os planos e as políticas do mandato parlamentar que então se iniciava. Eles incluíam uma estratégia para incrementar a economia, aumentar a segurança nas ruas e zerar as filas de pacientes à espera de atendimento no serviço de saúde em razão da covid-19.

Durante a abertura, o príncipe Charles leu o discurso do trono do consorte, flanqueado pelo filho mais velho, um muito compenetrado príncipe William, e pela esposa e futura rainha consorte, a duquesa da Cornualha. Embora a coroa imperial estivesse presente durante a cerimônia, o trono da rainha permaneceu vazio, como um sinal físico da lenta e inexorável passagem do poder da soberana para seu sucessor.

O papel formal da rainha foi reescrito pelo Palácio de Buckingham em reconhecimento de sua idade e suas condições de saúde. Os deveres anuais da monarca, como a abertura do Parlamento, deixaram de ser definidos como "obrigatórios". Em vez disso, maior responsabilidade seria designada a outros membros da família real, de acordo com um relatório do Fundo Soberano — responsável por monitorar os gastos reais. Foi uma mudança sensata e necessária para assegurar uma transição suave, já que a rainha se afastava cada vez mais dos deveres reais.

Elizabeth se afastou, mas não renunciou. A rainha usou o septuagésimo aniversário de sua ascensão ao trono, em fevereiro de 2022, para renovar a promessa de dedicar-se à nação até o último dia em que vivesse. "Minha vida sempre será devotada ao serviço", confirmou.

Assim como na abertura do Parlamento, a celebração oficial de quatro dias do jubileu de platina em junho de 2022 foi uma festa na qual a protagonista esteve em grande parte ausente. A rainha fez três breves aparições no balcão do Palácio de Buckingham — duas durante a Trooping the Colour e uma ao fim de um desfile —, compareceu a uma cerimônia especial para acender o Farol Principal do Jubileu e também a um almoço privado no Dia da Jarreteira, além de enviar uma mensagem de agradecimento aos criadores de cavalos durante a tradicional reunião do Royal Ascot naquele mesmo mês.

EPÍLOGO

Auxiliado pelo príncipe William, o príncipe de Gales esteve à frente da maioria dos eventos públicos tradicionais. Ele passou em revista os vários regimentos durante a Trooping the Colour. Charles também representou a mãe durante o Royal Maundy, um serviço religioso que acontece na quinta-feira de Páscoa, quando o monarca reinante distribui, entre idosos, moedas de prata especiais (chamadas de "dinheiro Maundy do Soberano") como uma esmola simbólica. Depois das celebrações do jubileu, a rainha divulgou uma mensagem de agradecimento na qual disse: "Embora não tenha comparecido a todos os eventos pessoalmente, meu coração esteve com vocês, e permaneço comprometida em servi-los da melhor maneira possível, apoiada por minha família."

Como tudo relacionado à Casa de Windsor, houve um "mas", uma questãozinha incômoda invariavelmente centrada na família. Os problemas de saúde da soberana, que demandaram passar as maiores responsabilidades aos príncipes Charles e William como conselheiros de Estado, também expuseram uma vulnerabilidade. Havia quatro conselheiros de Estado, os quais a rainha chamava de "meus substitutos". Os outros dois eram os príncipes Andrew e Harry. O primeiro caíra em desgraça por causa do relacionamento que mantinha com o milionário pedófilo Jeffrey Epstein, e o outro deixara de ser membro ativo da família. Por isso, o arranjo tinha o potencial de causar dificuldades se a rainha se mostrasse subitamente incapaz de cumprir seus deveres reais quando Charles ou William estivessem no exterior. Nessas circunstâncias, tecnicamente Andrew e Harry ficariam "cuidando do negócio" — e essa perspectiva não agradava a ninguém.

Esse confuso estado de coisas refletia a desconfortável dinâmica familiar sempre no cerne da Casa de Windsor. Assim como, no início de seu reinado, a rainha tivera que enfrentar a questão do amor da princesa Margaret por um cavalariço divorciado, o capitão de grupo Peter Townsend, o desafio de seus últimos anos foram os conflitos familiares que geraram os mais intratáveis problemas.

A presença do príncipe Andrew, sempre considerado o filho favorito da rainha, era um incômodo constante para a instituição. Dias depois das celebrações do jubileu em junho — que ele perdeu por ter contraído o vírus da covid-19 —, seu programado envolvimento na venerável cerimônia da Ordem da Jarreteira, realizada no Castelo de Windsor, expôs a indisposição da família de lidar com a persona tóxica do príncipe em razão das consequências legais do escândalo sexual envolvendo Epstein. Embora a soberana tivesse dado permissão para que o segundo filho participasse da procissão pública, o príncipe William disse à avó que se sentiria desconfortável caminhando na antiga procissão de cavalheiros ao lado do tio conspurcado. Afinal, ele pagara estimados US$15 milhões em um acordo extrajudicial com sua principal acusadora — a quem afirmara não conhecer até surgir uma fotografia dos dois abraçados. William temia que a figura de Andrew participando de uma cerimônia que celebrava o cavalheirismo gerasse uma onda de críticas e ridicularização. Seu pai logo aderiu à mesma opinião.

Os dois convenceram a rainha a voltar atrás no convite, muito embora o programa da cerimônia já tivesse sido impresso. Embora a rainha tenha informado a Andrew que ele poderia se unir à família durante as partes privadas da cerimônia — nas quais não haveria fotógrafos presentes —, essa foi outra amostra de como um escândalo podia continuar a corroer o tecido da monarquia. Quando a amiga de Andrew Ghislaine Maxwell foi sentenciada a vinte anos de prisão por exploração sexual de menores de idade, inevitavelmente os holofotes se voltaram mais uma vez para o príncipe. Meses depois de ele se afastar de seus deveres reais, o caso continuou a suscitar manchetes. Em julho de 2022, a *BBC* anunciou estar produzindo um filme sobre sua notória entrevista à jornalista Emily Maitlis, na qual ele demonstrara pouca compaixão pelas vítimas e quase nenhum arrependimento pela amizade que tinha com Epstein. Não querendo ficar para trás, o *Channel Four* exibiu *Prince Andrew: The Musical*, anunciado como recriação humorística da queda em desgraça do príncipe.

EPÍLOGO

Esses episódios demonstraram novamente a crescente autoridade do príncipe William, que, então com 40 anos, passara a exercer seu poder constitucional. O fato de ele ter questionado diretamente a monarca sobre a decisão dela de convidar o filho favorito para a cerimônia da Ordem da Jarreteira revelou a transição de poder no interior da família real. Também enfatizou a confiança da rainha na habilidade do neto em lidar com questões difíceis.

A chegada de Meghan, Harry e seus filhos, Archie e Lilibet, diretamente da Califórnia para a celebração do jubileu também teve o potencial de tornar a reunião familiar em uma calamidade e um circo na mídia. O casal tinha acordos contratuais com a Netflix e outros veículos de mídia, e havia o temor, dentro e fora do palácio, de que os dois dissessem ou fizessem algo para atrair para si a atenção pública que deveria estar centrada na rainha. Observadores citaram a passagem do príncipe Harry por Londres em abril de 2022, a caminho dos Países Baixos para presidir os Jogos Invictus. Ele disse à *NBC* que visitara a rainha para se assegurar de que ela estava protegida e "cercada pelo tipo certo de gente".

As palavras de Harry foram interpretadas como um ataque aos membros da corte próximos de Sua Majestade, em especial seu secretário particular, Sir Edward Young, e sua influente estilista, Angela Kelly. Fora Kelly quem entrara em conflito com o príncipe sobre o acesso à tiara que a rainha emprestara a Meghan para o casamento. Era evidente que Harry não confiava nos conselheiros da rainha, especialmente o trio de oficiais seniores que, como se descobriu posteriormente, ele chamava de Abelha, Mosca e Vespa.

Durante a breve visita, o casal se manteve discreto, assistindo à tradicional cerimônia Trooping the Colour de um edifício governamental, onde foram fotografados cuidando de alguns dos membros mais ruidosos da nova geração. Não houve lugar no balcão do Palácio de Buckingham para Harry, Meghan e seus filhos, nem para o número cada vez maior de crianças. Os convidados a assistir às espetaculares acrobacias foram somente os familiares "no serviço ativo", a rainha ao lado de seus sucessores imediatos — os príncipes Charles, William e George — em uma demonstração pública de continuidade da monarquia.

Em caráter privado, o casal introduziu Lilibet à rainha e ao príncipe Charles. Após um "encontro emotivo", o príncipe se descreveu como "incrivelmente feliz" por ver a neta pela primeira vez e reencontrar o neto Archie. Embora o casal tenha levado um fotógrafo para registrar o momento da monarca conhecendo Lilibet, a rainha indicou que estava cansada demais e, como seus olhos estavam vermelhos, não queria ser fotografada. Observadores mais céticos na mídia sugeriram que essa foi uma maneira diplomática de impedir que os Sussex explorassem o histórico encontro familiar.

Horas depois da breve reunião, eles embarcaram em um jato privado que os levou de volta à Califórnia, sem que houvesse nenhum sinal de reaproximação entre os irmãos brigados. Aliás, como Harry revelou posteriormente em seu livro de memórias, *O que sobra*, ele se encontrou com o pai e o irmão depois do funeral do príncipe Philip a fim de tentar resolver as coisas. A discussão não levou a lugar nenhum. Charles implorou para que os filhos não transformassem seus últimos anos em um fim de vida miserável.

Mesmo sem ter conhecimento dessa conversa particular, o público sentiu a divisão no interior da família. Entre os membros da corte e observadores reais, houve o consenso de que, embora Harry e Meghan tivessem previamente jurado eterna lealdade a Sua Majestade — ainda que criticassem a instituição que ela presidia —, em um futuro não tão distante sua mais afetuosa, leniente e influente apoiadora já não estaria por perto para defendê-los.

Assim como a insensatez do príncipe Andrew causará problemas para a monarquia ainda por algum tempo, a corte rival dos Sussex na Califórnia inevitavelmente fornecerá um contraponto mais abertamente político e radical à Casa de Windsor. Meghan e Harry já se inseriram na cena política norte-americana, e o casal se uniu à disseminada condenação da revogação, pela Suprema Corte, da decisão *Roe x Wade*, que garantia o direito ao aborto às mulheres desde 1973.

EPÍLOGO   371

Um discurso feito por Harry na ONU em julho de 2022, celebrando a vida do falecido presidente da África do Sul Nelson Mandela, demonstrou que o príncipe continua influente e relevante — com ou sem a denominação de Sua Alteza Real — à semelhança do exilado duque de Windsor, cujo carisma natural fazia com que ele roubasse os holofotes do irmão, George VI, sempre que queria.

Ironicamente, não foi o comportamento da família real, e, sim, o do 14º primeiro-ministro britânico, Boris Johnson, que ameaçou estragar as celebrações do jubileu e arrastar a monarquia para uma crise nacional. Enquanto as multidões homenageavam a rainha, vozes no Partido Conservador de Johnson o pressionavam para que ele renunciasse. Isso ocorreu em resposta aos numerosos escândalos que assolaram seu mandato. Nos primeiros dias de crise, a impressão era a de que ele se recusaria a renunciar. Como na cena de um filme de ação, ouviu-se o clamor "Mobilizem a rainha", sugerindo que, se Johnson permanecesse no cargo a despeito de ter perdido a confiança do Gabinete e do partido, a monarca seria arrastada para a arena política, sendo obrigada a demiti-lo. Não foi preciso atravessar essa pantanosa área constitucional. Em meados de julho, Johnson anunciou a demissão, que foi aceita –– talvez com gratidão — pela rainha. Isso foi prova, se alguma ainda fosse necessária, de que a soberana precisava estar sempre atenta aos limites constitucionais, independentemente de quão longo tenha sido o seu reinado.

Durante seu extenso tempo como rainha, a monarquia se afastou das platitudes e obviedades para se preocupar e se comprometer com algumas das mais desafiadoras questões de nossos tempos, em especial o meio ambiente. Plantar árvores — não somente uma ou duas em cerimônias, mas florestas inteiras — foi o tema do jubileu. A rainha estava agudamente consciente do simbolismo de uma árvore em crescimento: como a instituição à qual devotara a vida, ela representava mudança e continuidade.

A soberana era uma defensora entusiástica da monarquia verde, um sentimento simbolizado pela "árvore das árvores" — uma escultura feita de 350 árvores britânicas nativas e aço reciclado — instalada na área externa do Palácio de Buckingham. Durante as celebrações do jubileu, também se referiu ao pioneiro trabalho ambiental de seu falecido marido e indicou estar muito orgulhosa do legado dele e do trabalho dos príncipes Charles e William. Como disse seu neto à ruidosa multidão reunida em frente ao Palácio de Buckingham para o festival de música pop do jubileu, "a necessidade de proteger e restaurar nosso planeta nunca foi tão urgente". William partilhava do otimismo da avó de que o planeta pode ser salvo para as gerações futuras. O foco no meio ambiente, provavelmente a questão mais importante de nosso tempo, foi mais um sinal do quanto a monarquia mudou durante o reinado de Elizabeth II.

Embora a importância constitucional da monarquia tenha diminuído, a rainha presidiu a transformação da instituição em uma líder de torcida nacional, com os membros de sua família se tornando entusiásticos ativistas e promotores das causas que lhes são estimadas. Os dias da monarquia de luvas brancas, bolsas exageradamente grandes e não-me-toques ficaram no passado.

∾

Logo antes de seu quadragésimo aniversário, em junho de 2022, o príncipe William protagonizou as manchetes mundiais ao ir para as ruas de Londres distribuir a *Big Issue*, uma revista vendida por pessoas em situação de rua a fim de escapar da pobreza. Ele admitiu que fora inspirado pelo serviço e exemplo da mãe, Diana, a princesa de Gales, que levara ele e seu irmão em excursões para conhecer pessoas que viviam nessas condições. Na época, o trabalho dela com os desfavorecidos e marginalizados fora visto como incomum.

Agora, mais que convencional, ele é quase obrigatório. A rainha supervisionou essa importante mudança no trabalho da realeza, ajudando a garantir a continuada relevância da monarquia no futuro. Como William comentou em uma entrevista para a *Big Issue*, "sempre acreditei em usar minha plataforma [...] para chamar atenção e pedir atos efetivos em nome

EPÍLOGO

daqueles que enfrentam dificuldades. Planejo fazer isso agora, em meus 40 anos, mais ainda que no passado".

Foi profundamente satisfatório para a rainha saber que seu sucessor não somente partilhava de seu compromisso com o serviço, como também possuía uma sólida e comprometida vida familiar que a lembrava da feliz infância que ela própria teve. Como ela observou durante o documentário da *BBC, Elizabeth: The Unseen Queen* [Elizabeth: a rainha não vista], narrado por ela mesma: "Em minha experiência, uma família feliz é uma das características positivas da existência humana que não mudou." A rainha também revelou os valores que a sustentaram durante os triunfos e desastres de seu longo reinado: "Fé, família e amizade foram não somente uma constante para mim como também uma fonte de conforto e segurança pessoal."

Uma única frase das reflexões televisionadas da rainha fornece um revelador insight sobre seu caráter e ajuda a explicar por que ela suscitava um respeito tão universal tanto entre os líderes globais quanto entre as pessoas comuns: "Não é suficiente fazer nosso trabalho; o serviço exige sacrifício."

Esse sentimento foi a estrela guia do longo reinado de Elizabeth II, formado por excelentes valores que ela tentou repassar para as futuras gerações. Durante a maior parte dos setenta anos da era elisabetana, ela foi o "fio de ouro" que ligou nações, organizações e constituições díspares e frequentemente em conflito, tecendo com eles uma tapeçaria aparentemente harmoniosa.

Sempre presente, ela parecia perene, e poucos estiveram dispostos a reconhecer sua crescente debilidade nos meses seguintes às celebrações do jubileu. Embora tenha permanecido principalmente no Castelo de Windsor durante o verão europeu de 2022, ela ocasionalmente comparecia a eventos públicos. Em meados de julho, a rainha, acompanhada pela princesa real Anne, inaugurou o novo edifício do Thames Hospice em Maidenhead, Berkshire. Na mesma semana, participou de sua primeira cerimônia pública de investidura desde 2020, dessa vez na companhia do príncipe Charles. Durante a audiência no Castelo de Windsor, Sua Majestade concedeu a Cruz de George a representantes do Serviço Nacional de Saúde (NHS, na sigla em inglês) pela coragem e pelos sacrifícios deles durante a pandemia de covid-19.

Então ela partiu para suas férias anuais em Balmoral, nas Terras Altas escocesas. Seriam as últimas, embora ninguém suspeitasse disso. Um de seus convidados no castelo durante o primeiro fim de semana de setembro foi o reverendo Dr. Iain Greenshields, moderador da assembleia geral da Igreja da Escócia. Embora a monarca estivesse visivelmente debilitada, o clérigo ficou impressionado com a sagacidade e espirituosidade dela. A rainha orgulhosamente mostrou a ele seus jardins e os dois conversaram sobre a fé cristã. Ela confessou não ter "arrependimento algum", o que parecia indicar que sabia que o fim estava próximo. A soberana também deu mostras de seu senso de humor. Durante a visita de fim de semana, o Dr. Greenshields ficou no quarto da Torre. Antes de a rainha se retirar à noite, ela disse: "Sua rainha o está enviando para a Torre" [ser enviado para a Torre de Londres significa ser aprisionado] — sem dúvida uma piada que fizera muitas vezes antes.

Alguns dias depois, ela teve energia para se despedir de seu 14º primeiro-ministro, Boris Johnson, e saudar a 15º, Liz Truss, que só nascera em 1975, mais de um século depois de Winston Churchill, que nascera no Palácio de Blenheim em 1874 e que seria o primeiro dos muitos primeiros-ministros de Elizabeth II. Fotografias da reunião mostram a soberana arqueada e frágil, com um hematoma escuro na mão, sugerindo uma aplicação intravenosa. Ela se apoiava em uma bengala, mas parecia animada, exibindo o sorriso que era sua marca registrada. Seria seu último evento público, cumprindo o juramento que fizera em 1947: dedicar sua vida inteira ao serviço público.

Em seu segundo dia como primeira-ministra, Liz Truss enfrentou uma crise que teria testado a coragem até mesmo de pessoa mais experiente. Na quinta-feira, 8 de setembro, ela fez uma declaração na Câmara dos Comuns em relação ao maciço subsídio governamental ao setor energético

EPÍLOGO 375

a fim de aliviar a crise do custo de vida causada, entre outros fatores, pela guerra entre a Ucrânia e a Rússia.

Mal acabara de falar e voltar ao seu lugar quando Nadhim Zahawi, chanceler do ducado de Lancaster, entrou na sala e sussurrou a seu ouvido antes de lhe entregar um bilhete dobrado. Sua contraparte, o líder do Partido Trabalhista, Sir Keir Starmer, dava sua resposta à declaração do governo sobre a energia quando sua vice, Angela Rayner, recebeu um bilhete similar. Como contou posteriormente ao podcast *The News Agents*, o bilhete dizia: "A rainha não está bem e Keir precisa sair da sala o quanto antes para ser informado."

Truss e Starmer partiram rapidamente, deixando os confusos membros do Parlamento ainda discutindo. Logo depois do meio-dia, a nação foi informada da crescente preocupação com a saúde da rainha por um tuíte do palácio que informava: "Em seguida a uma nova avaliação esta manhã, os médicos da rainha estão preocupados com a saúde de Sua Majestade e recomendam que ela permaneça sob supervisão." A *BBC News* interrompeu a programação para fornecer a última atualização sobre a condição da monarca. Os presságios não eram bons; o apresentador Huw Edwards usava uma gravata azul-marinho, tão escura que parecia ser preta, ao assumir o plantão de notícias da *BBC*.

O príncipe Charles estava em Dumfries House, em Ayrshire, e minutos antes do anúncio público recebera um telefonema urgente de Balmoral. Rapidamente, ele e Camilla entraram em um helicóptero para percorrer os 240 quilômetros até o refúgio escocês da rainha e ficar ao seu lado. Enquanto a multidão se reunia em frente ao Palácio de Buckingham, a operação Ponte de Londres, o plano para o funeral da monarca, começou a entrar em ação. O príncipe Charles telefonou para os filhos e pediu que fossem o mais rapidamente possível para a Escócia. William concordou com Kate que ela deveria ficar em casa com os três filhos, já que aquele era o primeiro dia deles na nova escola. Felizmente, a princesa Anne já estava em Balmoral ao lado da rainha para suas horas finais. Depois, ela falou sobre como fora "afortunada por partilhar as últimas 24 horas de vida de minha querida mãe".

Entrementes, o duque de York, o príncipe William e o príncipe Edward, acompanhado da esposa, a condessa de Wessex, correram para a base aérea Northolt, no oeste de Londres, onde um jato particular os aguardava. Na confusão, o príncipe Harry, que por acaso estava na Grã-Bretanha com Meghan depois de ter comparecido a um evento em Düsseldorf, na Alemanha, alugou um jato privado ao custo estimado de £30 mil para levá-lo a Aberdeen, cidade litorânea a 75 quilômetros do Castelo de Balmoral. Inicialmente, anunciou-se que Harry e Meghan voariam para o norte, mas isso foi rapidamente corrigido quando os Sussex foram informados de que Kate ficara para trás com os filhos. Como resultado, Harry voou sozinho e Meghan permaneceu em Frogmore Cottage. Novamente, mesmo com a rainha morrendo, Meghan e Harry estavam no centro da tempestade de especulações da mídia.

No fim, somente a princesa Anne e o príncipe Charles estavam em Balmoral para dar adeus à mãe. De acordo com o certificado de óbito oficial, a rainha morreu às 15h10; a causa da morte, assim como no caso do príncipe Philip, foi "idade avançada". (Isso não impediu as especulações de que a rainha sofria de câncer nos ossos ou que fora vítima de um grande derrame.) A primeira-ministra foi informada às 16h30, e o restante da família real logo depois das 18h30, antes que a notícia fosse dada ao público. O atraso se deveu em parte às tentativas fracassadas, por parte do novo rei, de informar Harry, então no ar, sobre a morte da avó. O príncipe finalmente leu no site da *BBC* antes de dirigir até Balmoral em um carro emprestado. Quando chegou, Harry prestou sua última homenagem à avó antes de jantar com os tios e a tia no castelo, enquanto o novo rei e o príncipe William, agora príncipe de Gales, permaneceram em Birkhall. Logo cedo na manhã seguinte, Harry foi o primeiro a partir, rumando sozinho ao aeroporto de Aberdeen. O abismo entre o príncipe e sua família parecia maior que nunca.

Mesmo que as tensões familiares estivessem à vista durante a semana do funeral, foi a rainha quem ocupou o palco principal. A mulher que certa vez falara em ser uma atriz recebeu sua última e demorada ovação de

EPÍLOGO   377

uma nação grata. As pessoas colocavam não apenas flores, como também ursinhos Paddington (um personagem da literatura infantil) em frente às residências reais, em referência ao esquete televisivo durante o jubileu de platina; bandeiras foram deixadas a meio-mastro e alguns eventos esportivos e concertos, incluindo a Última Noite dos Proms, foram cancelados.

Embora lágrimas fossem derramadas pela perda de uma monarca respeitada e muito amada, o cenário foi muito diferente daquele cheio de pessoas soluçando e gemendo pela morte de Diana, a princesa de Gales, somente 25 anos antes. Houve choque inicial com a triste notícia sobre uma mulher que muitos consideravam indestrutível, compaixão pelo novo rei Charles III e sua família enlutada e consciência de que o luto deles era por uma matriarca amorosa, e não por uma figura distante cuja imagem estampava selos e cédulas.

Os tributos dos líderes mundiais capturaram o clima de afeto genuíno e perda, reconhecendo a partida de uma líder, a mais longeva chefe de Estado do mundo, cuja vida perdurara pelo decorrer das décadas. O presidente Macron, da França, escreveu: "Ela, que esteve ao lado dos gigantes do século XX no caminho da história, agora partiu para se unir a eles."[1]

Em seu primeiro discurso televisionado à nação, o rei Charles III falou de seu profundo pesar, enquanto elogiava a monarca como figura inspiradora e exemplo para sua família: "A rainha Elizabeth teve uma vida bem vivida e cumpriu sua promessa ao destino. Sua perda é profundamente lamentada. E hoje eu renovo a vocês essa promessa de uma vida inteira dedicada ao serviço."

Como príncipe de Gales, Charles era conhecido por opinar sobre questões como agricultura orgânica e arquitetura moderna. Como rei, também jurou defender os princípios constitucionais no cerne da nação. Em resumo, bastava de interferências. Durante seu discurso, ele agradeceu à mãe por seu amor, sua diligência e sua devoção, e assumiu o manto de patriarca Windsor, figurativamente colocando seus braços em torno da família.

Ele elogiou sua rainha consorte, Camilla, por sua "devoção inabalável" e falou de seu orgulho por William e Kate em nas novas posições como príncipe e princesa de Gales. Charles até mesmo estendeu um ramo de oliveira aos Sussex: "Também quero expressar meu amor por Harry e Meghan enquanto continuam a construir a vida deles no exterior."

Esse sentimento pareceu ser enfatizado no dia seguinte, quando William, Harry, Kate e Meghan fizeram uma apressadamente organizada aparição na The Long Walk (a alameda que liga o Castelo de Windsor ao Grande Parque de Windsor), onde agradeceram pelos pêsames e receberam flores para a rainha. A linguagem corporal, no entanto, era distante e constrangida, enquanto as duas facções rivais cumpriam seus respectivos papéis em homenagem à mulher a quem seus filhos chamavam de "Gan Gan". Contudo, como disseram esperançosamente alguns comentaristas, foi um começo.

Em contraste, o novo rei e a nova rainha consorte fizeram uma aparição improvisada do lado de fora dos portões do Palácio de Buckingham, e foram saudados calorosamente pela multidão. Charles até mesmo foi beijado por uma admiradora, talvez sugerindo um estilo mais sentimental para o novo reinado. (Por acaso, minha filha mais nova, Lydia, estava entre a multidão e foi uma das primeiras a apertar a mão dele. Ela contou que Charles tinha os olhos vermelhos e parecia "imensamente triste".) Muitíssimo prática, a rainha teria ficado satisfeita com o fato de seu sucessor e a consorte serem tão prontamente aceitos no coração da nação, ainda que tudo fosse ainda muito recente. O conselho de ascensão confirmou oficialmente o novo soberano perante uma plateia de conselheiros privados, e o agora o rei Charles III compareceu a uma cerimônia para parlamentares e pares do reino em Westminster Hall na qual os legisladores ofereceram suas condolências; havia a sensação de que a cortina realmente começava a se fechar para a segunda era elisabetana.

No domingo seguinte ao falecimento, a nação teve a chance de agradecer aquela que reinara por sete décadas quando o caixão da rainha deixou Balmoral, carregado por seis guarda-caças. A primeira parada foi

EPÍLOGO 379

Edimburgo, a capital escocesa. O carro funerário, acompanhado pela princesa Anne, avançou lentamente pela sinuosa rota de 280 quilômetros que passou por Aberdeen, Dundee e Perth antes de chegar ao Palácio de Holyroodhouse, onde o corpo da monarca foi velado durante a noite.

Milhares de pessoas enlutadas, compenetradas e, em sua maioria, silenciosas observavam a passagem do cortejo fúnebre, testemunhando a história sendo feita. A rainha era a primeira monarca a morrer na Escócia em quase quinhentos anos, e aquela era a primeira vez desde 1543, quando o corpo de James V fora carregado pelas ruas da cidade até sua sepultura em Holyrood, que um cortejo fúnebre real cruzava as ruas da capital. No dia seguinte, o carro funerário saiu de Holyrood e percorreu a histórica Royal Mile até a Catedral de St. Giles.

Durante a curta trajetória, o caixão da rainha, coberto pelo estandarte real da Escócia, foi seguido pelos quatro filhos dela, que, com exceção de Andrew, trajavam uniformes militares. Em sua homilia, o reverendo Iain Greenshields, que passara o fim de semana anterior com a rainha em Balmoral, ecoou os sentimentos de muitos ao dizer: "A maioria de nós não consegue se lembrar de um tempo no qual ela não fosse nossa monarca. Comprometida com o papel que assumiu em 1952 após a morte do amado pai, ela foi uma constante em nossa vida durante mais de setenta anos. Estava determinada a ver seu trabalho como uma forma de serviço aos outros, e se manteve nesse curso estável até o fim de sua vida."

Naquela noite, a prole real — o rei Charles III, a princesa Anne, o duque de York e o conde de Wessex e Forfar — ficaram de pé por dez minutos nos quatro cantos do tablado onde o caixão de carvalho repousava, no que é conhecido como vigília dos príncipes. A princesa Anne foi a primeira mulher a participar do ritual. Do lado de fora da catedral medieval, dezenas de milhares de pessoas, muitas tendo ficado a noite inteira no local, fizeram fila para prestar uma última homenagem, passando silenciosamente em frente ao caixão guardado pela Companhia Real de Arqueiros. Os súditos da rainha foram até lá para manifestar o luto que sentiam, refletir e prantear a mulher cuja presença na vida e no coração de cada um estava profundamente arraigada, como o amor pelo país e pela família.

A princesa Anne, que acompanhara a mãe desde Balmoral, continuou a vigília na terça-feira, voando com a rainha de Edimburgo até a base de Northolt, no oeste de Londres. "Foi uma honra e um privilégio acompanhá-la em sua jornada final", declarou. Sob a chuva pesada, o carro funerário real, flanqueado por batedores da polícia, seguiu caminho até o Bow Room do Palácio de Buckingham, onde o corpo da rainha repousou durante a noite. Foi uma cena verdadeiramente notável, o carro funerário iluminado brilhando na escuridão enquanto milhares de pessoas bloqueavam as principais ruas de Londres para aplaudir o lento cortejo.

Tanto na morte quanto em vida, a rainha forneceu pequenas pistas sobre sua personalidade, revelando a mulher que, como comentara Alan Lascelles durante a famosa viagem à África do Sul de 1947, demonstrava "espantosa solicitude pelo conforto alheio".[2] Sua natureza atenciosa revelou-se no conselho de ascensão e em como a rainha pensara em Camilla e sua posição na transição entre reinados. Em 2016, ela transformara a nora em conselheira privada a fim de que ela pudesse ver o marido sendo proclamado rei e testemunhar a cerimônia de assinatura.

E a consideração da monarca foi novamente demonstrada naquela noite úmida no oeste de Londres. Durante as diplomáticas discussões acerca de seu funeral, ela sugerira iluminar o interior do carro funerário caso a jornada fosse feita durante a noite, para que o público pudesse ver com nitidez seu caixão à distância enquanto diziam adeus à soberana. Foi um truque cenográfico simples, mas brilhantemente eficaz.

Mesmo assim, as desavenças no interior da Casa de Windsor, que haviam sido bastante camufladas por respeito à rainha, se faziam presentes no dia seguinte, quando os homens da realeza — incluindo pela primeira vez uma mulher, a princesa Anne — seguiram o caixão do Palácio de Buckingham, pela Mall e a Whitehall, até Westminster Hall, onde a rainha seria velada. Novamente, os membros sem papel ativo, incluindo os príncipes Andrew e Harry, não tiveram permissão para trajar uniforme

EPÍLOGO   381

militar, embora ambos tivessem servido com distinção e bravura durante conflitos — Andrew como piloto de helicóptero na Guerra das Malvinas e Harry no Afeganistão. Quando passaram pelo monumento aos mortos da nação, o rei e o príncipe de Gales, ambos de uniforme, viraram-se e fizeram continência. Harry e Andrew seguiram em frente, os dois homens sofrendo outra pequena, mas aguda, humilhação.

O clima não melhorou quando os Sussex foram convidados para uma recepção aos líderes da Commonwealth e o convite foi retirado porque eles já não eram membros ativos da realiza. É impossível que o casal não tenha pensado que, se os dois tivessem permanecido no interior da família e assumido os papéis que a rainha lhes designara, seriam agora astros da Commonwealth.

Embora a continuada distância de Harry e Meghan pudesse ter preocupado a rainha, ela teria ficado profundamente comovida com as multidões que foram lhe dar adeus. Centenas de milhares de súditos permaneceram em filas durante 24 horas para prestar uma última homenagem. Esse quadro quase medieval não teria surpreendido o poeta do século XIV Geoffrey Chaucer, que descreveu vividamente a jornada de um grupo de peregrinos até o santuário de São Thomas Becket. Aqueles que levavam horas para avançar apenas centímetros na que foi chamada de Linha Elizabeth (em referência ao novo ramal ferroviário inaugurado pela rainha) diferiam pouco dos devotos de antigamente. Assim como seus predecessores, os peregrinos modernos fizeram amigos ao longo do caminho e sentiam profunda conexão espiritual com o objeto de sua reverência.

Os sortudos tiveram a oportunidade de assistir à segunda vigília dos príncipes, novamente contando com a presença da princesa Anne. Os muito afortunados testemunharam como os oito netos da rainha — o príncipe de Gales; o príncipe Harry; as princesas Beatrice e Eugenie; os filhos da princesa real Anne, Peter Phillips e Zara Tindall; e os filhos do conde de Wessex, Lady Louise Windsor e o visconde Severn, de 14 anos — fizeram a própria vigília, William e Harry trajando uniformes militares a pedido do pai.

Entre as carinhosas e sinceras homenagens dos netos, a declaração das princesas Beatrice e Eugenie talvez tenha sido a mais comovente de todas. Ela dizia, entre outras coisas: "A senhora foi nossa matriarca, nossa guia, a mão amorosa pousada em nossas costas a nos conduzir pelo mundo. A senhora nos ensinou muito, e guardaremos essas lições e memórias para sempre."

Dez dias de luto oficial pela rainha terminaram com a magnificamente sóbria pompa de um funeral de Estado, o primeiro desde o de Winston Churchill em 1965. Líderes mundiais, incluindo o imperador japonês Naruhito, o presidente estadunidense Joe Biden e o presidente francês Emmanuel Macron, assim como a realeza europeia, uniram-se à cerimônia, que foi assistida por uma audiência recorde na Grã-Bretanha e por milhões de pessoas mundo afora.

O espetáculo começou quando o caixão da rainha, coberto pelo estandarte real e adornado com a coroa imperial, e mais o orbe e o cetro da soberana, emergiu de Westminster Hall para a curta jornada até a Abadia de Westminster. O caixão foi colocado em uma carruagem de metralhadora puxada por 142 marinheiros — uma tradição iniciada no funeral da rainha Vitória, quando os cavalos que puxavam a carruagem funerária ameaçaram sair em disparada.

Como lembrança de que aquela fora uma união de interesses espirituais, temporais e familiares e de Estado, uma guirlanda composta de murta, carvalho inglês e flores dos jardins reais representaram o longo e feliz casamento da rainha com o príncipe Philip, assim como as cores do estandarte real. Aninhado na guirlanda estava um cartão de seu filho mais velho: "Em memória amorosa e devotada, Charles R." O cartão evocou lembranças comoventes daquele deixado por William e Harry, então com 15 e 12 anos, no funeral da mãe. Ele dizia simplesmente: "Mamãe." A juventude dos dois príncipes meramente aumentou a tragédia que foi a morte prematura de Diana. Dessa vez, no entanto, a visão do príncipe George, de 9 anos, e da princesa Charlotte, de 7 anos, caminhando atrás do caixão pareceu simbolizar continuidade, e não perda.

EPÍLOGO

Em seu sermão, o arcebispo de Canterbury, Justin Welby, enfatizou o serviço altruísta prestado pela rainha à sua família e à família das nações. "Pessoas que servem amorosamente são raras em qualquer área da vida. Líderes que servem amorosamente são ainda mais raros. Mas, em todos os casos, aqueles que servem serão amados e lembrados, ao passo que aqueles que se agarram ao poder e aos privilégios serão esquecidos." Com uma guerra na Europa, o sermão pareceu apropriado.

Depois de um silêncio de dois minutos durante os quais nenhum avião cruzou os céus, o cortejo fúnebre — composto pelos homens da família real, a princesa Anne e três mil membros das Forças Armadas liderados pela Polícia Montada do Canadá — prosseguiu lentamente até o Arco de Wellington, onde o caixão foi transferido para o carro funerário para sua jornada final até a Capela de St. George, no Castelo de Windsor. É ali que a rainha descansa pela eternidade, ao lado do marido, o príncipe Philip; do pai, o rei George VI; da mãe, a rainha-mãe Elizabeth I; e da irmã, a princesa Margaret, na Capela Memorial do Rei George VI.

Na capela, a cerimônia enfatizou a irrevogabilidade de sua morte quando Elizabeth foi liberada de seus deveres terrenos como soberana no momento em que o joalheiro da Coroa removeu a coroa imperial, o orbe e o cetro de cima do caixão da monarca para serem depositados no altar. Então o Lord Chamberlain, seu oficial mais graduado, quebrou seu bastão cerimonial e o colocou sobre o caixão. Nesse momento, enquanto um gaiteiro tocava um lamento, o caixão foi baixado lentamente até a câmara mortuária real, sob o piso do coral. Um reinado terminara, outro começava: Deus salve o rei.

∿

O novo titular precisava de toda a ajuda possível. O rei Charles III, um entusiástico fã de Shakespeare, deve ter sido um dos primeiros a apreciar a frase do bardo, frequentemente citada no contexto errado: "Pesada é a cabeça que usa a coroa."

384   A RAINHA

Notavelmente, assim como sua predecessora herdara uma família em crise e uma nação em guerra, o novo rei enfrentou desafios similares. Ele encontrou um conflito na Europa, um reino inquieto, uma Commonwealth em dúvida acerca de sua continuidade e um filho rebelde e sua esposa norte-americana que ameaçavam expor o funcionamento interno da Casa de Windsor.

Nos meses até a sua coroação em maio de 2023, o rei teve muito sobre o que refletir. Ao contrário da rainha, que tinha vinte e poucos anos ao ser coroada, o rei é o príncipe de Gales mais experiente da história. E também o mais conhecido. Essa é uma faca de dois gumes. Ao contrário da vida privada sem nódoas da rainha, o complicado divórcio entre ele e Diana, a princesa de Gales, e o papel desempenhado no fim do casamento "de contos de fada" pela rainha consorte Camilla estão na mente de muitos. Ao contrário da falecida monarca, que gozava de um índice de aprovação superior a 80%, o rei Charles, de acordo com uma pesquisa da Ipsos realizada em janeiro de 2023, é visto favoravelmente por somente 51% de seus súditos — sua esposa conta com 38% de apreciação. No entanto, suas visitas a todos os cantos do reino ajudaram a impulsionar e aumentar sua popularidade. Parece que o rei adotou a máxima da rainha: "Eles precisam me ver para que acreditem em mim."

Também parecia haver uma suposição tácita entre o *establishment* britânico de que o novo rei e sua consorte precisavam ser defendidos e protegidos até que a nação se familiarizasse com o novo status quo real. Era uma reminiscência dos meses após a abdicação do carismático Edward III em 1936, quando o então desconhecido rei George VI e sua consorte, a rainha Elizabeth, foram protegidos até que conseguissem se situar.

Um exemplo disso foi a exibição da 5ª temporada do sucesso da Netflix *The Crown*, que foi ao ar em novembro de 2022, semanas depois do funeral da rainha. Os episódios, que mostraram os anos turbulentos da década de 1990, quando casamentos reais chegaram ao fim e o Castelo de Windsor pegou fogo, atraíram vociferantes críticas de, entre outros, o príncipe William, a atriz e "tesouro nacional" Dame Judi Dench e dois

EPÍLOGO

ex-primeiros-ministros, John Major e Tony Blair. Eles se opuseram ao roteiro que sugeria que o príncipe Charles tivera discussões secretas com o primeiro-ministro sobre a abdicação da rainha.

Havia a sensação de que a série era não apenas desrespeitosa com a falecida rainha, como também fantasiosa. A crítica Shirley Li consolou a todos na centenária revista literária *The Atlantic,* dizendo que "eles não precisavam ter se preocupado. Sim, o equilíbrio que a série manteve durante muito tempo chegou ao fim e ela passou a retratar os tumultos melodramáticos no interior da família, mas isso teve somente um efeito tépido"[3]. Coube ao filho mais novo do rei, o príncipe Harry, aumentar a pressão sobre o novo monarca e sua família, primeiro com a exibição de um documentário de seis horas na Netflix detalhando sua vida e seu casamento e então, em janeiro de 2023, com um faiscante livro de memórias, *O que sobra.* Ambos bateram recordes globais de audiência e vendas e renderam ao casal uma cifra de sete dígitos em royalties. A evidente popularidade deles — se a venda de livros e a audiência de programas forem boas métricas — não impediu um tsunami de críticas. A mídia, que fora acusada de forçar Harry e a esposa Meghan ao exílio, questionou o direito deles de comparecerem à coroação do novo rei.

No documentário, ele e Meghan dispararam contra os jornais britânicos, fazendo ataques verbais sobre racismo disfarçado e sexismo declarado. A seguir, foi a vez da família, por meio do livro de memórias *O que sobra,* de 512 páginas, detalhando as brigas, a hipocrisia e as falsidades no clã Windsor. Harry não poupou nem a si mesmo, discutindo seu extenso uso de drogas e as questões de saúde mental que se seguiram à morte prematura da mãe, Diana, a princesa de Gales. Ele descreveu o irmão William como ciumento e valentão; o pai como fraco, hesitantemente afetuoso e prisioneiro da mídia; e a madrasta Camilla como disposta a vender ele e Meghan para os lobos da mídia em troca de manchetes positivas sobre si mesma.

Na versão não ficcional de sua vida, Harry deu aprovação a somente uma pessoa — a rainha —, descrevendo seu "relacionamento especial" com a mulher dona de um "travesso senso de humor". Quanto à instituição que ela presidiu por mais de setenta anos, ele não teve tantas coisas boas a dizer. A soberana — e também seu marido, o príncipe Philip — não teria visto nenhum lado divertido nessa zangada confissão, assim como, em meados da década de 1990, ela deplorara a decisão do príncipe Charles de autorizar uma controversa publicação que criticava a frieza e distância dos pais.

O novo rei e sua família, por sua vez, mantiveram um silêncio digno, concentrando-se no aqui e agora, e não no passado. Das conversas sobre se Harry e Meghan deveriam ou não comparecer à coroação emergiu um retrato mais evidente do estilo e da direção dessa antiga cerimônia, como uma demonstração de "inclusão e diversidade": o rei insistiu em uma coroação mais simples, com dois mil convidados de todas as esferas de sua vida, em vez das mais de oito mil — a maioria aristocratas — que compareceram à coroação da rainha Elizabeth na Abadia de Westminster.

O número de membros da alta nobreza foi mantido no mínimo. A família de Camilla foi incluída nos planos, assim como o príncipe George, segundo na fila de sucessão do trono. Charles, um amante da música clássica que auxiliou ambos os filhos a escolherem a trilha sonora de seus respectivos casamentos, encomendou 12 novas peças de toda a Commonwealth para serem tocadas durante a cerimônia e entusiasticamente endossou o "toque pelo rei", o ambicioso plano de fazer soarem todos os sinos das igrejas da Grã-Bretanha (aproximadamente seis mil) no dia da coroação. O planejamento da celebração de três dias também incluiu um concerto no Castelo de Windsor, festas de rua em toda a nação e o "Big Help Out", um esquema para encorajar o trabalho voluntário nos bairros.

Quando a jovem rainha foi entronizada em 1953, havia uma sensação de otimismo e renovação nacional no ar, a cerimônia de coroação iniciando uma nova era elisabetana. Com o rei Charles III em seu 75º ano de vida, o clima é de normalidade: um rosto familiar e mãos confiáveis, sendo o novo soberano e sua consorte apoiados de perto pelo príncipe e pela princesa de Gales. Ele esperou a vida inteira para cumprir seu destino e

EPÍLOGO

sabia que não podia se dar ao luxo de contar com o tempo como aliado. Assim como o reinado de Edward VII, que sucedeu a rainha Vitória, o de Charles também será curto — mas no que lhe diz respeito, memorável.

Em seus primeiros meses de atuação, as diferenças entre o estilo de Charles e sua falecida mãe foram notáveis. Ele foi acusado de se envolver em política quando se reuniu com a presidente da Comissão Europeia Ursula von der Leyen, no Castelo de Windsor, em fevereiro de 2023, logo depois que ela e o primeiro-ministro Rishi Sunak concluíram a versão final do chamado Brexit (a saída do Reino Unido da União Europeia) em relação ao livre fluxo de comércio entre a Irlanda (um membro da UE) e a Irlanda do Norte. Sua intervenção, vista por alguns como indicação de aprovação real, ocorreu antes que os políticos tivessem a chance de revisar o novo acordo. Sammy Wilson, o porta-voz do Brexit no Partido Democrático Unionista (DUP, na sigla em inglês), acusou o rei de "politizar" a monarquia. Ele reclamou: "Se ele insistir neste caminho e politizar a monarquia, jamais terá o status de sua mãe. E colocará a monarquia em risco, porque ela será vista como partidária, em vez de uma instituição nacional."[4] Embora essa possa ser uma visão minoritária, o rei sabe que precisa caminhar cuidadosamente pelo mundo da política — como fez sua mãe. Inevitavelmente, haverá uma dimensão política em suas escolhas. Embora possam ter ofendido os "Little Englanders" — como são chamados aqueles que acreditam que a Inglaterra é melhor que todos os outros países —, suas primeiras visitas de Estado à Alemanha e à França assinalaram a intenção da Grã-Bretanha de fortalecer os laços existentes depois do Brexit.

Foi ao tratar das necessidades e demandas da própria família que Charles, de fato, se desviou do caminho da mãe. Ele enfrentou diversas questões que a rainha evitara cuidadosamente. Um de seus primeiros atos foi uma emenda à Lei de Regência que permitiu que a princesa Anne e o príncipe Edward fossem conselheiros de Estado, o que permitirá aos dois governarem no lugar do rei se necessário for. Ele evitou qualquer controvérsia com esse novo arranjo, pois manteve como conselheiros dois

membros da realeza sem papel ativo — os príncipes Andrew e Harry —
e, ao mesmo tempo, os tornou redundantes, ao aumentar o número de
membros da realeza à disposição de conduzir a monarquia na ausência
do soberano.

Novamente, a questão da moradia real demonstrou mais agudamente o estilo divergente do novo rei. Enquanto a rainha mimava os filhos
comprando, reformando, mobiliando ou construindo para eles mansões
"de graça e favor", Charles mantém as rédeas mais curtas, consciente da
necessidade de controlar gastos. Se isso significa pisar em alguns calos,
que seja. Em janeiro, para grande irritação deles, o rei pediu que Harry
e Meghan devolvessem as chaves de Frogmore Cottage, sua casa na
Grã-Bretanha, para que pudesse ser usado pelo príncipe Andrew — que,
por sua vez, foi convidado a se retirar de Royal Lodge, a residência da
rainha-mãe. A mansão no Grande Parque de Windsor (que há tempos
já sinalizava a necessidade de reformas) foi a casa dele e da ex-mulher, a
duquesa de York, desde a morte da rainha-mãe, em 2002; ambos viviam
em alas separadas da residência.

A mansão de trinta cômodos era necessária para a família do príncipe
de Gales, que morava no modesto Adelaide Cottage, de quatro quartos,
também no Grande Parque de Windsor, outrora ocupado pelo amante
da princesa Margaret, o capitão de grupo Peter Townsend. Embora essa
elaborada dança das cadeiras ocorra no início de todo reinado — a rainha-
-mãe pediu para morar na palaciana Marlborough House depois da morte
de George VI, por exemplo —, o novo rei não estava preparado para fazer
ajustes. A exemplo do primeiro-ministro britânico, que mora e trabalha
no número 10 da Downing Street, Charles falou sobre fazer o mesmo
no Palácio de Buckingham, mantendo Highgrove, sua propriedade rural,
como residência principal. Também se cogitou transformar Balmoral em
museu para colaborar com os custos de manutenção da propriedade de
16 mil hectares. Também há um ponto de interrogação sobre o futuro
uso do Palácio de Kensington, que não tem habitantes reais desde que o
príncipe e a princesa de Gales o desocuparam.

EPÍLOGO

Como rei, Charles III é a fonte de todas as honrarias. Novamente, ele enfrentou diversas decisões difíceis, com as quais lidou habilmente. Ele conferiu o título de duque de Edimburgo ao irmão mais novo, o príncipe Edward, em seu 59º aniversário, quando visitou a cidade escocesa em março. Ao fazer isso, atendeu ao desejo de Philip de que, quando chegasse a hora, Edward herdasse o título paterno. A antiga ambição do pai criou um dilema para Charles. Quando nasceu, Edward era o terceiro na fila de sucessão. Atualmente, é o 14º, e havia a preocupação de que sua posição fosse muito inferior para um título real tão importante. O rei evitou a questão concedendo o título somente durante a vida de Edward, o que garante que, em algum momento futuro, ele retornará ao príncipe de Gales (o futuro William V), que poderá conferi-lo a um dos filhos — a princesa Charlotte é a favorita.

Do outro lado do Atlântico, Meghan e Harry anunciaram que a filha seria batizada de princesa Lilibet Diana em uma cerimônia em sua casa em Montecito, conduzida pelo bispo episcopal de Los Angeles, o reverendo John Harvey Taylor, o que solucionou outra controvérsia nos primeiros meses de atuação de Charles. Foi incansavelmente especulado se Meghan e Harry dariam aos filhos os títulos de "príncipe" ou "princesa", já que haviam se afastado da vida real e concordado em manter seus títulos inativos. No entanto, como netos do monarca, Archie e Lilibet têm direito de serem chamados assim — nas palavras do porta-voz do casal, é seu "direito de nascença". Veremos se a nova princesa, nascida e criada nos Estados Unidos e batizada em homenagem à soberana dona do mais longo reinado, agradecerá aos pais por transformá-la em curiosidade. Para o rei Charles, foi mais um obstáculo superado no difícil relacionamento familiar que testava a paciência até mesmo da monarca anterior. É óbvio que as memórias podem divergir.

Um novo rei trazendo mudanças, um recomeço, mas o mesmo DNA real, o foco constante no serviço, no dever, na honra e no respeito. Agora resta saber como o rei Charles III responderá aos desafios dentro e fora da família, agora que a rainha saiu de cena. Uma coisa é certa, porém: será difícil superá-la.

AGRADECIMENTOS

Há mais de quarenta anos, escrevo, entre outros tópicos, sobre a monarquia britânica. Durante esse tempo, conheci membros da família real, com variados graus de brevidade, assim como sua equipe de gestão, popularmente conhecidos como membros da corte, e seus funcionários: valetes, choferes, guarda-costas, chefs, jardineiros, criados e outros, que ajudam a manter girando as engrenagens da antiga instituição. Alguns se tornaram amigos, ao passo que outros permanecem somente conhecidos. Eles têm uma coisa em comum: uma história para contar, frequentemente sobre a mulher a quem a falecida Diana, princesa de Gales, chamava de "a chefe", Sua Majestade, a rainha, a mais longeva monarca da história britânica. Ao revisar sua vida e época, alguns preferiram permanecer nas coxias, mas outros ficaram felizes em ser mencionados por sua contribuição à biografia dessa mulher notável.

Gostaria de agradecer a Dickie Arbiter, Sarah Bradford, Phil Dampier, Grania Forbes, Dave Griffin, Patrick Jephson, Richard Kay, Ken Lennox, Eric Milligan, ex-lorde reitor de Edimburgo, Katie Nicholl, professor Jonathan Petropolous, ao Dr. Frank Prochaska, a Paul Reynolds, Ingrid Seward, ao professor Andrew Stewart, a Noreen Taylor, Ken Wharfe e Christopher Wilson.

Em Malta, meus agradecimentos vão para Charles Azzopardi, gerente geral do Phoenicia Hotel, Michael Bonello, Carmen Glenville, Tony Grech, o falecido Dr. Joseph Micallef Stafrace e Robert e Dee Hornyold-Strickland, assim como para Marisa Xuereb, por sua esplêndida organização.

Gostaria, ainda, de expressar minha gratidão a meu agente, Steve Troha, assim como às pesquisadoras Claudia Taylor, Camille J. Thomas e Andrina Tran por seus excelentes esforços durante a pandemia. Obrigado, também, a Gretchen Young, minha editora na Grand Central em Nova York, por trazer uma nova perspectiva ao projeto. Meu apreço também pela editora assistente Haley Weaver e pela editora de copidesque Laura Jorstad, na Grand Central, e por minha editora, Louise Dixon, a editora de copidesque Helen Cumberbatch e a pesquisadora de imagens Judith Palmer na Michael O'Mara Books, em Londres.

Durante a longa pandemia, senti-me grato pela paciência e pela leniência de minha esposa, Carolyn.

— Londres
Janeiro de 2022

NOTAS

Introdução: Vencendo as ondas com Sua Majestade
1. *Prince Philip: The Royal Family Remembers*, dirigido por Faye Hamilton e Michael Hill (Reino Unido: Oxford Films, 22 set. 2021), *BBC One*.
2. Kiron K. Skinner, Annelise Anderson e Martin Anderson (orgs.), *Reagan: A Life in Letters* (Nova York: Free Press, 2003), p. 48.
3. Joan Goulding, "Queen Elizabeth II Left Her Luxury Yacht Today", UPI Archives, 5 mar. 1983.
4. Henry Samuel, "Teetotal Sarkozy Uses Dutch Courage to Grill Queen", *The Independent*, 7 out. 2010.
5. "Obituary: Sir Kenneth Scott", *The Times*, 2 mar. 2018.

1. Shirley Temple 2.0
1. Marion Crawford, "The Day the Queen Threw a Tantrum and Tipped a Pot of Ink Over Her Own Head", *The Daily Mail*, 18 maio 2012.
2. Edwards, *Royal Sisters*, p. 11.
3. Duquesa de Windsor, *The Heart Has Its Reasons*, p. 225.
4. Dennison, *The Queen*, p. 100.
5. Dismore, *Princess*, p. 104.
6. "A Young Princess Elizabeth: The Early Years", *Australian Women's Weekly*, 5 set. 2015.
7. Margaret Rhodes, "The Day the Queen Did a Conga into the Palace", *The Daily Mail*, 18 jun. 2011.
8. Eliana Dockterman, "Elizabeth Didn't Expect to Be Queen. Here's How It Happened", *Time*, 1 jun. 2018.
9. William Safire (org.), *Lend Me Your Ears: Great Speeches in History — Updated and Expanded* (Nova York: W. W. Norton, 2004), p. 422.
10. Morrow, *The Queen*, p. 15.
11. Crawford, *Little Princesses*, p. 63.

12. Lydia Starbuck, "The Queen's Birth: What the Papers Said", *Royal Central*, 21 abr. 2021.
13. Shawcross, *The Queen Mother*, p. 257.
14. Pimlott, *The Queen*, p. 3.
15. Shawcross, *The Queen Mother*, p. 307.
16. Shawcross, *The Queen Mother*, p. 302.
17. "Featured Document: Letter from Princess Elizabeth to WSC", International Churchill Society, 5 jun. 2018.
18. Condessa de Airlie, *Thatched with Gold*, p. 180.
19. Richard Kay e Geoffrey Levy, "The Queen of Mischief", *The Daily Mail*, 16 mar. 2016.
20. Ian Lloyd, "Revealed: The Little Girl the Queen Chose to Be Her Best Friend", *The Daily Mail*, 25 jul. 2014.
21. Dismore, *Princess*, p. 91.
22. Shawcross, *The Queen Mother*, p. 316.
23. Shawcross, *The Queen Mother*, p. 320.
24. Edward Owens, "'This Is the Day of the People': The 1937 Coronation", em *The Family Firm: Monarchy, Mass Media and the British Public, 1932–53* (Londres: University of London Press, 2019), p. 133-98, http://www.jstor.org/stable/j.ct-vkjb3sr.9.
25. Crawford, *Little Princesses*, p. 22.
26. Rhodes, "The Day the Queen Did a Conga".
27. Caixa 6, Arquivo 30, correspondência de Bruce e Beatrice Blackmar Gould, Livros Raros e Coleções Especiais, Biblioteca Firestone, Universidade de Princeton, Princeton, Nova Jersey.
28. Caixa 6, Arquivo 30, correspondência de Bruce e Beatrice Blackmar Gould.
29. Pimlott, *The Queen*, p. 28.
30. Crawford, *Little Princesses*, p. 26.
31. Maria Coole, "The Queen's Ruined Childhood and Why She Won't Let Prince George Suffer the Same Heartbreak", *Marie Claire*, 25 dez. 2019.
32. Crawford, *Little Princesses*, p. 19.
33. Sem título, Caixa 6, Arquivo 32, correspondência de Bruce e Beatrice Blackmar Gould, Livros Raros e Coleções Especiais, Biblioteca Firestone, Universidade de Princeton, Princeton, Nova Jersey.
34. Crawford, *Little Princesses*, p. 28.
35. Crawford, *Little Princesses*, p. 21.
36. Crawford, *Little Princesses*, p. 72.
37. Royal Collection Trust, RCIN 1080431.
38. Dismore, *Princess*, p. 110.

NOTAS

39. Crawford, *Little Princesses*, p. 84.
40. Crawford, *Little Princesses*, p. 79.
41. Crawford, *Little Princesses*, p. 102.
42. Brandreth, *Philip and Elizabeth*, p. 68.
43. Crawford, *Little Princesses*, p. 103.

2. Bombas na hora de dormir

1. Henry Holloway, "Nazi Plot to Kill Winston Churchill with Spy Parachuted into Britain to Win WW2", *The Daily Star*, 3 jul. 2017.
2. Richard M. Langworth, "How Many Assassination Attempts on Winston Churchill? Ask Walter Thompson", Churchill Project: Hillsdale College, 18 set. 2019.
3. Comer Clarke, "Kidnap the Royal Family", *Sunday Pictorial*, 22 mar. 1959.
4. Stewart, *King's Private Army*, p. 124.
5. Hannah Furness, "Queen Mother Learned to Shoot Buckingham Palace Rats in Case Nazis Tried to Kidnap Royal Family", *The Telegraph*, 30 abr. 2015.
6. Shawcross, *Counting One's Blessings*, p. 277.
7. Stewart, *King's Private Army*, p. 127.
8. Longford, *Queen Mother*, p. 80.
9. Stewart, *King's Private Army*, p. 127.
10. John W. Wheeler-Bennett, *King George VI: His Life and Reign* (Londres: Macmillan, 1958), p. 464.
11. Wheeler-Bennett, *King George VI*, p. 468.
12. Caroline Davies, "How the Luftwaffe Bombed the Palace, in the Queen Mother's Own Words", *The Guardian*, 12 set. 2009.
13. Shawcross, *Counting One's Blessings*, p. 298.
14. Julia Labianca, "17 Wild Secrets You Never Knew About Windsor Castle", *Reader's Digest Canada*, 31 maio 2021.
15. Howard, *Windsor Diaries*, p. 35.
16. Shawcross, *The Queen Mother*, p. 586.
17. "Wartime Broadcast, 1940", royal.uk, publicado em 13 out. 1940.
18. Glenconner, *Lady in Waiting*, p. 18.
19. Duff Hart-Davis (org.), *King's Counsellor: Abdication and War: The Diaries of Sir Alan Lascelles* (Londres: Orion Publishing, 2006), p. 208.
20. "Sir Geoffrey de Bellaigue", *The Telegraph*, 8 jan. 2013.
21. Gill Swain, "My Picnics with the Queen", *The Daily Mirror*, 19 set. 1998.
22. Stewart, *King's Private Army*, p. 94.
23. Shawcross, *Counting One's Blessings*, p. 361.
24. Shawcross, *Counting One's Blessings*, p. 354.

25. Henry Wallop, "Her REAL Highness", *The Daily Mail*, 4 fev. 2018.
26. Crawford, *The Little Princesses*, p. 134.
27. Ibid., p. 126.
28. Howard, *Windsor Diaries*, p. 100.
29. "ER's Press Conference in Canterbury, England, 18 November 1942", reimpresso em Maurine Beasley (org.), *White House Press Conferences of Eleanor Roosevelt* (Nova York: Garland, 1983).
30. F. J. Corbitt, *My Twenty Years in Buckingham Palace*, p. 188.
31. Shawcross, *Counting One's Blessings*, p. 366.
32. Maclean, *Crowned Heads*, p. 32.
33. "Queen Mum Falters on Memory Lane: Writer Accused of Ill Table Manners in Reporting Anecdote", *Los Angeles Times*, 11 jul. 1990.
34. Duff Hart-Davis (org.), *King's Counsellor*, p. 85.
35. Tim Heald, "A Very Contrary Princess — Why Did the Charming Margaret Turn into the Most Unpopular Royal?", *The Daily Mail*, 29 jun. 2007.
36. Brandreth, *Philip*, p. 171.
37. Howard, *Windsor Diaries*, p. 131.
38. Rhodes, *Final Curtsey*, p. 87.
39. Dismore, *Princess*, p. 193.
40. Dismore, *Princess*, p. 145.
41. Dismore, *Princess*, p. 194.
42. Philip Eade, "The Romances of Young Prince Philip", *The Telegraph*, 5 maio 2017.
43. Seward, *Prince Philip Revealed*, p. 66.
44. Annie Bullen, *His Royal Highness the Prince Philip, Duke of Edinburgh (1921–2021): A Commemoration* (Londres: Pitkin Publishing, 2021), p. 23.
45. Seward, *Prince Philip Revealed*, p. 69.
46. Crawford, *Little Princesses*, p. 150.
47. Howard, *Windsor Diaries*, p. 217.
48. Howard, *Windsor Diaries*, p. 282.
49. Valentine Low, "VE Day: Queen Recalls Joining the Party with Margaret", *The Times*, 9 maio 2020.
50. Chris Pleasance, "Don't Look Now Your Majesty!", *The Daily Mail*, 17 mar. 2014.
51. Low, "VE Day".
52. "The Way We Were", *BBC Radio* 4, 24 dez. 1985.

3. Uma caminhada entre as urzes

1. Sarah Bradford, *George VI* (Nova York: Viking, 2011), p. 346.
2. Thorpe (org.), *Who Loses, Who Wins*, p. 177.
3. *Prince Philip: The Plot to Make a King*, dirigido por Richard Sanders (Reino Unido: Blakeway Productions, 30 jul. 2015), canal 4.

NOTAS

4. Seward, *Prince Philip Revealed*, p. 75.
5. Andrew Hornery, "Happy 99th Birthday to Philip", *The Sydney Morning Herald*, 14 jun. 2020.
6. Michael Thornton, "Was Philip Really a Philanderer?", *The Daily Mail*, 18 mar. 2017.
7. Dismore, *Princess*, p. 195.
8. Maclean, *Crowned Heads*, p. 34.
9. Thorpe (org.), *Who Loses, Who Wins*, p. 319.
10. Seward, *Prince Philip Revealed*, p. 73.
11. Dismore, *Princess*, p. 244.
12. Corbitt, *My Twenty Years in Buckingham Palace*, p. 204.
13. Seward, *My Husband and I*, p. 70.
14. Tom Utley, "Grandad's Words Made Churchill and the Queen Cry", *The Daily Mail*, 7 jun. 2012.
15. Viney, *Last Hurrah*, p. 274.
16. Viney, *Last Hurrah*, p. 270.
17. "A Speech by the Queen on Her 21st Birthday, 1947", royal.uk, publicado em 21 abr. 1947.
18. Viney, *Last Hurrah*, p. 275.
19. Viney, *Last Hurrah*, p. 273.
20. Viney, *Last Hurrah*, p. 273.
21. "95 Years, 95 Jewels: Part 2 (March–April 1947)", *Court Jeweller*, 29 mar. 2021.
22. Viney, *Last Hurrah*, p. 153.
23. *Prince Philip: The Plot to Make a King*.
24. Peter Townsend, *Time and Chance: An Autobiography* (Londres: Collins, 1978), p. 147.
25. Glenconner, *Lady in Waiting*, p. 275.
26. Dermot Morrah, *The Royal Family in Africa* (Londres: Hutchinson, 1947). Ver também Edwards, *Royal Sisters*, p. 160.
27. *Prince Philip: The Plot to Make a King*.
28. Reiss Smith, "The Crown: Why Did King George Call Queen Elizabeth His Pride and Margaret His Joy?", *The Daily Express*, 7 dez. 2016.
29. Bradford, *Elizabeth*, p. 116.
30. Shawcross, *The Queen Mother*, p. 626.
31. Steph Cockcroft, "How Prince Philip Curtsied to King George VI", *The Daily Mail*, 31 jul. 2015.
32. *Prince Philip: The Plot to Make a King*.
33. Seward, *Prince Philip Revealed*, p. 82.
34. Ingrid Seward, "So What Is the Truth About Philip and Those 'Affairs'?", *The Daily Mail*, 15 nov. 2017.

398 A RAINHA

35. Jonathan Mayo, "Minute by Mesmerizing Minute, Relive the Queen's Most Joyous Day", *The Daily Mail*, 10 nov. 2017.
36. Mayo, "Minute by Mesmerizing Minute".
37. Pamela Hicks, "Philip's Risque Party Trick and My Mischievous Friend Lilibet", *The Daily Mail*, 14 dez. 2012.
38. Elizabeth Grice, "Royal Wedding: A Marriage Made in History", *The Telegraph*, 25 mar. 2011. Ver também "'Alles sal reg kom': Churchill on the Royal Wedding", website de Richard M. Langworth, 29 abr. 2011.
39. Erin Hill, "'I Lost Something Very Precious': Read King George VI's Touching Letter to Daughter Elizabeth on Her Wedding Day", *People*, 20 nov. 2015.
40. Kate Nicholson, "The Heartwarming Speeches Prince Philip and the Queen Gave on Their Wedding Day Revealed", *The Daily Mirror*, 20 nov. 2019.
41. Shawcross, *The Queen Mother*, p. 631.
42. Rhodes, *Final Curtsey*, p. 44.

4. A princesa descalça

1. *The Private Lives of the Windsors*, dirigido por Ben Reid (Reino Unido: Renegade Pictures, 7 out. 2019), canal Smithsonian.
2. Seward, *Prince Philip Revealed*, p. 95.
3. Vanessa Thorpe, "Queen Mother Was 'Ruthless' to Royal Nanny", *The Guardian*, 24 jun. 2020.
4. Bradford, *Elizabeth*, p. 151.
5. Vicky Spavin, "Was Crawfie Victim of Royal Conspiracy?", *The Scottish Daily Record*, 24 jun. 2000.
6. Pimlott, *The Queen*, p. 159.
7. Chloe Foussianes, "New Letters by Princess Margaret Reveal Love for Her 'Heavenly Nephew,' Prince Charles", *Town and Country*, 13 mar. 2019.
8. Rainha-mãe a Mabel Strickland, 7 fev. 1972, documentos privados, espólio de Robert Hornyold-Strickland, Malta, GC.
9. Joan Alexander, *The Life of Mabel Strickland* (Malta: Progress Press, 1996), p. 194.
10. Janet Morgan, *Edwina Mountbatten: A Life of Her Own* (Londres: HarperCollins, 1991), p. 444.
11. Richard Kay e Geoffrey Levy, "The Surprising Truth About the Queen's Very Amorous Marriage", *The Scottish Daily Mail*, 8 mar. 2016.
12. Philip Ziegler, *Mountbatten: The Official Biography* (Londres: William Collins Sons, 1985), p. 492.
13. Morgan, *Edwina Mountbatten*, p. 444.
14. Jebb (org.), *Diaries of Cynthia Gladwyn*, p. 92.
15. Dismore, *Princess*, p. 256.

NOTAS 399

16. Camilla Tominey e Phil Dampier, "'Forget Protocol, Darling!'", *The Daily Express*, 18 nov. 2012.
17. Memorando da princesa Elizabeth a Jessie Grech, 15 set. 1950, coleção do autor.
18. Father Geoffrey Attard, "Queen Elizabeth II's connection to Gozo", *The Times of Malta*, 23 nov. 2015.
19. Rainha Elizabeth II a Mabel Strickland, 5 jan. 1975, documentos particulares, espólio de Robert Hornyold-Strickland, Malta, GC.
20. Seward, *My Husband and I*, p. 82.
21. Turner, *Elizabeth*, p. 5.
22. Seward, *My Husband and I*, p. 85.
23. Seward, *My Husband and I*, p. 84.
24. Hartley, *Accession*, p. 128-29.
25. Hartley, *Accession*, p. 128.
26. Hartley, *Accession*, p. 113.
27. Hartley, *Accession*, p. 130.
28. Hartley, *Accession*, p. 131.
29. Hartley, *Accession*, p. 131-32.
30. Pimlott, *The Queen*, p. 179.
31. Hartley, *Accession*, p. 131-32.
32. Hartley, *Accession*, p. 136.
33. *Queen and Country*, dirigido por John Bridcut e escrito por William Shawcross (Reino Unido: Crux Productions, 1 maio 2002), BBC.
34. Holly Evans, "Queen Responded with Brutal Swipe After Royal Family Tragedy", *The Daily Express*, 19 maio 2021.

5. Coroação gloriosa

1. Wheeler-Bennett, *Friends, Enemies and Sovereigns*, p. 133.
2. Smith, *Elizabeth the Queen*, p. 66.
3. Smith, *Elizabeth the Queen*, p. 66-67.
4. Pimlott, *The Queen*, p. 176.
5. Andrew Roberts, *Churchill: Walking with Destiny* (Nova York: Penguin, 2018), p. 929.
6. Williams, *Young Elizabeth*, p. 47.
7. Shawcross, *The Queen Mother*, p. 658.
8. Shawcross, *The Queen Mother*, p. 658.
9. Pimlott, *The Queen*, p. 199.
10. Caixa 314, Documentos de Sir Fitzroy Maclean, MSS 11487, Biblioteca de Pequenas Coleções Especiais Albert e Shirley, Universidade da Virgínia, Charlottesville, Virgínia.

A RAINHA

11. Ingrid Seward, "So What Is the Truth About Philip and Those 'Affairs'?", *The Daily Mail*, 15 nov. 2017.

12. Entrevista do autor com uma fonte anônima, jun. 2019.

13. Michael Bloch, *The Secret File of the Duke of Windsor* (Nova York: HarperCollins, 1988), p. 264.

14. Lacey, *Monarch*, p. 175.

15. Dimbleby, *Prince of Wales*, p. 18.

16. "His People's Day", *The Courier-Mail*, 11 fev. 1952.

17. Charles Drazin (org.), *The Journals / John Fowles*, volume 1, *1949–1965* (Evanston, Illinois: Northwestern University Press, 2003), p. 172.

18. Laura Connor, "How Last Victoria Cross Holder 'Big Bill' Hurled Rocks and Beer Cans to Keep the North Korean Army at Bay", *The Daily Mirror*, 22 jun. 2018.

19. Smith, *Elizabeth the Queen*, p. 73-74.

20. Lacey, *Crown: Official Companion*, volume 1, p. 76.

21. Longford, *Elizabeth R*, p. 238.

22. Bradford, *Elizabeth*, p. 220.

23. Smith, *Elizabeth the Queen*, p. 93.

24. Edwards, *Royal Sisters*, p. 246.

25. Edwards, *Royal Sisters*, p. 247.

26. Pimlott, *The Queen*, p. 185.

27. Bradford, *Elizabeth*, p. 170-71.

28. Strober e Strober, *The Monarchy*, p. 80.

29. Williams, *Young Elizabeth*, p. 275.

30. Seward, *My Husband and I*, p. 89.

31. Brandreth, *Philip and Elizabeth*, p. 254.

32. Longford, *Elizabeth R*, p. 192.

33. *Prince Philip: The Plot to Make a King.*

34. *The Daily Express*, 20 out. 1952.

35. *Elizabeth: Our Queen*, dirigido por Mick Gold, Suzy Boyles, Karen McGann e Nicola Seare (Reino Unido: ITN Productions, 6 fev. 2018), canal 5.

36. Peter Townsend, *Time and Chance: An Autobiography* (Londres: Collins, 1978), p. 198.

37. Smith, *Elizabeth the Queen*, p. 81-82.

38. Edwards, *Royal Sisters*, p. 257.

39. Dominic Midgley, "The Coronation of Queen Elizabeth II: How the Daily Express Reported It 61 Years Ago", *The Daily Express*, 18 set. 2014.

40. Smith, *Elizabeth the Queen*, p. 67.

41. Pimlott, *The Queen*, p. 209.

42. Katy Winter, "The Queen Asked, 'Ready Girls?'", *The Daily Mail*, 16 abr. 2013.

NOTAS

43. Smith, *Elizabeth the Queen*, p. 85.
44. Smith, *Elizabeth the Queen*, p. 85.
45. Lacey, *Crown: Official Companion*, volume 1, p. 125.
46. Glenconner, *Lady in Waiting*, p. 74.
47. Maclean, *Crowned Heads*, p. 40.
48. Ellen Castelow, "The Coronation 1953", website Historic UK, sem data.
49. Brandreth, *Philip*, p. 282.
50. Glenconner, *Lady in Waiting*, p. 77.

6. Corações e diademas

1. Peter Townsend, *Time and Chance: An Autobiography* (Londres: Collins, 1978), p. 188.
2. Shawcross, *The Queen Mother*, p. 684.
3. Christopher Warwick, *Princess Margaret: A Life of Contrasts* (Londres: Andrew Deutsch, 2000), p. 190. Ver também Williams, *Young Elizabeth*, p. 293.
4. Williams, *Young Elizabeth*, p. 262.
5. Pimlott, *The Queen*, p. 219.
6. Christopher Warwick, "Princess Margaret Letter Changes How We View Her Life", *The Telegraph*, 7 nov. 2009.
7. Karen Kissane, "It Happens Even in Royal Marriages", *The Sydney Morning Herald*, 28 set. 2011.
8. Hardman, *Our Queen*, p. 195.
9. Warwick, *Princess Margaret*, p. 197.
10. Roya Nikkhah, "Princess Margaret Recently Unearthed Letter Sheds New Light on Decision Not to Marry", *The Telegraph*, 7 nov. 2009.
11. Katie Sewell, "Princess Margaret: Unearthed Letter Reveals Peter Townsend Split Not All as It Seemed", *The Daily Express*, 4 jan. 2021.
12. Sarah Pulliam Bailey, "Fact Checking 'The Crown': Queen Elizabeth's Faith and Her Close Relationship with Preacher Billy Graham", *The Washington Post*, 9 jan. 2018.
13. Marshall Frady, *Billy Graham: A Parable of American Righteousness* (Boston: Little, Brown, 1979), p. 372.
14. Paul Reynolds, "Did the Queen Stop Princess Margaret Marrying Peter Townsend?", *BBC News*, 19 nov. 2016.
15. Townsend, *Time and Chance*, p. 234.
16. Seward, *Prince Philip Revealed*, p. 135.
17. Townsend, *Time and Chance*, p. 236.
18. Maclean, *Crowned Heads*, p. 42.
19. Seward, *My Husband and I*, p. 139.
20. Bradford, *Elizabeth*, p. 264.
21. Seward, *Prince Philip Revealed*, p. 256.

402 A RAINHA

22. Bradford, *Elizabeth*, p. 268.
23. Seward, *My Husband and I*, p. 137.
24. Andrew Pierce e Richard Kay, "Princess Margaret's Very Private Correspondence", *The Daily Mail*, 20 fev. 2015.
25. Jebb (org.), *The Diaries of Cynthia Gladwyn*, p. 207.
26. Bradford, *Elizabeth*, p. 240.
27. Bradford, *Elizabeth*, p. 240.
28. Smith, *Elizabeth the Queen*, p. 128.
29. Sem título, Caixa 6, Arquivo 32, correspondência de Bruce e Beatrice Blackmar Gould, Livros Raros e Coleções Especiais, Biblioteca Firestone, Universidade de Princeton, Princeton, Nova Jersey.
30. "Christmas Broadcast 1947", royal.uk, publicado em 25 dez. 1947.

7. Segredos, escândalos e espiões

1. Seward, *Prince Philip Revealed*, p. 150.
2. Seward, *Prince Philip Revealed*, p. 145.
3. Dennison, *The Queen*, p. 240.
4. *Prince Philip: The Royal Family Remembers*, dirigido por Faye Hamilton e Michael Hill (Reino Unido: Oxford Films, 22 set. 2021), *BBC One*.
5. Bradford, *Elizabeth*, p. 282.
6. Christopher Wilson, "Punched as He Slept, Friends Tortured with Pliers", *The Daily Mail*, 1 fev. 2013.
7. Bradford, *Elizabeth*, p. 276.
8. Hugo Vickers, *The Quest for Queen Mary* (Londres: Hodder & Stoughton, 2018), p. 222.
9. Smith, *Elizabeth the Queen*, p. 188.
10. Abbie Llewelyn, "Prince Philip's Staggering Confession About Prince Andrew Exposed", *The Daily Express*, 4 ago. 2020.
11. Smith, *Elizabeth the Queen*, p. 146.
12. Seward, *My Husband and I*, p. 144.
13. Tim Heald, *Princess Margaret: A Life Unravelled* (Londres: Weidenfeld & Nicolson, 2007), p. 121.
14. Thorpe (org.), *Who's In, Who's Out*, p. 160.
15. Dennison, *The Queen*, p. 311.
16. Dennison, *The Queen*, p. 311.
17. "Watch: Queen Elizabeth II's 1961 Visit to Ghana", British Heritage Travel, 3 dez. 2021. Ver também Dennison, *The Queen*, p. 307-08.
18. Dennison, *The Queen*, p. 307.
19. Valentine Low, Hugo Vickers e Alice Foster, "Queen Dancing in Ghana: The Story Behind Her Iconic Visit to Save the Commonwealth", *The Times*, 26 mar. 2018.

NOTAS

20. Tom Parfitt, "Yuri Gagarin's Brush with Royalty Revealed in New Biography", *The Guardian*, 12 abr. 2011.
21. Craig Brown, *Ninety-Nine Glimpses of Princess Margaret* (Nova York: Farrar, Straus and Giroux, 2017), p. 7.
22. Andrew Glass, "Jackie Kennedy Adopts Sardar, March 23, 1962", *Politico*, 23 mar. 2011.
23. Jack Whatley, "Remembering the Beatles' 1963 Royal Variety Performance", *Far Out*, 4 nov. 2019.
24. Rainha Elizabeth II para Mabel Strickland, mar. 1964, documentos particulares, espólio de Robert Hornyold-Strickland, Malta, GC.
25. Bradford, *Elizabeth*, p. 308.
26. Miranda Carter, *Anthony Blunt: His Lives* (Nova York: Farrar, Straus and Giroux, 2001), p. 376.
27. Turner, *Elizabeth*, p. 57.
28. "How Many Prime Ministers Has the Queen Had in Her Reign?", inews.co.uk, 13 dez. 2019. Ver também Marr, *Real Elizabeth*, p. 158.
29. Hardman, *Our Queen*, p. 205.
30. Marcia Falkender, *Inside Number 10* (Worthing, Reino Unido: Littlehampton Book Services, 1972), p. 17.
31. Matthew Francis, "Harold Wilson's 'White Heat of Technology' Speech 50 Years On", *The Guardian*, 19 set. 2013.
32. Nicole Stinson, "Revealed: Queen Broke Protocol for Winston Churchill by Bestowing Rare Honour on Prime Minister", *The Daily Express*, 22 fev. 2018.
33. Reiss Smith, "The Crown: Who Is John Lithgow, the American Actor Playing Winston Churchill on Netflix?", *The Daily Express*, 7 dez. 2016.

8. Uma questão familiar

1. Entrevista do autor com Victoria Charlton, dez. 2018.
2. Pimlott, *The Queen*, p. 371.
3. Pimlott, *The Queen*, p. 371.
4. Entrevista do autor com Grania Forbes, fev. 2015.
5. Abbie Llewelyn, "Princess Anne Loathed Royal Family Documentary: 'It Was a Rotten Idea'", *The Daily Express*, 29 jan. 2021.
6. Dennison, *The Queen*, p. 332.
7. Bradford, *Elizabeth*, p. 353.
8. Smith, *Prince Charles*, p. 43.
9. Anne de Courcy, *Snowdon: The Biography* (Londres: Phoenix, 2008), p. 192.
10. Bradford, *Elizabeth*, p. 397.
11. Lacey, *Monarch*, p. 238.

12. Turner, *Elizabeth*, p. 91.
13. Turner, *Elizabeth*, p. 91.
14. Turner, *Elizabeth*, p. 97.
15. Ibid.
16. Bradford, *Elizabeth*, p. 412.
17. Smith, *Prince Charles*, p. 63.
18. Bradford, *Elizabeth*, p. 415.
19. Katie Frost, "The Queen and Prince Philip's Best Quotes on Married Life, *Harper's Bazaar*, 9 abr. 2021.
20. Hardman, *Our Queen*, p. 270.
21. Turner, *Elizabeth*, p. 110.
22. Turner, *Elizabeth*, p. 111.
23. Sheila Langan, "The Irish Lord Who Captured Queen Elizabeth's Heart", *British Heritage Travel*, 6 jul. 2021.
24. Lisa Waller Rogers, "Princess Margaret and Her Guttersnipe Life", *Lisa's History Room* (blog), 30 abr. 2020.
25. Sean Smith, "Will She Finally Be Elizabeth the First?", *The Daily Mail*, 16 maio 2011.
26. Smith, "Will She Finally Be Elizabeth the First?".
27. Entrevista do autor com Sean Smith, out. 2021.
28. Theo Aronson, *Princess Margaret: A Biography* (Londres: Thistle Publishing, 2013), p. 276.
29. De Courcy, *Snowdon*, p. 230.
30. De Courcy, *Snowdon*, p. 234.
31. *Elizabeth and Margaret: Love and Loyalty*, dirigido por Lucy Swingler e Stephanie Wessell (Reino Unido: Outpost Facilities, 26 set. 2020), canal 5.
32. Shawcross, *The Queen Mother*, p. 850.
33. R. W. Apple Jr., "Northern Ireland, Awaiting Jubilee Visit by the Queen, Erupts in Violence Fatal to Two", *The New York Times*, 10 ago. 1977.
34. David McKittrick, "Northern Ireland: Memories of 1977 and a 'Terribly Tense' Royal Visitor", *The Independent*, 28 jun. 2012.
35. Turner, *Elizabeth*, p. 117.
36. Dimbleby, *Prince of Wales*, p. 205.
37. Dimbleby, *Prince of Wales*, p. 260.
38. Sally Bedell Smith, "'A Sympathetic Ear and a Goofy Sense of Humour'", *The Daily Mail*, 2 abr. 2017.
39. Ben Pimlott, *Elizabeth II and the Monarchy* (Londres: Harper Press, 2012, brochura), p. 470.
40. Dimbleby, *Prince of Wales*, p. 267.
41. Dennison, *The Queen*, p. 384.

NOTAS   405

9. E então veio Diana

1. Jimmy Carter, *White House Diary* (Nova York: Farrar, Straus and Giroux, 2010), p. 49.
2. Dennison, *The Queen*, p. 415-16.
3. Catherine Armecin, "Queen Elizabeth Reportedly Loves 'Good Gossip' About 'Immoral Balmoral,' Biographer Says", *International Business Times*, 24 fev. 2019.
4. Smith, *A Horseman Through Six Reigns*, 144. Ver também Erickson, *Lilibet*, p. 58.
5. Entrevista do autor com Eric Milligan, fev. 2019.
6. Gordon Rayner, "Barbeques, Quips and Pranks at Balmoral: MPs Share Fondest Memories of Prince Philip", *The Telegraph*, 12 abr. 2021.
7. Anne Glenconner, "Princess Margaret, Her Lover and Me", *The Daily Mail*, 27 set. 2019.
8. Glenconner, "Princess Margaret, Her Lover and Me".
9. Glenconner, "Princess Margaret, Her Lover and Me".
10. Seward, *The Queen and Di*, p. 41.
11. Seward, *The Queen and Di*, p. 47.
12. Entrevista do autor.
13. Rhodes, *Final Curtsey*, p. 114.
14. Seward, *My Husband and I*, p. 165.
15. Andrew Morton, *Diana: Her True Story — In Her Own Words* (Nova York: Simon & Schuster, 2017; original de 1992), edição de 25º aniversário, p. 56.
16. "Another Round in Prince Charles' Matrimonial Sweepstakes", UPI Archives, 22 nov. 1980.
17. Joel Day, "Princess Anne's Brutal Assessment of Diana Amid Relationship Tensions", *The Daily Express*, 14 jul. 2021.
18. Seward, *The Queen and Di*, p. 46.
19. Seward, *The Queen and Di*, p. 63.
20. Paul Riddell, "MI5 Blamed BP for Security Lapse Before IRA Bomb Attack on Queen at Sullom Voe", *The Shetland Times*, 24 jun. 2019.
21. Graham Strachan, "The IRA Plot to Bomb the Queen in Shetland Following the Death of Bobby Sands", *Press and Journal Evening Express*, 7 maio 2021.
22. *Elizabeth at 90: A Family Tribute*, dirigido por John Bridcut (Reino Unido: Crux Productions, 21 abr. 2016), *BBC*.
23. Stephanie Linning, "The Queen Steps Out in Her Third Headscarf in as Many Days", *The Daily Mail*, 12 maio 2017.
24. Seward, *The Queen and Di*, p. 52.
25. Morton, *Diana: Her True Story*, p. 82.
26. Charles Moore, *Margaret Thatcher: From Grantham to the Falklands* (Nova York: Vintage Books, 2015).

27. Smith, *Elizabeth the Queen*, p. 303.
28. Vickers, *Elizabeth, the Queen Mother*, p. 424.
29. Seward, *The Queen and Di*, p. 59.
30. Morton, *Diana: Her True Story*, p. 184.
31. Morton, *Diana: Her True Story*, p. 67.
32. Seward, *The Queen and Di*, p. 65.

10. Casamentos sob o microscópio

1. Andrew Morton, *Diana: Her True Story — In Her Own Words* (Nova York: Simon & Schuster, 2017; original de 1992), edição de 25º aniversário, p. 72.
2. Smith, *Elizabeth the Queen*, p. 306.
3. Smith, *Elizabeth the Queen*, p. 306.
4. "The Princess and the Press: Interview Ken Lennox", *PBS Frontline*, sem data.
5. Morton, *Diana: Her True Story*, p. 71.
6. Andrew Morton e Mick Seamark, *Andrew: The Playboy Prince* (Londres: Corgi, 1983), p. 88.
7. "Queen Praying for Troops in Falklands", UPI Archives, 26 maio 1982.
8. Erickson, *Lilibet*, p. 266.
9. Talia Shadwell, "Royal Baby: Queen Cracked This 'Mean Joke' When She Met Another New Arrival", *The Daily Mirror*, 9 maio 2019.
10. Andrew Morton, *Inside Buckingham Palace* (Nova York: Summit Books, 1991), p. 28.
11. "A Talk with the Queen", *The Washington Post*, sem data.
12. Morton, *Inside Buckingham Palace*, p. 84.
13. Brandreth, *Philip*, p. 226-27.
14. Michael Dennigan, "Queen's Former Bodyguard Cleared of Charges", UPI Archives, 24 nov. 1982.
15. Victoria Murphy, "60 Amazing Facts You Never Knew About the Queen", *The Daily Mirror*, 1 fev. 2012.
16. Seward, *The Queen and Di*, p. 103.
17. Seward, *The Queen and Di*, p. 103-04.
18. "Andrew and Koo Reported Back on Track", UPI Archives, 2 maio 1983.
19. Monica Greep e Chloe Morgan, "Prince Andrew's Ex-Girlfriend Koo Stark", *The Daily Mail*, 28 maio 2021.
20. Morton, *Diana: Her True Story*, p. 219.
21. Dennison, *The Queen*, p. 410.
22. Seward, *The Queen and Di*, p. 7.
23. Morton, *Diana: Her True Story*, p. 229.
24. Shawcross, *Counting One's Blessings*, p. 589.
25. Morton, *Diana: Her True Story*, p. 367.

NOTAS   407

26. Camille Heimbrod, "Prince Philip Saw Sarah Ferguson as 'Great Asset' to Prince Andrew", *International Business Times*, 11 ago. 2019.
27. Seward, *The Queen and Di*, p. 166.
28. Morton, *Diana: Her True Story*, p. 221.
29. Brandreth, *Philip*, p. 375.
30. Turner, *Elizabeth*, p. 91.
31. "Thatcher Declines to Answer Questions on Queen", UPI/*LA Times* Archives, 23 jul. 1989.
32. Brandreth, *Philip*, p. 15.
33. Anna Kretschmer, "Queen Heartbreak: Greatest Regrets of Her Majesty's Reign Revealed", *The Daily Express*, 14 dez. 2019.
34. Andrew Neil, *Full Disclosure* (Londres: Pan Macmillan, 1996), p. 276.
35. Smith, *Elizabeth the Queen*, p. 350.
36. William E. Schmidt, "Far from Gulf, British Royalty Is Under Fire", *The New York Times*, 12 fev. 1991.
37. William Tuohy, "A Royal Dilemma for Britain", *Los Angeles Times*, 8 set. 1992.
38. Schmidt, "Far from the Gulf, British Royalty Is Under Fire".

11. *Annus horribilis*

1. Alex Zatman, "Filmmaker Edward's Right Royal Legacy", *Jewish Telegraph*, 2012.
2. Richard Kay e Geoffrey Levy, "How Diana Broke the Queen's Heart", *The Daily Mail*, 6 mar. 2016.
3. Seward, *The Queen and Di*, p. 193.
4. Entrevista do autor com Simone Simmons, ago. 2021.
5. Andrew Morton, *Diana: Her True Story — In Her Own Words* (Nova York: Simon & Schuster, 2017; original de 1992), edição de 25º aniversário, p. 298.
6. Seward, *The Queen and Di*, p. 168.
7. Rachel Borrill, "No Shock as 'Vulgarian' Fergie Leaves the Royal Fold", *The Irish Times*, 18 abr. 1996.
8. Britta Zeltmann, "Pen Papa", *US Sun*, 15 abr. 2021.
9. Richard Kay, "The Night Diana Told Me 'The Redhead's in Trouble'", *The Daily Mail*, 31 out. 2014.
10. Daniela Elser, "The Toe- Sucking Photo That Ruined the Duchess of York", news.com.au, 28 jul. 2019.
11. Kay e Levy, "How Diana Broke the Queen's Heart".
12. Anna Kretschmer, "Royal Rage: How Sarah Ferguson Faced Queen's Fury at Balmoral", *The Daily Express*, 1 nov. 2019.
13. Turner, *Elizabeth*, p. 9.
14. *Diana, Our Mother: Her Life and Legacy*, dirigido por Ashley Gething (Reino Unido: Oxford Film and Television, 24 jul. 2017), ITV.
15. Dickie Arbiter, "Diana and Charles's Ex-Press Chief Reveals Advice He Gave", *The Daily Mail*, 21 set. de 2014.

408   A RAINHA

16. Pimlott, *The Queen*, p. 558.
17. Seward, *The Queen and Di*, p. 203.
18. Kay and Levy, "How Diana Broke the Queen's Heart".
19. Kay and Levy, "How Diana Broke the Queen's Heart".
20. Dennison, *The Queen*, p. 437.
21. Ken Wharfe com Robert Jobson, *Guarding Diana: Protecting the Princess Around the World* (Londres: King's Road Publishing, 2017).
22. Andrew Morton, *Diana: In Pursuit of Love* (Londres: Michael O'Mara Books, 2004), p. 111.
23. Morton, *Diana: In Pursuit of Love*, p. 87.
24. Morton, *Diana: In Pursuit of Love*, p. 107.
25. Morton, *Diana: In Pursuit of Love*, p. 109.
26. John Darnton, "Prince Charles, in TV Documentary, Admits to Infidelity", *The New York Times*, 30 jun. 1994.
27. Morton, *Diana: In Pursuit of Love*, p. 137.
28. Robert Jobson, "Charles: Camilla Is Central to My Life", *The Evening Standard*, 12 abr. 2012.
29. Graham Turner, "The Real Elizabeth II", *The Telegraph*, 8 de jan. 2002.
30. Turner, *Elizabeth*, p. 169-70.
31. Andrew Morton, *Meghan: A Hollywood Princess* (Nova York: Grand Central Publishing, 2018), p. 319.
32. Brandreth, *Philip and Elizabeth*, p. 225.
33. Morton, *Diana: In Pursuit of Love*, p. 209.
34. Jennifer Newton, "Queen's Letter to 'Furious' Princess Diana That Finally Ended Marriage to Charles", *The Daily Mirror*, 28 jun. 2021.
35. Morton, *Diana: In Pursuit of Love*, p. 211.
36. Morton, *Diana: In Pursuit of Love*, p. 210.
37. Morton, *Diana: In Pursuit of Love*, p. 213.
38. Smith, *Elizabeth the Queen*, p. 387.
39. Matthew Kirkham, "Prince William's Promise to Princess Diana Revealed", *The Daily Express*, 15 fev. 2019.

12. Flores, bandeiras e coragem
1. Naomi Gordon, "Prince William and Prince Harry Speak of Their Regret at 'Rushed' Last Call with Princess Diana", *Harper's Bazaar*, 23 jul. 2017.
2. Seward, *The Queen and Di*, p. 14.
3. Penny Junor, *The Duchess: Camilla Parker Bowles and the Love Affair That Rocked the Crown* (Nova York: HarperCollins, 2017), p. 150.
4. Pimlott, *The Queen*, p. 609.
5. Deirdre Fernand, "Diana, the Queen and a Final Royal Family Reckoning", *The Times*, 17 set. 2006.

NOTAS

6. Beth Whitehouse, "The Lives of 'the Heir and the Spare,' With and Without Diana", *Los Angeles Times*, 22 ago. 2001.
7. Pimlott, *The Queen*, brochura, p. 615.
8. Robert Seeley, "Britain Shocked by Princess Diana's Death", *AP News*, 31 ago. 1997.
9. *Diana: 7 Days* (Reino Unido: Sandpaper Films, 27 ago. 2012), *BBC One*.
10. George Carey, *Know the Truth: A Memoir* (Nova York: HarperCollins, 2004), p. 407.
11. Siofra Brennan, "'Is It True That Mummy's Dead?'", *The Daily Mail*, 30 maio 2017.
12. Christopher Warwick, *Princess Margaret: A Life of Contrasts* (Londres: Andrew Deutsch, 2000), p. 285.
13. Frances Hardy, "My Twin Brother Was Dead", *The Daily Mail*, 6 ago. 2010.
14. Katie Nicholl, *William and Harry: Behind the Palace Walls* (Nova York: Weinstein Books, 2010).
15. *Diana, Our Mother: Her Life and Legacy.*
16. *Diana 7 Days, BBC One.*
17. Smith, *Elizabeth the Queen*, p. 397.
18. Smith, *Elizabeth the Queen*, p. 397.
19. Carey, *Know the Truth*, p. 409.
20. Turner, *Elizabeth*, p. 159.
21. Brown, *Diana Chronicles*, p. 472.
22. *Diana, Our Mother: Her Life and Legacy.*
23. "The Queen Starts Celebrations for Her 90th", *Sky News*, 20 abr. 2016.
24. "Princess Diana's Death Was 'Global Event' Says Blair", *BBC News*, 1 set. 2010.
25. Smith, *Elizabeth the Queen*, p. 402.
26. Smith, *Elizabeth the Queen*, p. 401.
27. Pimlott, *The Queen*, brochura, p. 623.
28. Smith, *Elizabeth the Queen*, p. 403.
29. Pimlott, *The Queen*, brochura, p. 623.
30. Dennison, *The Queen*, p. 453.
31. Ann Leslie, "'So Tell Me, Ma'am, Why Do You Always Look So Grumpy'", *The Daily Mail*, 17 set. 2008.
32. Smith, *Elizabeth the Queen*, p. 403.
33. Smith, *Elizabeth the Queen*, p. 404.
34. Pimlott, *The Queen*, brochura, p. 624.
35. Smith, *Elizabeth the Queen*, p. 404-5.
36. Smith, *Elizabeth the Queen*, p. 405.
37. Smith, *Elizabeth the Queen*, p. 406.
38. Entrevista do autor com Dickie Arbiter, jan. 2019.
39. Petronella Wyatt, "Taking Sides in the Battle Royal", *The Daily Mail*, 29 jun. 2019.
40. Andrew Morton, "Destroyed: The Letters That Fuelled a Royal Feud", *The Telegraph*, 20 set. 2009.

410   A RAINHA

41. Brown, *Diana Chronicles*, p. 471.
42. Andrew Morton, *Diana: In Pursuit of Love* (Londres: Michael O'Mara Books, 2004), p. 272.
43. Smith, *Elizabeth the Queen*, p. 408.
44. Camille Heimbrod, "Princess Margaret Wrote 'Secret' Letter to Queen Elizabeth After Princess Diana's Death", *International Business Times*, 24 out. 2018.
45. Carolyn Durand, "Letter from Queen Elizabeth About Princess Diana's Death Comes to Light", *ABC News*, 13 ago. 2017.
46. Editorial, *The Sunday Telegraph*, 24 set. 1998.
47. Pimlott, *The Queen*, p. 663.

13. Dois casamentos e dois funerais

1. Penny Junor, *The Duchess: Camilla Parker Bowles and the Love Affair That Rocked the Crown* (Nova York: HarperCollins, 2017), p. 157.
2. Smith, *Prince Charles*, p. 345.
3. John Davison e Kathy Marks, "Prince's Charm Offensive Backfires", *The Independent*, 10 nov. 1998.
4. *Prince Charles at 50: Heir to Sadness*, dirigido por Alan Scales e escrito por Margaret Holder (Reino Unido: Imagicians, 12 out. 1998).
5. George Carey, *Know the Truth: A Memoir* (Nova York: HarperCollins, 2004), p. 412.
6. Anna Kretschmer, "Royal Bombshell: What the Queen 'Hates Above All Things' Revealed", *The Daily Express*, 21 abr. 2019.
7. Smith, *Elizabeth the Queen*, p. 432.
8. Penny Junor, *The Firm: The Troubled Life of the House of Windsor* (Londres: HarperCollins, 2005), p. 363.
9. Thorpe (org.), *Who Loses, Who Wins*, p. 363.
10. Rhodes, *Final Curtsey*, p. 5.
11. Shawcross, *The Queen Mother*, p. 935.
12. "Queen Thanks Nation 'For Their Love'", *The Guardian*, 8 abr. 2002.
13. "The Queen Tells Driver to Slow Down", YouTube, 31 jul. 2012.
14. Smith, *Elizabeth the Queen*, p. 446-47.
15. Caitlin Moran, "The Best Bit Was Seeing Reactions in the Royal Box; Golden Jubilee", *The Times*, 4 jun. 2002.
16. Gerrard Kaonga, "Queen 'Blossomed' as She 'Heralded New Era' of the Monarchy After Royal Family Death", *The Daily Express*, 14 jan. 2021.
17. Caroline Davies, "The Queen Came Through for Me", *The Telegraph*, 2 nov. 2002.
18. "What the Butler Paul Burrell Said About the Queen, Prince Philip, Charles... and Himself", *The Daily Mail*, 15 jan. 2008.

NOTAS

411

19. Steve Bird e Sam Lister, "The Queen 'Warned Butler to Beware of Dark Forces at Work'", *The Times*, 6 nov. 2002.

20. Bronwen Weatherby, "Diana's Letters from Prince Philip Reveal He and the Queen 'Never Dreamed' Charles Would Leave Her for Camilla", *The Daily Mirror*, 8 set. 2018.

21. "War of the Wedding", *The Daily Mail*, 4 nov. 2004.

22. Smith, *Prince Charles*, p. 400.

23. "Queen Condemns Bombing 'Outrage'", *BBC News*, 8 jul. 2005.

24. Liz Jones, "Queen Elizabeth Looks in the Mirror and Likes What She Sees", *The Daily Mail*, 26 maio 2012.

25. Richard Kay, "Angela, We Could Be Sisters", *The Daily Mail*, 29 out. 2019.

26. Rebecca English, "The Queen will never consider abdicating", *The Daily Mail*, 20 abr. 2006.

27. "A Speech Made By the Queen at Mansion House for Her Majesty's 80th Birthday", website royal.uk, publicado em 15 jun. 2006.

28. Valentine Low, "Royal Family: Queen Turns Down Oldie of the Year Award Because 'You Are Only as Old as You Feel'", *The Times*, 19 out. 2021.

29. Poppy Danby, "A Birthday Like No Other", *The Daily Mirror*, 21 abr. 2021.

30. Valentine Low, "What Now for the Queen Without Prince Philip at Her Side?", *The Times*, 9 abr. 2021.

31. Geoffrey Levy e Richard Kay, "His Royal Grumpiness", *The Daily Mail*, 10 nov. 2007.

32. Holly Fleet, "Carol Vorderman Describes Spark Between Queen and Philip", *The Daily Express*, 9 abr. 2021.

33. Katie Nicholl, *William and Harry: Behind the Palace Walls* (Nova York: Weinstein Books, 2010), p. 61.

34. "Focus: The Girl Who Would Be Queen", *The Sunday Times*, 31 dez. 2006.

35. Kate Nicholson, "Kate Middleton Heartbreak: Real Reason William Waited So Long to Propose Revealed", *The Daily Express*, 10 out. 2019.

36. Kate Nicholson, "How Queen Was 'Practically Skipping' on William and Kate's Wedding Day", *The Daily Express*, 29 abr. 2020.

37. Sunday People, "Queen Will Protect Kate Middleton Says Prince Edward", *The Daily Mirror*, 25 mar. 2012.

38. Hardman, *Our Queen*, p. 53.

39. Alan Cowell, "In Ireland, Queen Elizabeth Offers 'Deep Sympathy' for Past", *The New York Times*, 19 maio 2011.

40. "PM Says Queen's Visit to Ireland Was a 'Game-Changer'", *BBC News*, 27 dez. 2011.

41. David Collins, "'An Incredible Day... Absolutely Wonderful': What Queen Told Prince Charles on Balcony as a Million Wellwishers Cheer", *The Daily Mirror*, 6 jun. 2012.

42. Collins, "'An Incredible Day... Absolutely Wonderful'".

14. Boa noite, Sr. Bond

1. Tom Sykes, "Jeremy Hunt Jokes with Queen, Queen Not Amused", *Daily Beast*, 17 out. 2012.
2. Anne Pukas, "Transformed into Our Merry Monarch: How the Queen Never Seemed So Informal and Relaxed", *The Daily Express*, 19 jul. 2013.
3. Kelly, *Other Side of the Coin*, p. 186.
4. Murray Wardrop, "Michelle Obama Hugs the Queen", *The Telegraph*, 2 abr. 2009.
5. Rebecca English, "And I told Wills", *The Daily Mail*, 17 fev. 2014.
6. "The Queen Welcomes A-List Actors at Palace Celebration", *BBC News*, 18 fev. 2014.
7. Jilly Cooper, "That's the End of the Ride, Ma'am", *The Telegraph*, 8 mar. 2011.
8. Jack Haynes, "'She Loves the Sport So Much' — The Queen Inducted into Racing's Hall of Fame", *The Racing Post*, 12 out. 2021.
9. *Elizabeth at 90: A Family Tribute*, dirigido por John Bridcut (Reino Unido: Crux Productions, 21 abr. 2016), *BBC*.
10. Entrevista do autor com Eric Milligan, jul. 2019.
11. *Our Queen at 90*, dirigido por Ashley Gething, escrito por Robert Hardman (Reino Unido: Oxford Film and Television, 27 mar. 2016), *ITV 1*.
12. Carly Ledbetter, "Elton John Reveals He Once Saw Queen Elizabeth Jokingly Slap Her Nephew", *The Huffpost*, 10 jul. 2019.
13. Nina Massey, "Prince William Recalls Moment the Queen Gave Him an 'Absolute B*****king'", *The Independent*, 20 abr. 2016.
14. *Elizabeth: Queen, Wife, Mother*, dirigido por Peter Higgins (Reino Unido: ITN Productions, 1 jun. 2012), *ITV*.
15. Smith, *Prince Charles*, p. 492.
16. Dan Roberts, "Obamas, Prince Harry and the Queen Trade Mic Drops in Comedy Sketch", *The Guardian*, 26 abr. 2016.
17. Angela Levin, "Exclusive: Prince Harry on Chaos After Diana's Death and Why the World Needs 'the Magic' of the Royal Family", *Newsweek*, 21 jun. 2017.
18. Oliver Harvey e Emma Lake, "Queen of Hurts", *The Sun*, 16 jun. 2017.
19. Dennison, *The Queen*, p. 481.
20. Elizabeth Sanderson e Katie Nicholl, "Buckingham Palace Reshuffles Key Personnel in 'First Step to Bringing Prince Charles to the Throne'", *The Daily Mail*, 18 jan. 2014.
21. Martin Robinson e Amie Gordon, "Prince Philip Seals His 'Standing Down' Announcement", *The Daily Mail*, 4 maio 2017.
22. Richard Kay e Geoffrey Levy, "Prince Philip Downsizes for Retirement", *The Daily Mail*, 3 nov. 2017.
23. "Buckingham Palace Plays Down 'Power Struggle' Claims", *BBC News*, 16 set. 2017.
24. Laura Smith-Spark, "Britain's Queen Hopes Prince Charles Will 'One Day' Lead Commonwealth", *CNN*, 19 abr. 2018.

NOTAS

25. Rachel Brodsky, "Meghan Markle Says Queen Elizabeth Was 'Always Wonderful'", *The Independent*, 8 mar. 2021.
26. Luke May, "Queen DID Slap Down Meghan Markle Over Her Choice of Wedding Day Tiara", *The Daily Mail*, 29 jul. 2020.
27. Sean O'Neill, "Prince Andrew's TV Calamity Suggests Queen Is Losing Her Grip on 'the Firm'", *The Times*, 18 nov. 2019.
28. Seward, *My Husband and I*, p. 210.
29. Mark Landler, "In Prince Andrew Scandal, Prince Charles Emerges as Monarch--in-Waiting", *The New York Times*, 1 dez. 2019.
30. Rebecca English, "Prince Andrew's Regret Over 'Car Crash' TV Interview", *The Daily Mail*, 17 nov. 2019.
31. O'Neill, "Prince Andrew's TV Calamity".
32. Valentine Low, "Prince Andrew Interview: Queen Does Her Duty Despite Disgrace of 'Favourite Son'", *The Times*, 21 nov. 2019.
33. "A Statement by His Royal Highness the Duke of York", royal.uk, publicado em 20 nov. 2019.
34. Jonny Dymond, "Harry and Meghan: The Royal Couple Are Looking for the Exit", *BBC News*, 13 jan. 2020.
35. Jemma Carr, "Fuming Prince Philip Was Left in 'Disbelief' at the Lack of Respect Shown to the Queen by His Grandson Prince Harry and Meghan Markle", *The Daily Mail*, 11 jan. 2020.
36. Caroline Davies, "The Royal Showdown: Everything You Need to Know", *The Guardian*, 13 jan. 2020.
37. Smith, *Elizabeth the Queen*, p. 494.
38. Daniel Uria, "Prince Andrew: Queen Elizabeth II Feels 'Void' After Prince Philip's Death", UPI Archives, 11 abr. 2021.
39. Victoria Ward e Jessica Carpani, "'It Was Like Somebody Took Him by the Hand and Off He Went,' Says Countess of Wessex of Prince Philip's Last Moments", *The Telegraph*, 11 abr. 2021.
40. Naledi Ushe, "Prince Edward's Wife Sophie Shares Emotional Moment 'When Everything Stopped' During Prince Philip's Funeral", *People*, 4 jun. 2021.
41. Naomi Adedokun, "Sophie Wessex 'Proven to Be Queen's Most Reliable' Aide as Monarch Copes with Philip's Death", *The Daily Express*, 13 abr. 2021.
42. Pimlott, *The Queen*, p. 119.

Epílogo

1. Morte de Sua Majestade, Elizabeth II, embaixada francesa, 8 set. 2022.
2. Andrew Morton, *Elizabeth and Margaret: The Intimate World of the Windsor Sisters* (Nova York: Grand Central Publishing, 2021), p. 78.
3. Shirley Li, "The Crown Is Losing Its Shine", *Atlantic*, 11 nov. 2022.
4. Christopher Hope, "The King Could Regret Decision to Take Tea with EU Chief", *Daily Telegraph*, 28 fev. 2023.

BIBLIOGRAFIA SELECIONADA

Airlie, Mabell, Condessa de. *Thatched with Gold.* Editado por Jennifer Ellis. Londres: Hutchinson, 1962.
Barry, Stephen. *Royal Secrets: The View from Downstairs.* Londres: Random House, 1985.
Bradford, Sarah. *Elizabeth: A Biography of Her Majesty the Queen.* Londres: Penguin, 1996.
Brandreth, Gyles. *Philip and Elizabeth: Portrait of a Royal Marriage.* Londres: W. W. Norton, 2004.
_____. *Philip: The Final Portrait.* Londres: Coronet, 2021.
Brown, Tina. *The Diana Chronicles.* Nova York: Penguin, 2007.
Corbitt, F. J. *My Twenty Years in Buckingham Palace.* Nova York: David McKay, 1956.
Crawford, Marion. *The Little Princesses.* Nova York: St. Martin's Griffin, 2020; orig. 1950.
Dennison, Matthew. *The Queen.* Londres: Head of Zeus, 2021.
Dimbleby, Jonathan. *The Prince of Wales: A Biography.* Nova York: William Morrow, 1994.
Dismore, Jane. *Princess: The Early Life of Queen Elizabeth II.* Guilford: Lyons Press, 2018.
Duncan, Andrew. *The Reality of Monarchy.* Londres: Pan Books, 1973.
Edwards, Anne. *Royal Sisters: Queen Elizabeth II and Princess Margaret.* Guilford, Connecticut: Lyons Press, 1990.
Erickson, Carolly. *Lilibet: An Intimate Portrait of Elizabeth II.* Nova York: St. Martin's Press, 2004.
Flamini, Roland. *Sovereign: Elizabeth II and the Windsor Dynasty.* Londres: Bantam Press, 1991.
Glenconner, Anne. *Lady in Waiting: My Extraordinary Life in the Shadow of the Crown.* Londres: Hodder & Stoughton, 2019.
Hardman, Robert. *Our Queen.* Londres: Hutchinson, 2011.
Harris, Kenneth. *The Queen.* Nova York: St. Martin's Press, 1995.
Hartley, John. *Accession: The Making of a Queen.* Londres: Quartet Books, 1992.
Hoey, Brian. *At Home with the Queen.* Londres: HarperCollins, 2002.

Howard, Alathea Fitzalan. *The Windsor Diaries: 1940–1945*. Editado por Celestria Noel. Londres: Hodder & Stoughton, 2020.

Jay, Antony. *Elizabeth R*. Londres: BBC Books, 1992.

Jebb, Miles (org.). *The Diaries of Cynthia Gladwyn*. Londres: Constable, 1995.

Keay, Douglas. *Elizabeth II: Portrait of a Monarch*. Londres: Ebury Press, 1991.

Kelly, Angela. *The Other Side of the Coin: The Queen, the Dresser, and the Wardrobe*. Nova York: HarperCollins, 2019.

Lacey, Robert. *The Crown: The Official Companion*. Volume 1, *Elizabeth II, Winston Churchill, and the Making of a Young Queen (1947–1955)*. Nova York: Crown Archetype, 2017.

_____. *Monarch: The Life and Reign of Elizabeth II*. Nova York: Free Press, 2003.

Longford, Elizabeth. *Elizabeth R: A Biography*. Londres: Weidenfeld and Nicholson, 1983.

_____. *The Queen Mother*. Nova York: William Morrow, 1981.

Maclean, Veronica. *Crowned Heads: Kings, Emperors, and Sultans — A Royal Quest*. Londres: Hodder & Stoughton, 1993.

Marr, Andrew. *The Real Elizabeth: An Intimate Portrait of Queen Elizabeth II*. Nova York: Henry Holt, 2012.

Morrow, Anne. *The Queen*. Nova York: William Morrow, 1983.

Pimlott, Ben. *The Queen: Elizabeth II and the Monarchy*. Londres: HarperCollins, 1996.

Rhodes, Margaret. *The Final Curtsey: A Royal Memoir by the Queen's Cousin*. Londres: Umbria Press, 2012.

Seward, Ingrid. *My Husband and I*. Nova York: Simon & Schuster, 2017.

_____. *Prince Philip Revealed: A Man of His Century*. Londres: Simon & Schuster, 2020.

_____. *The Queen and Di: The Untold Story*. Londres: HarperCollins, 2000.

Shawcross, William (org.). *Counting One's Blessings: The Selected Letters of Queen Elizabeth the Queen Mother*. Nova York: Farrar, Straus and Giroux, 2012.

Shawcross, William. *The Queen Mother: The Official Biography*. Nova York: Knopf, 2009.

Smith, Horace. *A Horseman Through Six Reigns: Reminiscences of a Royal Riding Master*. Londres: Odhams, 1955.

Smith, Sally Bedell. *Elizabeth the Queen: The Life of a Modern Monarch*. Nova York: Random House, 2012.

_____. *Prince Charles: The Passions and Paradoxes of an Improbable Life*. Nova York: Random House, 2017.

Stewart, Andrew. *The King's Private Army: Protecting the Royal Family During the Second World War*. Warwick, UK: Helion, 2015.

Strober, Deborah Hart e Gerald S. Strober. *The Monarchy: An Oral Biography of Elizabeth II*. Nova York: Broadway Books, 2002.

Thorpe, D. R. (org.). *Who's In, Who's Out: The Journals of Kenneth Rose*. Volume 1: *1944-1979*. Londres: Weidenfeld & Nicolson, 2019.

BIBLIOGRAFIA SELECIONADA

_____. *Who Loses, Who Wins: The Journals of Kenneth Rose*. Volume 2, *1979–2014*. Londres: Weidenfeld & Nicolson, 2019.

Turner, Graham. *Elizabeth: The Woman and the Queen*. Londres: Macmillan, 2002.

Vickers, Hugo. *Elizabeth, the Queen Mother*. Londres: Hutchinson, 2005.

Viney, Graham. *The Last Hurrah: South Africa and the Royal Tour of 1947*. Joanesburgo: Jonathan Ball, 2018.

Wheeler-Bennett, Sir John. *Friends, Enemies and Sovereigns*. Londres: Macmillan, 1976.

Williams, Kate. *Young Elizabeth: The Making of the Queen*. Berkeley, Califórnia: Pegasus Books, 2015.

Windsor, duquesa de. *The Heart Has Its Reasons*. Londres: Michael Joseph, 1956.

CRÉDITOS DAS FOTOGRAFIAS

Página 1: George Elam/*Daily Mail*/Shutterstock.
Página 2: Shutterstock (topo); Design Pics Inc./Shutterstock (centro e embaixo).
Página 3: *Daily Mail*/Shutterstock (topo); Richard Gardener/Shutterstock (embaixo).
Página 4: Design Pics Inc./Shutterstock (topo); Shutterstock (centro); AP/Shutterstock (embaixo).
Página 5: Eddie Worth/AP/Shutterstock (topo); AP/Shutterstock (centro); Everett/Shutterstock (embaixo).
Página 6: AP/Shutterstock (todas).
Página 7: Everett/Shutterstock (topo); AP/Shutterstock (centro); Shutterstock (embaixo).
Página 8: *Daily Mail*/Shutterstock.
Página 9: Cortesia de Ken Lennox.
Página 10: Cortesia de Ken Lennox (topo); AP/Shutterstock (embaixo, à esquerda); *Evening Standard*/Hulton Archive/Getty Images (embaixo, à direita).
Página 11: Reginald Davis/Shutterstock (topo, à esquerda); Central Press/Hulton Archive/Getty Images (topo, à direita); AP/Shutterstock (embaixo).
Página 12: Mike Lawn/Shutterstock (topo); Shutterstock (centro); Mike Forster/ANL/Shutterstock (embaixo).
Página 13: Gillian Allen/AP/Shutterstock (topo, à esquerda); AP/Shutterstock (topo, à direita); Shutterstock (embaixo, à esquerda); Santiago Lyon/AP/Shutterstock (embaixo, à direita).
Página 14: Tim Rooke/Shutterstock (topo e centro); David Fisher/Shutterstock (embaixo).
Página 15: Paul Grover/Shutterstock (topo); David Hartley/Shutterstock (centro); Shutterstock (embaixo).
Página 16: Jonathan Brady/AP/Shutterstock (topo); Buckingham Palace/Shutterstock (centro); Tim Rooke/Shutterstock (embaixo).

Este livro foi composto na tipografia Adobe Garamond Pro,
em corpo 12/16, e impresso em
papel off-white no Sistema Cameron da
Divisão Gráfica da Distribuidora Record.